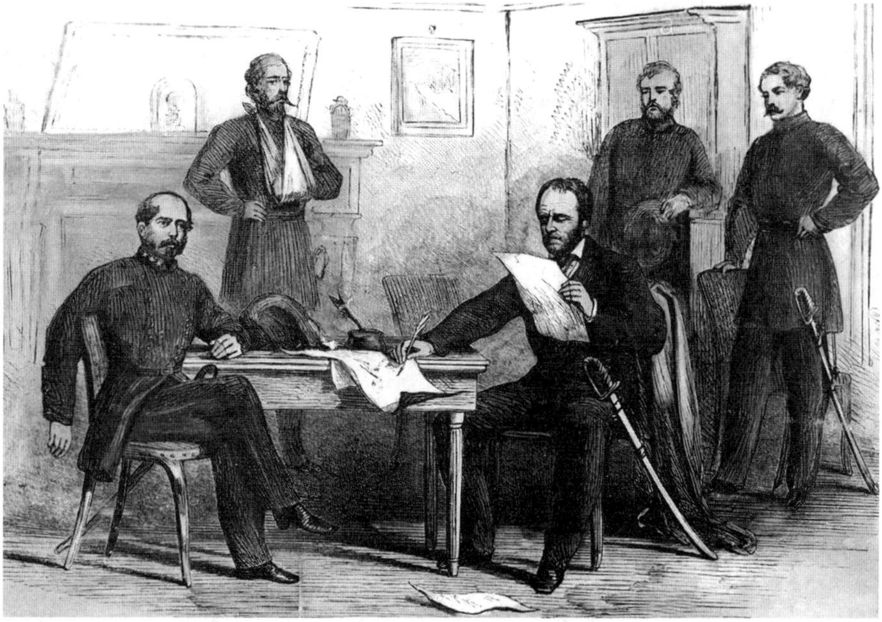

邦联史

A
SHORT HISTORY
OF THE
CONFEDERATE STATES
OF AMERICA

[美] 杰斐逊·戴维斯 著
高迎慧 译

中国華僑出版社
·北京·

图书在版编目（CIP）数据

邦联史 / (美) 杰斐逊・戴维斯著 ; 高迎慧译
. —北京 : 中国华侨出版社, 2023.3
ISBN 978-7-5113-8623-6

Ⅰ. ①邦… Ⅱ. ①杰… ②高… Ⅲ. ①美国南北战争
—史料 Ⅳ. ①K712.43

中国国家版本馆CIP数据核字(2023)第012474号

邦联史

著　　者：[美]杰斐逊・戴维斯
译　　者：高迎慧
出 版 人：杨伯勋
策划编辑：唐崇杰
责任编辑：李胜佳
经　　销：新华书店
开　　本：710毫米×1000 毫米　　1/16开　　印张：41　　字数：525千字
印　　刷：北京天正元印务有限公司
版　　次：2023年3月第1版
印　　次：2023年3月第1次印刷
书　　号：ISBN 978-7-5113-8623-6
定　　价：148.00 元

中国华侨出版社　　北京市朝阳区西坝河东里77号楼底商5号　　邮编：100028
发 行 部：（010）64443051　　传　真：（010）64439708
网　　址：www.oveaschin.com　　E-mail：oveaschin@sina.com

出版说明

《邦联史》由美国军人、政治家，美国内战期间邦联首任也是最后一任总统杰斐逊·戴维斯所著。杰斐逊·戴维斯是内战期间见证邦联建立到覆亡的关键人物，他为邦联著史立传，使大量珍贵的史料得以保存、流传。本书根据贝尔福德公司（Belford Company）出版的英语版译出。

杰斐逊·戴维斯从政治、军事、法律、财政、新闻传播、民意等方面对内战的起因、过程及结果进行了详细的叙述，展现了邦联从建立到护国、卫国直至最终灭亡的过程，为人们多层次、全方位了解美国内战提供了翔实的论证与依据。

杰斐逊·戴维斯从南方种植园主的蓄奴立场出发，力证南部各州有脱离联邦的自由，有保留蓄奴制的权利，并称联邦政府对南方各州的军事行动违反宪法，侵犯了南方各州人民的权利，动摇了美国宪法赖以存在的根基。书中不乏逻辑严密的推理，存在丰富多彩的论据：战场上骁勇善战、足智多谋、雷厉风行的南方统帅；骄横跋扈、肆无忌惮、烧杀抢掠的北方官兵；军队铁蹄下孤苦无助的南方妇孺；冒着枪林弹雨救助受伤士兵的优雅女性……

本书揭示了战争的残酷性，抨击了联邦政府打着解放黑奴幌子进行战争的虚伪与奸诈。但从作者一直坚持黑奴为财产，不肯赋予黑奴“人”的身份，更不用说自由人的身份这些观念来看，作者的局限性可见一斑。对此，读者应取其精华，去其糟粕。

2023年2月

引 言

本书从以下两点证实了1861年南方各州制定《脱离联邦条例》属正当行为：第一，各州有权脱离通过协议自愿加入的联邦；第二，各州有权行使该权利的原因。

本书从法律和道德两个方面探讨了南方各州脱离联邦这一问题，所述内容绝非老生常谈。我相信，南方各州脱离联邦一事的理解须立足史实，让读者根据确凿无疑的记录对该事做出公正的判断。

美国曾是英属北美殖民地，因此曾效忠于英国王室。但除此之外，美国各州彼此独立，一如加拿大新斯科舍省及英属美洲群岛之间的关系一样。因此，当英国违反宪章、侵害各州权利，却未给予各州相应赔偿，也未给予相应安全保障时，一些殖民地决定断绝与英国王室之间的联系。这些殖民地同仇敌忾，结成联盟，宣布成立自由、独立的国家，最终迫使英国于1783年9月签署了和平条约，条约内容如下。

第一条：英王陛下承认美国，即新罕布什尔州、马萨诸塞湾州、罗得岛和普罗维登斯庄园州、康涅狄格州与纽约州、新泽西州、宾夕法尼亚州、特拉华州、马里兰州、弗吉尼亚州、北卡罗来纳州、南卡罗来纳州和佐治亚州是自由、独立并拥有主权的州。英国须言行合一、践行上述承诺……

有人认为，尽管美国由各州组成，但英国王室承认的不仅是美国的谈判者身份，还包括美国的至高地位。

从第五条和第七条就可以看出这种想法的荒谬之处。第五条和第七条承认各州独立的分治权，允许归还那些已充公的属于英国臣民所有的地产、财产和权利，包括那些居于英王陛下辖区范围内的居民和那些不曾拿起武器反对所述美国的居民及其他居民的地产、财产和权利。

第七条：英王陛下与所述美国之间、英国臣民与美国臣民之间将保持持久和平……英王陛下将命人迅速把那些曾在战时落入英王官员手中的档案、记录、契约与文件，归还给这些文件的所有者——各州或各州居民。

1777年，现被承认为自由、独立的各州就《邦联条例》[①]达成一致意见。《邦联条例》在提交各州立法机关获得充分批准后，于1778年7月9日由大陆会议通过。

以下内容摘自《邦联条例》。

第一条：本邦联的名称为“美利坚合众国”。

第二条：各州均保留其主权、自由和独立。那些未经邦联议会明确授予美利坚合众国的各项权力、司法权及其他权利，均由

① 美国第一部宪法。——译者注

各州保留。

第十条：邦联议会在决议美利坚合众国问题时，每州只有一票投票权。

第十三条：各州应遵守由邦联议会就邦联提交给各州的各项问题所做的决议。本条例永久存在，各州应坚定不移地遵守该条例。此后，除非邦联议会同意并经由各州立法机关批准，不得在任何时候对本条例进行任何修改。

我们的祖先，冒着生命危险参加了独立战争。他们靠这种牺牲精神赢得了自由、独立这个无价之宝。这场旷日持久、令人疲惫不堪的战争令他们家徒四壁、负债累累，而各州组成的这个联盟连帮助这些英雄的权力都没有。西部地区的土地当前无利可图，但前景可期，这些土地分属不同的州。由于地域分界线不清、名称仍有疑问，西部的一些土地归属问题尚有争议，直到独立战争后，这些争议尚未解决。

所幸，人们的爱国热忱缓解了政府的燃眉之急。为了公众利益，一些州将空地交由政府处理，由此结束了有关这些土地的纷争。

为获得管控对外贸易与商业的权力、为获得向进口货物征收关税的权力，邦联议会向各州提交了申请。但让各州达成一致意见诚非易事，目前包括英国敌对贸易政策在内的一些事件都日益彰显：为了公众利益，邦联议会亟须获得各州授权。

1787年2月21日，邦联议会做出以下决议：

明年（1788年）五月的第二个星期一，将在费城召开大会，各州派代表参加。会议只有一个明确的目的，即修改《邦联条例》并向邦联议会与几个立法机关报告变更之处及变更后的条款。经邦联议会同意并得到与会各州批准后，《美国宪法》[①]将足以应对政府紧急事件，并且能够维护美国的统一。

因为邦联议会声称此次会议的唯一目的是修改《邦联条例》，并且承认各州有至高无上的权力对提交给其立法机关的决议进行批准，所以在此详细引用了邦联议会决议。大家都不应忘记，《邦联条例》的任何变更都应征得各州的一致同意。

为应对政府紧急事件，各州代表在大会上指出了修改《邦联条例》的困难之处。之后，大会着手设计了新的宪法。让人忧心忡忡的是，无论由谁来授予这些基本权力，都不能得到各州的一致同意。《邦联条例》第十二条声称："如果大会上有九个州予以批准，就足以在认可该宪法的这些州之间建立新的宪法。"

因此，新宪法并没有像宪法第一稿和《邦联条例》一样，提及这些州的名字，只是用了"我们美国民众"这样一个宽泛的表述，该词指的只是认可宪法的人。

如果有人问及，这九个州本是维护《邦联条例》的成员，怎能共同摒弃该条例呢？况且在没有得到"每个州的立法批准"时，不能随意更改《邦联条例》。这一问题的回答如下：各州，即各州人民都从未放弃主权。鉴于此，当政府无法履职时，各州有权"变更或废除该政府，建立新政府，新政府赖以建立的基石及权力组织方式应最有可能帮助各州人民获得安全与幸福"。上述权利是各州不可剥夺的权利。

会上达成共识：新政府的建立，至少需要九个州的一致同意；建立新政府，自然就必须脱离已缔结永久条约的《邦联条例》。乔治·华盛顿主

① 下文简称宪法。——译者注

持了此次大会，并将会上起草的宪法传达给了各州，由各州与会代表提出修改或拒绝意见。

乔治·华盛顿一丝不苟地履行了自己的职责。为使美国更完善，乔治·华盛顿煞费苦心。正如在递交个各州的宪法第七条提及的，新联邦以某个州脱离旧邦联、加入新联邦为基础。为确保有足够的州批准“建立各州一致认可的宪法”，乔治·华盛顿发挥了他个人巨大的影响力。在乔治·华盛顿的一封信中，他说：“如果其他九个州都同意该宪法，弗吉尼亚州的反对者还能怎样？”①

不久，共有十一个州批准了新宪法，“更完善的联邦制”就此诞生。北卡罗来纳州和罗得岛州未加入联邦，成为各州从殖民地迈向独立州的代表。这两个州的处境充分证明：各州拥有毋庸置疑的主权，各州是在自觉自愿的基础上签订或拒绝签订加入联邦的条约的。

1787年美国成员部分或完全脱离联邦一事，已得到后人的承认，此外，人们也承认各州有充足的理由脱离联邦。

以上事实会让人产生这样的质疑：各州是否在采用新的政府形式时被剥夺了自愿加入或脱离新联邦的权力？如果回答是否定的，那么各州是否有权在1861年行使该权力？

《宪法修正案》第十条（由于第十条是宪法得到批准的条件之一，因此优先考虑该条）规定：

> 本宪法未授予美国、也未禁止各州行使的权力，留给各州或人民行使。

---

① 参见乔治·华盛顿写给拉法耶特侯爵吉尔贝·迪·莫提耶的一封信。——原注

如果没有哪个州可以代表美国的主权的话，主权就在各州手中，各州就像1787年一样继续行使其主权。

就九个州脱离联邦一事，马萨诸塞州的埃尔布里奇·格里曾说过这样一席话："如果十三个州中，九个州就可以解除契约，那么以后九个州中，六个州就可以解除新契约。"当然，解除契约的行为属于各州自己的行为。同意解除契约的州数与维持新政府的权力有关，与各州脱离之前的组织无关。解除契约是各州的主权职能，也是宪法认可的各州可行使的权力。由此，对于埃尔布里奇·格里提出的质疑，我们可以这样来回击：从本质上讲，权力不属于大多数州，而属于每一个州。

有人认为各州授予联邦政府的权力包括只能由主权国家行使的权力。目前的情况足以说明，那些授予邦联议会的权力也是如此。

当我们将1787年和1861年各州脱离联邦的原因进行比较时，会产生另一个质疑。在第一种情况中，联邦政府为了某些目的将《邦联条例》的低效当成了修改《邦联条例》的原因。随后召开的大会起草了新的政府形式，该议案在提交后得到了采纳，成为更完善联邦制的宪法。在第二种情况中，宪法被采纳后，各州之间的权力平衡遭到了破坏，随后制定的立法没有兼顾整体而只是顾及了一些地区的利益，再加上某些州持续并严重违背了各州在缔结《邦联条例》时承诺要承担的义务，因此，敌对行动愈演愈烈，最终，这些可耻行动演化为侵略行径。以上种种，让人们感觉美国建立的根基——各州的友爱已不复存在，各州已不再同心同德。在这种情况下，各地经严格投票选出了一位总统，此人宣称不能再让美国继续"半奴役，半自由"的状态；并宣称该政党的宗旨是将奴隶主逐出属于各州的共同领土，该党派拥护者的所作所为是对联邦精神的侮辱和践踏。

人数较少的南方自然比较依赖宪法，这是因为南方将宪法视作保障平等权利并保护公共和私人利益的利器。在联邦精神的引导下，人民的自豪感与日俱增。宪法象征着独立自由的各州，是人民的眷恋与骄傲所在。大多数南方人民都认为可以通过和平脱离联邦来加以补救。南方各州相继通过了《脱离联邦条例》，但并没有做好充分的应战准备，因为人们普遍认为没有那个必要。比如弗吉尼亚州，该州曾在革命时期主导战争，现在却主导和平。与此同时，弗吉尼亚州还号召各州为美国的和睦而出席和平大会。1861年2月4日，大会在华盛顿召开，出席此次大会的有北方和西北地区的大多数州及南方的八个州。为妥善解决存在的问题，这些富有智慧的爱国人士付出了很多努力，却未达到预期效果。

1861年2月4日，脱离联邦的各州在亚拉巴马州的蒙哥马利召开了会议。与会代表在大会上建立了临时政府①，并选出一位总统和一位副总统。1861年2月18日，临时政府正式成立。

临时政府一成立，就派专员前往华盛顿与联邦政府进行谈判，以期在平等、友好的基础上，解决联邦政府与已脱离联邦的各州之间的所有问题。直到布坎南②任期届满后亚伯拉罕·林肯执政，南方政府一直在为此做出努力。然而，南方政府所做的一切与之前召开的和平大会一样，并未达到预期效果。我们不相信，在宪法未授权诉诸武力对付某一州时，联邦政府会侵略某个州，我们反而相信，联邦政府的行动仅仅是在南方港口征税而已。

① 脱离联邦的各州建立了美利坚同盟国，也简称邦联。——译者注
② 即詹姆斯·布坎南（James Buchanan，1791—1868）。——译者注

目　录

第一部分　脱离联邦之前

第二部分 脱离联邦和邦联建立

第三部分 战 争

第一部分

脱离联邦之前

第 1 章

南北战争的起因

由于无知或轻信，在一些不讲道德的党派的蛊惑下，国内外某些人认为奴隶制度是南北战争的主要起因。事实上，南北战争起因众多，奴隶制度只是其中之一。一些人歪曲了交战双方的立场。由于这种歪曲，北方成了为解放奴隶而战的一方，南方成了为巩固南方各州现有奴隶制度并扩大其影响力而战的一方。这种说法可谓错上加错。首先，在1861年的就职演说中，北方执政党的代表亚伯拉罕·林肯总统曾说：

> 我无意直接或间接干涉各州已有的奴隶制度。我相信我无权这样做，我也不打算这样做。

亚伯拉罕·林肯在任命大会上的发言也表明了同样的观点：

> 要维护各州权利不受侵犯，尤其要维护各州独自判定其内部制度管控方式的专有权利，这一点对政治结构的完善和持久所依赖的权力平衡来说至关重要。无论有什么样的理由，任何以武力非法入侵某个州或某一领土的行为都属最严重的罪行，都将受到谴责。

此时此刻，我们完全可以将用武力入侵其他州的行为斥责为最严重的罪行之一。无论某一州是否已脱离联邦，对该州实施武力入侵都属于最严重的罪行。制宪会议并未批准武力入侵其他州，这是不争的事实。如果一州已退出联邦，这种为了延续统治而武力入侵与自己毗邻的故人的土地的行为就是一种反人类、反正义的罪行。无论是哪种情形，这种行为都摧毁了美国美好的未来，用武力代替了协商，从而也摧毁了人类的梦想，构成了罪行。

当亚伯拉罕·林肯赞同任命大会的决议，并在就职典礼中谈到这一点时，他的话像重重黑暗与狂风暴雨中的一缕阳光，引起了强烈反响。人们坚信亚伯拉罕·林肯诚实可靠，随后，他演讲的内容更令人振奋不已。遗憾的是，亚伯拉罕·林肯后面讲的一些话削弱了人们的信心。亚伯拉罕·林肯所在政党过去的言行与公开的声明使人们无法对亚伯拉罕·林肯执行宣布政策的能力寄予合理期望。

事实证明，邦联制已经失败，失去了全世界的信任。但邦联制在美国取得的成功，曾点燃了一些人的希望，这些人看到了能让人们获取幸福的最佳政府组织模式。而今，这一模式遭到破坏，因此，将武力入侵他州的行为斥责为最严重的罪行一点都不为过：这种武力征服会熄灭美国的那个用自由之光照亮世界的灯塔。

除了就职演讲，我们还可以用其他事实证明南北战争的初衷并非“解放奴隶”。1863年，亚伯拉罕·林肯为《解放奴隶宣言》进行了辩护，而辩护的理由正是“军事需要”。由此可以看出，北方不可能是为废奴而参战的。由于战争已成定局，联邦政府就顺理成章打着“解放奴隶”这一旗号了。

让南方各州意想不到的是，北方各州为了将逃亡的奴隶当作劳动力，让北方公民规避责任，而将战争视为实现这一目的的手段。让南方各州同样意想不到的还有：为制造争端，有人暗中怂恿一些不法之徒破坏边境居民的和平，掠夺他们的财产。有人谴责南方各州企图通过引入更多奴隶来增加奴隶数量，这一说法没有任何根据。纵观南方历史，从殖民时期开始，南方殖民地就反对旧英格兰和新英格兰所从事的奴隶贸易，这一点驳斥了以上无稽之谈。邦联宪法没有给奴隶贸易任何宽限期，而是立即禁止与蓄奴州和美国领土以外的任何国家进行奴隶贸易，并授权邦联国会取缔从联邦各州或地区引入奴隶的行为。这里就没有必要对增加奴隶数量一事继续赘言了。

接下来让我们来谈谈土地拓展问题。这一问题的基础是美国领土上所有公民权利平等，且享有平等的土地权。有人认为，这种平等权赋予了每一个移民从离开的州带走任何合法财产的权利。不争的事实是，土地归各州所有，该主张合情合理，否认这一点就否认了平等并构成了歧视，从而也会遭到人们的抵制。其实经济利益并非将奴隶带往西北地区的主要诱因，而只是一个很小的诱因。南方各州的移民可能希望带上那些对他们有人身依附关系的奴隶。因为一些原因，奴隶曾从东北地区转移到南方地区，现在，那些从西部地区划分出去的各州可能会因同一原因永远无法蓄奴。那么，反对的理由是什么？将奴隶从南部某州转移到西部某地的行为并不会使奴隶数量增加，将奴隶分散开只会给人们带来舒适与和谐。正如一些极端主义者声称的，如果反对的理由是为了限制奴隶制度，直到在奴隶身上无利可图。也就是说，直到奴隶主无法继续供养这些奴隶，且这些奴隶力求解放。当人道主义者看到废奴这一举措带来的一切和招致的罪行时，也许会提出这样一个问题：这是一次慈善的行动吗？

第 2 章

奴隶制度与奴隶贸易

早在1861年南方各州脱离联邦前，奴隶制度就引发了激烈的政治讨论。一直以来，对奴隶制度的本质和该制度产生的一些问题，人们存有误解。该误解不仅使我国，也使世界上其他国家曲解了南北战争的起因和战争前的争议，并且这一误解的影响仍在不断扩大。因此，我们有必要在一开始就正确理解这些问题的本质，并通过简单回顾来表明：南北战争与保留或废除奴隶制度并无关联；那些言辞激烈、最终使联邦制走向瓦解的争议，无论在早期还是在后期，都不曾有道德或情感方面的顾虑；这些问题只是制度、利益不同的党派之间的政治斗争。

《邦联条例》是在独立战争期间通过的。当各州通过《邦联条例》时，签约的各州都存有奴隶制度。然而，南方各州的奴隶数量相对较多，北方各州的奴隶数量相对较少。这种差异是由气候、土地和工业利益的差异性造成的。奴隶制在南方有利可图，在北方无利可图。南北在使用奴隶方面存在差异，与道德因素无关，因为当时并没有道德方面的顾虑。出于工业利益，北方各州抑制了奴隶制度的发展，并逐步废除了奴隶制度，而南方的环境则促进了奴隶制度的发展。然而，与此同时，北方一些州的商人仍在非洲和南方某些港口进行着奴隶贸易，直到南方各州禁止了该贸易，北方商人才作罢。

1808年之前，宪法禁止政府介入奴隶贸易。但在其间二十多年，南方各州都颁布了禁止引入奴隶的法律。弗吉尼亚州是各州中第一个禁止奴隶贸易的州，佐治亚州是第一个根据宪法法令废除奴隶贸易的州。

1807年，国会利用宪法限制条款不起作用这一契机，以一百一十三票赞成，五票[①]反对的绝对优势，通过了一项禁止引入奴隶的法案。

奴隶贸易就这样被废除了。从此，在任何一个州，奴隶贸易都不再合法了。

对任何一个州而言，维持或废止奴隶制度完全是该州自己的问题。因此，联邦立法问世后产生的任何法律问题都与奴隶制本身无关。之后，北方各州的一些狂热分子要求通过联邦政府的干预废除奴隶制度。这些狂热分子的行为造成了不小的骚动。由于对废除奴隶制度的坚持，他们最终形成了一个公认的政党。这个政党决定着北方两大政治组织之间的权力平衡，久而久之，该党控制了其中一个政党组织，并极大腐蚀了另一个政党组织。然而，其主要目的——至少从对另一党派的吸收来看——是为了获得绝对控制权而进行的权力扩张。

因此，该党派人士的所作所为才是南北战争的起因。

① 值得注意的是，尽管当时没有任何阵营的划分，这五个持异议的人却几乎可以分成两个阵营；其中两人来自新英格兰，三人来自南方。——原注

第 3 章

奴隶制度的扩张

该时期大肆宣扬的废奴口号带有很大欺骗性，这样的措辞在很大程度上混淆了是非，让世界人民误解了南方人民为获得平等、独立而退出联邦的行为和其后进行的种种斗争。有人指责南方在声称地区平等权时却力求“扩张奴隶制度”，这种说法是对南方最不公正指控的例证之一。问题仅仅在于是否应该允许奴隶主携奴隶进入某个非奴隶主可以携带自己的任何财产进入的、属于所有人共同财产的地区。该问题仅仅与奴隶分布在何处有关，与“奴隶制度的扩张”并无关系。奴隶的位置迁移并非奴隶制度的扩张。

这两种说法，虽然很容易混淆，本质上却大不相同。这一差异在处理西北地区的土地问题的过程中就已经很清楚了。

1784年，弗吉尼亚州将一块幅员辽阔的土地割让给了美国，俄亥俄州、印第安纳州、密歇根州、伊利诺伊州和威斯康星州都是在这块土地上建立起来的，随后建立的明尼苏达州的部分地区也来自这块土地。1787年，邦联议会在弗吉尼亚州通过了管理这方广袤土地的著名条例。该条例第六条规定：“除了对犯罪分子的确凿罪行进行惩治，所述地区不得有奴役或强制劳役现象。”

1805年12月，为了允许引入奴隶，印第安纳领地的立法委员会和众议院向国会递交了请愿书，要求暂停第六条。当时的印第安纳领地包括现在的印第安纳州、伊利诺伊州、密歇根州和威斯康星州的所有区域。两年前，即1803年，联邦政府还收到并转交了由印第安纳领地居民提交并获得总督威廉·亨利·哈里森[①]经信件批准的类似请愿书。1806年2月，分别代表弗吉尼亚州、俄亥俄州、宾夕法尼亚州、南卡罗来纳州、肯塔基州和纽约州的七名委员组成的特别委员会与印第安纳领地的代表发表报告，声称赞成该请愿，并且建议将第六条暂停十年。这些代表在报告中声称“印第安纳领地几乎所有人都希望”暂停第六条，并声明他们认为暂停第六条“符合该地区利益，对奴隶主和奴隶都有好处”，同时表明暂停第六条与“奴隶制度和自由之间的问题完全不同，因为他们只是将该地区已有奴隶运往该地区其他地方而已”。

值得注意的是，五十年后，当这些与宪法思想源于同一时代、来自每个州的代表的不偏不倚的表述被重新提起时，却被当成某个敌对派系的言辞，遭到谴责与否认。

之后，国会在讨论暂停第六条这一议题时更加慎重。在给众议院的一封信中，威廉·亨利·哈里森总督谈到了该议题。信中，威廉·亨利·哈里森总督对印第安纳州立法机构一致通过的赞同暂停第六条的决议表示了赞同——国会议员表示，第六条将得到该地区“至少百分之九十的本分公民的认可”。国会的决议重新否定了“扩大奴隶制度”的要求，正如暂停第六条的要求声称的“美国的奴隶数量将不会增加”。决议重申：暂停第六条不仅对黑人有利，对印第安纳领地和奴隶离开的州也十分有益。

委员会在报告中再次支持该请愿；会上通过了暂停第六条的决议，但该决议未能获得参议院的批准，参议院似乎摒弃了这一议题。

① 此人后来成为美国总统。——原注

第 4 章

《密苏里妥协案》

应注意这样一点：西北地区的政府条例开创了这样一个先例，支持国会有权决定是否允许奴隶进入该地区，并为1820年在路易斯安那州部分土地上暂停第六条提供了正当理由。

邦联议会和国会之间的差别非常大，绝不能将邦联议会的举措视为国会的先例。事实上，邦联议会是主权州召开的大会，每个代表只有一票表决权，在决定任何问题时，每个州的决定同等重要。邦联议会具有立法权、行政权和某种程度的司法权，从而统领了政府的所有部门。邦联议会休会期间，由各州委员会行使邦联议会的权力。各州委员会实际上是由各州组成的组织。

国会只是联邦政府的立法机关，其立法权由各州授予并明示其权限范围。国会的立法权还进一步受到行政权和司法权的约束，其立法机构由两个分支组成，每个分支机构都有各自的特定职能。

如果有人承认邦联议会有权拒绝接纳奴隶进入西北地区，那么这种权力也一定是具有主权的各州共同赋予邦联议会的权力，而非《邦联条例》本身具有的权力，因为《邦联条例》中没有哪一条指明邦联议会有权行使该权力。根据明文规定，国会不能行使未经明确、特别授予的权力。在邦联议会那里仍有质疑的地方，在国会那里明显也是不可被采纳的。

邦联议会和国会还有另一个实质性区别。一些占有西北领土的州是接受《邦联条例》的邦联议会成员，这些州完全认可《邦联条例》。因此，土地割让州与土地接受州之间的平衡可看成双方达成的协议。然而，密苏里领地和受《密苏里妥协案》影响的所有地区，都是以路易斯安那州的名义从法国获得的一部分领土；由于制定和修改协议需要土地割让方与土地接受方的参与，当获得路易斯安那州的条约需要修改时，法兰西王国和美国应合作完成该条约的修改。该条约保证被割让地区的居民享有美国公民享有的一切权利、利益和豁免权，并享有当地居民信奉的财产和宗教信仰自由。

鉴于以上原因，似乎可以得出以下结论：1787年邦联议会的举措并不能成为可以证明1820年国会采取的举措合理、正当的先例；《密苏里妥协案》的禁止条款未得到宪法的授权，侵犯了共同拥有该领土的一部分人的权利，同时漠视了与法兰西王国所签条约中规定的义务。

这种地区争议的根源就是政权的平衡问题。这一点在地区争议产生的早期就表现得非常明显。1803年，从法兰西手中购买了路易斯安那领地后，该领地的部分地区作为一个州并入了美国。这时，一些地区就表现出了妒意，从新英格兰开始陆续首次发出联邦制解体的威胁和警告。然而，尽管路易斯安那保留着奴隶制度，却没有人以此为借口反对得到该地。当时，在马萨诸塞的一位政治家给另一位政治家的信中，这位政治家就开诚布公地表明了反对的理由："必须得通过增加南方的权重来削弱我们在美国的影响力。"①

之后的几年，即1819年至1820年，密苏里领地加入美国一事引发了一场大争论。密苏里领地是从路易斯安那领地划分出来的第二个地区。争

① 乔治·卡伯特写给皮克林的一封信。详见C.H.洛奇著的《乔治·卡伯特传与信札》，第134页。——原注

论的起因是，有人提议，在加入美国时，让新成立的领地接受一个附带条件：禁止在美国内实行奴隶制度或进行强制劳役。随后引发的激烈争论一直持续到下一届国会第一次会议召开，并在两次会议期间让整个国家动荡不安。这是第一个对美国的稳定构成威胁的事情，也是首次有人将反对奴隶制度的情绪作为地区争议产生的一个原因。这场争论清楚表明：提议中的条件与新成立的州加入美国一事并无干系；现有奴隶数量并不会因奴隶从其他州转移到密苏里而有所增加；所提议的附带条件在某种程度上违背了宪法精神。尽管如此，众议院还是通过了该项限制议案，而投票者几乎完全是某一地区的人。因南方坚决反对，再加上参议院中少数北方爱国人士和保守人士的帮助，《密苏里妥协案》未能通过。

最后，会议决议规定，新成立的州可以不受任何限制加入美国，但除了密苏里领地，北纬36°30′以北的路易斯安那领地的所有地区都要永远废除奴隶制度。满足以上条件，新成立的州就可以不受任何限制地加入美国。也就是说，不限制生活在这条纬线以南地区的人携带奴隶定居。

因此可以看到，同后来的一段时期一样，南北之间的冲突并不涉及与奴隶制度有关的道德问题。从本质上来讲，南北双方的斗争一方面是为了地区平等，另一方面是为了地区优势。南北双方的斗争是为了维持或改变南北之间的权力平衡或均势，而这种权力的平衡或均势是大家公认的联邦体系的基本原则，并不能由此推断哪一方是正确或错误的。其中的是非曲直，须由公正的调查者在审查相关证据后再做判断。

这些初步调查报告是为了帮助人们消除由不相干问题和道德方面的错觉造成的对该问题的含糊理解。

第5章

妥协措施

从第三十一届国会第一次会议（即1849年至1850年）到通过《堪萨斯-内布拉斯加法案》的这段时间，一些重要争论与措施对国家的未来产生了显著影响，但这里只能简要谈及。

从墨西哥收购加利福尼亚和新墨西哥地区，需经国会立法批准。审议后，由亨利·克莱担任主席的委员会发布了通常被称为《1850年妥协案》的法案。

我与一些人主张按以下方式划分近期获得的领土：将《密苏里妥协案》中设定的界线延伸至太平洋处。这样做并不是因为该界线存有任何优点或这样划分比较合适，而是因为人们认为这样划分可以解决三十年前某个具有威胁性的争议。人们已普遍认可这一划分方式，对此置若罔闻似乎并不明智。然而，这项折中方案遭到了几乎完全由北方代表组成的多数人的反对。就这样，和平的苗头被无情扼杀。历史表明，南方对之后产生的冲突不负任何责任。事实证明，这一反对行为打开了潘多拉的盒子。

由于将密苏里领地的边界线延伸到太平洋的提议遭到了拒绝，加利福尼亚就以自由州的身份加入了美国。南方为此得到的补偿是引渡逃亡奴隶的更有效法律。各州在加入美国时就曾允诺要遣返逃亡奴隶。然而，十四个州的立法机关无视这一基本宪法义务，颁布了所谓的《人身自由法案》。《人身自由法案》禁止所有州的官员互相合作引渡逃亡奴隶。因此，有人认为联邦政府应出面干预此事，责令各州履行相关职责。一些人忘记了这样一个显而易见的事实：无论是让各州人民认为将自己的权力移交给联邦政府就可以不再受宪法职责制约的行为或举措，还是让各州人民认为可以通过这样或那样的方式来逃避和抵制相应职责的行为或举措，都会像敌人在小麦播种时掺杂稗子一样，最终造成鱼目混珠甚至鸠占鹊巢的局面。《人身自由法案》最终得以通过，但成了北方媒体、演讲台及讲坛向南方发起最具敌意斥责的由头。在这场非难中，所有伪装的友谊都原形毕露，宪法规定的义务和对法律的尊重备受嘲笑。有人建议：为遵守“比宪法更高的法律”，应抵制这些与土地有关的法律。

就在这些令人难忘的争论中，南方失去了最值得信任的领导人——约翰·考德威尔·卡尔霍恩。他“像炎炎夏日里的泉水一般，在我们最焦渴难耐时”被带到了另一个世界[①]。约翰·考德威尔·卡尔霍恩的智慧、管理才能、对和平的热爱，以及对宪法的忠诚，本可力挽狂澜；他本可成为南方人民的帕利努鲁斯[②]，引领大家安全渡过危险的“海洋”，但终未能如愿。

① 诗歌出自沃尔特·斯科特的《科罗纳》。——译者注

② 罗马神话中的舵手，也指普通的航海家或向导。——译者注

第 6 章

密西西比州的政治事务

1851年4月，密西西比州立法机构再次选举我为国会议员，由此我继任该职务，进入第二任期。

横越密西西比州后，在民主党大会[①]的指定时间内，我结束了游历。在之前的一年内，因受人指控不久前与他人串通“阻碍议员通过”出征古巴的决议，密西西比州州长约翰·A.奎特曼被迫辞职。后来，该指控罪未能成立。这时，民主党认识到，如果想让约翰·A.奎特曼成为州长候选人，需重新任命他。然而，当民主党召开大会时，大家却认为当下的权宜之计是让我当州长候选人，以挫败有人意欲让民主党背上分裂美国名声的企图，约翰·A.奎特曼之前的一些议员似乎就曾支持分裂。大家心知肚明，如果任命约翰·A.奎特曼继任我在联邦参议院的职位，我就必须提出辞职。众人皆知，我对祖先创建的美国怀着一颗赤胆忠心，也知道我长期以来一直兢兢业业。因此，大家认为，让一个立场不太鲜明的联邦制拥护者担任候选人可能会面临失败的风险，而提名让我担任候选人则可以规避这一风险。我的立场坚定，将分裂美国的行为视为重大罪行。

我把决定权留给了约翰·A.奎特曼。约翰·A.奎特曼拒绝退出。与此同

① 或州权党大会。——原注

时，州代表大会的拉票活动也在进行中。其结果是，1851年9月，民主党候选人以大约七千五百票之差落选。约翰·A.奎特曼预见民主党会失败，就退出了选举，于是在离选举还有六周时，我受命接替了约翰·A.奎特曼竞选密西西比州州长一职。由于之前的游历和1851年夏天的演讲，我的身体十分虚弱，因此大家并不指望我积极参与即将开始的拉票活动。然而，在辞去美国参议员一职后不久，我还是亲自上阵积极参加竞选，直至选举结束。此次竞选活动我虽未能竞选成功，但民主党从七千五百多票之差下降到不到一千票之差。

在争取选票的过程中，我不曾说过任何针对联邦制永存性的话。然而，我认为当时的一些迹象预示着南方将面临危险，建议密西西比州参加南方各州人民将要举行的会议，以商讨该采取哪些措施来确保各州日后的安全，以防联邦政府在未经授权下篡夺权力。我坦率地表达了自己深信不疑的看法：如果不采取任何措施，某一群体制定的政策将会对未来造成更大危险；如果不及时解决南北之间的争议，双方将失去最后一次和平解决问题的机会。到那时，就只能靠流血冲突来解决问题了。

第 7 章

堪萨斯－内布拉斯加州争端

淡出公众生活后，我在种植园过着宁静的生活。1852年11月，富兰克林·皮尔斯当选美国总统。富兰克林·皮尔斯上任后，邀请我在其内阁担任战争部部长一职。

从富兰克林·皮尔斯任总统期间[①]的各种年度报告和公布的已依法执行或建议用到防御工程上的预算，建议用到维修军火库和武器库的预算及用于铸造厂的预算中，可以很容易了解到我担任战争部部长一职期间的管理工作。这些内容翔实的文件，加上我是由密西西比州立法机构选举出来的这样一个事实，让我在富兰克林·皮尔斯任期的最后一天[②]离开其内阁后，再次在美国参议院中获得一席之位。

返回公众生活后，我面对的第一个引起强烈争议的重大问题就是将堪萨斯纳入领土范围的问题。

1854年5月通过的《堪萨斯-内布拉斯加法案》宣称其原则是实施《1850年妥协案》中确定的主张和原则。根据《堪萨斯-内布拉斯加法案》，《密苏里妥协案》仍然有效。然而，1850年的立法已废除《密苏里妥协案》并宣布其“无效”，这已是公认的事实。从《堪萨斯-内布拉斯

① 即1853年到1857年。——原注

② 即1857年3月4日。——原注

加法案》的条款及代表该法案的论点可以看出，该法案实施的目的如下：第一，平等开放堪萨斯和内布拉斯加，各州人民承认堪萨斯和内布拉斯加拥有的一切财产；第二，允许移民根据气候和土地因素进行迁移；第三，在获得自治权后，确保人民有权根据自己的意愿建立自己的制度，也就是说，当一个地区的人数使该地区有资格成为美国的一个拥有平等地位、具有主权的成员州时，该地区人民就有权建立自己的制度。之后，斯蒂芬·A.道格拉斯先生和其他人都主张：《堪萨斯-内布拉斯加法案》是为了维护某地区在尚未独立前的过渡阶段时的第一批移民的权利，并确定该地区的制度性质——上述主张就是人们常说的“人民主权论”。这一主张引起的纷争最终导致了民主党的分裂。

为竭力阻止将要实现的自由移民，持相左意见的群体立即提出了异议，并企图通过武力和欺诈手段提前确定这些将要成立的州的制度，而不是由该地区的气候和居民在发展过程中的利益来决定其政体。北方成立了一些提供经济援助并将移民送往新地区的团体；在向这些移民致辞时，一位著名的牧师让大家将“《圣经》和夏普来复枪”也带到堪萨斯。当然了，这些夏普来复枪是用来对付那些可能会移居到同一地区的南方同胞的，但《圣经》在这片土地上的用途，这位牧师只字未提。

经过深思熟虑后，用“禁止奴隶制度扩张”为政治口号，煽动者对北方人民进行了思想灌输。然而，奴隶的数量并不会因这些奴隶从一地区进入另一地区或从一州进入另一州而有所变化，这一点不言而喻。

煽动者的诡计取得了显著的成效。在某种程度上，北方的愤怒都是因南方破坏了“1820年《密苏里妥协案》这一神圣文件”的荒谬指控而引起的。

通过自然规律原本可以和平调控移民前往新的地区，可这一和平调控未能实现，取而代之的是在堪萨斯肆虐多年的互相残杀。那些原本应该并肩征服荒野的兄弟在自相残杀中血染堪萨斯的处女地。为了子孙后代的和平与幸福，父辈们曾制定了宪法，如果后代对那些玷污民主选举并让“选举”一词名不副实的欺诈行为有了质疑，就让“人民主权论”的提出者和地区仇恨的煽动者予以解释吧。

这一纷争造就了一批煽动者，这些人后来在约翰·布朗的领导下侵袭了弗吉尼亚州。与此同时，这一纷争也滋生了某种情绪，让位高权重的人利用自己的影响力和财力一直维持着对南方的残忍入侵。暴风雨就在眼前，远方的牢骚也在耳边咕哝了许久，对此，智者和爱国者都提出了严肃警告，认为这场风暴预示着联邦制的解体。

第8章

废奴运动

当西北地区的土地转让已完成、禁止条例已颁布，当从法兰西获得的地区除了北纬36°30'的密苏里领地都交由北方管理时，当《1850年妥协案》将得克萨斯州并入北方时，已在国会两院获得多数席位的北方把从墨西哥获得的所有领土也据为己有。就这样，南北之间最初的平衡遭到了破坏。从前，南方因美国从法兰西王国手中购买路易斯安那地区而占有更大的领土面积。

北方并不满足于所获优势，开始滥用权力。利用国会有权对进口产品征税这一点，北方颁布了相关法律，其目的不仅是为了实现由宪法授权的偿还债务，为美国提供共同防御和公共福利的目标，还清楚表明这些法律是为了保护国内制造商免受外国竞争的影响。通过提高进口产品的价格并随之降低出口产品的价格，这些法律给南方人民带来了不平等的税务负担，因为南方人民不是制造商而只是消费者。进口产品价格上涨的原因是为了让北方制造商从中获益；出口产品主要来自南方。明知南方承受的税务负担是为了补充公共财政，北方却在将这种负担施加在南方人民身上时没有给南方人民一点点的慰藉。

不仅如此，参考年度拨款可知，同税务负担方面一样，财政支出方面也存在不平等现象，也存在歧视人数较少的南方各州。

这些因素共同导致了移民拥向北方。第一次人口普查时，无论是拥有的州的数量还是人口数量，南北相差无几。可现在数据发生了巨大变化，南北拥有的州的数量、人口数量相差悬殊。这种差异破坏了各州的自我保护能力，使南方各州难以应对联邦的进攻。然而，当北方的优势在不断增加时，联邦政府滥用权力的态势似乎也愈加明显，并用手中的权力歧视人数较少的南方。

这种政策很快就得到了一种源于人类更高秉性的情感的支持，但这种情感像其他所有情感一样，在遭到误导或滥用时会产生有害甚至破坏性的作用。

1835年，有人开始公开煽动废除南方的奴隶制度，而该制度在联邦形成前就已存在且遍及各州。由于人们对联邦政府的合法权力和北方各州人民的责任存有严重误解，很多人逐渐得出了这样的结论：北方各州应该为奴隶制度负责，并且联邦政府有责任废除奴隶制度。在公开示威的同时，废奴主义者也遭到了北方人民的普遍强烈斥责。然而，由于废奴主义者开展废奴运动，加上他们对“自由”这一神圣之词的滥用，很快就有更多的人加入了废奴运动中。数量之多令废奴主义者在许多北方州的两大政党之间都有举足轻重的地位，两党都向这些人大献殷勤，其中逢迎最甚者自然是两党中相对比较弱小的辉格党。狂热主义往往被冠以诚挚之名，这样就能为其制造的恶果开脱。因此，狂热主义为最初的废奴主义者提供了最好的借口。然而，从政的人不能夹杂此种情感，否则所出之言就成了意欲蒙骗大众的伪善之辞。因此，有人以国内拥有主权的州的制度为由，宣称产生了“无法抑制的冲突”；并声明无论是联邦政府还是这些州之外的人都无法约束该制度，同时声明对该制度没有任何道德或法律上的责任。

当我们的后继者不含任何偏见与情绪地来看待我们这个时代发生的事件时，他们一定会感到十分诧异，那些提出并宣扬这一观点的人是如何蛊惑这个世界接受他们的观点，从而可以妄称自己是联邦政府的特殊朋友，与联邦政府缔结条约是为了帮助美国人民“获取国内的安宁”。后继者也会看到，在宣誓支持和维护宪法时，这些妄称拥护和平、法律和秩序的人心里是有所保留的，他们还想着有朝一日违反宪法中最基本、最重要的一条——宪法的基石。没有这一条，就不可能有美国。

第9章

约翰·布朗突袭事件

讲到这时，自由土地党，也就是现被称为“共和党”的党派已发展成为一个重要党派，该党派发展速度之快，眼看就能控制政府了。共和党的基本思想是反对南方各州与北方州以同等的速度发展。共和党的成员不仅囊括公开的废奴主义者，还包括反对民主党的各种人。在1856年的二百九十六张总选举人票中，共和党总统候选人约翰·C.弗里蒙特和代顿[①]共得到了一百一十四票。1857年的选举结果显示：共和党的优势已大大减弱。毫无疑问，民主党在第三十五届国会两院占据主导地位。然而，在随后的两年，堪萨斯领地的动荡与人民主权论的新学说所造成的民主党内部的分裂，使共和党的势力范围大增，因此，在众议院中，两党都未占多数席位。众议院议长的竞选活动持续了八个多星期。最终，共和党以一票优势赢得了选举。控制权力平衡的是少数仍然拥护事实上已不存在的辉格党和“美国党”或“一无所知党”的成员。掌握参议院的仍然是民主党，但席位已大幅减少。

这里似乎有必要指出，严格意义上来说，政党采用的名称并不表示该党派秉持的原则。整体而言，之前的联邦党倾向于加强国家主权、巩固联

① 即威廉·L.代顿（William L. Dayton，1807—1864）。——译者注

邦政府的权力。联邦党之后的辉格党虽然与联邦党不完全相同，但基本上赞成建立一个强大的中央政府。然而，联邦党的对手，也就是后来被称为民主党的共和党，主要强调各州的主权及同盟性。在不同时期，尽管共和党吸纳了一些其他思想，但各州的主权及同盟性一直是该党遵循的重要原则。“美国党”或“一无所知党”是在辉格党衰败的基础上发展而来的。该党的思想基础是反对外来移民和天主教会的所谓迅速增长的政治影响力。“美国党”或“一无所知党”只存在了很短一段时间，1856年总统大选后，该党在迅速兴起后不久就陡然衰落了。

让民主党很快就走向分裂的“人民主权论”学说应该是由卡斯[①]在1847年第一次提出来的，但直到1854年《堪萨斯-内布拉斯加法案》通过后，该学说才在来自伊利诺伊州的懂得变通的实干家——可敬的天才斯蒂芬·A.道格拉斯那里得到充分发展。从逻辑上讲，“土地占有人主权论”或“人民主权论”赋予了地方立法机构一项国会本身不具有的权力，而地方立法机构又是国会的产物。或者说该理论赋予地方立法机构的权力是某一独立、自治州的立法机构才具有的权力，因为这些地方的权力是受限于州宪法和《美国宪法》的。

这个明显基于谬误并得出自相矛盾结论的理论虽然看起来很奇怪，但得到了许多北方和南方杰出的、有经验的政治家的拥护。主要原因可能是这些人妄想通过该理论解决某些人宣称的“无法抑制的冲突”。

1859年10月，也就是第三十六届国会会议召开的几周前，堪萨斯领地臭名昭著的狂热领导人约翰·布朗率众突袭弗吉尼亚州。当时，此次事件并没有产生很大影响，但让人吃惊的是：地区仇恨和政治狂热已极大地蒙蔽了一些州中某一类人的良知，从而形成了一个人数不断增加、活动范围

① 即路易斯·卡斯（Lewis Cass，1782—1866）。——译者注

约翰 · 布朗突袭事件中，约翰 · 布朗和他垂死的儿子。
19 世纪版画，绘者信息不详

不断扩大的党派。尽管各党派都严肃声称拒绝承认该党派的宗旨与行动方式，但该事件在国内不同地域产生了不同的影响。在约翰·布朗突袭事件的影响下，北方想要控制南方的意愿进一步高涨，南方则渐渐明晰必须抵制北方对南方进行进一步的侵犯。

第 10 章

回 顾

北方殖民地是引发独立战争的不满情绪的直接受害者。当时，南方殖民地并没有什么特别值得抱怨的事情。但出于对北方殖民地同胞的同情，也为了忠于公民自由原则和社会自主原则，南方殖民地在独立战争中拼尽了全力与北方同胞同仇敌忾。

独立战争结束时，十三个殖民地都得到了英国的承认，并成了自由、独立的州。由这些州组成的联邦地域辽阔、气候多样、物产丰富，但正因如此，没多久，各州间的竞争与利益冲突就突显了出来。为了压制这些竞争并让人们向往的可以确保和谐与联合的折中办法起作用，需要各方爱国、智慧之士在共同的苦难与危险面前，群策群力。在这种爱国精神的鼓舞下，加上对各州之间友好关系的延续充满信心，弗吉尼亚州放弃了整个西北地区的广大领土，将这些土地交由联邦政府管理。之后，在联邦政府的组织下，这块土地上成立了五个州，还有一部分土地成为第六个州的部分领土。这些新组建的州增加了北方的优势。因此，北方具有了比赠送土地的南方更大的优势。然而，这种优势破坏了独立战争结束时南北之间的平衡。

通过《密苏里妥协案》的实施情况及北方吞并从墨西哥获得的所有土地一事，几乎可以这样说：自独立宣言以来，在美国获得的所有领土之中，四分之三以上的领土都被北方独占了。

事实还不止于此。为了对进口产品征税，北方曲解了宪法条款，致使以农业生产为基础的南方替以制造业为主的北方背负了沉重负担。然而，在公共支出方面，大部分掌握权力的人更偏袒北方。各种原因——更多的土地，更多的财富，特殊行业中更多的工作机会——让更多移民流向北方。随着人口的不断增加，北方变得越来越贪婪。

1860年5月16日，在芝加哥召开的第一次共和党代表大会上，北方的贪婪暴露无遗。此次会议的目的是提名总统候选人。此次会议纯属地区性会议，参加此次会议的代表中，没有任何人代表著名36°30′政治线以南的选区。此次会议违反了之前所有共和党代表大会的原则，提名的两位总统候选人都来自北方。总统候选人亚伯拉罕·林肯公开宣称，美国“不能永远保持这种半奴役、半自由的状态”。由此产生了一个凭空捏造的问题。宪法最狂热的反对者欣喜地发现，他们的思想将成为政党的指导原则和统治原则。

稍早时候，1860年4月23日在查尔斯顿召开的民主党代表大会并未达成一致意见，因此也未提名总统候选人。此次大会被迫延期。会议在巴尔的摩重新召开时，民主党的两派再次产生分歧并分别举行了大会：保守派[①]提名肯塔基州的约翰·C.布雷肯里奇即当时的美国副总统为总统候选人，提名俄勒冈州的参议员约瑟夫·莱恩为副总统候选人；“人民主权论”学说的拥护者提名伊利诺伊州的斯蒂芬·A.道格拉斯为总统候选人，提名佐治亚州的赫舍尔·V.约翰逊为副总统候选人。1860年5月19日，在巴尔的摩举行的另一次大会上，提名田纳西州的约翰·贝尔为总统候选人，提名马萨诸塞州的爱德华·埃弗里特为副总统候选人。出席第三次民主党代表大

① 或州权派。——原注

会的代表来自各州，这些人代表的依然是拥护辉格党的人。此次大会全盘否定了南北之间包括地理差异在内的种种的问题，并承诺要“维持、保护并捍卫公共自由和国家安全方面的重大原则”。大会宣称除了国家宪法、各州联盟和相关法律，不承认任何其他政治原则，这样做既是出于爱国，也是分内之事。此次大会完全忽略了地区问题。

就这样，四个不同党派在会上让美国人民领略了竞争一词的含义。

简言之，宪法—联邦党派或贝尔—埃弗里特派主张遵守宪法、拥护联邦政府并坚持执行相关法律。

民主—保守党派或布雷肯里奇—莱恩派主张维护某地从地区发展到独立州时人民的权利，以及由该地区人民决定其内部制度的权利。

“人民主权论”学说的拥护者或道格拉斯—约翰逊派坚称：某地在未成为独立州前，在不经国会许可的情况下，人民有权决定自己的组织制度。该派否认了国会具有在这些地区保护少数人不受多数人侵害的权力和义务。

共和党或林肯—哈姆林派则坚称，“只有经国内法律批准，奴隶制度才能存在”；这些未成为独立州的地区并没有相关法律准许其蓄奴；国会迟早会禁止并清除美国内的奴隶制度。也就是说，该党派坚持这样的观点：国会有权利并有责任将美国一半州的公民逐出属于所有人共同拥有的领土，除非这些居民放弃或牺牲由宪法明确规定属于他们个人的财产。

这样一来，国家的保守势力就分成了三个派别，而激进派则团结在了一起。这样的结果在细心观察者的意料之中。为了将拥护宪法的各州联合起来，有人试图让两名候选人退出选举，但斯蒂芬·A.道格拉斯宣称这样做无济于事，并拒绝合作。

此次选举的结果是：由少数人选举出了一位总统，但人们认为，该总统公开宣称的原则对美国的和谐构成了致命威胁。在三百零三张选举人票中，亚伯拉罕·林肯获得了一百八十票；但在普选的四百六十七万六千八百五十三张选票中，亚伯拉罕·林肯只获得了一百八十六万六千三百五十二张选票，也就是说，所获票数略超过总票数三分之一。之所以会产生这一差异，是因为投票是以州为单位进行的，这种做法并没有顾及占大多数的群众。因此，在纽约，普选票数总数为六十七万五千一百五十六票，其中投给亚伯拉罕·林肯选举人团的支持票数为三十六万两千六百四十六票，反对票数是三十一万两千五百一十票。纽约可以获得三十五张选举人票。根据普选结果，亚伯拉罕·林肯获得的支持票数是十九票，反对票数是十六票。然而，在以州为单位的选举中，共和党候选人共获得了三十五张选票。这样一来，共和党候选人不仅得到了多数人的支持，还得到了少数反对该党派的人的支持。其他北方州也是如此。在北方各州中，只要少数人意见一致，投票结果就有效；而在南方各州，即使是所有人意见一致，也不过是获得多数票而已。

该结果宣布后，大多数南方州非常气愤。但这种气愤是因为南方州对美国的热爱而受到了遏制。从波士顿到墨西哥的每一次战斗中，都可以看出南方各州对美国的眷恋。各州有权收回赋予联邦政府的权力，这一点几乎无人质疑，也就是说，各州拥有脱离联邦的权利。但只有各州遭遇被毁灭的威胁或遭受侮辱时，人们才会选择脱离联邦。人们仍然希望有人能做出一些调整并采取一些措施避免“无法抑制的冲突”可能引发的不幸。

第 11 章

防御前期的准备

南方各州之所以会对总统选举结果十分气愤，既不是因为对总统当选人——亚伯拉罕·林肯存有敌意，也不是因为懊恼民主党候选人落选，而是因为南方各州发现，亚伯拉罕·林肯代表的共和党公开信奉的原则破坏了“他们的和平、繁荣和国内的安宁”。

南方各州并没有采取任何鲁莽行动或革命运动，只是采取了适当的防御措施并谨慎执行。总统选举发生在1860年11月，不久后，南方大多数州的立法机关决定定期召开会议。但面对一些特殊情况，为了号召州代表大会明确当前形势下应采取的应急行动，南方也会召开一些特别会议。

人们认为：这些大会凝聚着所有人的力量；这些大会传达了各州同意建立联邦制的心声；也是通过这些大会，各州才能否定之前有关建立联邦制的赞同意见。

在做出深思熟虑的决策并采取最后的行动前，我们需要一些时间，这些时间能让我们避免因草率或行动不成熟带来的危险，同时可以让联邦政府和北方各州有机会进行适当的反思。

在当前形势下，总统布坎南的性格对形势起着举足轻重的作用。在处理地区争端时，布坎南能够做到不偏不倚，他的公职生涯漫长，擅长调解争端，除此之外，他还热爱和平、尊重宪法，这一切都可以确保布坎南不会去引发与任何一个州的冲突。但没过多久大家就发现，在布坎南执政的最后几个月内，他几乎没有任何权力去决定未来的政策。同制宪史上所有公正、智慧的学者一样，布坎南认为联邦政府没有任何权力去强迫某一个州。同那些明智、爱国的前任总统一样，布坎南认为：

> 我们必须将民意考虑在内，决不能靠互相厮杀来巩固联邦制。如果联邦制无法在人民的眷恋中存在的话，就会在某一天走向灭亡。尽管国会可以通过多种调解方式来保护联邦制，但不能通过手中的刀剑凭借武力来维护联邦制。[①]

该消息发布的十年前，约翰·考德威尔·卡尔霍恩也曾在参议院表达过类似的观点。然而，在此期间，地区矛盾在不断激化，某个更强大地区想要靠侵略这一违反宪法的行径来解决争端的倾向在不断增加，其速度之快，让人害怕。1850年，除了一些特例，没有任何州声称联邦政府有权胁迫某一个州。1860年，人们已对用威胁手段迫使南方服从联邦政府执行的某个行动这一做法不再陌生。1860年拉选票活动中，北方的重大军事组织进行的示威活动就清楚表明：北方使用的手段并没有得到由各州赋予政权的联邦政府的批准。

人们仍然记得，之前有人在制宪大会上提议授权联邦政府使用武力对付有违宪倾向的州，但遭到了反对。这是因为，正如麦迪逊[②]敦促的，“用武力来对付某个州的行为看起来更像宣战，该行为在遭到武力袭击的州看来，相当于解除了之前的所有能对其产生约束的契约”。尽管有人强烈呼吁北方各州要在南方各州脱离联邦时做好准备，以支持对南方的战争，且

① 1860年12月3日消息。——原注
② 即詹姆斯·麦迪逊（James Madison，1751—1836）。——译者注

该呼声广泛，但即使是在共和党中，也不乏反对该政策之人。然而，偏见和激情的刺耳咆哮已淹没了宪法职责发出的微小声音。

即将来临的危险，其迹象是如此清晰；某些人持有的敌意，是如此明显；他们对宪法的无视，是如此肆意；他们对南方的嘲讽，是如此尖刻无礼。以上种种应该都是激起南方斗志的原因，这种斗志源于理性和爱国精神，也源于感情。只有对人性一无所知的人，才会想不到这棵树上会结出不和之果、分裂之果。

第12章

1860年底

1860年11月大选后不久，密西西比州州长佩特斯[1]邀请州参议员和众议员商讨有关立法机关特别会议的事宜。佩特斯就自己在立法机关特别会议上的讲话性质咨询了诸位议员，而召开此次会议的目的是商讨是否应召集大会。

我和同僚们认为各州有权脱离联邦，这一点毋庸置疑。在担任美国参议院军事委员会主席和战争部部长时，我了解到，南方一点都没有做好迎战准备。我的大多数同僚认为各州可以通过和平的方式脱离联邦，可我不这么认为。在我看来，南北之间势必发生战争。与我方在人数上的劣势这一因素相比，形势对我方更加不利。那些与我观点不同的人在采取补救措施，而我迟迟不肯这样做。很快我就得知，在别人看来，我显得“过于迟缓”。那些批评我的人声称：我所在州的人民之所以会普遍认为应尽快脱离联邦，都是因为我在背后支持，他们这么讲也许是对的。在与佩特斯进行商讨时，我收到了布坎南内阁的两名成员发来的电报，该电报敦促我立即前往首都华盛顿。在同僚们的建议下，我立即赶往华盛顿拜访了布坎南总统。布坎南总统主动将他即将发表的报告读给我听。我提了一些修改建

① 即约翰·J.佩特斯（John J. Pettus，1813—1867）。——译者注

议，布坎南总统欣然接受，但之后他改掉了其中的一些修改建议。

南方的民众运动正迅速朝着以种植园经济为主的州脱离联邦的方向发展。然而，1860年12月3日国会召开会议时，只有南卡罗来纳州未派代表参加参众两院的会议。人们仍然希望，北方领导人能够意识到危机迫在眉睫，并设法缓解南方的忧虑。但这一希望很快就被国会上的辩论打破了。在这场辩论中，人们看到，一些人妄自尊大，决意要在打败某地区后获取最大收益。

南卡罗来纳州的参议员约翰·J.克里滕登提出了一项联合决议，该决议后来被称作《克里滕登妥协案》。据《克里滕登妥协案》，为了和平与美国的统一，应对宪法进行部分修正，《密苏里妥协案》也应并入宪法。该和平提议一直被束之高阁。因种种借口，《克里滕登妥协案》一直被搁置，直到会议最后一天，《克里滕登妥协案》以七票之差遭到了否决。

与此同时，《克里滕登妥协案》得到最终表决前，已有七个州脱离联邦建立了属于自己的联盟国。

其他具有类似目的的决议也有着相似的命运。在关于这些决议的辩论中，我这样讲道：

> 我们的政府是由人民授权、权力有限的代理机构；我们的政府创立者并不希望凭借武力维持联邦制；我们的政府创立者用以维系各州团结的是爱与彼此互助。
>
> 他们曾打破专权的禁锢；在社会自主问题上，他们并没有偏袒自己的故乡。在执政时，这些创立者的下一代如果只是打着自由政府的名义、徒有自由政府的形式，那么就是堕落的一代，他们就是将先辈打破的桎梏又强加在了子孙后代身上……我坚持的不仅是名义与形式，还有我们的先辈建立美国的宗旨和精神。

在这些辩论中，辉格党人约翰·J.克里滕登和北方民主党人基本是同南方主张州权的民主党人进行合作的。但所谓的北方共和党参议员驳斥了每一条有望使南方人民感到放心，并且对脱离联邦运动的发展有抑制作用的提议。

类似的调解方案在众议院也失败了。人们每一次试图在国会中寻找重建地区友好关系的共同之处时，都以失败告终。1860年年末，天空被一团乌云笼罩，这团乌云甚至让人们失去了长久以来所期盼的或一直以为能看到的那一丝光明。

第 13 章

南卡罗来纳州脱离联邦

1860年12月20日，南卡罗来纳州全票通过了一条法令，下令收回赋予联邦政府的一切权力并脱离联邦。其他以种植园经济为主的州也为脱离联邦做好了准备，但迟迟没有付诸行动，这是因为它们一直对国会抱有希望，希望国会能通过调解的方式来扭转局面。由于1860年12月3日国会会议第一个月内的所有提议都以失败告终，又看不到任何希望，这些州就立即行使了自己作为主权州具有的公认的、无可置疑的权利。这对那些已经察觉到将要有灾祸发生并感到恐惧的人来说，是唯一可以和平解决问题的方式。

在美国历史中，有很多坚持该权利并执行这一权利的先例。在新英格兰各州的历史中，可以发现这一点；在与“宪法之父”①同时代或曾参与制宪大会的杰出代表人物的言论中，也可以明显看到这一点。著名的1814年哈特福德会议的报告中也宣称各州有脱离联邦的权利。这份报告中提出的脱离联邦的方案几乎与五十年后南方各州采取的方案完全相同。同样，1844年，让东北各州面临分裂威胁的得克萨斯兼并案经提议后得到了马萨诸塞州立法机关的批准。1845年，另一个提交给国会的议

① 即麦迪逊（1751—1836）。麦迪逊在美国宪法及美国人权法案的起草、形成中起了关键作用，因此他被称为“宪法之父”。——译者注

案声称将得克萨斯并入联邦的行为“对马萨诸塞州人民不会产生任何约束力”。

当七八个州准备效仿南卡罗来纳州脱离联邦时，还有一些州在焦虑不安中左右摇摆，它们拿不定主意是否要和那些州做出同样的选择。在描述那些加剧美国分裂并促成邦联形成的举动前，需要对引发该举动的原因加以概述，并对该举动涉及的一些宪法问题进行全面阐述。

一直以来，南方都被视为奴隶制度的鼓吹者，而北方则被视为普世自由的拥护者和捍卫者。有人武断认为，各州之间之所以会发生战争，是因为其中一方要扩大奴隶制度的规模并让奴隶制度永存，而另一方则要抵制奴隶制度并实现人类的自由。然而这两种说法都不正确。

也许奴隶制度或多或少促进了这场战争的爆发，但绝非起因。

最初的十三个州都是蓄奴州，这是不争的史实，宪法也承认这一点。由于气候、工业与经济原因——不包括道德或情感原因——北方各州的奴隶制度逐渐消失，而南方各州的奴隶制度则保留了下来。南方人民从未进行过奴隶贸易。奴隶贸易曾被北方商人垄断。在奴隶制度是对是错这一问题上，人们持不同看法。但对独立战争之后的两代人而言，是看不到南北之间的这种地理差异的。《密苏里妥协案》引发争议后，就有人开始从地理视角看待这一问题。但时隔不久，废奴主义者在北方遭到了暴徒的围攻和袭击，如1837年，洛夫乔伊[①]在伊利诺伊州遇害。

这些事实证明：在1820年的《密苏里妥协案》引发的争议中，南方与北方之间第一次形成了某种敌对状态；之后，在1844年的得克萨斯兼并案中，这种敌对再次凸显出来；墨西哥战争后，敌对再次浮现；此后，直至这种敌对造成毁灭后果，无人能进行压制。造成南北之间敌对

① 即伊莱贾·帕里什·洛夫乔伊（Elijah Parish Lovejoy，1802—1837）。——译者注

的不是人们在奴隶制度这一抽象问题上的不同看法，而是地区竞争和政治野心。

1803年，美国向法兰西第一共和国购买路易斯安那地区；1811年，美国同意让路易斯安那成为一个州。此事引起了新英格兰地区各州代表的不满，美国由此面临分裂威胁。我们不能将奴隶制度假想为引发新英格兰各州代表反对的理由。当时，让新英格兰各州代表感到不满的并非奴隶制度，而是"北方获得了更多砝码"。让1832年产生破裂威胁的也不是奴隶制度，而是不公正、不平等的关税。

当然，制度的多样性也会形成利益冲突。我阐述的只是一般原则。奴隶制度绝不是这场冲突的起因，而只是其中的一个插曲，这是不容置疑的。然而，在后来的争议中，奴隶制度的影响如同一根杠杆，对人们的情感、偏见和同情心产生了很大的影响，使人们看不清真实的历史是什么样子。

因此，我不打算也不允许自己讨论奴隶制度的优缺点这一伦理甚或政治问题，这样的讨论只会转移人们对真正涉及问题的注意力。

奴隶制度完全是由各州控制的，联邦政府无权加以干涉，但有责任保护该制度。从直接税的分摊和代表权的分配、压制奴隶贸易的条款到引渡逃奴的条款中可以看出，宪法是认可奴隶制度的。

所有联邦政府官员与州政府官员须宣誓拥护宪法。然而，国会大厦成了用来攻击奴隶制的防护墙[①]。北方各州的立法机关颁布了相关法律，以阻挠引渡逃奴条款的执行；各州政府也在阻挠引渡逃奴条款执行的过程中出了一把力；城市暴民则袭击了执行引渡逃奴条款的官员。

宪法的绪论声称，宪法创始人建立宪法的目的是"确保内部的安

① 原文具有很强的隐喻意义，即一些人用国会大厦当盾牌，向那些宣誓拥护宪法的人发起袭击。——译者注

宁”；但现在，即1860年，部分州的人民已经持有公开的敌对态度。他们敌视的不仅是宪法本身的条款，而且包括其他州人民的“内部安宁”。早在宪法制定前，就有人因英国政府认为殖民地脱离联邦属正当行为而指控英国政府，理由是英国政府的行为“激发了我们的内部叛乱”。现在，到处充斥着煽动性文件；北方派出的密使在监视着我们的一举一动。有一次，一个州遭到了武装入侵，而侵略者的目的是激发“内部叛乱”。

让南方各州苦不堪言的不仅是《人身自由法》的通过、煽动性文件的传播、约翰·布朗发动的袭击，以及不公正、不平等关税的实施，还有自己在美国的平等地位遭到系统持续的剥夺、南方人民的利益受到了普遍漠视。最终，南方被逐出属于各州共有的领土，并为了国内安宁违反了《邦联条例》。

有关领土的争论无须赘言。人们尽管曾一度对领土问题给予很多关注，也知道该问题是南北战争爆发的一个重要因素，但一直没有注意到司法部门在北方各州的运行方式。

1854年，最高法院审理了著名的《斯科特案诉桑福德案》。《斯科特案诉桑福德案》涉及两方面：一是黑人的地位问题；二是南方各州公民的权利问题，即南方各州是否有权根据其他州的公民可以在移民时携带自己的财产这一点临时或永久性地携带自己的奴隶移民到其他地区。

《斯科特案诉桑福德案》中的许多问题并没有获得任何让人满意的答案，但所有党派都一致宣称最高法院的判决为最终判决。经过漫长、耐心的审议后，首席大法官托尼[①]宣读了最高法院的判决结果。在组成最高法院的九位法官中，七位法官赞成该审判结果，托尼便是其中的

① 即罗杰·布鲁克·托尼（Roger Brooke Taney，1777—1864）。——译者注

一位。该判决要点是，黑人不是“人民的一部分”，也不能算作“人民的一部分”或宪法认可的公民；国会无权阻止南方公民携带自己的奴隶或其他任何财产到共同领土的任何部分，他们有权受到当地的保护。最后，根据以上观点，1820年的《密苏里妥协案》中禁止指定线以北地区蓄奴的规定是违宪的、无效的。

然而，北方的煽动者并没有把这一判决当作长期以来搅乱和平、对联邦制的永存构成威胁的争议的最后结论，而是嘲弄和抨击了该判决，进而完全无视这一判决。这样做更是加剧南北之间的敌对状态。

南方还能用什么来维护正义？用什么来确保安宁？用什么来保障安全？南方曾竭力在美国内寻求这种安全感，但一无所获，现在只能从美国之外寻求这种安全感了。可以用一句话来表达我们的心愿：这样做是为了避免在美国内受到伤害和倾轧；这样做是为了在美国外寻求繁荣与和平。

第 14 章

总 则

因篇幅有限，不能详尽论述那些可以证明南方脱离联邦属于正当行为的史实，这些史实足以证明南方各州并非“反叛分子”或“叛徒”，而是在捍卫先辈创建我们的政府体制时依赖的最初原则；因篇幅有限，这里也无法证明这样一个事实：先辈宣称的“不可剥夺”的权利是邦联事业的基石。然而，在接着叙述各州间的战事前，公正的学者应谨记以下几点南方智者持有的一致看法。

第一，组成美国的各州，从摆脱殖民统治的那一刻起，就分别成了具有主权、享有自由和独立的自治州，而不是听命于一个国家的一部分。

第二，美国是各州在《邦联条例》基础上形成的，《邦联条例》明确声明要保证各州的主权、自由和独立等属性。

第三，日后在组建宪法允许的“更完善的联邦制”时，相同的缔约方在缔结修订条约时，不能以任何明示或暗示的方式摒弃缔约各州原有的属性。根据《宪法修正案》第十条，政府只具有宪法明确授予的权力，《宪法修正案》第十条明确规定政府不能摒弃宪法授予各州的一切暗含权力。

第四，政治上的主权与人的自然权利不同，它不属于公民个人，也不属于无组织的群众，不属于某个社会团体的分支机构，而属于一个有组织的政治团体中的人民。

第五，宪法的创始人都明白，宪法中并没有“共和政体”这样的表述，也不曾出现“某个州的政府”和“各州联盟的政府”这样的表述。任何“共和政体”都不具有主权，该政体只是在行使由人民赋予的某种权力，这种权力可由授予这一权力的人民剥夺。

第六，那些组建了第一个联盟的人民，解散了第一个联盟的人民，以及那些在第一个联盟后建立了宪法的人民，即那个时期的措辞中唯一提及或周知的人民，是各个州的人民，这些人民各自行动，彼此独立。

第七，在建立并采用宪法时，各州或各州人民组建了一个新政府，但新政府的问世并没有随之产生新的“人民”，因此，也没有产生新的主权。因为美国的主权只能属于人民，而不属于政府；美国政府只能行使由各州人民赋予的权力。

第八，宪法绪论和《宪法修正案》第十条中的“人民”一词是指分布在各州的人民；宪法唯一认可的“美国公民”是美国各州的人民；当时并没有出现过美国民族这样的政治团体或共同体，没人组织过这样的团体，也不存在这样的团体；美国人民从未、也不可能以宪法的名义作为一个整体采取什么政治行动。

有人认为，很明显，这些原则是南方人特有的，但从本源上来讲，这些原则并不具备有地域特点。美国独立伊始，马萨诸塞州、新罕布什尔州同弗吉尼亚州和南卡罗来纳州一样，十分珍视这些原则，并且竭力保护这些原则。

我就是在这些原则的滋养下成长起来的。

第 15 章

脱离联邦的权利

宪法创始人从未对各州脱离联邦的权利产生过质疑。也就是说，各州可凭借自己从未授予联邦的权力，来撤销曾赋予联邦行使的权力。只有拥有主权的一方才能重新授予这种权力，并评判撤销联邦主权的原因是否适当。在建立宪法的过程中，在“形成一个更完善的联邦制”的过程中，从未出现过要让缔结条约的一方放弃主权这样的激进做法或兆头。美国政府只是各州设立的新的政权代理机构，无论其权力有多大，都要服从于赋予这一权力的各州具有主权的人民的意志，并对这些具有主权的人民负责。新代理只是改进了的联邦制而已，并非某个共同体。

因成员分别脱离联邦，美国走向了解体。现在的联邦制就是在之前美国解体后形成的，从组织原则上来说，之前的联邦制与现在的联邦制都是在相同原则的基础上建立起来的。

大量当时的证据可以充分证明这些事实和原则。大量确凿的官方声明也可以证实：各州人民有权将权力赋予这个共同的代理机构。实际上，各州权利未遭否定时，弗吉尼亚州、纽约州和罗得岛州都曾在批准宪法时郑重宣称宪法承认各州有脱离联邦的权利，其他州也明确接受了这一原则。

想要阻止各州脱离联邦的方法就是采取强制措施，也就是说，如果各州无权脱离联邦，即宪法禁止或者反对各州脱离联邦，那么为各州退出联邦而提供的任何补救措施都属不当行为。在这种情况下，就只能对试图脱离联邦的州使用武力了。

早在国会召开初期，就有人提议授予国会这种采取强制措施的权力。但该提议遭到了麦迪逊的反对。麦迪逊提出了一项延缓使用强制措施的议案，并获得一致通过。

在纽约大会上，汉密尔顿①这样讲："在所有的举措中，对各州采取强制措施是最为疯狂的举动。"

在弗吉尼亚州的州代表大会上，对这种用强制措施来对待任何有违法倾向州的想法，州长埃德蒙·伦道夫义正词严地提出了抗议。即使是司法强制这样的想法也曾遭到汉密尔顿和马歇尔②等人的否定。采取军事强制的建议更是遭到了人们的憎恨。在我们的制度下，不能对任何一个州采取强制措施，没有什么原则能比这一原则在最高权力机构那里落实得更彻底、更坚决。

在对各州脱离联邦的权利持反对意见的声音中，有一种反对意见建立在与忠诚有关的模棱两可的观点之上。

毋庸置疑，根据宪法，只有拥有主权的人才具有这种忠诚；在我们的制度下，拥有这一主权的人是每个州的州民，即那些创建了自己服从的州政府，并在自己创建的州政府保护下享有个人权利的人；是那些靠自己的才智建立了美国政府的人；是那些对自己的主权有所保留的人，他们保留的主权也包括剥夺由自己创建的代理机构的权力。这种拥护州宪法或联邦宪法的义务与对州政府或美国政府的服从都源于这些具有主权的人的忠诚，并依赖于这种忠诚。如果拥有主权的人废除了州政府并建立了新政府，那么出于忠诚，这个人的服从对象也应发生相应转移。如果拥有主权

---

① 即亚历山大·汉密尔顿（Alexander Hamilton，1755/57—1804）。——译者注

② 即约翰·马歇尔（John Marshall，1755—1835）。——译者注

的人脱离了与同盟者在联邦制基础上建立的组织，公民的忠诚则要求此人追随其主权州。其他行径都是叛乱或叛国行为。一个人与美国的关系是因其所在州是美国成员而产生的，当此人所在州脱离联邦后，此人也就不再与美国有任何瓜葛。一个人无须服从于一个其主权州已脱离的组织，更不用说效忠于此组织了。

对这些显而易见、无可辩驳的事实稍加考虑后，就会发现，有人将“叛国”的帽子扣在了这样一群人身上：他们在脱离联邦的后期，忠于自己认为值得忠守的唯一主权。这种说法完全是一派胡言。更荒谬的是，有人竟凭空指责南方各州违背了要拥护“联邦政府”的誓言，从没有任何法律要求公民进行这样的宣誓，一定是有人愚昧地将此与拥护宪法的誓言混淆了。

把拥有主权的人实施的行为称为“叛乱”，这是一种对语言的滥用。

那些称南方诉诸“武力”的言辞也是一派胡言。在后期的争执中，脱离联邦的各州并没有诉诸武力，也不曾挑起过战争。南方一直处于防守态势，仅仅行使了一项《邦联条例》或其他文件约束的权利，就受到了攻击。我们不能把保护自己的房子免受攻击的人称为诉诸武力的人。

脱离联邦的州还背负着两项道义上的责任：第一，在没有充分、正当理由的情况下，不得解散与其他契约方的关系；第二，与之前契约方公正、合理解决问题，并尽可能避免对任何一方造成损失或伤害。

在脱离联邦时，南方各州不曾违背或忽视其中的任何一项责任。

第 1 章

脱离联邦的初期

1861年，以种植园经济为主的州普遍有如下想法：现在能做的就是尽早脱离联邦。这一想法绝不像有些人指责的那样，是受到了“一些野心勃勃的政治家的影响”。除了极少数特例，政府官员既不是民众运动的煽动者，也不是民众运动的领导者。在各州政府官员采取行动之前，人民已行动了起来。整体而言，政府官员将精力都放在了缓和而非激化人们的激动情绪上，都用在了抑制而非加速人们的行动上。对南方各州参议员和国会代表来说，更是如此。在北方各州和欧洲出版的一些有关战争史的书籍中，将这些幻想出来的“阴谋”安在了南方各州参议员和国会代表的头上，并视之为在华盛顿快速发展的脱离联邦运动的原因。事实是，在国会召开前，以脱离联邦而结束的这场运动就已经开始了。这场运动是庄严、正式的，没有夹杂任何阴谋诡计。脱离联邦是深思熟虑的结果，是无奈之下采用的办法。因为人们相信，只有这样才能解决问题。南方并没打算靠脱离联邦来发动战争。很多人认为，南方会和平脱离联邦。众人皆知，对此，我持不同意见。结果如前所述，在人们眼中，我显得“过于迟缓”，也没有跟上我所在州的舆情。

这里，还应指出另一谬论。常有人这样说，在南方各州领导人和战争部部长约翰·B.弗洛伊德的串通下，联邦军轻而易举地夺下了南方的军事要塞、军火库，控制了海关。这种说法简直荒谬。南方军事要塞的驻军未发生任何调动。这些军事要塞在被各州占领之后，直至今日（1889年），驻军人数一直没有发生变动。

在叙述后来发生的事件前，还应洗清南方参议员背负的另一冤屈。有人声称，巴黎公社曾专门指名道姓地说我与这桩不光彩的指控有关，说我们利用职位之便密谋分裂美国。尽管我曾在公开讨论中不止一次质疑这一说法并谴责捏造言论之人，但从来没有人当着我的面提过这项指控。可以说，我一直坚持且经常公开表示的原则是：国会参议员相当于其归属州驻扎在美国政府的大使，国会参议员也是美国政府的一员。无论国会参议员肩负哪种职责，利用手中的权力或特权去分裂一个自己也身负一职的政府的行为是不光彩的。根据这一原则，只要我在参议院仍有一席之地，我就会竭尽全力去维护宪法及依据宪法成立的国家，并让美国政府这一为既定目标而设的机构成为各州的有效代理机构。出于对密西西比州至高无上的忠诚，我无法继续在参议院工作，因而离开了参议院。如果我说在这段时间里我没有暗中做过任何有违我公开声称并坚守的原则的事情，那么只是自证清白而已。这样的话对那些不相信我的人来说毫无价值，对那些相信我的人来说又显得多余。我相信，就这一问题我所讲的一切，也适用于我在国会里的那些同僚。如果我站在自己的立场对此事做更多的解释，那么本书就成了传记而非叙述史实了，因此，有关我的其他话就一概略过。

在不讨论法律问题的情况下，这里需要补充说明以下情况，各州在将其边界线以内的军事要塞、军火库、海军造船厂和其他公共财产让与美国政府时，有这样一个条件，即这些地方只能用于各州认可的用途。

在这些明示或暗含的条件下，联邦政府接受了各州让与的这些地方，从而也认可了使用这些地方时应遵守的条件。因此，在脱离联邦后，各州应重新获得该州边界线内所有公共防御设施和其他公共财产的控制权。但如果其他契约方或各州共同的代理政权因此蒙受损失，该州应予以充分补偿。脱离联邦的各州希望能通过这种公正的处理办法来解决问题，就立即向联邦政府提出了这一建议。

第 2 章

萨姆特堡

南卡罗来纳州脱离联邦后，查尔斯顿港的防御情况成为人们普遍担忧的问题。在查尔斯顿港的三个堡垒中，只有莫尔特里堡有士兵把守。罗伯特·安德森少校率领一支不到一百人的军队驻守莫尔特里堡。

在《脱离联邦条例》通过前的两周，南卡罗来纳州的国会代表造访了布坎南总统，并向布坎南总统保证，根据目前的态势，只要联邦政府不派遣增援部队、军情保持不变，各州就不会骚扰或攻打联邦政府的要塞。尽管布坎南总统拒绝予以任何正式承诺，但代表们认为布坎南总统同意了这一建议。然而，事态发展表明，无论是在南卡罗来纳州脱离联邦前还是脱离后的那段时间，联邦政府都已在暗中加强罗伯特·安德森的军事力量。

南卡罗来纳州脱离联邦后，州代表大会立即派了三名专员“作为南卡罗来纳州最近才加入的邦联的代理人，就以下事宜与联邦政府进行磋商：南卡罗来纳州内的军事要塞、弹药库、灯塔和其他房产及其附属品的交付问题，公共债务的分摊问题，由联邦政府控制的其他所有财产的分配问题，并就双方现有关系应采取的适当措施和安排进行交涉，以及延续南卡罗来纳州和联邦政府间的和平与友好关系的问题”。

这些专员还没来得及与布坎南总统进行沟通，就发生了一件改变整个事态的事情。1860年12月26日，举国上下被一则新闻震惊了：1860年12月

25日晚，罗伯特·安德森“拆除了莫尔特里堡，破坏了该堡的大炮，烧毁了该堡的炮架，并将卫戍部队转移到萨姆特堡”。就查尔斯顿港而言，萨姆特堡占据的位置更加重要。

在南卡罗来纳州政府和人民看来，该行为是对维持现状这一隐含承诺的违背。南卡罗来纳州政府立即占领了其余堡垒和其他公共财产，这时，舆情急剧恶化。布坎南总统和专员们进行了一次面谈，之后是措辞尖锐的书信往来，没多久，谈判就中断了。

与此同时，卡斯国务卿辞去了职务，据说他这样做是因为布坎南总统拒绝向查尔斯顿派增援部队；在占领萨姆特堡这一问题上，约翰·B.弗洛伊德认为，这样做违背了联邦政府明示或暗示的承诺，由于布坎南总统拒绝撤出驻守在查尔斯顿港的卫戍部队，约翰·B.弗洛伊德辞去了职务。

我曾敦促布坎南总统撤回卫戍部队，因为该卫戍部队只是虚张声势，一旦受到攻击，根本无法保住萨姆特堡；要想平息南卡罗来纳州人民的恐惧并消除他们的怨恨，最有效的办法就是撤走这些无效的威胁。布坎南总统一直希望避免冲突，或者说布坎南总统一直希望在他任期内延缓冲突。整个事件的处理方式就像夏尔·莫里斯·德·塔列朗-佩里戈尔描述的那样——比犯罪还严重，愚不可及。不管解决办法如何，都应马上行动起来。等待是最愚蠢的行为。

通过“西部之星”号轮船增援并补给萨姆特堡是不明智的，这样做的结果是“西部之星”号轮船在查尔斯顿港遭到了驱逐。1861年1月9日，由于“西部之星”号轮船拒不停船，遂遭到射击。之后，“西部之星”号轮船携带补给与隐匿的新兵撤到了海上。我再次请求并敦促布坎南总统立即采取必要措施以避免即将发生的灾难。但同之前的类似努力相比，结果更让人失望。

南卡罗来纳州另派了一位专员去与联邦政府就和平转移军事要塞的问

题进行磋商；联邦政府以各种推托搪塞，该专员一等再等，最后只能无功而返。

布坎南总统执政后期，事态每况愈下。任期届满时，这位资深政治家退出了公众生活，不曾采取任何措施平息那场在他执政时就一直在酝酿的风暴。

在这种怯弱、优柔寡断的处理方式后，接踵而来的是奸佞、寡廉鲜耻的手腕。那种想不产生任何冲突，就将自己宣扬的权力强加于那些否定该权力的人身上的做法，只是徒劳无益的替代措施。这一措施只能靠武力和鲜血来维持。

第 3 章

脱离联邦的进程

与此同时，在南方各州展开的民众运动的影响下，南方各州纷纷脱离了联邦：1861年1月9日，密西西比州脱离联邦；1861年1月10日，佛罗里达州脱离联邦；1861年1月11日，亚拉巴马州脱离联邦；1861年1月19日，佐治亚州脱离联邦；1861年1月26日，路易斯安那州脱离联邦。以上各州决定联合南卡罗来纳州召开一次国会会议，会议日期定于1861年2月4日，会议地点定在了亚拉巴马州的蒙哥马利。每个州都委派了参会代表。

1861年1月21日，得知我们代表的州已经脱离联邦的官方消息后，我和佛罗里达州、亚拉巴马州的参议员立即将该消息公之于众并正式离开参议院。

这时的局势扑朔迷离。南方各州普遍认为各州最终将脱离联邦，但须通过和平方式实现这一结果。尽管我也认为脱离联邦是恰当的补救方式，可能也是一种和平的补救方式，但恐怕各州没有机会通过和平的方式脱离联邦。我认为会发生一场漫长、艰苦的战争，并建议各州为此提前做好准备。然而，那时认同我的观点的南方州少之又少，我所预料的事让很多人难以预见，因而备受冷遇。这一切都要归咎于一种轻信，这种轻信让人们无法理解：怎会有人违反宪法对脱离联邦的州发动战争？当初各州为了某一目的加入了一个组织，在该组织未能实现其既定目的时，各州人民就认为必须脱离该组织，为什么脱离一个未实现其既定目的的组织就会让各州遭到入侵？且该组织在遭到缔约另一方（北方各州）的破坏并对脱离联邦的各州造成伤害后，已不具有任何约束力。

南方各州之所以会遭此灾祸，都是因为南方各州过于依赖宪法。在各州看来，即使宪法无法保护各州的权利，至少也能在各州遭到胁迫时加以阻止，万不得已时，各州将和平脱离联邦。

脱离联邦的各州国会代表按指定日期在蒙哥马利举行了会议，并很快为新联盟起草了一部《临时宪法》，新联盟的正式名称为“美利坚联盟国”，成员为脱离联邦的各州。《临时宪法》于1861年2月8日通过。除非有某常设机构在之后废除了《临时宪法》，否则《临时宪法》将在一年内持续生效。

1861年2月9日，邦联国会开始为临时政府选举官员。投票结果是：我当选为总统，佐治亚州的亚历山大·H.斯蒂芬斯当选为副总统。

收到自己当选总统并亟须立即赶往蒙哥马利的通知时，我正在密西西比州的家乡布赖尔菲尔德过着种植园主的宁静生活。

因为有人曾声称我有可能当选总统，加之我本身并不渴望总统一职或任何政府职务，而是更希望能留在曾当选的职位上，一直担任密西西比州军指挥官一职。因此，为了避免当选，我曾采取了自认为很充足的预防措施。我之所以接受总统一职，一是因为我希望尽快回到战场上，二是因为我无法拒绝。

去往蒙哥马利的路上，我在各地做了简单的演说。这些演说遭到了北方各州极大歪曲，北方各州将我的演说视为引发战争和导致毁灭性威胁的举动。当时，事关重大公共利益的问题频频出现，所以我认为没必要反驳这些言论。可从那以后，这些充满恶意的不实报道被某党徒写进历史。现在，我完全可以这么说：我在公开场合和私下讲过的每一句话，都不曾与我在参议院的告别演说中持的态度相左，或者说也不曾与我在蒙哥马利的就职演说中持的态度相左；在这些所谓的“虚假演说”之前不久，我刚在参议院进行了告别演说，在这些所谓的“虚假演说”之后不久，我在蒙哥马利进行了就职演说。

第 4 章

邦联内阁与国会

就职后，我立即着手组建内阁，并进行了以下任命：佐治亚州的图姆斯[①]先生担任国务卿、南卡罗来纳州的梅明杰[②]先生担任财政部部长、亚拉巴马州的勒罗伊·波普·沃克先生担任战争部部长、佛罗里达州的马洛里[③]先生担任海军部部长、路易斯安那州的本杰明[④]先生担任司法部部长、得克萨斯州的约翰·亨宁格·里根先生担任邮政部部长。在进行以上任命时，我唯一的出发点就是公共福利。该内阁中，没有一名成员与我私交密切。事实上，内阁中还有两名成员与我素未谋面。

邦联国会的第一项法案就是延续美国法律中与邦联宪法不冲突的所有法律，并承认所有与征收关税有关的官员的相关权力，以及受托保管相关钱款的附属官员的权力。

1861年2月25日，经我批准，邦联国会通过一项法案，宣布任何一州的公民都可以在本州边界地区的密西西比河或边界地区密西西比河可航行支流上自由、和平航行，航海船舶只需缴纳像运费一类的小额费用，无须

① 即罗伯特·图姆斯（Robert Toombs，1810—1885）。——译者注
② 即克里斯多弗·梅明杰（Christopher Memminger，1803—1888）。——译者注
③ 即斯蒂芬·马洛里（Stephen Mallory，1812—1873）。——译者注
④ 即犹大·P.本杰明（Judah P. Benjamin，1811—1884）。——译者注

缴纳任何关税，也不会受到任何阻挠。另一项法案是废除禁止在沿海贸易中使用未经登记或未经许可的船舶的法律，同时废除了在沿海贸易中对外国船舶或船上进口货物施行差别费率的法律。这些类似法案表明邦联人民想要维护和平的愿望，也表明邦联人民想要同各国尤其是之前的伙伴——美国进行自由贸易的愿望。事实上，邦联国会通过的所有法案表明，邦联成员的目的与举动，同他们当初公开宣布想要通过和平方式离开那些无法和平相处的人时的目的与举动一致。

邦联国会决议，接下来，我须任命一些专员。该决议与我的想法一致。这些专员将与美国就友好关系进行谈判，并在公正、和平的基础上解决两个政府间悬而未决的所有问题。为此，我任命了三位谨慎、见多识广的杰出公民为专员，他们将前往华盛顿，通过和平谈判解决脱离联邦后的一些问题。这三位专员分别是路易斯安那州的A.R.罗曼先生、佐治亚州的马丁·J.克劳福德先生和亚拉巴马州的约翰·福赛斯先生。很多人认为我们将获准和平脱离联邦，对此，我不敢苟同。在我看来，当务之急是尽可能为战争做好一切应急准备。

与此同时，为阻止那股一直在驱使南方各州脱离联邦的势力篡权，联邦也在做最后的努力。弗吉尼亚州议会邀请所有希望与自己联手通过公正调解来解决现有争议的各州专员参加于1861年2月4日在华盛顿召开的会议，“以在意见一致的情况下，考虑做出适当的安排”。

弗吉尼亚州任命前总统泰勒①先生、里夫斯②先生、布罗肯伯格先生、萨默斯③先生和塞登先生这五位杰出的公民替专员完成以下任务：在他们与其他州专员就修正宪法的任何解决方案达成一致意见时，将该方案传达给

① 即约翰·泰勒（John Tyler，1790—1862）。——译者注
② 即威廉·卡贝尔·里夫斯（William Cabell Rives，1793—1868）。——译者注
③ 即乔治·威廉·萨默斯（George William Summers，1804—1868）。——译者注

联邦国会，以提交给与会各州批准。

边界州很快就同意了弗吉尼亚州的提议。随后，其他州也同意了该提议。这样一来，1861年2月4日和平大会召开时，共有二十一个州出席会议。其中，十四个州是北方的自由州，七个州是南方的蓄奴州。西北地区的三个州、太平洋地区的两个州、已经脱离联邦的六个州，再加上势必会脱离联邦的得克萨斯州和阿肯色州，都未出席此次会议。

无须回顾此次会议的商讨过程。最后，来自大多数州的代表采纳了某一项解决方案，同时就结束进一步争论的重要修正案达成一致意见，并将该修正案提交给了参议院。与会各州制定的方案与当时仍悬而未决的约翰·J.克里滕登先生的方案有类似的主要特征。约翰·J.克里滕登这位杰出的参议员立刻接受了该方案，并用该方案替代了自己之前的提议，同时竭力说服各州代表采纳这一提议。但因近期的胜利而膨胀的多数派[①]妄自尊大，即使是爱国主义的呼声和富含智慧的劝告都无法平息其嚣张气焰。同其他任何调节活动一样，和平大会的方案遭到了蔑视和忽略。

这一切发生在亚伯拉罕·林肯先生就职典礼前夕。亚伯拉罕·林肯先生执政后，以地区侵略为基础的党派执掌了政权，开始全面、持续贯彻其政策方针。当以上努力皆以失败告终时，随之灰飞烟灭的还有对和解事宜及曾经亲如手足的联邦各州仅存的最有一丝希望。

① 这里指北方各州参会代表。北方各州有十四个，南方只有七个，相比之下，北方占多数。——译者注

第 5 章

来自北方的一些抗议

应当指出的是，在此期间，坚称各州有脱离联邦的权利并声称对各州采取强制措施属不当行为的并不只有南方各州。北方的主要刊物和许多著名的政治家都曾明确声称各州有脱离联邦的权利，并否定了用强制措施剥夺各州行使自由选择权的做法。这些刊物与政治家的措辞鲜明有力，一如汉密尔顿、麦迪逊、马歇尔或约翰·昆西·亚当斯曾使用的语言风格。也就是说，许多有影响力的共和党代表和北方民主党代表都曾态度鲜明地声称，各州有脱离联邦的权利，并否定了用强制措施对付南方各州的做法。这些重要刊物与著名政治家分别是：明显支持占优势党派的《纽约论坛报》和《纽约先驱报》等刊物，纽约州前州长霍雷肖·西摩、前大法官沃尔沃思[①]，以及詹姆斯·S.塞耶、霍勒斯·格里利等政治领袖。一本影响很大的北方刊物甚至声称："如果要在北方招募军队去攻打南方人民的话，这支军队的后方就会燃起战火。而这后方的战火也许会彻底阻止北方的进军，也许会异乎寻常地加速北方的进军。"

亚伯拉罕·林肯先生也曾表达过类似的观点。在1861年3月4日的就职演说中，当林肯声称反对各州脱离联邦并要收回属于联邦政府的地区和财

① 即鲁本·海德·沃尔沃思（Reuben Hyde Walworth，1788—1867）。——译者注

产时，他同时宣称：“除了为收回这些地区和财产而采取的必要措施，不会入侵任何地区，也不会用武力对付任何地区人民。”

这番话使南方人民一直抱有这样的希望：南方各州终将如愿和平脱离联邦；北方各州仍然存在的保守态度和爱国情感将对那些引起地区仇恨的因素和想要靠杀戮来解决问题的狂热主义加以抑制；未来不会爆发战争。

第 6 章

邦联宪法

联邦总统亚伯拉罕·林肯在华盛顿就职一周后，蒙哥马利的邦联国会制定了一部永久性的宪法，该宪法随即提交给了各州，并得了各州的正式批准。

邦联宪法以联邦宪法为蓝本，只是根据经验进行了适当的改动，从而更切实、更明晰。邦联宪法的重要变更一目了然。根据1787年宪法原稿，总统的任期是六年而非四年，并规定总统不能连任。总统有权免除其内阁成员或外交代表。除此之外，总统在免除官员时须说明理由，将理由报告给参议院。

经授权，邦联国会准许内阁成员加入参议院或众议院，并享有参加与这些部门有关的讨论的特权。遗憾的是，因邦联国会一直未能提供合适的法律，这一审慎、明智的规定一直未能生效。

根据邦联宪法，保护性关税、出口津贴及给政府官员提供的额外补贴都遭到了禁止。

总统有权对某法案中的任一拨款议案进行否决，但行使否决权时，并不影响该法案中的其他拨款议案。

任何两个或两个以上的州都有权为改善流经其管辖范围的通航河道订立契约。

邦联吸纳新成员时，须获得参议院、众议院三分之二的票数，其中参议院的选票来自各州。

同1787年通过的宪法一样，众议院可对邦联官员进行弹劾。除此之外，邦联宪法还规定：当司法人员或其他官员在某一州行使职权时，弹劾权可由该州的立法机关行使。邦联参议院将对所有弹劾进行审理。

就宪法的修正而言，邦联国会必须根据任何三个州一致赞成的修正案召集各州参加大会。在各州投票后，对修正案进行审议并投入使用，但仅限于修正案的审议和实施。经大会批准后，宪法的修正案最后还须得到三分之二州的批准才能投入使用。

就奴隶制度和奴隶贸易而言，常有人说邦联政府是建立在奴隶制度基础之上的，并且打算永久执行并扩大奴隶制度，对此，邦联宪法的各项条款予以有效的回复。

与联邦宪法一样，邦联宪法也承认原有的奴隶财产并为其提供保障；在共有领土上，这些财产受到保护，因此不受联邦的歧视与反对。但在阻遏奴隶制度的扩张这一实际问题上，邦联宪法比联邦宪法的态度更加鲜明。任何州都不得从蓄奴州和联邦以外的地方继续进口奴隶。此外，邦联国会还被赋予以下权力：当有人从不属于邦联的任何州或地方进口奴隶时，邦联国会有权禁止。

我尽管没有直接参与邦联宪法的制定，但还是要抛去很多顾忌表达一下自己的看法。在我看来，邦联宪法是一部明智、温和而开明的治国典范。令人尊敬的亚历山大·H.斯蒂芬斯讲的一席话也表达了我的心意，他说：

> 有人说蒙哥马利大会只不过是由一群阴谋家召开的会议，其目的并不是获取并保障自由体制，而是颠覆联邦宪法的原则并创建“奴隶主寡头政体”。很多人一直竭力想要将这种观点载入史

册，但所有文件都否定了这一观点。蒙哥马利大会和为建立临时政府而召开的其他会议所做的一切，将成为一座丰碑，永远纪念着那些与会者的智慧、远见和政治才能，同时是对与会者所受指控的永久反驳。这些临时宪法和永久性宪法都清楚表明：这些宪法制定者的唯一重要目标就是维护、支持并延续联邦宪法的基本原则。

第 7 章

与联邦政府进行谈判

我从一位杰出的参议员那里得知，布坎南总统表示乐意接待来自邦联的专员，并愿意将专员传达的一切转告参议院。获悉这一消息后，我立即敦促之前任命的三位专员之一的马丁 · J.克劳福德前往联邦政府，并委任他为驻联邦政府的邦联专员。在布坎南任期届满前的两三天，马丁 · J.克劳福德到达了华盛顿。他发现，虽然布坎南曾答应接待邦联专员，但当邦联专员真正到来时，他却显得惊慌失措。一番寒暄后，布坎南既没有接待马丁 · J.克劳福德，也没有将与克劳福德的到访有关的任何信息转达给参议院。布坎南表示，自己还有三天就要离职了，北方新闻界和演说家已对自己进行了猛烈抨击，不能因此让自己面临更大的危险，也不能让自己背负更多的指责。

约翰 · 福赛斯到达后，和马丁 · J.克劳福德再次与联邦政府进行了沟通，请求用一天时间向布坎南总统阐述相关事宜。然而，联邦政府并没有以礼相待，也没有把邦联专员的和平愿望当回事，而是让两位专员一等再等，用虚假的承诺蒙骗两位专员，并毫无顾忌地违背了当初许下的诺言。

这种闪烁其词、自欺欺人的政策是为了给增援查尔斯顿港军事要塞争取时间。以从萨姆特堡撤军一事为例，即使当时联邦国务院已派特派员前往南卡罗来纳州与联邦指挥官就萨姆特堡的补给和增援进行商议，但联邦还是再次庄严承诺要将萨姆特堡的驻军撤走。

为了增援萨姆特堡，联邦政府从纽约派出一支预计于1861年4月9日到达查尔斯顿港的海军远征队。然而，在联邦政府承诺通知约翰·福赛斯和马丁·J.克劳福德这两位专员与军事行动有关的任何消息的保证下，他们被留在了华盛顿。联邦政府并没有将采取军事行动的消息告知他们，而是在海军远征队预计抵达南卡罗来纳州的前夜才将消息通知南卡罗来纳州州长弗朗西斯·威尔金森·皮肯斯。与联邦政府谈判的过程中，亚伯拉罕·林肯政府不断使用欺诈和推诿手段进行拖延，背信弃义，违背了每一个承诺。南卡罗来纳州和邦联专员为谈判而做的所有努力，无论是规劝还是反复请求，都遭到了联邦政府的回避与搪塞。很明显，人们已无法再相信联邦政府的任何承诺或诺言。然而，在联邦政府公开宣布要对南方各州采取强制措施前，也就是当联邦政府派海军远征队进行增援时，南方人民除进行过一些和平抗议并呼吁公平解决问题之外，未做过任何抵抗。

在这种情况下，邦联政府表现了前所未有的忍耐性。人民将保卫自己的责任交给邦联政府，可邦联政府的这种忍耐性几乎已经到了无视人民安全的地步。

如果此时坐视充满敌意的联邦陆军和海军力量不断加强，并等着其打响第一枪，那么这如同一个被致命武器对准心脏的人，直至被杀前，都在犹豫要不要进行反击一样。发起攻击的人未必是第一个开火的人。

联邦登陆舰队发动攻击后，为了自卫，同盟国必须立即轰炸萨姆特堡。即使是党派思想极为鲜明的霍勒斯·格里利先生也不得不承认，“不管后人认为轰炸萨姆特堡是否属正当行为，显而易见，邦联政府除了解除契约已别无他法”。[1]

① 《美利坚的冲突》，第5卷，第29章，第449页。——原注

第 8 章

轰炸萨姆特堡

邦联政府得知联邦政府打算违背承诺，并在必要时用武力给萨姆特堡提供供给的官方消息后，立即派皮埃尔·古斯塔夫·图坦特·博勒加德到萨姆特堡。他要求联邦军撤退，并在驻守该堡的指挥罗伯特·安德森拒绝投降的情况下，轰炸萨姆特堡。

1861年4月13日黎明，为避免流血冲突，皮埃尔·古斯塔夫·图坦特·博勒加德最后一次要求联邦军从萨姆特堡撤退，但遭到拒绝。于是，他下令轰炸萨姆特堡。在持续轰炸萨姆特堡三十四个小时后，萨姆特堡被部分摧毁并陷入火海。罗伯特·安德森在英勇防御后被迫投降。

值得一提的是，不管这场战役波及的范围多大、规模多大，枪炮的数量多少、口径多大，双方的物质损失，尤其是萨姆特堡的损失有多大，交战双方没有一人在这场战役中丧生或受伤。

仁慈的邦联军队让联邦卫戍部队体面地撤出萨姆特堡。然而，联邦政府却利用同盟国政府轰炸萨姆特堡一事激起北方各州人民的愤怒。这时，联邦政府已撕去了之前同邦联专员沟通时戴的伪善面具，并企图诡诈地向世人昭示：一直在恳请和平解决问题并处于守势的南方各州用这次轰炸向联邦发动了战争。

然而，不要忘了声称联邦不能以部分蓄奴、部分自由的形式存在的宣

1861 年，邦联军轰炸萨姆特堡。
乔治·爱德华（George Edward，1837—1885）绘

言中隐含的威胁，也不要忘了联邦拒不承认任何一个州有和平脱离联邦的权利。除此之外，也别忘了联邦派军队和海军发起攻击。事实上，这些行为都是在宣战。

第 1 章

南卡罗来纳州、马里兰州和弗吉尼亚州的情况

萨姆特堡沦陷后不久，发生了一系列让各州想要脱离联邦的重大事件。联邦军从萨姆特堡撤离两天后，亚伯拉罕·林肯先生以征服某个“无法通过司法程序镇压的强大组织”这样一个奇葩借口，下令征募七万五千名士兵，宣告并命令“该组织成员解散”。对联邦制的发展历程略有了解的人都知道，这一宣告和举动属违宪行为，也属违法行为。所谓的组成该组织的“成员”也是组成联邦的州，这些“成员”是联邦政府至高无上的创造者。可这些“成员”的“代理人”要求“成员”解散。此外，如此大规模的征兵除了想要发动战争还能意味着什么？只有国会才有经宪法授予的宣战权。然而，即使脱离联邦的举动已构成“暴乱”，这一行为对抗的只是某个州而已。如果遭到对抗的州没有请求总统镇压该组织，那么总统就没有任何法定权力镇压该组织；总统不能在该州申请援助前就镇压“暴乱”行动，也不能违背该州意愿贸然行事。无论从宪法的哪个层面来看，总统征召军队入侵仍属联邦的南方州的行为都属明显的违宪行为，这种行为是对“该州和该州人民”神圣权利的侵犯。

宣告公布两天后，弗吉尼亚州脱离了联邦，这是南方对联邦领导层违宪行为的首个回应。两天后，巴尔的摩的公民自发组织起来阻止前往南方开战的军队通过自己所在的州。

在弗吉尼亚州，《脱离联邦条例》须在5月的第四个星期二举行的选举中得到人民批准后才能生效。与此同时，由于弗吉尼亚州当局预料到了选举的必然结果①，就加入了邦联，大会也立即批准了弗吉尼亚州脱离联邦。

这时，南卡罗来纳州已经派了一个旅的士兵到里士满支持民众运动；南方各州人民普遍希望奔赴弗吉尼亚州——那里将打响战争的第一枪，也是具有重大意义的一枪。共同的事业与共同的命运让南方各州人民心心相连；他们共同的心愿是维持宪法自由的基本原则，即自治权。

邦联曾在问题产生的早期试图通过和平方式与联邦解决那些悬而未决的问题，但现在这一希望已不可能实现。因此，1861年3月6日，邦联国会通过一项法案，授予总统使用民兵的权力，并规定总统征召入伍的志愿兵人数不得超过十万人。同一天，邦联国会还通过一项组建邦联军队的法案，邦联军队与各州组建的临时军队不同，也不同于由志愿者组成的临时军队。

① 即弗吉尼亚州当局预料到人民必然同意该州退出联邦。——译者注

第 2 章

邦联的防御准备

在蒙哥马利就职三天后，我派海军上校拉斐尔 · 塞姆斯[①]去北方各州购买武器、弹药和机械。不久，我又派了另一名军官前往欧洲采购尽可能多的军械用品，并就武器和弹药的制造订立合同。之后，由于联邦政府的介入，拉斐尔 · 塞姆斯在北方各州订购的很多重要军需品都未能运到南方。

派往欧洲的休斯少校几乎没有在欧洲买到任何可以使用的武器。但他赶在联邦政府代理人阻挠前与欧洲签订了制造大量武器的合同。拉斐尔 · 塞姆斯奉命寻找可充当海军舰艇的船，但未能找到。

从联邦海军辞职前，南方海军军官将船开到了北方港口，只将自己的佩剑带回邦联。这是因为这些军官对联邦的情感胜过了他们对宪法的了解。这样一来，我方就遭受了双重损失，一方面失去了我方曾参与建设的那部分海军力量，另一方面不得不面对敌方利用这部分海军力量攻击我方的现实。由于船舶建造已被北方垄断，开战之初，我方既没有任何海军力量，也没有任何造船机械和配件。

北方各州人民普遍误以为南方各州人民早就做好了作战准备。可事实上，南方各州人民普遍认为不会爆发战争，并且只有很少一部分人意识到

① 后来晋升为海军上将。——原注

我方缺乏应战准备。这样一来，就形成了北方谨小慎微而南方麻痹大意的局面。由于大意，南方各州人民未能立即制造食品，以保证邦联军队的供给。由于南方铁路设施不足、车辆匮乏，因此也无法在紧急情况发生时迅速运输物资。此外，有经验的铁路技术人员一般是北方人，每当邦联军队遇到困难时，这些人就会立即逃走。

因此，在没有火药供给，没有制火药用的硝酸钠，也没有可以加工以上材料的军工厂的情况下，邦联政府步履维艰。热忱能干的L.B.诺斯罗普上校组建了军需部，立即采取措施获取制造火药的原料。在火药专家G.J.雷恩斯的精心指导下，战争结束时，我方的军工厂已经达到当时世界最高水平。

与此同时，联邦政府放火烧了哈珀斯费里的军火库，这也是联邦在南方唯一的军火库。联邦军撤离哈珀斯费里后，市民聚集起来扑灭了大火，并从大火中抢出了很大一部分的材料和机械设备。这些材料和机械设备随后被送到了邦联在里士满和费耶特维尔的军火库。在某种程度上，这满足了南方当时对武器改装和武器修理装置的需要。由此，在战争开始时，邦联武器极为短缺的局面有所改善。

第 3 章

我方资源状况

邦联政府面临的第一个问题是军火供应问题。这片土地上很多渴望保卫家园的人无法得到武器。

邦联政府面临的第二个问题是给战场上的军队提供供给的问题。为了给战场上的军队提供供给，需要种植园主转变生产模式。过去，他们主要种植用以出口的粮食，而现在则需要他们生产国内消费所需的物资。迄今为止，邦联大部分食品都是从西方进口的。因此，人们希望，在当前窘迫的局势下，即使没有政府的要求，这些种植园主也能根据形势，转变生产模式。这听起来似乎不可思议，但当我们将此事与人类遭受的其他类似遭遇进行比较时会发现，一直以来，一切确实在朝着人们期待的方向发展。

我们能成功解决生计问题，很大程度上得益于饱受诟病的奴隶制度。这种制度可以让白人在参军入伍后，将耕种土地与照料牲畜的工作交给那些联邦宪法声称的“被迫劳役者”。

顺带说一下，在南北各州长期对抗的过程中，奴隶主的所作所为和奴隶的行为举止是对那种“可怖的奴隶制度”叫嚣声无可辩驳的回应。如果奴隶饱受压迫并竭力想要挣脱束缚，那么他们的主人怎敢像其他地方的人一样，将自己的妻子儿女还有种植园交给这些奴隶？这些奴隶如果饱受压迫并竭力想要挣脱束缚，怎会像以往一样继续尽忠职守？或者说，奴隶如果确实是被迫劳役的，并一直在等机会反抗自己的主人，那么颁布《解放奴隶宣言》是否是一种军事需要呢？人们不会忘记，《解放奴隶宣言》颁布时，亚伯拉罕·林肯总统曾承认，《解放奴隶宣言》只在联邦军管制的地区有效。

当邦联已有把握建立一支由国民参与并由国民供养的军队时，接下来亟须解决的问题就是军队的组建、指挥和装备问题了。

由于人民普遍认为不会爆发战争，或认为即使战争爆发也不会持续很久，因此，同盟国国会只做了六十天的作战准备。而我希望国会能做好多年作战的准备。但即使巴托[①]上校和其他人竭力争取，也只是将士兵的服役期延长到十二个月而已，前提是“这些士兵没有提前退伍”。

各州军队和军火完全属各州所有。为组成临时军队而从各州征集兵力时，须经各州同意，由各州组建好后交由委派官员。征兵的最小编制是连，最大编制是团。大部队进行汇编后要设立比团更高的编制时，须委托邦联政府进行将级军官的任命。因此，两个事实已清楚摆在我们面前：其一，南方没有料到随后会发生一场规模巨大、旷日持久的战争；其二，邦联各州始终坚持各州拥有主权与自治权原则。

为进一步做好公共防御准备，邦联政府通过了一项法案，规定已从联邦军辞职或将要从联邦军辞职的官员在辞职六个月内可在邦联军队中担任相应等级的职务。根据以上法案，塞缪尔·库珀被任命为邦联陆军军务署署长，L.P.摩尔上校被任命为公共卫生署署长；戈加斯[②]被任命为军械署署长；L.B.诺斯罗普上校被任命为军需署署长。

需要说明的是，塞缪尔·库珀、阿尔伯特·西德尼·约翰斯顿和罗伯特·E.李这三位职务最高、满怀热忱又雷厉风行的军官，都将个人利益看

① 即弗朗西斯·斯特宾斯·巴托（Francis S. Bartow，1816—1861）。——译者注
② 即约西亚·戈加斯（Josiah Gorgas，1818—1883）。——译者注

得很淡，以致他们在收到任命通知前，完全不知道自己已经或将要被授予的职务。

第 4 章

联邦对马里兰州的压制

当时，马里兰州尽管对即将到来的战争持中立态度，但不久前曾拒绝那些要入侵南方的北方军途经本州。1861年4月18日，在战争部部长卡梅伦[①]向没有脱离联邦的各州征兵三天后，马里兰州州长希克斯[②]发布了一份公告，声称："我向人民保证，除非是为了保卫马里兰首府安纳波利斯，否则马里兰州不会派遣任何军队。"第二天，即1861年4月19日，马萨诸塞州的一支军队抵达巴尔的摩火车站，这支军队要前往南方。手无寸铁且未经过任何训练的市民聚集在一起，抗议途经此地的这支军队。他们用路面上松动的石子攻击这支部队，造成几名士兵受伤。一声令下后，这支部队向人群扫射，其中一些市民受伤、一些市民丧生。在这次冲突中，巴尔的摩警方竭力维持治安，将士兵的行李和弹药从公民手中抢了回来。在希克斯州长的命令下，该部队的后方人员被遣送至马里兰州边界；已通过巴尔的摩的士兵则前往华盛顿。

第二天，即1861年4月20日，在会见巴尔的摩市长布朗[③]时，亚伯拉

① 即西蒙·卡梅伦（Simon Cameron，1799—1889）。——译者注
② 即托马斯·霍利迪·希克斯（Thomas Holliday Hicks，1798—1865）。——译者注
③ 即乔治·威廉·布朗（George William Brown，1812—1890）。——译者注

罕·林肯总统承诺，除非其他方向的运输受阻，否则不会再让其他军队途经巴尔的摩。1861年5月5日，本杰明·F.巴特勒率领的联邦军占领了位于华盛顿的巴尔的摩至俄亥俄的铁路干线的中继站。1861年5月13日，本杰明·F.巴特勒将部分军队转移至巴尔的摩，并占领联邦山。就这样，他完成了对巴尔的摩的军事占领。1861年5月14日，巴特勒的部队得到增援。与此同时，他向巴尔的摩市民发布了一份公告。该公告宣称，他将对市民加以区别对待，与他观点一致的人是“友好公民”，其他人则是不良公民。紧接着，他要求市政当局交出武器。在一片抗议声中，警察局局长凯恩[①]交出了武器。之后，这些武器被转移到麦克亨利堡。就这样，巴尔的摩被解除了武装。这样一来，巴特勒再也无须理会巴尔的摩人民对途经巴尔的摩的军队进行的抗议，也无须理会亚伯拉罕·林肯总统先前做出的承诺。在没有任何搜查令和证据的情况下，巴特勒下令逮捕了凯恩，罪名是有人认为凯恩明知一些人正伺机联合反叛美国的人士，却知情不报，并派N.P.班克斯任命的宪兵司令代替凯恩进行指挥。从此，恐怖而肆无忌惮的专制统治开始了。这个宪兵司令设立了一套可以在私人住宅内搜查并没收各种弹药和武器的制度。1861年7月1日，N.P.班克斯“根据华盛顿发布的命令”，逮捕了受人民尊敬、爱戴的警察局成员。从那时起，杰出的公民成了逮捕对象，言论自由不复存在，很多人仅仅因一些言论就锒铛入狱。

马里兰州立法机关受人尊敬的议员，同时是巴尔的摩被捕警员纪念委员会委员S.迪克尔·沃利斯报道了巴特勒的违宪行为，诚挚地呼吁全国人民、各党派、各部门和持不同意见的人当心篡权行为，呼吁大家为拯救国家的自由制度做出努力。

众所周知，投票是建立政权的一个再好不过的途径。N.P.班克斯将这

① 即乔治·普罗克特·凯恩（George Proctor Kane，1817—1878）。——译者注

位宪兵司令派到了弗雷德里克，当时，当地立法机关正召开会议，并在弗雷德里克设置了警戒线。在没有获得宪兵司令手下人员的书面许可前，任何人都不得离开弗雷德里克。随后，巴尔的摩的密探在弗雷德里克逮捕了十二名到十五名立法人员和几名官员。这一暴行最终阻挠了弗雷德里克立法机关的工作。合法政府不复存在。曾报道过巴特勒违宪行为的沃利斯被列入逮捕和监禁之列；曾提出过促进和平决议的国会议员亨利·枚也在此名单之列。

此后，马里兰州命运多舛。当无法继续耕种祖先留给自己的田地时，马里兰州勇敢的人们背井离乡，为马里兰州的权力而奋战。此时，马里兰州的命运有所好转。尽管马里兰州不属于邦联，却深受邦联人民喜爱。接下来要提及的事情让人感动不已，那就是马里兰州一些高贵的女士对途经巴尔的摩街道的伤病战俘提供了援助；令我们感到羞耻的是，当这些高贵的女士给那些迫切需要帮助的战俘提供援助时，却遭到了那些野蛮警卫的伤害。

第 5 章

马纳萨斯战役

1861年5月，邦联国会休会，将于1861年7月20日在里士满再次召开会议，如果里士满突发公共事件，无法继续召开会议的话，可由总统来决定其他开会地址。邦联国会休会后不久，因为联邦政府在弗吉尼亚州的敌对示威行动，我前往里士满，并下令尽快在方便时转移行政部门及档案。里士满很快将成为保卫弗吉尼亚州的最佳地点。从波托马克河集聚的敌对力量可以明显看出：敌军将在这里展开早期的入侵行动。

在里士满，从邦联其他州集结而来的兵力被分成了三支军队，分别占据几个最受威胁的重要阵地：第一支军队在哈珀斯费里，阵线涵盖整个谢南多厄河谷，由J.E.约翰斯顿指挥；第二支军队在马纳萨斯，阵线涵盖从华盛顿到里士满的直接通道，由皮埃尔·古斯塔夫·图坦特·博勒加德指挥；第三支军队在诺福克，诺福克在詹姆斯河与约克河之间的弗吉尼亚半岛上，阵线涵盖从沿海地区通往里士满的通道，由休格[①]和约翰·B.马格鲁德指挥。

分布在蓝岭两侧的J.E.约翰斯顿和皮埃尔·古斯塔夫·图坦特·博勒加德的军队面临着敌众我寡的局面。虽隔着蓝岭，但这两支军队通信畅通。

① 即本杰明·休格（Benjamin Huger，1805—1877）。——译者注

这样一来，这两支军队就可以在必要时联手抗敌。

弗吉尼亚军总司令罗伯特·E.李将总部设在了里士满。作为一名军人，一名爱国人士，罗伯特·E.李信心十足。他曾在弗吉尼亚州加入邦联前在弗吉尼亚州军中任职，他对弗吉尼亚军的了解正是当时邦联政府所急需的。

邦联军和联邦军种种小冲突表明，在某种程度上，南方士兵的个性特征、自立精神及平时对轻武器的使用，给了他们更大的作战优势；同南方士兵相比，由于缺乏这种训练，北方新征入伍的士兵处于劣势。

出于军事原因，我方须尽可能守住哈珀斯费里，尤其应将军火库中敌军未摧毁的贵重机械和物资转移。在J.E.约翰斯顿的恳请下，战争部准许J.E.约翰斯顿率军撤退到温切斯特附近的一个地方，并允许J.E.约翰斯顿自行决定进退。

与此同时，华盛顿集结的部队表明联邦政府早已打算入侵弗吉尼亚州。当我确定联邦政府此次行动的目标是马纳萨斯时，就敦促J.E.约翰斯顿做好与皮埃尔·古斯塔夫·图坦特·博勒加德会合的准备。1861年7月17日，J.E.约翰斯顿通过电报得知皮埃尔·古斯塔夫·图坦特·博勒加德遭到袭击，并获悉要想有力打击联邦军，必须集中自己的全部兵力前去支援。

为避免J.E.约翰斯顿和皮埃尔·古斯塔夫·图坦特·博勒加德两位将军产生误解从而使事态变得复杂，我决定亲自带人尽早前往战场。我这样做自有原因。

1861年7月20日，适逢周六，我将该消息告知邦联国会。第二天清晨，我们就启程前往马纳萨斯。接近马纳萨斯铁路枢纽时，我们看到那里聚集了很多人。种种迹象表明，这些人都是因恐慌而逃离战场的士兵。他们聚集在火车附近，绘声绘色地描述着我军如何如何失败的惨状。这些人中，有一人引人注目。这个人反反复复地说着以下内容：联邦军已攻破我军战线，我军已陷入混乱，我军已被打败，战场已被占领。我们继续前进，离开火车后不久便到达我军总部。之后，我们骑马向战场赶去。沿途看见落伍士兵数不胜数。这些士兵诚挚告诫我们不要继续向前。途中，战火开始向西蔓延，战场上的硝烟慢慢消散。见到J.E.约翰斯顿时，他说我方刚打赢了一场战役。之后，我们离开J.E.约翰斯顿，继续向西骑行。我们骑行的这条路堪称一条逃亡线。在这条路上，我看到了一支步枪、一个弹匣、一条毯子、一件大衣，还有背包之类的东西。逃跑的士兵似乎是为了快速逃跑才将这些东西扔掉的。

接近我军阵线左侧时，可以明显看到联邦军彻底溃败的迹象。正如一些人调侃的，联邦军把“向里士满进军”的口号改成了“返回华盛顿”。

在我军作战区域最左端，我见到了那些及时赶到战场并扭转局面的部队。他们为此次胜利立下了汗马功劳。其中，部分部队在E.柯比·史密斯的率领下，一到达马纳萨斯铁路枢纽，就迅速赶往我军左翼；其他部队在当时还是上校的厄尔利[①]的率领下，紧急从我军阵线的右侧迅速向左前方挺进，从侧翼进攻联邦军。这样一来，我军利用联邦军设计的斜向行动方式将其挫败。在没有任何补给和宿营装备的情况下，这些部队和附近其他部队展开了行动。士兵拖着疲惫不堪的身体，忍饥挨饿、风餐露宿。然而，这些满身血迹的士兵在艰苦卓绝的战斗中取得了胜利。

我写这一章的目的并不是描述这场战役。对于战场上双方军官做的报告，研究历史的人一定会关注细节之处。我唯一的目的就是想证明以下事实：南方人民维护各州主权的行为属于正当行为，他们有权抵抗联邦政府不正当的违宪行为。此外，本章也是替南方人民进行辩护。一些无耻的党羽诽谤南方人民，将忠于宪法、捍卫宪法的人诬蔑为叛徒、卖国贼。这里

① 即朱巴尔·厄尔利（Jubal Early，1816—1894）。——译者注

无须为南方诸州的军事行动进行辩护。战场随处可以看到我军的英勇和指挥官的才华，每一场战役的结果都不容忽视，也不容任何人曲解。南方人民凭借自我牺牲的勇气和刚毅不屈的意志，展现了对国家的极大忠诚。这些让偏激的党羽也心生钦佩。因为篇幅有限，对邦联战役的过程，我们只能一带而过，即直截了当地讲一下参战人数、指挥官的姓名及重要战役的结果。

被南方称为马纳萨斯战役的战役被北方称为布尔溪战役。马纳萨斯战役对随后的战争产生了十分重要的影响。马纳萨斯战役引发了北方的恐慌情绪，并让联邦政府意识到，只有动用全部财力和人力，才能成功征服南方。在南方，马纳萨斯战役的胜利消除了南方人民之前的所有疑虑，让南方人民充满信心，也让南方人民看清了联邦要向北方发动战争的意图，从而增强了南方人民参军的意愿。如果不是因为缺少武器和弹药，我们会在邦联各州招募到更多的人。

当战争的硝烟从马纳萨斯的战场上升起，胜利的喜悦在这方土地上蔓延开来又渐渐退去，一些人像乔布的战马一般，从遥远的地方就嗅到了战争的气味，但也仅限于嗅到了战争的气味而已，他们问道：为什么没有成功占领华盛顿呢？[①]他们还四处宣扬是邦联总统不允许将军们立即追击溃败的联邦军。事后，那些将军们对这一诽谤性言辞进行了驳斥：上述诽谤纯属子虚乌有。我从来没有干涉过将军们的作战计划或行动，而那些因为自交战以来从没有看到或故意忽略官方驳斥文件的人，一而再，再而三地诽谤我。

① 作者在这里是将这些从遥远的地方获悉战争消息的人同《圣经》故事里乔布的战马进行了类比。对乔布的战马而言，号角一起，便再也按捺不住，即刻就要冲锋陷阵，无畏刀光剑影；但对那些抨击戴维斯的人来说，也只是在获悉战争消息后在一旁指手画脚而已。——译者注

第 6 章

肯塔基州的中立

在联邦政府同脱离联邦的各州产生争论的早期，肯塔基州宣布在即将到来的战争中保持中立，并且未声明反对任何州脱离联邦。为了贯彻其中立政策，并不受双方任何一方的侵扰，肯塔基州州长贝里亚·麦格芬与作为美国总统的亚伯拉罕·林肯先生及作为邦联总统的我进行了通信往来，贝里亚·麦格芬向我们表明了中立态度，并要求联邦军撤出肯塔基州，同时要求我保证邦联军不会进入该州。亚伯拉罕·林肯总统拒绝了这一要求，并表示：他相信“肯塔基州大多数人”都希望联邦军能留下来。我代表邦联政府保证：我们“既不打算也不希望干扰肯塔基州的中立”，并补充道，“然而，只有对双方都保持严格的中立政策，中立政策才会得到尊重。因为如果肯塔基州为交战双方的一方攻打另一方打开了大门，就不应该在被攻打的一方为了自卫想要进入该州时关闭大门”。

在接下来的一个月，联邦军在肯塔基州西南部的活动直接威胁着邦联的两个州，这迫使邦联指挥官波尔克[①]不得不占领一个极具战略意义的地方——肯塔基州的哥伦布镇。随后，大惑不解的格兰特[②]强行占领了帕迪尤卡。

① 即利奥尼达斯·波尔克（Leonidas Polk，1806—1864）。——译者注

② 即尤利西斯·S.格兰特（Ulysses S. Grant，1822—1885）。——译者注

贝里亚·麦格芬要求邦联军队撤出哥伦布。对此，波尔克予以了礼貌回应。他向贝里亚·麦格芬表明，由于联邦将领表现出来的威胁态势，我方必须占领哥伦布，这样才能保护密苏里州的东南部和田纳西州的西部。讲明原因后，波尔克主动提出从当前地区撤离，并保证邦联政府以后不会进入肯塔基州，但条件是贝里亚·麦格芬要保证联邦军同时从肯塔基州撤离，并且联邦政府也做出同样的承诺。不管贝里亚·麦格芬是否愿意接受波尔克的提议，肯塔基州都没有权利阻止联邦政府在这场为征服脱离联邦的各州而发动的战争中极尽可能地利用肯塔基的土地。在1861年7月前的一次讲话中，亚伯拉罕·林肯总统曾明确谴责了中立观点。他说："不让联邦军从中立州的土地上经过，或不让脱离联邦的州从其土地上经过，是彻底的分裂行为。这样做，除了在外部封锁脱离联邦的各州外，起不到任何作用，不过是将脱离联邦的各州面临的麻烦都转嫁到自己身上而已。"

联邦政府的行为与亚伯拉罕·林肯总统的观点一致。最后，波尔克言简意赅地表明以下观点：联邦政府并没有尊重肯塔基州的中立态度。肯塔基州已武装了起来，已不再是中立地区，因为该州土地上集结的军队都是为入侵南方而准备的。波尔克表示，他之所以占领哥伦布，是为了防止联邦军占领该地。

初次踏入哥伦布的我军官兵发现，当地居民尽管因联邦军的示威活动而诚惶诚恐，却并不惧怕邦联军队。有确凿事实证明，如果让肯塔基人民进行自由选择的话，肯塔基州的大多数人民，尤其是西南部的人民，更希望加入邦联而非联邦。肯塔基人民如果能够预见不久将要发生的一切，那么绝不会在看到自己竭力倡导的个人权力和政治权力遭到违宪者破坏时，因那些无用的契约及其他形式的好处而坐视不理。在使用了各种奸诈手段后，联邦政府逐渐控制了肯塔基州。然而，出人意料的是，联邦政府一掌握权力，就立马撕下面具开始实施暴行，将以英语为母语的人民的法律和惯例完全抛之脑后。这样的做法让那些尊重由各州共建宪政的人倍感耻辱。联邦政府一面打着爱国主义的旗帜煽动人们维护联邦制，一面却践踏着联邦制的基石——宪法。在这片曾自诩为法律和自由家园的土地上，再次上演了法兰西大革命后的那种恐怖统治。联邦政府非法逮捕了各州备受尊崇之人，未经审判就给这些被捕之人定罪，原因就是这些人行使了言论自由的特权。然而，这些人坚持的原则是我们祖先建国立业的基石。为免遭逮捕和舆论声讨，立法机关的议员纷纷离开自己的席位前往其他州。受人尊敬的门罗法官曾在联邦地区法院工作一生。在被赶出肯塔基州这片自己曾殚精竭虑效劳多年的出生地后，门罗法官虽步履蹒跚却光明磊落、不屈不挠，仍力图与志同道合之人一起，坚持1776年和1789年的原则及1789年和1799年宣告这些原则的决议。大约同一时期，其他有声望的重要人士也离开了这块被专制控制的土地，加入了为维护祖先留给后代的个人自由和政治自由而进行斗争的邦联。这些有声望的重要人士包括联邦前任副总统约翰·C.布雷肯里奇、威廉·普雷斯顿、乔治·W.约翰斯顿、西蒙·玻利瓦尔·巴克纳、约翰·H.摩根，以及其他很多功勋卓著、让后人不胜感激的人士，他们为邦联做出了杰出贡献，将被人们永远铭记。

当人们冷静下来，用公正或有偏颇的眼光审视发生的一切时，脑海中会浮现这样一个问题：为什么这些人要背井离乡，放弃自己在出生地靠一生的奋斗取得的一切呢？对于这样的质询，答案只有一个：联邦政府的行为让他们感到宪法所保障的自由已遭到破坏。

第 7 章

密苏里州争夺战

同肯塔基州一样，密苏里州也希望在南北州之间即将发生的战争中维持之前的和平状态。当联邦政府剥夺了密苏里州的选择权后，密苏里州就不得不考虑以下问题了：是否要强迫本州人民助联邦一臂之力，而密苏里州人民和州政府都十分排斥这种用军事力量强行控制政府和人民的行为。

联邦在密苏里州实施了各种侵略行径。到达哥伦布对面属密苏里州的贝尔蒙特村后，联邦军用大炮威胁该地居民。见状，之前已占领哥伦布的邦联军派了一支小分队渡过密西西比河，去占领贝尔蒙特村。1861年11月6日，看穿格兰特率军登陆肯塔基州的帕迪尤卡的真正意图后，波尔克立即派皮洛[①]率约两千人的部队去增援贝尔蒙特村的那支邦联军小分队。皮洛到达贝尔蒙特村不久，联邦军就发动了进攻。在皮洛率军顽强抵抗几个小时后，由于力量悬殊，我军开始撤退。在联邦军的追击下，最后，我军撤退到了密西西比河岸，撤退过程中，因弹药用尽，马匹几乎全部战死，遗失了一组排炮。追击至密西西比河岸时，联邦军开始在我军撤退点下方朝哥伦布开火，我军从制高点予以有力回击，最终将联邦军赶出密西西比河岸。与此同时，波尔克派了三支部队去增援皮洛。皮洛将第一支到达部队

① 即吉迪恩·约翰逊·皮洛（Gideon Johnson Pillow，1806—1878）。——译者注

贝尔蒙特战役。

弗兰克·莱斯利（Frank Leslie，1821—1880）绘

安排在一个有利位置，并有力遏制了联邦军的进攻。接着，英勇的皮洛抖擞精神召集被击退的部队重新投入战斗。这时，波尔克亲自率领另外两支部队赶到。见状，联邦军开始撤退。

在报告中，波尔克这样说道：

> 我们一路追击，直至联邦军在七英里处登上了自己的船，乘船离去。追击途中，到处可见联邦军死伤人员。除此之外，路上还有一些散落的枪支弹药和其他设备。根据联邦军提供的名单，在密苏里州进行的这次较量中，联邦军共俘获一百六十多人。后来，这些人都被交换回来。在双方按照一定人数交换战俘后，我军仍有战俘上百人。除此之外，我军还缴获一面军旗、一千多名士兵的武器、一些背包及弹药和其他军需品。我军共伤亡、失踪六百四十二人；联邦军伤亡、失踪人数可能不少于一千二百人。

同之后的战役相比，这次战役的规模并不大。但六个小时的连续作战和刺刀拼杀，足以将这场战役列入最激烈的战役之一。在这样的拼杀中，获胜的一方必须给被打败的一方机会，让他们战斗到底。这场战役的一个重大结果就是：战前，格兰特曾傲慢地认为波尔克不配与自己交换战俘。而战后，格兰特却举起白旗。这是承认波尔克是“值得一战的敌人”。

第 8 章

阿尔伯特 · 西德尼 · 约翰斯顿

1861年，刚从联邦军辞职的阿尔伯特 · 西德尼 · 约翰斯顿加入了邦联军。他被派往指挥我军西部的军队，统率包括田纳西州、密西西比州、路易斯安那州、密苏里州、阿肯色州、得克萨斯州及密西西比河以西的印第安人领地在内的西部地区。阿尔伯特 · 西德尼 · 约翰斯顿一上任就发现军中不仅缺少人手，还缺少军需品。当地符合条件并想要应征入伍的人有很多，可军中缺少武器设备，无法给新兵提供装备。

阿尔伯特 · 西德尼 · 约翰斯顿将防线从哥伦布的西部部署到了坎伯兰山脉的东部，将作战中心设在1861年10月28日率一万两千名士兵占领的鲍灵格林，并在鲍灵格林周围挖了壕沟。鲍灵格林是军事行动的良好基地，也是存放物资的合适之地。在修筑了防御工事后，鲍灵格林可以抵抗大规模优势兵力的进攻。

1861年11月底，联邦兵力已经增至十万人左右；而邦联军兵力还不到两万两千人。

为此，阿尔伯特 · 西德尼 · 约翰斯顿向亚拉巴马州州长、佐治亚州州长，位于彭萨科拉的将领布拉格①及邦联政府发出了诚挚而急切的呼吁：

① 即布拉克斯顿 · 布拉格（Braxton Bragg，1817—1876）。——译者注

希望他们能提供武器装备。尽管阿尔伯特·西德尼·约翰斯顿声称至少需要能装备三万名士兵的全副武装，最后能得到的只有一千名士兵的全副武装。到1861年秋，阿尔伯特·西德尼·约翰斯顿的士兵中只有一半人拥有不完善的武器装备，整支部队有数月没有武器可以使用。这些细节说明，开战第一年，邦联军各个战区都缺乏武器。

与此同时，尽管阿尔伯特·西德尼·约翰斯顿无法如愿获得作战所需武器，因此也无法增加兵力，但他却常常会巧妙集中兵力在人烟稀少的地区进行快速侦察，令联邦军时刻处于警戒状态，唯恐阿尔伯特·西德尼·约翰斯顿会率大军来袭。

第 9 章

联邦在密苏里州的暴行

当密苏里州收到亚伯拉罕·林肯总统的征兵令时，密苏里州州长杰克逊[①]这样回复了他："该征兵令不仅违法违宪，也残酷无情、糟糕透顶，恕不能照做。"

同肯塔基州一样，密苏里州也力求在南北州的战争中保持中立。此外，密苏里州承诺，在得到自由处理本州事务的承诺后，会保证整个州安宁有序。肯塔基州和密苏里州不肯为压制南方各州的违宪行为提供军队。这两个州因为与南方的关系更密切，就被联邦当成了可疑目标并派联邦军占领了这两个州。

哈尼[②]临时离开的那段时间，后来晋升为将军的纳撒尼尔·里昂上尉在密苏里州挑起了敌对冲突。

根据密苏里州的民兵法，州长每年都要对营地进行战术指导。1861年，圣路易斯附近的杰克逊营地被指定为密苏里州民兵营地。当时，在弗罗斯特[③]准将的指挥下，约八百名民兵在这里像往常一样进行为期数日的训练，并没有表现出任何敌意。参观者可以自由进入这片曾是女士游乐放松

① 即克莱本·福克斯·杰克逊（Claiborne Fox Jackson，1806—1862）。——译者注
② 即威廉·S.哈尼（William S. Harney，1800—1889）。——译者注
③ 即丹尼尔·M.弗罗斯特（Daniel M. Frost，1823—1900）。——译者注

之所的营地。

突然，纳撒尼尔·里昂上尉率领一支庞大的联邦军出现了。他们包围了杰克逊营地，并要求该营地的民兵无条件投降。被包围的人已无法抵抗，只能束手就擒。投降后的民兵被当作俘虏关押了起来。这些被捕民兵没有参加过任何战争，却在没有任何搜查令的情况下被当作违法人员抓了起来。至于罪名，则任由篡权者安加了。

在给哈尼的一封回信中，弗罗斯特准将这样描述了联邦军接下来的行动：

> 我指挥的这些民兵被缴了械，被缴武器交到了纳撒尼尔·里昂上尉手里。突然一声炮响，纳撒尼尔·里昂上尉的军队开始射击部分已解除了武装的民兵，许多人因此丧命。除大量民兵外，一些无辜群众也当场毙命，死者有男有女，也有小孩。
>
> 贝弗尔这样描述当时的情景：
>
> 一大群市民聚在一起好奇地看着这一切。突然，这些平民遭到射击。射击造成十人死亡，二十人受伤，死伤人员大部分是妇女和儿童。为压制人民的愤怒，联邦政府立即施行了恐怖统治，采用了最残忍的镇压手段。[①]

这场屠杀令密苏里州人民非常愤慨。密苏里州立法机关立即通过了一项招募、组织民兵的法律，并授予州长特别权力。

在一些人士迫切的恳请下，根据该法律，密苏里州政府任命普赖斯[②]指挥密西西比州军队。之后，普赖斯与哈尼就此事进行了协商。最后，代表

① 《邦联第一旅和第二旅》，第24页到第26页。——原注
② 即斯特林·普赖斯（Sterling Price，1809—1867）。——译者注

联邦军向圣路易斯的平民射击。

绘者信息不详

联邦政府的哈尼和代表密苏里州的普赖斯签订了一个能大大缓解人们激愤情绪的协议。普赖斯允诺：他将动用整个州的军力来镇压一切非法行动；哈尼也允诺：他没有理由，也不想再进行任何会引起民愤、民怨的军事行动。哈尼明确表示，除非必要，联邦不会在密苏里州使用武力。普赖斯也明确声明自己拥有使用兵力的权力，并将用这一权力来维护密苏里州的和平与秩序。两人的声明似乎消除了联邦军和密苏里州军队之间产生冲突的危险。

普赖斯立即解散并遣返了曾集结起来用以保卫密苏里州首府杰斐逊城免受联邦军攻击的军队。尽管眼前和平的一幕令人欣慰，但人们马上开始怀疑联邦政府的诚意。因为哈尼被免除了统帅一职。人们之所以产生怀疑，是因为很多人相信，正是因为哈尼的努力，才缓解了人们的激愤，避免了战争。

西部最重要的军火库就在圣路易斯，这里存放有大量从马萨诸塞州的斯普林菲尔德运来的改装毛瑟枪，1861年，圣路易斯军火库的武器数量已仅次于斯普林菲尔德。后来，联邦政府通过各种欺诈手段将这些武器运到了伊利诺伊州。

在挪走了圣路易斯军火库的武器后，仍感不满的联邦官员搜查了圣路易斯居民的住宅，并没收了搜查到的一切武器。宪法规定：除非有正式命令，公民有权为自卫携带武器，并且官方无权搜查和没收为自卫携带的武器。因此，联邦官员的这一行径是对宪法的蔑视。由于密苏里州不愿与南方的姐妹州开战，因此，密苏里州成了第一个被解除武装的州，并成了令这个时代蒙羞的野蛮侵略的受害者。密苏里州蒙受的冤屈，密苏里州手无寸铁的人民为保卫家园和自由免遭亵渎、破坏而做出的英勇努力，成了美国历史上一个可悲的篇章。所有爱惜自己名声的人都希望能删除这一章。

第 10 章

密苏里州解除武装

这种对密苏里州政权及人权的篡夺激起了密苏里州人民的愤怒。

1860年到1861年，密苏里州反对各州脱离联邦，这一点毋庸置疑。在密苏里州代表大会上，没有一人赞成脱离联邦。大会主席普赖斯曾公开声明自己“支持联邦”。因此，人们普遍对哈尼与普赖斯签订的那份协议比较满意。

哈尼被免职后，到处流传着这样的传闻：联邦政府意图解除密苏里州所有不支持联邦政府政策的居民的武装，并把武器交到可靠之人手中。1861年6月4日，普赖斯在一次公开致辞中谈到了这些传闻，他表明：

> 我们不能误解联邦政府此次行动的意图。因为那样的行动不仅明目张胆违背我与哈尼所达成的协议，公然侵犯宪法赋予我们的权利，也是对密苏里州居民的严重侮辱。如果那样，我们会抵制到底。

直至亚伯拉罕·林肯总统征召七万五千名志愿者参军，人们才幡然醒悟，原来联邦政府确实企图胁迫想要维护自身主权的州。为了保护密苏里州，防止有人干涉密苏里州对本州事务行使最高权力，杰克逊下令招募五万名志愿者，由普赖斯指挥。

哈尼被免职后，为和平起见，密苏里州州长杰克逊向哈尼的继任者提出了以下几点：第一，遣散密苏里州警卫队并解散该组织；第二，解除所有由密苏里州建立的武装组织；第三，保证密苏里州不会根据民兵法组织民兵；第四，任何作为战争用途的武器或军需品都不得带入密苏里州；第五，无论居民政治观点如何，继任将军都应平等保护其所有权利；第六，继任将军应镇压密苏里州州内的所有叛乱；第七，密苏里州如果遭到侵略，不管侵略势力来自何方、侵略者是谁，都应抵御一切入侵；第八，严格保持中立，维护密苏里州的和平。此外，如有必要，杰克逊将请求联邦军支援。杰克逊指出，以上几点提议的唯一条件是，联邦政府应着手解除在密苏里州各地非法组织和武装起来的“国民警卫队”的武装，并保证联邦军不去侵占不由其管控的任何地方。

杰克逊说：“要不是真心希望我们热爱的国家可以避开残酷的战争，我怎会轻易提出这些让人倍感耻辱的条款呢？”然而，这些条款遭到了联邦官员的拒绝。

联邦官员不仅要求解除密苏里州的民兵武装、解散民兵队、废除民兵法，还拒绝解除联邦自己的“国民警卫队”的武装，并坚称：当联邦官员认为需要保护其“忠诚子民”或抵御侵略时，联邦政府有权在任何时间、任何地点调动并驻扎军队，且不受任何限制。联邦官员还直截了当地宣布，联邦政府打算军事占领整个密苏里州，并将该州治理成纳撒尼尔·里昂宣称的“同马里兰州状态一样”的州。

联邦政府官员在各州采取了镇压政策。在这种镇压政策下，各州要么选择主动归顺联邦政府，要么选择被联邦政府用武力征服。无论某州多么希望得到和平、保持中立，都无法按自己的意愿行事。这一政策要求联邦政府享有绝对主权，不让密苏里州享有丁点儿的独立和主权。这样的政策是一种矫枉过正的变革，完全颠覆了美国赖以建立的原则，颠覆了美国的宪法。人们曾期望宪政体制下建立一个联邦组织，在这个组织中，各州均拥有自由。然而这一希望破灭了，当时的宪法成了当权者强取豪夺的血腥工具。这番言辞是否公正、客观，恳请后人定夺。

第11章

密苏里州的军事行动

1861年6月13日，杰克逊曾征募志愿者入伍。征兵后，他面临的问题是，这些志愿兵除了来复枪和霰弹猎枪，几乎没有其他武器，更不用说什么军事装备。

1861年6月20日，纳撒尼尔·里昂和弗兰克·P.布莱尔上校率领一支由大约七千名全副武装的士兵和八门火炮组成的部队沿密苏里河而上，在距布恩维尔五英里处登陆。当时，密苏里州能够抵抗这支部队的只有八百名左右的民兵。这些民兵装备简陋、缺乏弹药，连一门大炮也没有。在庞大的敌军面前，这些民兵没有退缩，勇敢与敌军展开战斗。在历经一个半小时甚至更久的战斗后，这些民兵重创并击退敌军，自己几乎毫发未损。这场小规模战役大大激发了密苏里州人民的信心，也让敌人开始重视这支之前一直不屑一顾的军队。除此之外，在科尔营地发生的战役中，奥凯恩上校也以一小队人马战胜了敌军优势兵力。在这场战役中，联邦军共死伤二百零六人，被俘一百多人，被缴获三百六十支刺刀毛瑟枪。这两场战役给了敌军双重打击。密苏里州方面共有四人死亡，十五人至二十人受伤。

为了把军队撤出联邦在密苏里州的占领区域，普赖斯下令向密苏里州东南部转移。该部队从莱克星敦出发，没有任何交通运输工具，也没有帐篷或毛毯这样的物品。在敌军的穷追不舍下，这支部队靠途经地区的接济勉强度日。最后，这支部队成功到达目的地，在锡达县与当地由杰克逊统率的军队会合，组成一支较大的军队，称密苏里州爱国军。此时，这支军队共有三千六百人左右。

> 这支当时由密苏里州的爱国人士组成的军队情况如下：队伍中的人可谓各色各样。他们有老有少、有穷有富，性取向也各不相同。此外，他们之前的职业不尽相同——有种植园主、工人、农民、职员、猎人、船夫、商人及樵夫。其中，至少有五百人没有任何武器。很多人手中只有一支普通的来复枪或猎枪。没有任何人有子弹或水壶这样的装备。他们只有八门没有炮弹的大炮、很少的实心弹丸或几发葡萄弹和霰弹筒。
>
> 为了满足军需，人们制造了一些简陋却很好用的装置。没有炮弹，他们就用拖链、铁棒、坚硬的卵石和光滑的石头来充当炮弹。

密苏里州爱国军向密苏里州南部行进时，杰克逊突然发现自己腹背受敌：前方不远处的迦太基，一大群敌军正虎视眈眈等着截击自己；而后方，一支与自己人数差不多的军队也正在向自己逼近。这时，这些持有简陋装备、没有受过任何训练的密苏里州士兵并没有退缩。他们临危不惧，抖擞精神与敌军展开了战斗。

一场恶仗后，密苏里州爱国军击退了前方迦太基的敌军。在接下来的追击中，又两次打败敌军。据后来的估计，在这次迦太基遭遇战中，敌军约有一百五十人至二百人死亡，三百人至四百人受伤。密苏里州爱国军缴获几百支毛瑟枪，为下面的战争做了更好的准备。我方损失如下：死亡四十人到五十人，受伤一百二十五人到一百五十人。

有人会问我，为何要如此详细地描述这场以弱胜强但结果对整个战争

迦太基战役。

摘自《哈珀周刊》，绘者信息不详

影响甚微的战役？我会这么回答：在这场敌众我寡、敌强我弱的战役中，这些没有受过什么训练，也没有任何装备，只有部分人有武器的军队表现了可歌可泣的英雄主义和自我牺牲精神。他们所做的一切不仅向世人证明了他们的高贵品质，也证明了他们所追求的事业是神圣的。除了一腔正义，除了邦联各州给予的充分理解，密苏里州人民在缺乏军事准备的情况下，英勇地投入了这场为捍卫法律和自由而展开的战争。

第 12 章

邦联援助密苏里州

在迦太基战役后，密苏里人不再是孤军奋战。邦联国会宣布：密苏里州以武力抵御非法入侵时，邦联有权也有责任援助密苏里州政府。1861年8月6日，“为帮助密苏里州人民维护本州范围内的宪法自由，即邦联在当前战争中要维护的宪法自由”，邦联政府拨款一百万美元。为了与普赖斯会合，本杰明·麦卡洛克率一个旅从阿肯色州出发，途中遭到由纳撒尼尔·里昂率领的集中在密苏里州斯普林菲尔德附近的庞大敌军的袭击。两军展开了一场激烈的战斗，最终我军取得了胜利。此次行动中，纳撒尼尔·里昂在集结溃败军队时战死沙场。

这场战役后，本杰明·麦卡洛克率兵回到阿肯色州。纳撒尼尔·里昂死后，队伍由约翰·C.弗里蒙特奉命指挥。一上任，约翰·C.弗里蒙特就声明要没收“叛乱分子”的房产和奴隶。

1861年9月10日，普赖斯得知一支联邦军正向沃伦斯堡进军，以按照约翰·C.弗里蒙特的旨令，抢夺当地银行并逮捕、抢掠约翰逊县的居民。普赖斯立即率领骑兵向沃伦斯堡赶去。普赖斯到达沃伦斯堡时，联邦军已仓皇逃走。于是，普赖斯率军向莱克星敦追去。到达莱克星敦时，普赖斯发现，莱克星敦的防御固若金汤。联邦军不仅有坚固的堑壕，还拥有炮兵。1861年9月20日上午，在普赖斯指挥下，部队将大量装着大麻的麻袋搬到了进攻屡屡失利的地点，并将这些麻袋排成一行。部队向前挺进时，就滚动前方的麻袋，这样，这些麻袋就成了一道敌军子弹无法穿透的移动壁垒。如果联邦军不出击，这支部队就可以在移动壁垒的掩护下一直向前挺进，而联邦军恰恰不敢轻举妄动。在移动壁垒的掩护下，这支部队向联邦军发起了攻击。1861年9月20日下午，联邦军举旗投降。在这场战役中，普赖斯率领的部队共俘虏三千五百人，同时俘获大量奴隶。缴获物资包括：七门大炮、三千多支毛瑟枪、大量弹药和军需物资，以及大量的马匹和其他物资，如密苏里州的印章、一些公共档案和九千美元。因为这九千美元是从莱克星敦银行抢来的，所以普赖斯立即派人还了回去。

在围困莱克星敦的第一天，普赖斯就派D.R.艾奇逊去与率领一千五百名骑兵前来援助的斯特吉斯①会合。当时，我军获悉来自堪萨斯州的詹姆斯·H.莱恩和蒙哥马利②正率领四千名士兵沿密苏里河北侧迅速向前挺进，而斯特吉斯此行的目的就是帮助普赖斯攻打这些敌军。当D.R.艾奇逊率领的军队已有三分之二渡过密苏里河与斯特吉斯会合时，剩余的五百名士兵突然遭到了来自堪萨斯州的敌军优势兵力的进攻。在德高望重的艾奇逊的领导和激励下，这些密苏里州士兵勇敢反击，不仅击败了敌军，还追击敌军十英里。敌军损失惨重，而我方只有五人死亡，二十人受伤。

这场以少胜多的战役让敌军倍感意外。之后，敌军立即将兵力增加至七万人。因为无法成功对抗这样一支军队，普赖斯率军向密苏里州的西南部撤退。因为补给和运输工具匮乏，普赖斯被迫解散了部分军队。之后，普赖斯率其余人马撤退到了尼欧沙。

密苏里州州长杰克逊在尼欧沙召开了立法会议。之后，立法机关通过了《脱离联邦条例》。

① 即塞缪尔·D.斯特吉斯（Samuel D. Sturgis，1822—1889）。——译者注
② 即詹姆斯·蒙哥马利（James Montgomery，1814—1871）。——译者注

莱克星敦战役。
绘者信息不详

在没有任何政府援助、军队资金及军需品的情况下，密苏里州人民自发、自愿展开的这场战役足以证明密苏里州人民是真心想要脱离联邦。

第 13 章

亨利 · A. 怀斯准将、约翰 · B. 弗洛伊德和罗伯特 · E. 李的军事行动

1861年6月，为防止联邦军入侵卡诺瓦河谷，亨利 · A.怀斯准将向邦联请缨作战，随后他被派往卡诺瓦河谷。当时他只率领着一支由少数核心兵力组成的军队，并希冀在以后的战斗中不断充实该军。精彩的斯托尼克里战役后，亨利 · A.怀斯准将打算继续沿卡诺瓦河谷进军考克斯[①]麾下的部队。但我军在劳雷尔希尔战败后，亨利 · A.怀斯准将的右翼不慎暴露。这使其后方军队面临敌军威胁，因此，亨利 · A.怀斯准将被迫率军撤退到路易斯堡。

与此同时，约翰 · B.弗洛伊德率领刚在弗吉尼亚州西南部组建的军队前来支援亨利 · A.怀斯准将。途中，部队屡遭敌军袭击。在率军打了几场漂亮仗后，约翰 · B.弗洛伊德开始在高利挖壕沟。随后，击败了罗斯克兰斯[②]的军队并与亨利 · A.怀斯准将成功会师，回到休厄尔山。但因为约翰 · B.弗洛伊德与亨利 · A.怀斯准将一缺乏默契，所以两人未能成功合作。这对后来的战争产生了十分不好的影响。

① 即雅各布 · 多尔森 · 考克斯（Jacob Dolson Cox，1828—1900）。——译者注

② 即威廉 · 罗斯克兰斯（William Rosecrans，1819—1898）。——译者注

劳雷尔希尔战败后，我军派劳瑞[1]接替加内特[2]统率此次战役的剩余兵力，并将罗伯特·E.李派到了弗吉尼亚州西部。我军希望罗伯特·E.李能够挽回我军在劳雷尔希尔蒙受的损失，并在收编弗吉尼亚州西部的所有兵力后，保护该地。我军向劳瑞的总部——山谷山脉派出了增援部队。罗伯特·E.李立即在弗吉尼亚州西部行动了起来。

由于当时正逢多雨季节，连绵不断的大雨致使山路泥泞不堪，我军几乎无法通行。但意志坚定、不畏艰难的罗伯特·E.李率军穿过了阿勒格尼山脉。在获悉伦道夫县的泰格特河谷和麋鹿原是敌军主要营地后，罗伯特·E.李率军向敌军营地行进。当时，亨利·鲁斯特·杰克逊将军和劳瑞将军手下共有士兵三千五百人左右。敌军兵力比我军大得多。我军在侦察了切特芒特山山口后，发现敌军人数为三千人，比我军总兵力少一些。经过一番仔细侦察后，罗伯特·E.李决定兵分三路一齐向泰格特河谷的敌军主要营地发起进攻。在侦察了切特芒特山山口的防御工事后，一个军官向罗伯特·E.李报告说，可以向敌人发起进攻。于是，罗伯特·E.李就派他率军进攻敌军。与此同时，罗伯特·E.李命令其他部队去抢占可以俯视敌军主要营地的山口，自己则亲率第三支部队向最靠近敌军营地的地点赶去。当时，罗伯特·E.李下达的命令是：被派往进攻切特芒特山山口的军官要在天亮前抵达目的地，并在抵达后立即鸣枪，示意其余兵力协同作战。那一日大雨滂沱、道路泥泞，但罗伯特·E.李率领的第三支部队通过一夜的艰苦跋涉，克服了重重困难，到达了那个靠近并可以俯视敌军营地的地点。途中，罗伯特·E.李的手下一枪未发，出奇制胜地捕获了敌军哨兵。因此，敌军并未察觉我军到来。

到达目的地后，那位被派去进攻切特芒特山山口防御工事的军官仔细

① 即威廉·温·劳瑞（William Wing Loring，1818—1886）。——译者注
② 即理查德·B.加内特（Richard B. Garnett，1817—1863）。——译者注

检查了那里的防御工事。他发现，自己误判了敌情，我军根本无法展开对敌进攻，因为敌军铺设的厚实鹿寨[1]已远超我军步枪射程。于是，这位不明白自己的枪响是总攻信号，无论进攻与否都应鸣枪示意的军官一声不响地率兵撤退了。

天亮前，罗伯特·E.李占领的地点始终笼罩在一片雾气之中。破晓时分，罗伯特·E.李仍未收到信号。因此，他断定那支部队已遭不测。于是，罗伯特·E.李顺着一条蜿蜒小道下山，直至可以清晰看见敌军营地的山的一侧。罗伯特·E.李看到，那些士兵根本就没有发现近在咫尺的敌人，还在忙着盥洗、做饭及清洁武器等事宜。罗伯特·E.李回到部队，将看到的一切告诉了军中的高级军官，并声称：我军尽管没能按计划进攻敌军，但可以发动突袭并占领敌军营地。这些军官在同士兵商量了后，开始率兵撤退，并报告罗伯特·E.李说，部队一旦暴露，就无法执行任务。因为大雾散去后，我军就会立刻暴露在山下的敌军面前，而敌军人数又远超我军。于是，罗伯特·E.李就下令撤军并回到自己的营地。

当接到报告，得知罗斯克兰斯和考克斯已联手作战，并正在向亨利·A.怀斯准将和约翰·B.弗洛伊德推进时，罗伯特·E.李立即率军赶去支援。罗伯特·E.李分别在梅多布拉夫和休厄尔山找到了约翰·B.弗洛伊德和亨利·A.怀斯准将。由于休厄尔山利于防御，部队就集中在休厄尔山，等待罗斯克兰斯的攻击。待了一个多星期后，占领了罗伯特·E.李营地的罗斯克兰斯在夜间撤退了，并没有进攻我军。这让人感到十分意外。

因为战马羸弱、道路坎坷，再加上冬季来临，山区气候恶劣，罗伯特·E.李无法追击敌军。我军以一场短小却出色的战役结束了此次行动。在这场战役中，H.R.杰克逊以少胜多，不仅击退了敌军进攻，还让进攻者

---

① 一种防御办法，将树砍倒后把树枝削尖，再将削尖的树枝围起来冲着敌人，构成壁垒。——译者注

蒙受了巨大损失，而他只损失了六名士兵。

邦联军队从费尔法克斯县政府撤退后，敌军为渡过利斯堡附近的波托马克河展开了行动。当时，我军在波托马克河有四个步兵团、一个骑兵分遣队及七门大炮，由南卡罗来纳州的N.G.埃文斯准将统率。1861年10月21日，敌人开始在爱德华兹渡口渡河，我军派了一个旅前去截击。与此同时，我军还将另一个旅派到了鲍尔布拉夫。当敌军转而从鲍尔布拉夫渡河时，早已守候在此处的弗吉尼亚第八团和N.G.埃文斯调来的密西西比州第十七团、第十八团一齐猛烈进攻敌军，直至将敌军赶回鲍尔布拉夫。敌军领袖贝克①上校倒下后，敌军似乎乱了阵脚，纷纷沿着鲍尔布拉夫冲向河边，挤进他们唯一的交通工具——平底船，但由于人数众多，很多人落入水中。在这次行动中，敌军被俘及死亡人数超过了我军的参战人数。据报道，在此次战役中，我军共死亡三十六人、受伤一百一十七人、被俘二人，总计一百五十五人。

① 即爱德华·迪金森·贝克（Edward Dickinson Baker，1811—1861）。——译者注

第 14 章

梅森和斯莱德尔被捕

因为没有准备，仓促中被迫开战，我们面临的主要困难是武器和军需品的匮乏。为了能让爱国公民保家卫国，西部地区一直在央求我们予以物资援助。事实证明，凭借人民手中的那点私人武器是无法取胜的。邦联政府缺少的不仅是军火，还有制造军火的材料。

马纳萨斯战役取得胜利让人喜出望外。但随后，人们因无法收获胜利果实而沮丧。有传言说，由于总统干涉，取得胜利的英雄们无法获取胜利果实。当然，也有传言说，获胜军队不采取下一步行动是因为总统不允许。以上传言皆不属实。这些基于毁谤的不公正指责，牵扯了邦联政府处理眼前亟须解决问题的精力。当时，我默默忍受着这一切，因为我担心自己的分辨会让人们将这种责难转嫁到那些我们未来倚重的将军身上，从而损害公共事业。现在，这种顾虑已不复存在。为还原真相，我须澄清以下事实：当时，政府并未干预获胜军队采取积极行动，我和其他文职官员都不曾拖延执行邦联国会通过的重组军队的法律。

1861年11月，有报道称，为顺流而下，敌军打算将部队集中在谢南多厄河谷以西。1861年11月下旬，绰号“石墙”的杰克逊提议远征罗姆尼，以挫败敌军沿谢南多厄河而下的行动。

战争部采纳了该提议。为加强杰克逊的兵力，战争部将曾是杰克逊麾下，当时隶属于波托马克军的一个旅给了杰克逊。

杰克逊率军出征后，气温骤降，天气严寒。行至山区时，由于山坡上结满了冰、马匹钉了蹄铁，阻碍了其行程。但杰克逊凭借坚韧不拔的意志和对国家的忠诚，奋力克服一切障碍，最终成功将敌军从罗姆尼及其周围地区赶跑，并占领该地区，从而阻止了敌军意欲在此地集中兵力的企图。

从敌军在弗吉尼亚州东部的作战计划可以看出，敌军打算以弗吉尼亚半岛为基地、沿波托马克河而下，然后攻打里士满。为此，我军将主力部队调到了约克河和詹姆斯河之间的弗吉尼亚半岛上。这样一来，弗吉尼亚州北部——这个曾在第一年的战争中是各个战役主要战场的地区就暂时在战争的蹂躏中得以平静。

1861年11月8日，在公海上，联邦的一艘军舰强行扣留了正常往返于英国两个港口间的英国邮船"特伦特"号，同时抓捕了"特伦特"号邮船上由秘书陪同前往欧洲执行外交任务的邦联专员梅森①和斯莱德尔②。这激起了民愤。两位专员被捕时，"特伦特"号邮船船长和海军中校威廉姆斯曾对此次抓捕行动提出严肃抗议。海军中校威廉姆斯甚至代表英国政府提出抗议，但这些抗议无济于事。一番抗议后梅森和斯莱德尔还是被武装人员押到了联邦军舰上。

一直以来，联邦政府都在强烈抵制"登船搜查权"，并于1812年因该权利与英国爆发一场战争。因此，联邦的这一行为让人更加愤怒。

被押运到波士顿港后，梅森和斯莱德尔及秘书被囚禁在了波士顿的堡垒中。

"为了能够再度保护两位专员及他们的秘书"，英国政府要求联邦政府立即无条件释放他们，并为之前的侵犯行为进行道歉。

① 即詹姆斯·默里·梅森（James Murray Mason，1798—1871）。——译者注
② 即约翰·斯莱德尔（John Slidell，1793—1871）。——译者注

联邦军舰扣留“特伦特”号。

爱德华 · S. 埃利斯（Edward S. Ellis，1840—1916）绘

与此同时，回到美国后，搜查“特伦特”号邮船的海军上校威尔克斯[①]受到人民和联邦政府的一致好评，就连众议院也公开表示了赞赏。

在联邦举国欢欣雀跃之际，英国政府提出恢复对被监禁专员的保护权。当英国政府看到联邦举国上下兴高采烈的反应后，几乎对联邦政府失去了信心。为恢复对两位专员的保护权，英国战争部和海军部做了全面积极的准备。在没有武装的“特伦特”号邮船上强行逮捕邦联专员及他们的秘书一事，一直让联邦政府十分骄傲。直到英国海陆军对联邦政府施加压力，其傲慢气焰才慢慢平息。美国国务卿威廉·H.苏厄德在对英国驻华盛顿外交大臣做了一番冗长而机巧的回复后，这样写道：“我们将很高兴释放……这四人。”这种对有权在公海上自由航行的船舶进行侵犯的行为，这种对插有中立国国旗、未运载禁运物品的船舶进行侵犯的行为，曾遭到美国政府和人民的抵制。即使当时的美国傲慢无比、表里不一，也不曾在英国这只狮子的咆哮中收回自己曾慎重发表的公开宣言。

① 即查尔斯·威尔克斯（Charles Wilkes，1798—1877）。——译者注

第 15 章

我方缺乏军备物资

战争伊始，邦联境内共有来复枪一万五千支、火枪十二万支。里士满约有六万支旧燧石枪，巴吞鲁日约有一万支老式霍尔来复枪和卡宾枪。阿肯色州的小岩城有几千件武器，得克萨斯州军火库也有一些武器。这样一来，邦联军队可用武器约十四万三千件。再加上几个州和一些军事组织拥有的武器，可供邦联军使用的武器共十五万件。每个军火库都有一些军刀、短剑，各处零零星星还有几百把带皮套的手枪，但没有左轮手枪。

战前，同墨西哥交战后，南部各州只剩余不足一百万发的弹药储备。大部分弹药储备在已被联邦军占领的诺福克。此外，南方每个军火库存有少量旧的炮用火药，合计六万磅[①]。雷管有不到二十五万个，但没有导线。军火库中没有可供野战炮兵使用的排炮，只有一些1812年制造的格里博瓦尔炮车上安装有一些旧铁炮。各州和一些志愿团体有一些可用排炮。但却没有马鞍、笼头等马具，也没有其他炮兵、骑兵装备。1861年5月，驻守密西西比河两岸的十五万名士兵需要军需物资，可当时邦联政府却只提供了一些由燧发枪改成冲击枪的老式滑膛毛瑟枪。

以前，各州的军火库只用于储备物资，其中只有一个军火库内存有一台脚踏车床。

① 重量单位，1磅约合0.454千克。——译者注

除了哈珀斯费里军火库，所有物资的准备工作都在北方进行。五十年内，邦联各州只在与墨西哥战争期间装备了武器。除此之外，几乎没有准备过任何武器或一发子弹。因此，南方各州几乎没有军工领域的工人。南方不曾制造过火药，只是制造过一些引爆物。南方各地都没有硝石，所有硝石都储存在北方。只有弗吉尼亚州的矿山开采出来过铅，由此可见南方过度依赖北方的军工制造。里士满的火炮铸造厂是南方唯一的火炮铸造厂。只有田纳西州东部才能找到制造雷管必需的铜。里士满南部没有制造铁条的轧钢机，但有几个炼铁用的鼓风炉，但这些鼓风炉几乎都在弗吉尼亚州和田纳西州边境。

最初，邦联政府和南方一些州通过向北方发送订单的方式获取火药。萨姆特堡事件发生前，北方会很快满足南方各州的要求。但萨姆特堡事件发生后，北方就停止为南方供应武器。人们开始在亚拉巴马州北部和田纳西州山洞中寻找硝酸钾，并在新奥尔良获得了四百到五百吨用于制糖的进口硫黄。邦联政府立即开始筹备建造大型军工厂，并改造了田纳西州东部两个小型私人军工厂。1861年6月1日，邦联政府已从佐治亚州购买了约二十五万磅炮用火药及几乎等量的硝石。刚才提到，邦联政府当时已有两个私人军工厂，但在制造火药、从天然沉积物中提取硝石方面没有经验。

为获取武器，邦联政府派了一个代理人前往欧洲，该代理人后来签订了近五十万美元的合同。一些轻武器和重要机器是从北方获得的。哈珀斯费里军火库的部分机器是工人从烈火中英勇抢救出来的。这些机器部分被运到了里士满，以制造滑膛来复枪，部分被运到了北卡罗来纳州的费耶特维尔，以制造带有刺刀的来复枪。除了机器受损，我方也缺少良工巧匠。这令我方倍感窘困。与此同时，新奥尔良也开始热火朝天地制造起轻武器来，但结果并不尽如人意。

野战炮兵的装备几乎完全依靠里士满的卓德嘉工厂制造。一些铸件在

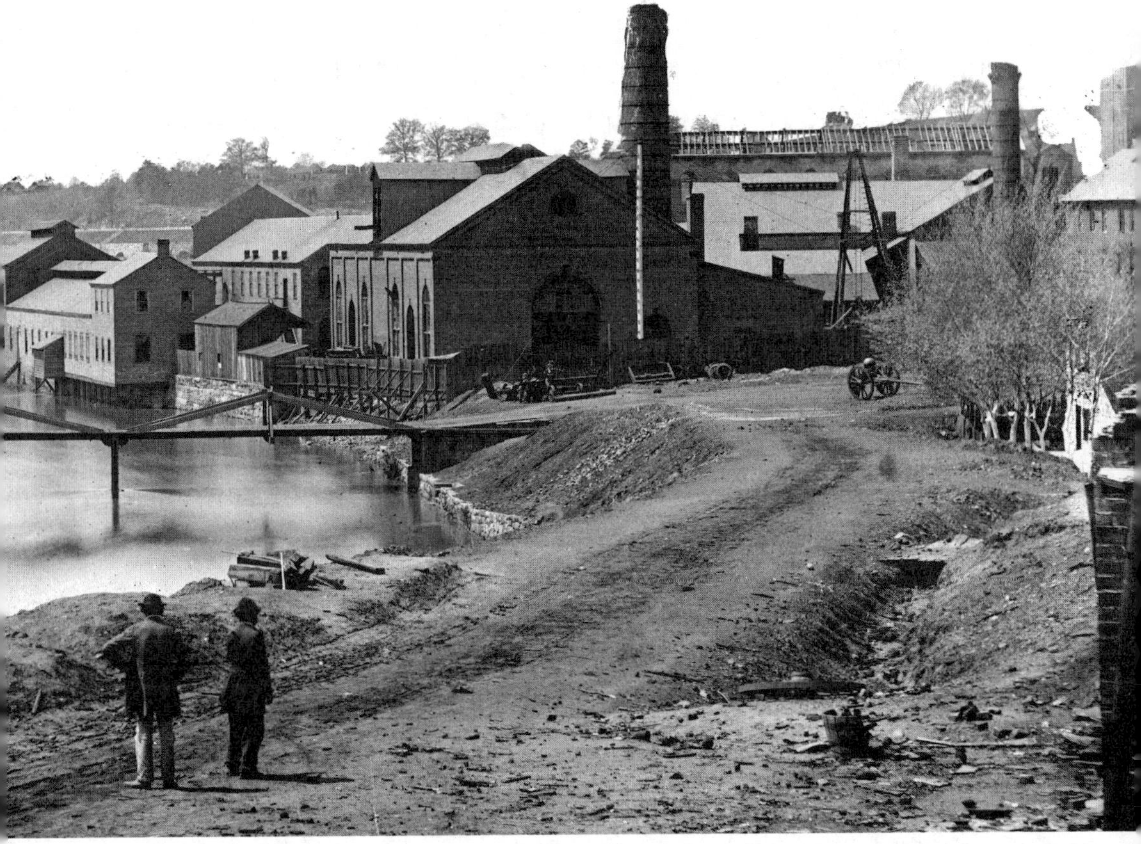

卓德嘉工厂。

亚历山大·加德纳（Alexander Gardner，1821—1882）摄

新奥尔良制造。当时，人们关心的是纳什维尔的野战炮和攻城炮的制造。经过试验，佐治亚州罗马的一个小铸造厂开始铸造口径为三英寸[①]的大炮，但进展非常缓慢。

弗吉尼亚州有大量口径经过改造，并按照帕罗特大炮的样子开了三个凹槽、可发射四磅重火炮炮弹的旧铁炮。哈珀斯费里和马纳萨斯的军队都配备了能发射六磅重火炮炮弹和十二磅重榴弹炮炮弹的老式炮台。弗吉尼亚州购买的几门帕罗特大炮在大伯特利的约翰·B.马格鲁德那里。

为解决步兵和炮兵所需的弹药和装备，里士满建立了一个高质量实验室和车间。军工厂开始为士兵准备弹药和背包，但大部分工作都是为了解决里士满的需求。

以上是1861年5月时邦联的整体军备状况。

然而，我方的军备供应在稳步发展。1861年夏，在纳什维尔附近建了一个硝石冶炼厂。该冶炼厂从附近及田纳西州东部和中部的山洞里获取硝石。南卡罗来纳州的两个小军工厂生产了一些火药，但质量较差。北卡罗来纳州在罗利附近建立了一个军工厂。新奥尔良附近建了一个军工厂。新奥尔良沦陷前，该军工厂曾制造出一些火药。在南北战争爆发前，我们曾获取了少量火药。据估计，到1862年1月1日，从波托马克河的埃文斯港到格兰德河的布朗堡，我方共有一百五十门部署在海岸上的大炮，它们的口径不一，平均为三十二磅，共需要六十万磅的火药。野战炮兵的三百门大炮的二百发子弹需要十二万五千磅火药。轻武器的一千万发子弹需要十二万五千磅火药。这些总共需要八十五万磅火药。如果不包括人们手头可能持有的二十五万磅各种火药，那么1861年共增加火药六十万磅。其中，大概有二十万磅的火药是在田纳西州和其他军工厂生产出来的，其余

① 长度单位，1英寸合2.54厘米。——译者注

四十万磅火药是在南北战争爆发前购买的。

由于无法获得不会因南方气候而变质的火药，再加上火药供应的不确定性，邦联政府必需建一个大型军工厂。在南卡罗来纳州经验丰富、技术娴熟的G.J.雷恩斯的指导下，这个大型军工厂很快就建成了。如此一来，我军的燃眉之急就解决了。这时，邦联政府就不仅能保证所有的火药供应，还能保证这些火药不变质。所有机器都是由邦联政府制造的。为了从其他地方运输硝石，我方签订了一些合同；为了获得能够立即使用的硝石，我们找遍了各个地方，如山洞等地。可这远不能满足我们的需要。从威斯维尔的矿山中和马纳萨斯战场上，我们获得了铅。到1861年年底，已有八个军火库和四座仓库有了原料和机器，可用于生产各种军需用品和装备，从而缓解了早期缺乏军需物资的尴尬境地。

然而，军队的武器和装备质量仍然很差。当时，步兵的主要武器是旧式滑膛毛瑟枪；炮兵的主要武器是可发射六磅重火炮炮弹和十二磅重榴弹炮炮弹的大炮；骑兵可用的武器可谓各式各样：有军刀、马枪、左轮手枪、夏普卡宾枪、恩菲尔德式短来复枪、霍尔卡宾枪等。这些武器不够精良，还是不足以武装那些保家卫国并捍卫人民政权的军队。

1861年12月，我们拿到了从国外购买的武器，在夏洛战役中，很多部队使用的是恩菲尔德式来复枪。1862年冬，我方的军用器械和军事装备最匮乏。敌军放弃哥伦布到孟菲斯市的波托马克河和密西西比河上游的战线后，我军重型火炮的压力有所减少；1862年秋季之后，奥古斯塔兵工厂全面投入生产。之后，我军对火药的需求基本得到满足。

在戈加斯的建议下，我们组建了一个负责获取弹药、武器及装备制造原料的硝石矿务局。

在圣约翰上校的指挥下，硝石矿务局很快就设法找到、搭建了二十到三十个熔炉，这些熔炉每年能生产生铁五万吨，甚至更多；还建成了铅、铜冶炼厂，其产量足以满足一切需要，同时能冶炼出质量上乘的锌。硝石的问题也得到了解决。里士满、哥伦布、查尔斯顿、萨凡纳、莫比尔、塞尔马等地都有硝石矿床，此外，人们还从山洞等类似的地方获得了硝石。用时一年，硝石产量就达到了总消耗的二分之一。除此之外，硝石矿务局还负责以下重要工作：监管铁、铅、铜及所有需要开发利用矿物的生产，以及生产枪炮使用必需的硫酸和硝酸。其中，硝酸是雷管制造中雷酸汞的必要原料。

我们的第一批军队上战场时，装备严重不足。当时，十万多名士兵除了少量劣质弹药，没有任何武器配备。后来，士兵们使用的小背包才换成了由女人们制造的行军帆布包。但士兵们还没有军鞋和子弹盒，也没有炮兵使用的马具和骑兵用的马鞍所需的皮革。由于皮革数量有限，无法满足所有需求，因此，只能先将皮革用于军事目的及日用必需品。因此，分配时优先考虑子弹盒和作为日用必需品的军鞋，之后考虑炮兵使用的马具，然后是骑兵的马鞍和马勒。为节约皮革，腰带和子弹带由三四层的精制棉布制成。马勒的制作与腰带相同；弹药盒盒套除了袋盖也用此办法制成；马鞍的鞍翼也由密密缝制的厚棉布制成。为获得皮革，每个得到兽皮配额的部门都与制革商签订了合同。各部门通过免除一部分人的兵役，为制革商找来了一些人手，并通过铁路来运送兽皮和物资。此外，这些部门还答应帮制革商获取所需物资。我方甚至还在开普菲尔河上建了一个渔场。该渔场不仅能获取机械用油，还能为工人提供食物。骑兵装备中最主要的就是不伤马背的好马鞍。为此，人们进行了各种尝试，并取得一定成效。骑兵中，最棘手的工作就是给骑兵和炮兵的马钉铁掌。当时，我军既缺乏有经验的工人，又十分缺乏原料铁。因此，我们几乎利用了每一个路旁可用的铁匠铺，尤其是战区内和战区附近的铁匠铺。同样，我们需要给这些铁匠铺提供原料，雇员可免除兵役。

人们很早就看出，必须通过那些已被封锁的港口来引进基本必需品。我国在英国的代理人购买了一艘能装载六百五十大包棉花的大船。之后，这艘船一直航行于百慕大群岛和威尔明顿港之间。被捕获前，该船航行了十五次到十八次。之后，我们又购买了一艘船，该船成功完成航行任务。为了提高速度，这两艘船都建造得又长又窄。船身大部分呈浅蓝色，船上使用的是几乎不产生烟雾的燃料，夜间不开灯行驶，并定期往返于威尔明顿港。之后，我方又获得了几艘船，这些船最初用于运送军火，后来用于运送一般物资。我们在拿骚和哈瓦那建立了储备物资的仓库。通过封锁港口的船在抵达后须立即运载回程货物。这些补充资源是在订立合同后通过得克萨斯州从墨西哥运来的。

里士满兵工厂很快就发展成一个规模较大的兵工厂。里士满兵工厂能生产大炮和轻武器以外的一切军需物资，储量足以满足战场上的需要。奥古斯塔兵工厂对在南部和西部作战的军队非常有利，并为这些部队提供了大量完备的野战炮兵装备。政府的所有军工厂都发挥了很大作用。我们扩建了查尔斯顿兵工厂和车间，并引进蒸汽动力，各部门工作进展良好。位于亚拉巴马州的芒特弗农兵工厂被迁到了该州的塞尔马，并在塞尔马发展成一个规模庞大、秩序井然的一流兵工厂。

主要兵工厂在里士满和北卡罗来纳州的费耶特维尔。里士满兵工厂每月能生产一千五百件左右的武器。由于缺少工人，费耶特维尔兵工厂每月只能生产四百件武器。

里士满、纳什维尔及塔拉哈西都建立了生产夏普卡宾枪和来复卡宾枪的工厂。这些工厂的大部分工作是修理武器。这样一来，战场上收集来的物品就派上了用场。马纳萨斯战役后，我军共收集到一万件兵器。1862年，在里士满战场上，我军收集了约两万五千件上等武器。开战两年内，我军淘汰了所有劣质武器，换成了来复枪和雷管这些更为优质的武器。加上1863年7月前遗失的十万件优质武器，我军在开战前两年从各个途径获取的武器应该有四十万件。

戈加斯如实写道：

> 1861年4月开战时，我方没有军火库、没有实验室，也没有任何兵工厂，只在里士满有个铸造厂。1863年年底，也就是开战两年内，我们给作战军队提供了所需装备。整个南北战争期间，我们一边对抗强大敌军，一边克服重重困难，发展军工业。货币贬值使经济受创；封锁让我们几乎无法获得任何工人和材料；所有健康的公民都要参战；奴隶劳工尽管数量充足，却只能从事一些技术含量极低的工作；因为缺乏运输工具，我们无法获得最基本的食物；手头没有物资储备，甚至连建造各种设施的钢、铜、皮革、铁等都没有。在这种困难重重、物资奇缺的情况下，像战场上奋勇作战的士兵一样，我们一直坚持不懈。在很短的时间内，我们在塞尔马、里士满、亚特兰大、梅肯建起了铸造厂和轧钢厂；在彼得斯堡建起了冶炼厂；在北卡罗来纳州的夏洛特建起了制药厂。我们建造了一家远超联邦任何一家军工厂的军工厂，就连大洋彼岸的欧洲也望尘莫及；还在从弗吉尼亚州到亚拉巴马州建造了一连串从规模到设备都不逊于联邦的兵工厂。

第16章

邦联的金融体系

邦联刚成立时，没有军火，也没有资金。因此，邦联没有任何防御能力。可为了捍卫领土，在刚成立不到两个月，邦联就要去抵御装备精良的联邦部队从各个方向发起的无情入侵。邦联的经费来源包括贷款和税收两部分。事实证明，在战争初期，为满足政府和人民的需求，邦联不得不采用的金融体系是符合人们需要的。因此，尽管联邦政府加强防御能力时致使财政支出意外大幅增加，但第二年却没有任何流动债务，信用也没有受损。截至1862年2月1日，联邦政府第一年的总支出是一亿七千万美元。从邦联成立到1862年8月1日的前十八个月里，邦联政府的总支出为三亿两千八百七十四万八千八百三十点七美元。以整数计的话，其中陆军支出为二亿九千八百万美元，海军支出为一千四百六十万美元。总收入为三亿零二百五十万三千零九十六点六美元。海关收入约为一百五十万美元；战争税为一千零五十三万九千九百一十点七美元。至1886年2月，债券收入为一千五百万美元；至1886年8月，债券收入为两千二百六十万美元。战时债券收入为三千七百五十一万五千二百美元；中期国库券与即期票据收入为两亿零九百九十三万美元。一美元和两美元票据收入为八十四万六千九百美元。银行贷款收入为二百六十四万五千美元。

简单回顾一下邦联国会的立法过程，就可以清晰了解邦联政府的金融体系。邦联国会做的第一件事情就是通过了关税法、批准贷款一千五百万美元的法案，并承诺只征收少量的棉花出口税偿还债务。战争开始后，邦联国会规定了二千万美元中期国库券的发行和三千万美元债券借贷的事情。与此同时，邦联国会修订了税收，并为征收国内税做了准备。1861年7月初，当联邦国会在以行动表明其入侵意图后，南北双方的战争显然不可能很快结束。这时，邦联政府就必须建立一个足以应对即将到来的大规模战事的金融体系。当时，邦联政府采用的计划如下：发行中期国库券，持有者可将其兑换为利率为百分之八的债券，并得到以货币支付的利息。如果货币的过度发行使货币出现贬值苗头，那么持有者就可以通过实物股息来投资货币。这样一来，可以抑制货币贬值。这一制度能否成功，取决于政府是否能一直以实物股息支付利息。因此，为确保该支付方式，邦联政府采取了征收国内税和调用进口税的措施。

第一项措施十分奏效。政府用国家现有的货币收入来支付利息。事实证明，该体系设计者的预想是正确的。到1862年初，小麦和其他农产品的销售价格都比较适中，只是略高于和平时期的平均价格，而硬币的溢价却达到百分之二十左右。

显而易见的是，当中立国把我们遭到入侵的事情看成镇压违法叛乱的行为，只派一个仅拥有委托权的特别代理人来处理此事时，我国的贸易就面临着停滞的威胁，我国的硬币也面临着溢价上涨的威胁。因为这样的形势预示着我们将耗尽储备，却又无法获得补给。

为减少纸币的流通量，我们采用了一些促进自愿捐款的措施，但只取得了部分成功。1863年12月，流通的货币总额达到六亿多美元，是本国业务需求量的三倍多。在这种恶劣的经济条件下，物价开始不断上涨，投机倒把的行为开始涌现，阻碍了合法贸易的进行。

为此，1863年12月，我向邦联国会建议：用强制手段将货币数量降至开展本国业务所需的数量，并且承诺在任何情况下，货币的数量都不会再增加。

1864年2月，该建议被纳入法案；该法案的一个举措就是征收货币税。该法案实施一年后，就收回了大量过剩的已发行中期国库券。这不仅达到了预期效果，效果还显著。截至1864年7月1日，收回的货币数量已达两亿三千万美元之多。据估计，依据该法案筹集的资金为三亿美元。而发行新的纸币时，只能发行根据该法案所收回的数额的三分之二。

战争结束前，我们在财政方面的主要困难就是因中期国库券的贬值而造成的。然而，国库券之所以贬值，一方面是因为发行量过多，另一方面是因为人们对赎回国库券越发失去了信心。

第 17 章

军事立法改革

开战第一年，经授权，我招募了一些短期服役士兵。当时，这些士兵完全可以保证我方的用兵需求。后来，随着战争的进行，双方交战呈持久化、白热化。为此，我们做了更好的准备。经授权，我发布了一条招募令：除非战争提前结束，否则邦联各州内所有十八至三十五岁的白人都应参军入伍，去完成战场上未竟的事业，直至三年服役期结束。十八岁以下、三十五岁以上的士兵只需服役九十天。这样一来，士兵的服役期就延长了，老兵退伍和招募新兵的次数减少了，战场上的兵力增加了，军队的纪律有了大幅提高。

1862年3月13日，我任命罗伯特·E.李“指挥邦联军”。

这些措施可谓立竿见影。没多久，我军的战斗力就有所提高。截至1862年9月27日，所有三十五岁到四十五岁的白人都应征入伍，服役期为三年。1864年2月11日，法令规定，所有十八岁至四十五岁的白人都应参军入伍。同时规定，所有年龄相同、级别相同的服役士兵都应留守战场。1864年2月17日，所有十八岁至五十岁的自由男性黑人须服兵役，或服务于防御、制造或医院等部门。经授权，战争部部长可雇佣两万人以下的奴隶履行以上职责。同时，法令取消了一些特定职业之前依法享有的免除兵役权。

雇用奴隶的法案获得批准后，并没有预期效果显著。但此事引起了不小的轰动。对此，有人极力拥护，有人强烈反对。

随后发生的事情使我确信，眼下不得不招募黑人士兵。因此，当国会议员拜访我时，我立即敦促他们采纳该建议。之后，在国会委员的召见下，罗伯特·E.李就征募黑人士兵作战的可行性发表了自己的意见。正如人们所料，罗伯特·E.李的想法与那些召见他的人的预期恰恰相反。罗伯特·E.李表示，他将无条件支持拟议措施。

多次讨论后，众议院通过了一项法案，该法案批准总统从奴隶主那里获得一定数量的奴隶。但因参议院的一张反对票，该法案未能通过。弗吉尼亚州的参议员强烈抗议该反对票。因此，在弗吉尼亚州立法机关的干涉下，弗吉尼亚州议员最终投了赞成票。由此，该法案最终得以通过。该法案规定：在十八岁至四十五岁之间男性奴隶中，征召入伍的人数不应超过其总人数的百分之二十五。但该法案还没来得及实施，有力制敌机会已错过，一切都为时已晚。

第 18 章

联邦政府的敌对行为与强取豪夺

在我方成功抵制联邦暴行后，联邦政府不惜铤而走险。联邦政府违背宪法、摒弃国法、无视正义、泯灭人性，将我们卷入一场腥风血雨的战争中。在开始叙述那些血腥、可怕的场面前，我们要先总结一下开战第一年联邦的敌对行为和强取豪夺行为。

联邦宣布邦联人民是乌合之众，并征募了十五万名士兵来入侵邦联领土。为破坏邦联的正常贸易，联邦封锁了邦联的边界贸易。如果邦联干扰了联邦的某只船，联邦会公开谴责邦联是海盗，邦联的一些公民就被关进了牢房，等待着按海盗罪论处。联邦在将邦联的某个州分裂后，又在该州分裂前的某块土地上建立了新的州。联邦傲慢地回绝了邦联提出的每一个能和平解决眼下问题的提议。联邦对邦联热爱和平的居民发动了一场惨无人道的战争。联邦不仅烧毁了这些居民的住所，还毁坏了这些居民的庄稼。联邦通过法律做出了以下规定：如果有奴隶主向邦联陆军或海军提供了参战奴隶，那么该奴隶主就要没收财产，同时规定军事领导人不得归还逃奴。因联邦政府不同意交换俘虏，邦联就将战俘监禁了起来。为阻止邦联获得欧洲国家的认可，联邦政府在欧洲毁谤邦联。联邦政府逮捕了某个州立法机关的部分人员，并将他们关在了一个遥远的军事监狱，其原因就是联邦政府认为这些人同情邦联！可这些人根本没有犯任何罪行。联邦政府拒绝另一个州想要保持中立的要求，不仅入侵了该州，还占领了该州一些未发生过任何扰乱治安行为的重要地区，并对该州人民实施了令人发指的暴行。联邦政府拒绝了另一个州的州长提出的最有效的和解条款，并声称联邦政府不受任何限制，有权在军官需要时在任何时间、任何地点调动和驻扎军队。联邦政府坚持侵略行为，这样当人们都卷入战争时联邦政府就可以建立临时政府来“保护”这些人民了。

在北方各州中，那些宣称要奋力维护联邦制、宪法及相关法律的州，都安然无恙。对这些州而言，宪法是彼此间唯一的纽带。然而，即使是这些地方，也在联邦政府的专制统治之下。每天，人们的言论自由、新闻自由和公民的人身自由都会受到侵犯，而侵犯人们行使这些神圣权利的正是军队。

北方人民对邦联进行的武装抵抗了解甚少。让北方人民想不到的是，联邦的征服会遭到邦联如此顽强的抵抗，或者说，让北方人民意想不到的是，联邦的一意孤行会让一些地区血流成河。联邦政府的统治欲压倒了其正义感，或者说，在联邦政府的统治欲面前，各州的情谊算不了什么，而联邦政府忘记了，美国之所以能形成，就是为了确保各州的平等。当联邦政府被强烈的统治欲支配时，就将其行为引发的显而易见的后果抛之脑后了。南方各州在脱离联邦一事上曾产生一些分歧，这让人误以为南方某政党已屈从于联邦政府。然而，这种分歧只是暂时的，当我们的领土遭到侵略时，这种分歧立刻消失了。这时，所有人都明白，须捍卫自己的家园与自由，反击敌人的无情进攻。于是，人们达成空前一致的观点。这时，就像汉密尔顿和麦迪逊预见的一样，对其他州发动战争的行为会让联邦制走向解体，而这又恰恰是汉密尔顿和麦迪逊之辈最不想看到的。

联邦政府在进行这种毫无来由的征服时，手段十分凶残，将文明战争的一切规则都抛到了九霄云外。联邦军不仅将炮火对准那些反抗的人，也将炮火对准邦联各州所有普通百姓。联邦军轰炸并焚烧了住宅；将田野里的庄稼付之一炬。不放火时，联邦军就会在遭到野蛮士兵凌辱的女房主逃离后，煞费苦心地将房子里剩余的所有用品或装饰品毁光。为防止必备药品落到妇女、儿童和病人手中，联邦军用“精心设计”的计谋向这些妇孺及病人发动了一场小型战争。这样的行为是执行法律、维护由各州自愿组成的联邦时的合法手段吗？这样的政府是得到被统治人民认可的政府吗？

邦联没有因海军不足而去使用武装民船。邦联没有必要这样做，这样的冒险行为对我们没有好处。原因显而易见：邦联的港口都被封锁了，外国港口不肯让邦联的船靠岸卸载捕获物品或停泊捕获之船。然而，在这种情况下，邦联唯一能做的是烧毁或牢牢看守缴获物品。因此，就在收到一些船舶提出的私掠许可证申请后，邦联政府将私掠许可证分发给了它们。于是，海面上很快就有了一支小型船队，其中部分是拥有私掠许可证的船，部分是由海军部购买并装备的船。这些船巡逻于北部各州的海岸，捕获并摧毁那里的船舶，这让联邦政府大惊失色。在1861年4月19日的公告中，联邦总统亚伯拉罕·林肯宣称：任何在邦联的伪政权下侵扰联邦船舶、船上人员或货物的人，都“将按美国的海盗罪问处”。令联邦政府开心的是，联邦政府并没有受到这样的威胁，但因此恼羞成怒。因为这样一来，联邦政府就无法为其宣称的野蛮行为而展开全面报复了，其公开宣称的目的也就无法实现了。

1861年6月3日，邦联“萨凡纳”号纵帆领航船被联邦的双桅横帆船“佩里”号截获。“萨凡纳”号上的船员被戴上镣铐送到了纽约。1861年7月6日，我在里士满获悉联邦未按战俘对待这些船员，立即给亚伯拉罕·林肯总统写了一封信。在信中，我明确指出：“迫不得已之下，我们只能采取令大家都不痛快的措施了。‘萨凡纳’号被捕船员的待遇如何，邦联政府就会用同样的待遇对待手中的战俘。如果联邦政府处决了‘萨凡纳’号上的任何官员或船员的话，邦联政府就只能在被逼无奈之下进行报复。到那时，邦联政府将想尽一切办法让联邦政府放弃这种人类文明战争史中前所未有、野蛮至极、令美国名誉扫地的做法。”但当“杰斐逊·戴维斯”号武装民船于1861年晚些时候被俘获时，船长和船员都被带到了费城，船长被判犯有海盗罪，并面临死亡。于是，我立即让里士满的约翰·H.温德尔从我军俘获的联邦军官中选一名级别最高的，然后将这名军官送到关押重罪犯的牢房里，并按照费城处决战俘的方式来处决他。

然后，我又让约翰·H.温德尔从我军战俘中挑选了十三名级别最高的战俘，并按照纽约那些被当成海盗审判的人质所受待遇来对待这十三名高级军官。如此一来，联邦政府才打消了图谋处死我军被俘人员的企图。

海上出现这支小型舰队后，欧洲各国不得不确定自己的立场了。英国持中立态度，承认双方为交战国，禁止交战双方的战舰和武装民船将捕获船舶或物品带入英国及其殖民地水域内。其他国家也承认邦联为交战国，也禁止交战双方将捕获物品等带入其港口。

到1861年年底，由于双方交战规模扩大，战场范围扩大。这时，我方战场已从切萨皮克海岸一直延伸到了密苏里州与亚利桑那州的交界处。当最偏远的作战地点需要紧急军事援助时，我方不仅能迅速赶到，在敌军优势兵力面前力挽狂澜，还能击退从边界处入侵的大量联邦军。

战争开始时，联邦军一直占领着邦联各州的一些战略要地和有力阵地。在兵力、可用资源和战备物资方面，联邦军远超我方。联邦军早就筹备了军事设施，因此其设施十分完备。联邦军还独占之前曾属于双方的陆军和海军。为了应对这一切，我们不仅要在战争来临之际创建一支军队，还要建立一个能为这支军队提供装备、统筹协调这支军队的必要军事机构。谢天谢地，人们的自告奋勇与爱国情怀让邦联成功克服重重困难。我们在贝瑟尔、马纳萨斯、斯普林菲尔德、莱克星敦、利斯堡和贝尔蒙特等一系列战役中取得了辉煌胜利，成功阻止了联邦军的入侵。战争进行到七个月时，联邦军非但未能扩大占领区域，反倒将那几个新成立的州和地区“送”到了我军手中。联邦军曾扬言要所向无敌地征服邦联各州，可现在常常被我军打得连连撤退，不得不采取守势。1861年年底，邦联各州的战斗力较之前有很大增加。

为了适应时代之需，一些新的生产部门应运而生，邦联各州之前的经营也恢复了活力。慢慢地，邦联开始不再依赖其他国家提供各种战备物资和军需品。

在1861年11月6日进行的选举中，邦联临时政府的主要行政官员以全票当选，将于1862年2月22日正式就职。

第19章

亨利堡和多纳尔森堡投降

大约在同一时间，联邦军的军事部署发生了重大变化。斯科特[①]退役后，麦克莱伦[②]被任命为联邦军的总司令。哈勒克[③]则代替约翰·C.弗里蒙特负责西部作战区的指挥。W.T.谢尔曼负责向哈勒克报告军情。俄亥俄州、密歇根州、印第安纳州、肯塔基州及坎伯兰河和田纳西河以东地区，组成俄亥俄州作战区，由卡洛斯·布埃尔任指挥。

这样一来，阿尔伯特·西德尼·约翰斯顿就面临着联邦军的双重夹击。在他的西面，是由哈勒克所率的敌军，在肯塔基州，是由卡洛斯·布埃尔所率的军队。而哥伦布、密西西比河下游、坎伯兰河和田纳西河的水位线，及多纳尔森堡和亨利堡的其他防御工事同样面临着来自哈勒克、格兰特和C.F.史密斯的威胁。当时，格兰特与C.F.史密斯分别驻守开罗及帕迪尤卡。联邦军的中心力量则直指在坎伯兰河上游米尔斯普林斯驻扎的佐利科弗尔[④]。在肯塔基州东北角，俄亥俄州的加菲尔德[⑤]上校[⑥]正率军与汉

① 即温菲尔德·斯科特（Winfield Scott，1786—1866）。——译者注
② 即乔治·B.麦克莱伦（George B. McClellan，1826—1885）。——译者注
③ 即亨利·哈勒克（Henry Halleck，1815—1872）。——译者注
④ 即菲利克斯·佐利科弗尔（Felix Zollicoffer，1812—1862）。——译者注
⑤ 即詹姆斯·A.加菲尔德（James A. Garfield，1831—1881）。——译者注
⑥ 后担任总统。——原注

弗莱·马歇尔率领的邦联军队对峙。

在加菲尔德上校与汉弗莱·马歇尔的这次战役中，汉弗莱·马歇尔的有效兵力是一千六百人左右。当获悉加菲尔德上校正率军逼近自己并派了一小股兵力接近自己后方时，汉弗莱·马歇尔率军后退了约十五英里，驻扎在了普雷斯顿斯堡附近的米德尔溪。1862年1月10日，加菲尔德上校向汉弗莱·马歇尔发起了攻击。这次战役断断续续持续了近四个小时，双方一度打得不可开交。汉弗莱·马歇尔在报告说：

> 为攻击我军，敌军逼近我军，但一路小心翼翼。我军左翼甚至未发一枪。敌军谨小慎微，始终未向我军中间力量或左翼开战，而是一直保持一定距离。据说，加菲尔德后来率兵撤退到了十五英里外的佩恩茨维尔。汉弗莱·马歇尔率军追击了七英里后，原地休憩了两日，之后继续慢慢追击撤退敌军。

为了保卫山区，我军在坎伯兰河上游的米尔斯普林斯组织了一支短小精悍的部队，并由最近刚刚加入佐利科弗尔阵营的乔治·B.克里滕登任指挥。

1862年1月18日，我军获悉托马斯[①]正率军前往邦联阵地，并且之后还会得到一个旅的增援。于是，我军决定在托马斯得到增援前进攻他。一大早，我军就在捕鱼溪对敌军发起了攻击，并与敌军展开了激烈的战斗。刚开始，我军进展十分顺利，但突然传来了佐利科弗尔率兵前行时阵亡的噩耗。该消息一传开，队伍立马陷入混乱，任凭乔治·B.克里滕登怎样奋力召集士兵作战，都无济于事。我军被迫撤退。

---

① 即乔治·亨利·托马斯（George Henry Thomas，1816—1870）。——译者注

捕鱼溪战役。
绘者信息不详

敌军并没有趁势发起有力追击，而是在邦联军队的堑壕前停了下来。由于没有任何补给，乔治·B.克里滕登认为无法守住该阵地，就在夜间率军渡过了坎伯兰河。但因为没有合适的交通工具，乔治·B.克里滕登不得不放弃野营装备、马匹及炮车等。

在这场战役中，我军死伤并不很大。尽管如此，这场战役却是自开战以来，我方最惨重的一次失败。敌军不仅击破了我军的右翼防线，还致使我军痛失肯塔基州东部地区。然而，将士们的战略部署和英勇气概却让这场战役成为战争中最辉煌、最英勇的一场战役。

田纳西州脱离联邦后，为占领密西西比州的所有战略要地，如孟菲斯、伦道夫县、皮洛堡和十号岛，并加强这些战略要地的防御工事，我方立即采取了相应措施。我方不打算进入肯塔基州，就将这些防御工事建在了田纳西州的边界内，尽可能靠近肯塔基州的合适地点。于是，我们开始在坎伯兰河西岸建造多纳尔森堡，在距多纳尔森堡约十二英里处的田纳西河东岸建造亨利堡。

亨利堡坐落于坎伯兰河边的低地上，刚好在坎伯兰河的一个拐弯处。亨利堡的前方，是一条两英里长的笔直河道。在亨利堡对面的河岸上，有一块高地，我军原打算占领这块高地，以抵御联邦军发起的陆地进攻。当时，没有人知道装甲炮艇能对陆地上的防御工事造成多大的破坏，由于亨利堡地处低处，亨利堡的排炮可利用这一优势射击水面上的船。利用这一优势对付木船最有效。

我们将多纳尔森堡建在了高地上，这样一来，当联邦装甲舰在水面进行袭击时，多纳尔森堡的炮台就会对其进行更有效的俯射。但我们还需在地面修建大量外围工事，并派遣大量兵力，这样才能抵御联邦军侵袭多纳尔森堡。

在夏洛战役开始前，波尔克向阿尔伯特·西德尼·约翰斯顿报告：要想守住坎伯兰河，我方须有足够的步兵及经验丰富的炮兵，但现在这两者都很缺乏，这是当前最大的困难。波尔克只讲了我军面对的部分问题。要想与敌军的那些军舰对抗，我们也须有同敌军一样的战舰，或者说我们要有建造这些战舰的方法。但我们什么也没有。

为了在坎伯兰河某些河段上展开军事行动，联邦军做了大量准备，而我军只能做很有限的防御工作。在一个被围困和封锁的国家里，很难找到娴熟的工人，也很难找到一家造船厂并获取建造装甲舰的材料。这时，有人提议建造炮艇，并将普通的明轮高压汽艇改装成炮艇。工程部门否定了该提议，认为这样的做法行不通。当时，情况是这样的，我们根本没有造装甲舰所需的金属板，而铁道上的铁枕还得承担运输任务。我们如果建不成一支足以抗衡敌军的舰队的话，就只能让陆军靠陆地上的排炮和鱼雷对付敌军了。这时，最好的办法就是集中资源做可行之事。在这样的情况下，我们还是着手建造了一艘装甲炮艇。这艘叫“东港”号的装甲炮艇是在密西西比河上开始建造的。但建造过程中遇到了很多困难，甚至直到亨利堡失守，该炮艇还未完工。为防止该炮艇落入敌军手中，我军后来将其摧毁了。

为攻打密西西比河及其支流，联邦政府准备了一支由十二艘炮艇组成的舰队，其中七艘是装甲炮艇。这些装甲炮艇几乎足以抵御一切攻击，巨大的实心炮除外。此外，这些装甲炮艇要比一般炮艇宽得多。这样一来，这些装甲炮艇就能像陆地上的排炮一样，在平稳的河面上稳固地发射重炮。联邦政府的这支小型舰队，共携有一百四十二门大炮，其中一些是发射六十四磅炮弹的大炮，一些是发射三十二磅炮弹的大炮，还有一些是能发射八磅炮弹的法式线膛炮。

1862年2月2日，格兰特率一万七千名士兵乘船前往开罗，海军准将富特[1]携七艘炮艇一路同行。四日后，格兰特开始率军在距亨利堡三四英里处登陆。格兰特担任西岸主力纵队的指挥，而C.F.史密斯则率领五六千名士兵在田纳西河西岸着陆，并奉命占领了亨利堡对面的欣德曼堡的土垒。当时，蒂尔曼[2]正率领着三千四百名士兵镇守亨利堡。1862年2月6日，联邦军炮艇还没有发动攻击，蒂尔曼就放弃了在陆地上抵抗格兰特进攻的计划。由于蒂尔曼认为无法守住亨利堡，就让主力部队逃往多纳尔森堡，而自己则打算在敌军轰炸亨利堡时用堡内的排炮来拖延时间。为此，蒂尔曼留下了七十五名士兵来操作大炮。大敌当前，这样的防御力量未免过于势单力薄。

敌军原打算在中午发起进攻，但因河水泛滥，格兰特未能顺利发动进攻。为了不让士兵暴露在亨利堡的重炮攻击范围内，同时等待炮艇的进攻结果，格兰特停止了进攻。与此同时，亨利堡中的邦联军队正在撤退。这时，敌军的四艘安装着四十八门大炮的装甲舰开了过来。这些装甲舰一边前行一边发射炮弹，最后占领了距亨利堡不到六百码[3]的阵地。在这些装甲舰身后约半英里处，跟着三艘无装甲战舰。战舰上的二十七门重炮不停地轰炸亨利堡。与此同时，装甲炮艇上的约四百枚令人生畏的炮弹也开始轰炸亨利堡。我军立刻反击，且至少有五十九枚炮弹击中敌军装甲舰，使部分装甲舰受损严重。

开战五分钟后，亨利堡内一门能发射二十四磅炮的线膛炮突然发生爆炸，炸死、炸伤大炮旁的很多士兵。这是堡内威力最大的大炮之一。接着，一枚炮弹在那门能发射三十二磅炮弹的大炮口发生爆炸，当下就炸毁了这门大炮，大炮旁的士兵死的死，伤的伤。大约在同一时间，因操作不

① 即安德鲁·赫尔·富特（Andrew Hull Foote，1806—1863）。——译者注
② 即劳埃德·蒂尔曼（Lloyd Tilghman，1816—1863）。——译者注
③ 长度单位，1码合0.9144米。——译者注

在海军准将富特的指挥下，联邦炮艇轰炸并占领了亨利堡。
库里耶 - 艾夫斯公司出品，绘者信息不详

当，一门能发射四十二磅炮弹的大炮造成三人死亡，数人重伤。之后，我军唯一能与敌军火炮抗衡的哥伦比亚炮也因意外变成一堆废铁。

这时，士兵们已精疲力竭、信心全无。目睹一切的蒂尔曼遂亲自上阵操作一台能发射三十二磅炮弹的大炮十五分钟。当时，亨利堡的大炮中，四门已坏掉，六门因没有炮兵而被闲置，只有两门大炮还在反击敌军。交战两小时十分钟后，蒂尔曼降下旗帜，停止反击，亨利堡内十二名军官和六十三名士官及士兵全部投降敌军。在这场战役中，我军共死亡五人，受伤十六人；敌军共死伤六十三人。就这样，敌军打开了田纳西河的通道，并在距离多纳尔森堡最近的地方建立了一个与之对峙的基地。

联邦军接下来要用水陆联合作战的方式来攻打多纳尔森堡。多纳尔森堡的防御工事如下：山腰上有两组排炮，顶峰是一个占地约一百英亩①的不规则堡垒。两组排炮共配有十三门大炮，其中八门大炮是能发射三十二磅炮弹的大炮，三门大炮是能发射三十二磅炮弹的近距臼炮，一门是口径为十英寸的哥伦比亚炮，还有一门是能发射三十二磅炮的线膛炮，排炮的位置恰好能射到水面上的船。建于高出水面约一百英尺②的高地上的防御工事旨在给步兵提供支援，不仅能控制我军排炮，还能在毛瑟枪射程范围内近距离保护这些排炮。多纳尔森堡的防御工事能够很好地抵御炮艇的进攻。但当敌军采取陆地进攻或封锁策略时，多纳尔森堡就一筹莫展了。

遭围攻期间，多纳尔森堡内约有一万四千五百名到一万五千名士兵驻守。这些士兵分别由约翰·B.弗洛伊德、皮洛和西蒙·玻利瓦尔·巴克纳统率。1862年2月13日，敌军轰炸了多纳尔森堡整整一天，但我军没有一直予以回击，只是在瞄准目标后才从堑壕里射击敌军一阵。因此，敌军损失惨重，并且在傍晚停止了轰炸。1862年2月13日夜间，敌军炮火又时不时

① 面积单位，1英亩约合4050平方米。——译者注
② 长度单位，1英尺合0.3048米。——译者注

地响了起来。因敌军不断轰炸我军野战工事，我军几乎每个团都有不同程度的伤亡。1862年2月14日清晨，敌军一艘携有十三门大炮的炮艇抵达岬角后方。之后，这艘炮艇轰炸了我军。在发射到第一百三十八枚炮弹时，这艘炮艇被我军的一门一百二十八磅炮击中端口，瞬间报废。

到了1862年2月14日夜间，气温骤降，暴风雪肆虐，一些士兵被冻得无法动弹，战线上受伤的士兵备受摧残。这时，海军准将富特率炮艇舰队赶来支援敌军。他率兵登陆后，并没有攻击我军，只是向四周随便开了几枪。1862年2月15日15时左右，海军准将富特才率领四艘装甲舰及两艘炮艇向我军发起攻击。每艘装甲舰上都安装着十三门大炮，每艘炮艇上都放置着九门大炮。任何一门大炮的威力都远超多纳尔森堡内的所有大炮。每一艘战舰船首都摆放着三门口径分别是八英寸、九英寸和十英寸的大炮。我军可用来有效抵御敌军装甲舰的却只有一门哥伦比亚炮和一门线膛炮。富特打算速战速决，希望能像攻打亨利堡一样，轻松拿下这场战役。敌军直接攻击我军排炮，并发射了多枚重型大炮。富特本想用这些重型炮弹震慑我军排炮，然后绕过它们，对堡垒进行猛烈扫射。但舰队的轰炸只是击毁了我军土垒，并没有造成其他破坏。在敌军大炮的肆虐轰炸下，沉着勇敢的邦联士兵在不到三十英尺的高地上给予敌军炮艇致命回击；在敌军大炮数量和重量都强于我军的情况下，他们攻克了难关。在敌军毫无招架之际，我方的两门大炮以雷霆之势击穿了敌军战舰的坚硬装甲与厚实木身，大败敌军舰队。

据敌军报告称，其四艘装甲舰至少破损了一百四十二处。“因此，为帮助伤残士兵，舰队聚在了一起，接着前往开罗进行维修。”在这场战役中，敌军死伤人数为五十四人。

布置多纳尔森堡防御工事的吉尔默[①]少校报告说：“我方排炮未受任何损伤，也没有人员伤亡。击退敌军炮艇后，当天的战斗也结束了，只剩下陆地上为防御而进行的零星射击。”

1862年2月15日午夜，邦联将领召开了一次会议，以商讨第二天的行动。当时，敌军已得到大量增援。多纳尔森堡战役开始时，敌军就在人数上占有很大优势，现在，敌军得到更多支援，形势越来越不利于我方。我方决定：只留下八个团坚守，整个军队的左翼都将离开战壕，去攻击并驱赶敌军右翼，直至清除永利渡口公路上的所有障碍，保障我军有撤退出口。永利渡口公路之所以重要，是因为通过这条路我军可以转移到夏洛特市，而在永利渡口公路与夏洛特市之间，要途经一个对邦联友好的地区。1862年2月15日深夜，我军动身了，经过防御区蜿蜒曲折、布满障碍的道路时，由于路面凹凸不平，加之结了一层冰，我军行进速度很慢，因此耽误了行程。1862年2月16日4时，皮洛的部队已做好作战准备。两个小时后，血腥战斗开始了。1862年2月16日13时，敌人右翼开始循原路折回，永利渡口公路上的障碍被清除了。

我方很快就结束了左翼的战斗，并俘虏敌军三百人，同时缴获了敌军五千件轻武器、六门大炮及若干其他战利品。但敌军在小心翼翼挺进后，渐渐收复了大部分失地。1862年2月16日16时左右，C.F.史密斯对我军右翼发动了攻击，并占领我军前哨防御工事。在西蒙·玻利瓦尔·巴克纳看来，这意味着自己的阵地岌岌可危。

围攻期间，敌军共死亡四百人，受伤一千七百八十五人，被俘三百人。我军死亡人数为三百二十五人左右，受伤人数为一千零九十七人，加上失踪人数，共约一千五百人。

---

① 即杰里米·弗朗西斯·吉尔默（Jeremy Francis Gilmer，1818—1883）。——译者注

多纳尔森堡守军向联邦军投降。

摘自《哈珀周刊》，绘者信息不详

夜幕降临，我军将领召开会议。会议认为我军已只能选择投降，并决定在敌军发动袭击前投降，同时预计敌军会在天亮前发动袭击。

西蒙·玻利瓦尔·巴克纳写道：

> 在我看来，我军已身陷绝境，军中人马都已精疲力竭。在这种情况下，根本不可能通过另一场战役摆脱困境。因一路高度警惕、不停奔波、四处作战，部队已精疲力竭。很多士兵饱经风霜。不停地奔波让每一个士兵都痛苦不堪。口粮已经好些天没有按时发放了，但几乎没有办法烹制食物。弹药已几乎用尽。我军已完全被一支数量是我军四倍的作战部队包围。

决定投降后，我方将投降任务交给了西蒙·玻利瓦尔·巴克纳。西蒙·玻利瓦尔·巴克纳与格兰特进行了谈判，并在1862年2月17日早上交出了多纳尔森堡。如果多纳尔森堡中的卫戍部队想要撤退，只有两条路可以选择。一条是卫戍部队朝山上撤退，但是须冲破敌军主力。如此一来，卫戍部队将会损失近四分之三的兵力。另一条是卫戍部队朝山下撤退，但是须蹚过三英尺深的河水。而在医疗顾问看来，天气如此恶劣，加之士兵已极度疲惫，会有一半士兵在渡河时丧生。

第 20 章

密西西比河以西的军事行动

多纳尔森堡和亨利堡失陷后，敌军打通了通往纳什维尔和亚拉巴马州的河道，扭转了鲍灵格林和哥伦布的局势。情急之下，我军打算转移到纳什维尔。纳什维尔是一个有利阵地，距那个为抵御敌军炮艇和船舶从坎伯兰河通过而建立防御工事的城市——多纳尔森堡约几英里。断定无法守住多纳尔森堡后，我军立即撤退。撤退途中，听闻多纳尔森堡已被敌军占领。这一消息在我军引发了不小骚动。

> 人们牢骚满腹。刚开始只是嘟嘟囔囔，后来开始公开进行谴责。一些心怀不轨的人借机互相倾轧，受害者被人们批得体无完肤。报纸杂志上满是谩骂之言。人们斥责政府把保护公众安全的任务交到了懦弱之徒手中。[①]

田纳西州的参议员和众议员中，除一人之外，都拜访了作为邦联总统的我，并要求我解除阿尔伯特 · 西德尼 · 约翰斯顿的职务。

多纳尔森堡失陷后，阿尔伯特 · 西德尼 · 约翰斯顿认为，自己必须率

① 详见《孟福德上校在孟菲斯的演讲》。——原注

军撤离纳什维尔，否则我军将损失惨重。当时，阿尔伯特·西德尼·约翰斯顿手下的有效兵力只剩下不到一万一千人，而卡洛斯·布埃尔在鲍灵格林最少有四万人。与此同时，阿尔伯特·西德尼·约翰斯顿的东翼面临着由托马斯率领的另一支优势兵力的威胁。另外，为了切断南方所有交通线路，多纳尔森堡的敌军可能会乘炮艇等沿坎伯兰河而上。

1862年2月17日和18日，我军将主力部队转移到默夫里斯伯勒。在与乔治·B.克里滕登率领的军队会合后，阿尔伯特·西德尼·约翰斯顿的兵力有所增加。加上从多纳尔森堡逃脱出来的士兵，此时阿尔伯特·西德尼·约翰斯顿已有一万七千人。1862年2月28日，我军经谢尔比维尔和费耶特维尔朝迪凯特进军。途经谢尔比维尔和费耶特维尔时，阿尔伯特·西德尼·约翰斯顿储备了一些物资，将军火等物资转移到了其他地方，获取了新的武器。最终，1862年3月月底，在柯林斯，阿尔伯特·西德尼·约翰斯顿带着约两万人马与皮埃尔·古斯塔夫·图坦特·博勒加德会合。这样，他们的总兵力就达到了五万人。

阿尔伯特·西德尼·约翰斯顿认为，敌军在田纳西河和坎伯兰河上的炮艇等交通工具为其带来了巨大优势。加上田纳西州地形的独特性，我军只能做出以下两种选择：其一就是将田纳西中部地区拱手让给敌军；其二就是率军转向哥伦布，占领孟菲斯，然后打开通往密西西比河谷的通道。因为阿尔伯特·西德尼·约翰斯顿认为保卫密西西比河谷意义重大，所以就渡过了田纳西河，并与皮埃尔·古斯塔夫·图坦特·博勒加德的军队联合了起来。

当人们看到阿尔伯特·西德尼·约翰斯顿从纳什维尔撤离后，再次打算率军撤退时，整个邦联都陷入了恐慌。人们指责他愚钝、懦弱、叛国。各阶层都发出呼吁，请求我解除阿尔伯特·西德尼·约翰斯顿的职务。邦联国会讨论了此事。会上，人们群情激奋，并就此事任命了一个调查委员会。但显而易见，此事还未经审判就已有了判决结果。

当我们公正地去回顾当时的形势后，就会发现，阿尔伯特·西德尼·约翰斯顿用自己手中的兵力取得了可能取得的一切成就。作为一名军人，他展现了杰出的才能，他既不曾做出错误的判断，也不曾失去军人的胆识。

与此同时，我军在密西西比州西部采取了一些积极行动。普赖斯和本杰明·麦卡洛克分别率一小股兵力与敌军进行了战斗，但并没有取得决定性战果。

1862年1月29日，厄尔·范·多恩担任指挥。而当时担任联邦军指挥的是柯蒂斯[①]。他统率的敌军约有一万两千人。见状，厄尔·范·多恩立即决定攻打柯蒂斯。

1862年3月5日上午，埃尔克霍恩战役，或称豌豆岭战役打响了。在厄尔·范·多恩的报告中，我军当时有一万四千人，而柯蒂斯约有一万人。厄尔·范·多恩与普赖斯率军出发后，在路上遭遇了已率军向我军挺进的卡尔[②]的部队。在这次遭遇战中，我军重创并击退敌军。与此同时，本杰明·麦卡洛克的部队与奥斯特豪斯[③]的部队也打了一场遭遇战。本杰明·麦卡洛克率军奋勇迎敌，不一会儿就大获全胜。本杰明·麦卡洛克率军穿过低矮的橡树林向前推进时，因我军较分散，分别遇到了西格尔[④]、阿斯特罗斯和杰斐逊·戴维斯的军队，于是两军就在崎岖不平的山口展开了一场殊死搏斗。危急关头，为侦察前方情况，本杰明·麦卡洛克率兵突进，但不幸被敌军狙击手击中。而本杰明·麦卡洛克的副指挥麦金托什[⑤]则率领着得

① 即塞缪尔·瑞恩·柯蒂斯（Samuel Ryan Curtis，1805—1866）。——译者注
② 即尤金·A.卡尔（Eugene A. Carr，1830—1910）。——译者注
③ 即彼得·约瑟夫·奥斯特豪斯（Peter Joseph Osterhaus，1823—1917）。——译者注
④ 即弗朗茨·西格尔（Franz Sigel，1824—1902）。——译者注
⑤ 即詹姆斯·M.麦金托什（James M. McIntosh，1828—1862）。——译者注

埃尔克霍恩战役（联邦方面称豌豆岭战役）。
绘者信息不详

克萨斯骑兵团冲向敌军排炮。失去总指挥本杰明·麦卡洛克指挥后，支离破碎的部队离开了战场，以期在绕一个大圈后能在普赖斯那里重新集结。听闻此噩耗后，厄尔·范·多恩立即率军进攻敌军，使敌军节节败退。直到夜幕降临，我军才停止追击。当时，厄尔·范·多恩的指挥部在埃尔克霍恩客栈，而在当日早上，该地在还是敌军的指挥部。这时，双方的交通线路上都有对方的军队。当厄尔·范·多恩发现手下人马已混乱不堪、精疲力竭，同时缺少弹药、食物时，他打算安排我军撤退。1862年3月6日7时，战斗卷土重来。在与敌军激烈对峙三小时后，我军开始撤退。事实上，我军并没有真正的追击敌军。此次进攻以失败告终。我军本打算借此次进攻转移敌军注意力，帮助阿尔伯特·西德尼·约翰斯顿进行转移，但未能如愿。尽管如此，我军在这次追击中重创敌军，敌军迅速退回到当时还在其手中的密苏里州去了。

接着，我军命令厄尔·范·多恩抄近路前去与阿尔伯特·西德尼·约翰斯顿会合。

1862年3月10日，敌军开始沿田纳西河而上。敌军此行最终目的是集结格兰特和卡洛斯·布埃尔的军队，来对抗我军在柯林斯的军队。当时，卡洛斯·布埃尔还占领着纳什维尔。1862年3月16日，W.T.谢尔曼在匹兹堡码头登陆。第二天，即1862年3月17日，格兰特担任敌军指挥。增加了两个师后，格兰特在攻打柯林斯的最有利据点——匹兹堡码头集结了军队。之后，格兰特一直在此按兵不动，直至夏洛战役爆发。

匹兹堡码头由三四个木屋组成，大致位于猫头鹰小溪和利可小溪的河口处。这两条小溪都源于田纳西河。猫头鹰小溪与利可小溪的河口是一个满是回流河水的沼泽地。要想通过这片沼泽地，只能经由贯穿这两条小溪的陆路。敌军阵地可谓得天独厚、易守难攻：阵地的两边是难以逾越的溪流与沼泽，而溪流与沼泽的旁边是连绵的沟壑与斜坡，敌军赫赫有名的总指挥格兰特坐镇于沟壑与斜坡的后方。这里似乎是一个固若金汤、易守难攻之所，因此敌军没有在这里修建任何防御工事。

第21章

夏洛战役

从纳什维尔撤退后，阿尔伯特·西德尼·约翰斯顿打算先在柯林斯集结兵力，然后依次同格兰特、卡洛斯·布埃尔进行较量。这时，波尔克刚被敌军从哥伦布赶了回来；M.洛弗尔从路易斯安那州带了一个旅赶了过来；获得命令后，布拉格亲率训练有素的军队从佛罗里达州赶来。用时四周时间，在柯林斯及其附近，我军将肯塔基州、亚拉巴马州和路易斯安那州的零散部队与匆忙征募的一批武器装备落后的士兵合并成一支部队。布拉格写道：

> 这个队伍汇聚了形形色色的人。他们热情高涨，但相对散漫；聪明能干，但学识不高；胆识过人，但缺少魄力。他们手中的武器五花八门：来复枪、线膛枪、滑膛枪——部分枪原本是打击乐器，还有一部分是由打火石改装成的——很多打火石都是老式打火石，除此之外，还有形状大小各异的霰弹枪。在四个星期内组建这样一支军队，并为其提供军需物品，尤其是作战用的弹药，这一切实在是令人惊讶。

这支由四万名士兵组成的军队被分成了四支部队，分别由波尔克、布拉格、W.J.哈迪和约翰·C.布雷肯里奇担任指挥。皮埃尔·古斯塔夫·图坦特·博勒加德担任阿尔伯特·西德尼·约翰斯顿的副指挥。

我军原打算在卡洛斯·布埃尔与格兰特会合前攻打联邦军，但卡洛斯·布埃尔比预计时间早到了两天。1862年4月5日，卡洛斯·布埃尔的先遣部队到达萨凡纳。1862年4月6日，我军攻击了格兰特。

1862年4月3日1时，我军收到立即行动的命令。W.J.哈迪率先头部队走在了前面。1862年4月4日早晨，先头部队到达距柯林斯约十八英里、距匹兹堡码头四五英里的米基。1862年4月4日夜间，布拉格率领的部队在W.J.哈迪后方宿营。波尔克麾下的部队分别由奇塔姆[①]和克拉克担任指挥。克拉克奉命跟在W.J.哈迪身后，并与W.J.哈迪保持半小时路程的距离。此外，为了让布拉格的部队一直跟在W.J.哈迪部队的身后，并让布拉格的部队与W.J.哈迪的部队保持一千码的距离，从而形成第二战线，克拉克奉命暂留米基。波尔克的部队组成第三战线左翼，约翰·C.布雷肯里奇的后备队组成该战线右翼。波尔克的另一支部队负责在贝瑟尔附近充当前哨；而在贝瑟尔担任指挥的奇塔姆奉命在珀迪集结兵力后前往蒙特雷。1862年4月5日，奇塔姆到达接头地点，并在波尔克部队的左翼驻扎下来。而约翰·C.布雷肯里奇的部队则因降雨未能按约定时间与其他部队会合，待约翰·C.布雷肯里奇率军赶到时，已是1862年4月5日傍晚。

由于约翰·C.布雷肯里奇的部队在路上耽搁了时间，我军战线全部形成之后，已是1862年4月5日16时前后。此时开战已为时过晚，因此阿尔伯特·西德尼·约翰斯顿决定第二天一早发动进攻。

皮埃尔·古斯塔夫·图坦特·博勒加德在报告中凝练地讲述了那场著名

---

① 即本杰明·F.奇塔姆（Benjamin F. Cheatham，1820—1886）。——译者注

战役开战第一天的战果：

> 1862年4月6日5时，敌军先遣部队与我军先头部队展开了战斗。之后，我军总指挥阿尔伯特·西德尼·约翰斯顿下令开始行动，按既定计划进攻敌军……三十分钟后，我军各个战线都行动了起来。大家一个个士气高涨、斗志昂扬。前线立即进入交战状态，但进展缓慢，其他战线也渐次在几位有谋略、有胆识的将军指挥下，稳步向敌军挺进。敌军召集兵力、拼命坚守营地，但我军势如破竹，不断前进。截至1862年4月6日6时，除一个营地外，我军已占领敌军在猫头鹰小溪和利可小溪之间的所有营地。我军几乎缴获了敌军所有野战炮，以及规格不一的军旗约三十面，俘获俘虏三千多名。战俘中，有师长一人，旅长若干。此外，我军还缴获了数千件轻武器、大量生活物资、草料、军需品及大量交通工具。这些都是我军取得彻底胜利的重要战果。事实上，之后再没有哪个战役取得过如此丰硕的战果，因为敌军拥有的装备是其他军队没有的。
>
> 在炮艇重炮掩护下，敌军残余势力溃退到匹兹堡附近。与敌军顽强对决十二小时后，我军击退敌营及其附近敌军，同时占领敌军精心挑选、装备精良的营地。这是我军所有士兵持续进攻取得的战果。

唉！正是我军未占领的营地致使我们丧失了“彻底胜利的重要战果”；正是我军未占领的营地为卡洛斯·布埃尔随后派遣的增援部队提供了立足点。最后，我军不得不撤退。然而，我们如果像阿尔伯特·西德尼·约翰斯顿计划的那样，占领了那个营地，也到达了田纳西河附近，那

夏洛战役。

瑟鲁·德·苏鲁普（Thure de Thulstrup，1848—1930）绘

么格兰特很可能被我军擒住。在阿尔伯特·西德尼·约翰斯顿的英明指挥下，敌军可能就会逃到俄亥俄河北岸。那么，我们就会收复田纳西州、肯塔基州和密苏里州。西北地区就不会受到联邦军的侵扰，我们就能征募到来自西南地区甚至西北地区的士兵。

邦联政府眼看就要在夏洛取得彻底胜利，但一场突如其来的灾难夺走了所有重要战果。就在邦联军所向披靡地向敌军推进之际，阿尔伯特·西德尼·约翰斯顿不幸阵亡。当时，我军如果能不断猛烈攻击敌军的话，就能在日落前俘获或击溃格兰特及其率领的军队。以上所言并非凭空捏造。

W.J.哈迪报告说：

> 阿尔伯特·西德尼·约翰斯顿阵亡后，皮埃尔·古斯塔夫·图坦特·博勒加德接任我军总指挥。两军一直交战到日落时分。当时，我军先头部队距匹兹堡仅几百码远，那里的敌军已陷入混乱。我军正要继续向前挺进，却收到了撤军的命令。

波尔克说：

> 当时，还有一个多小时天就黑了，我军再向前推进一百四十多码就到达敌军阵地了。大家都认为，只要继续向前，痛击已丧失士气的敌军，就能结束这场战役，取得最辉煌的胜利。

在1872年9月17日给阿尔伯特·西德尼·约翰斯顿儿子的信中，邦联军总工程师吉尔默少校这样写道：

> 反复思量此事后，我认为，令尊如果那一天没有阵亡，就会

在1862年4月6日日落前击垮并俘获格兰特率领的军队。事实上，令尊遭受致命重创的那一日，也是我军遭受致命打击的一天。当时，在那个值得纪念的战场上，敌军已失去所有重要阵地，溃退到了田纳西河岸边。为掩饰其混乱局面，敌军用河中炮艇向我军发起猛烈轰击。但我军士气高昂，任凭炮弹在耳边呼啸而过，迫不及待地想要发起最后冲击。因为联邦军已一片混乱，大家笃信这最后的袭击可以让我军获得最后的胜利。当时，我已到达田纳西河岸边一块高出地面、比匹兹堡码头高一英里左右的地方。因此，对格兰特军队的情况有一定了解。我看到格兰特正急急忙忙让混乱无序的军队赶往田纳西河岸边。当时，敌军已有几千人过了河，但仍有许多人尚未过河。为乘载雇来的船过河，这些乱作一团的士兵纷纷拥向码头。我立即骑行到布拉格那里报告了我看到的一切，并建议布拉格暂停炮火，集结步兵进行总攻，从而逼迫敌军投降。布拉格决定向敌军挺进，并让我和其他军官通知炮兵停止射击。

准备过程中，布拉格收到了皮埃尔·古斯塔夫·图坦特·博勒加德的撤军令。皮埃尔·古斯塔夫·图坦特·博勒加德打算让我军先宿营一夜，第二天再继续战斗。该决策令我军功亏一篑。由于延误了战机，敌军得到了卡洛斯·布埃尔和卢·华莱士的支援。也就是说，我军宿营当晚，卡洛斯·布埃尔和卢·华莱士率军赶到了。

胜利在望之际，阿尔伯特·西德尼·约翰斯顿倒下了。他所有的等待，所有的筹划，都是为了这一刻。阿尔伯特·西德尼·约翰斯顿用行动维护了自己的声誉。但比这更宝贵的是，阿尔伯特·西德尼·约翰斯顿的一片爱国情怀。垂死之际，他看到之前曾一直低垂的国旗正迎风招展。阿尔伯特·西德尼·约翰斯顿倒下后，邦联的巨大支柱也随之倒下了。

阿尔伯特·西德尼·约翰斯顿本打算在打败格兰特后，再去挫败接踵而来的卡洛斯·布埃尔和卢·华莱士，然后，率获胜军队经由田纳西州返回肯塔基州。当时，我军最大的困难就是缺乏优良武器。我军本指望获胜后获得大量优质武器。就当时的情况来看，这是有可能的。纵观战争史，我再次相信，一个人会决定一支军队的命运，而夏洛战场上丧失的生机令整个国家命悬一线。

第22章

联邦军在西部的其他军事行动

关于联邦军在1862年4月6日晚的停战情况，卡洛斯·布埃尔的描述是这样的：

> 刚到田纳西河西岸时，格兰特率领的有效兵力至少有五万人。但在1862年4月6日黄昏的战役中，除了在夜间赶来的卢·华莱士师中的八千五百人，能派上用场的只有不到五千人。其余士兵亡的亡、伤的伤、被俘的被俘，或在极端混乱中分散在田纳西河沿岸数英里的地方。

1862年4月7日上午，得到卢·华莱士、纳尔逊[①]、托马斯·利奥尼达斯·克里滕登、麦库克[②]和其他部队增援的敌军开始向我军推进，用步枪和大炮向我军发起了猛烈攻击。在之后展开的一连串战斗中，邦联军勇猛依旧。但格兰特和卡洛斯·布埃尔会合后，我军与敌军人数相差过大，只能选择撤退。

夏洛战役前，邦联共有士兵四万零三百三十五人；夏洛战役

① 即威廉·纳尔逊（William Nelson，1824—1862）。——译者注

② 即亚历山大·麦克道尔·麦库克（Alexander McDowell McCook，1831—1903）。——译者注

后，士兵人数为二万九千六百三十六。这说明夏洛战役中，我军损失了一万零六百九十九人。其中，一千七百二十八人阵亡，八千零一十二人受伤，九百五十九人失踪。夏洛战役前，格兰特的有效兵力是四万九千三百一十四；夏洛战役后，其伤亡、失踪人数共计一万一千二百二十。由于卡洛斯·布埃尔的增援部队人数为两万一千五百七十九，因此，1862年4月7日那一天，敌军可参加行动的人数为五万九千六百七十三。

1862年4月9日，哈勒克在匹兹堡码头担任联邦军总指挥并对联邦军进行了重组。重组后，格兰特的部队组成联邦军右翼，卡洛斯·布埃尔的部队组成中锋，约翰·波普的部队则组成左翼力量。之后，敌军开始向柯林斯推进。

柯林斯是位于密西西比州东北角的一个小村庄，在孟菲斯以东九十英里、田纳西河以西二十英里处。无论是从东到西的孟菲斯—查尔斯顿铁路，还是从南到北的莫比尔—俄亥俄州铁路，都途经柯林斯。因此，该地对我军的兵力集结至关重要。只要可能，我军会尽量守住该战略要地。但大敌当前，要想守住柯林斯简直是天方夜谭，因为敌军骑兵可以轻而易举地将柯林斯后方的铁路交通线切断。防御方面，这里只有少量散兵壕和一些低矮、不结实的土垒。

1862年4月28日，为占领柯林斯，哈勒克率八万五千名精兵从匹兹堡码头出发。一路上，哈勒克行进十分缓慢。1862年5月3日，哈勒克才到达距柯林斯约八英里的地方；1862年5月21日，其炮兵才到达距柯林斯约三英里的地方。哈勒克每一步都万分谨慎。每晚宿营时，他都让士兵睡在设有壕沟的营地中。

当时，皮埃尔·古斯塔夫·图坦特·博勒加德手下的有效兵力不到四万五千人。据他估计，联邦的兵力在八万五千人到九万人之间。在皮埃

哈勒克向柯林斯进军。

绘者信息不详

尔·古斯塔夫·图坦特·博勒加德看来，我军不能贸然发起总攻。但1862年5月3日，在约翰·波普只有一个师留守阵地时，皮埃尔·古斯塔夫·图坦特·博勒加德对敌军发起了进攻。敌军很快就撤出了阵地，但我军未能追上撤退敌军。六天后，即1862年5月9日，皮埃尔·古斯塔夫·图坦特·博勒加德意欲再次突袭敌军，但被引错了路。1862年5月26日起，皮埃尔·古斯塔夫·图坦特·博勒加德开始准备撤离。1862年5月29日，他率军成功撤离柯林斯，未损失一兵一卒，也未损失任何物资。

1862年6月14日，凭借医生开具的残疾证明，皮埃尔·古斯塔夫·图坦特·博勒加德退出了战场。布拉格接任总指挥。

与此同时，西部战区发生了一些重要战事。敌军先沿田纳西河而上，到达我军在密西西比河的阵地旁。之后，敌军开始为一支将要沿密西西比河而下的海军舰队配置装备。该舰队由七艘装甲舰、一艘炮艇、十艘各载有一门十三英寸迫击炮的迫击炮艇、一艘煤驳船、两艘军械船和两艘人员运输船组成。1862年3月14日，该舰队驶离开罗，在希克曼停留一夜后，继续沿密西西比河而下向十号岛进发。十号岛位于与田纳西州接壤的河流弯道处，从新马德里逆流而上行使几英里就可以到达这里。

1862年2月下旬，约翰·波普率庞大军队离开密苏里州，前往新马德里，意欲占领该地。在时任海军中校霍林斯[①]的炮艇的辅助下，我军以少量兵力三次击退敌军进攻。但由于敌我两军人数悬殊，阵地难以防守，1862年3月13日晚，我军撤退了。撤退时，我军毁掉了新马德里的两个土垒和其中约二十门大炮。

1862年3月15日起，敌军开始夜以继日地轰炸十号岛。1862年3月17日，敌军用五艘炮艇和四艘迫击炮艇发起总攻。连续轰炸九小时，敌军并

① 即乔治·N.霍林斯（George N. Hollins，1799—1878）。——译者注

未重创我军。截至1862年4月1日，敌军已发射各种炮弹数千枚。联邦军人数猛增后，开始占领密西西比河两岸与十号岛上下游地区。这时，我军十号岛部分人马已撤退。1862年4月7日前后，未撤退人马投降。

一周后，联邦舰队开始向十号岛下游一百八十英里处的皮洛堡进发。翌日，敌军开始轰炸皮洛堡。但直到1862年6月4日晚，敌军都未取得任何进展。这时，因为我军已从柯林斯及田纳西州附近撤军，所以皮洛堡及其下游约十二英里处的伦道夫堡就朝不保夕了，于是我军下令撤退了皮洛堡和伦道夫堡内的士兵。

现在，除了田纳西河下游七十英里处孟菲斯那里的炮艇，我军已无以抵御敌军舰队。尽管我军在新马德里和十号岛临时组建的内河海军骁勇善战，但无论是我们手中的船舰还是这些海军的军备，都无法让我们滋生获胜的希望。因为我军的大炮数量与军备，都与敌军有天壤之别。但这些海军军官和船员心系国家，将自身安危置之度外。他们与敌军展开了英勇的战斗，击毁了敌军的一支军舰，但交战一小时后，被迫撤退。

孟菲斯落入谁手，已毫无争议，敌军很快就占领了该地。

第 23 章

东部的海军行动

为占领我方港口，从我方获取棉花，联邦政府早就组织了海军进行军事远征。1861年8月27日，联邦第一支远征队——由海军战舰及运输船组成——出现在哈特勒斯湾。哈特勒斯湾是北卡罗来纳州海岸沿线沙洲的一个缺口，距哈特勒斯角西南方向约十八英里。哈特勒斯湾是帕姆利科湾的主要入口。航道旁的沙洲上，建有两个小堡垒，可以对该航道起保护作用。敌军在短暂轰炸后，作战优势大增，因此，我军总指挥巴伦[①]上尉率军降敌。

1861年11月4日，一支载有一万五千人的舰队出现在南卡罗来纳州的罗亚尔港。罗亚尔港位于查尔斯顿与萨凡纳之间，是一个宽阔的海口。这里岛屿众多，岛上种植着水稻和著名的海岛棉。罗亚尔港是南卡罗来纳州最富饶的农业种植区。罗亚尔港的主要防御工事是希尔顿黑德岛上的坚固土垒沃克堡及菲利普岛上的博勒加德堡。1861年11月7日，敌军发起进攻。进攻舰队由八艘汽船和一艘单桅战船组成。交战四小时后，因沃克堡和博勒加德堡难以防守，我军弃堡离去。

① 即塞缪尔·巴伦（Samuel Barron，1809—1888）。——译者注

哈特勒斯湾炮台之战中，联邦军舰炮轰哈特勒斯堡。

绘者信息不详

我应该简单谈一下我军的海防体系。萨姆特堡遭到轰炸后，我军立即在邦联有限经济条件下着手改善海防体系。当时的情况正如杰出炮兵军官A.L.隆说的那样：

> 我军在罗厄诺克岛及阿尔伯马尔湾和帕姆利科湾等地设有部分防御工事。不仅在开普菲尔河的东南入口处设了一些排炮，也加固了开普菲尔河西南入海口处的防御工事。乔治敦及南卡罗来纳州东北海岸的所有可用地点都建筑了防御工事。修建土垒和流动排炮后，查尔斯顿港的防御能力大大提升。查尔斯顿港到南卡罗来纳州和佐治亚州沿岸的防御工事主要设在一些能射向通往内陆航道的要点上。沿海的所有重要地点都修建了防御工事。因位置选取不当，再加上修建仓促，很多防御工事的防御能力很低。联邦政府集结足够的海军兵力后，立即派本杰明·F.巴特勒率军远征北卡罗来纳州海岸，并占领了几个重要地点。之后，联邦政府派海军上将杜邦①和托马斯·W.舍曼第二次远征南卡罗来纳州海岸。1861年11月7日，杜邦率军袭击了罗亚尔港用以防御的排炮，几乎不费吹灰之力就拿下了这些排炮，并占领了罗亚尔港。作为南卡罗来纳州最优良的港口，罗亚尔港对整个南大西洋海岸都有着重要的战略意义。罗亚尔港陷落后，伯恩赛德②占领罗厄诺克岛，随后轻松进驻北卡罗来纳州东部。罗厄诺克岛和罗亚尔港的迅速沦陷令海岸沿线的所有居民惊愕万分。联邦军占领了罗亚尔港，就完全占领了博福特岛。这样一来，联邦军就获得了安全休息的地点，联邦舰队也有了安全停泊的港口……罗亚尔港沦陷

① 即塞缪尔·弗朗西斯·杜邦（Samuel Francis Du Pont，1803—1865）。——译者注
② 即安布罗斯·伯恩赛德（Ambrose Burnside，1824—1881）。——译者注

后，我军撤离了希尔顿黑德。这样一来，据希尔顿黑德约二十五英里远的萨凡纳就暴露在了敌军眼皮底下。与此同时，联邦海军占领了海伦娜湾后，查尔斯顿就有可能遭到来自北艾迪斯多或斯通湾方向的袭击，那么敌军就可以在没有任何抵抗的情况下，从罗亚尔港乘火车直抵波科塔利戈了。

这就是罗伯特·E.李于1861年12月1日前后到查尔斯顿担任北卡罗来纳州、佐治亚州和佛罗里达州总指挥时的情况。罗伯特·E.李就任后，将指挥部设在最危险的地方——库萨哈奇，并命人在斯通、艾迪斯多及库巴西修建防御工事。为掩护萨凡纳，他命人在希尔顿黑德的对面及布罗德、索克亥奇建立防御工事。罗伯特·E.李还亲自指挥可观察罗亚尔港铁路方向的防御工事的修建，并很快将部分精力用转移到军队管理上。防御工事进展神速。罗伯特·E.李抵达几日后，杜邦和托马斯·W.舍曼就派兵首次侦察了库萨哈奇方向，但被我军刚架起的排炮击退。除此之外，敌军无论是朝铁路方向还是朝查尔斯顿或萨瓦纳方向进军，都会遭到我军的轰击。看到联邦军节节败退，人们重获信心，振作了起来。

接着，罗伯特·E.李开始着手组建新的海防体系。仔细侦察海岸后，罗伯特·E.李将查尔斯顿、波科塔利戈、库萨哈奇和萨凡纳列为最需要加强防御的重要阵地。就这样，这个最重要的农业生产区到处都部署了独立的防御工事，足以抵御小型远征队的袭击。

1862年3月1日前后，敌军炮艇从希尔顿黑德通往海峡的河道进入萨凡纳河。因寡不敌众，我方海军放弃抵抗。由此，敌军切断普拉斯基堡与查尔斯顿的通信。不久，昆西·亚当斯·吉尔摩率敌军在普拉斯基堡对面登陆。1862年4月1日，敌军在该地架好排炮，并于同日轰炸普拉斯基堡。因不会有援军到来，象征性抵抗后，普拉斯基堡内的五百名士兵降敌。[1]

① 详见《A.L.隆将军》《历史协会论文集》。——原注

第 24 章

半岛战役开始

1862年初，根据麦克莱伦和其他十二名联邦指挥官的建议，联邦政府放弃了对里士满的作战计划，决定联邦军经安纳波利斯前往拉帕汉诺克河。

当确定敌军要在门罗堡集中兵力，然后从门罗堡出发进攻我方首都蒙哥马利后，我军立即调遣一切可用兵力至詹姆斯河与约克河之间的弗吉尼亚半岛，以支援约翰·B.马格鲁德。当时，约翰·B.马格鲁德已率领手下七八千人马挖了一条横穿弗吉尼亚半岛的壕沟，并在敌众我寡的情况下，成功阻击了敌军的每一次进攻。为抵制敌军新的作战计划，我军派J.E.约翰斯顿率大部分兵力前往支援约翰·B.马格鲁德。

1862年4月月初，麦克莱伦率十万名左右士兵在门罗堡及其附近登陆。当时，约翰·B.马格鲁德正率七八千名士兵占领弗吉尼亚半岛下半岛。那里地势对我军十分有利，沼泽、小溪和茂密的树林可形成天然屏障。约翰·B.马格鲁德认为，只要有两万或两万五千人马，就可以抵御任何袭击。麦克莱伦率大军挺进时，约翰·B.马格鲁德撤退到了沃里克河沿线，并在此牵制敌军进攻。因我军英勇奋战，敌军进攻屡屡受挫，之后，敌军开始围攻我军。北弗吉尼亚州的增援赶到后，约翰·B.马格鲁德的兵力增加到两万人。而麦克莱伦的兵力是八万五千人。

登陆不久，敌军就发起了各种战斗。为冲破我军在李斯米尔斯的防线，敌军猛攻刚刚建有一些新防御工事的李斯米尔斯，但被我军击退。之后不久，为冲破我军中心战线上最薄弱的1号大坝防线，敌军再次猛攻我军。敌军的狂轰滥炸从早上9时一直进行到15时。之后，敌军派大量步兵扫射我军大炮。这台可发射六磅重炮弹的大炮是我军在该阵地唯一一门大炮。敌军部分纵队冲过1号大坝后，豪厄尔·科布率军予以了回击。士兵们用刺刀赶走了进入我军部分散兵壕的敌军。他们精准射击，重创并击溃敌军进攻纵队。

这时，敌军散兵开始靠近我军左侧防线前方的堡垒。同手拿滑膛枪的我军相比，这些手持远程来复枪的敌军占绝对优势。敌军除了自挖的散兵壕，还有两个掩体：一是一所住宅，还有一个一直延伸至我军防御工事几百码内的大桃园。1862年4月11日，约翰·B.马格鲁德命令阵线上的所有重要阵地进行突围。突围中，威尔科克斯[①]的分遣队与敌军展开了一场遭遇战。之后，将敌军撵回战争主战线。当天晚些时候，理查德·泰勒上校率佛罗里达州的部队及密西西比州第二营赶跑了敌军散兵壕里的狙击手。在追击这些狙击手至通往沃里克县政府的主路时，理查德·泰勒突然发现敌军在一个土垒中布置的排炮。在我军的猛烈攻击下，敌军立即撤退了。我军向敌军住宅掩体开火后，发现敌军大量步兵开始逼近我方。于是，佛罗里达州的部队的沃德上校率军回到了我方防御工事。第二天夜里，我军派特里上校率领这支弗吉尼亚军砍倒了那片桃园，烧掉了可为敌军提供掩护的其他房屋。次日，麦克雷[②]上校率北卡罗来纳州的部队继续向前线挺进。为防止敌军用主路沿线的雪松做掩体，我军砍倒了沿路雪松，从而消除了遭到敌军狙击手袭击的隐患。

---

① 即卡德摩斯·M.威尔科克斯（Cadmus M. Wilcox，1824—1890）。——译者注

② 即丹德里奇·麦克雷（Dandridge McRae，1829—1899）。——译者注

1862年4月中旬前后，我军得到了北弗吉尼亚军两个师的增援。这样一来，J.E.约翰斯顿任指挥时的人数就达到了五万余人。

与此同时，我军仍在加强防御。1862年4月16日，敌军袭击了约克敦右侧的我方防线。遭到我军重创后，敌军狼狈撤退。之后，敌军开始对我军进行漫天轰炸。

与此同时，英勇无畏的杰克逊的出色行动，让联邦政府忧心忡忡，生怕谢南多厄河的军队会袭击华盛顿。为此，亚伯拉罕·林肯总统拒绝了麦克莱伦屡次提出的派麦克道尔①率军到约克河北岸攻打我军在格洛斯特波因特排炮的要求。

弗吉尼亚半岛4月寒冷多雨，我军栖身之地简陋不堪，手中的口粮仅够勉强度日。尽管如此，我军士兵还在不断劳作，完善防御工事。没有战事时，他们就做一些修障碍物和肩墙的工作。由于敌军在兵力和物资方面占有极大优势，我军总指挥J.E.约翰斯顿不得不放弃了沃里克。但显而易见，我军如果从弗吉尼亚下半岛撤退的话，就无法永久占领诺福克了。J.E.约翰斯顿通知我，他将于1862年4月21日撤退。于是，我下令丢弃海军造船厂，转移诺福克和弗吉尼亚半岛的公共财产。1862年4月3日夜间，我军开始撤退，尽管有所延误，但我军成功撤出了沃里克河防线。翌日，敌军发现我军防线已空无一人时，大吃一惊。

敌军立即动员全部兵力追击我军。约翰·B.马格鲁德曾在离约克敦约十二英里的威廉斯堡建有一排堡垒。其中，最大的堡垒是离李斯米尔斯和约克敦公路交叉口不远的马格鲁德堡。

1862年5月5日上午，胡克②的部队在威廉斯堡附近追上了朗斯特里特③

① 即艾文·麦克道尔（Irvin McDowell，1818—1885）。——译者注
② 即约瑟夫·胡克（Joseph Hooker，1814—1879）。——译者注
③ 即詹姆斯·朗斯特里特（James Longstreet，1821—1904）。——译者注

率领的邦联军后卫部队。在集结了森林里的兵力后，胡克率军与我军在一片开阔的场地上展开了激烈战斗。之后，胡克率军撤退，并损失五门大炮。直到敌军的九个旅与朗斯特里特展开交战，胡克才得到增援。1862年5月5日一整天，联邦军都受到我军牵制。翌日，邦联军继续撤退，途中未遭遇联邦军追击。

这时，麦克莱伦有大约十一万两千三百九十人。而我军人数却只有不到五万人，甚或更少。

在来自“威廉斯堡前方宿营地”官方报告中，麦克莱伦这样讲道：

> 当时，已占领两个堡垒的汉考克[①]用真正的刺刀冲锋击退了厄尔利的叛军（指联邦军），俘获陆军上校一名，其他战俘一百五十名。

这里只能简单引用厄尔利的报告：

> 在可以看到马格鲁德堡的最远处的一片开阔场地上，在汉考克率领的一个步兵旅的帮助下，敌军（指邦联军）用一个由六门大炮组成的炮台占领了我军阵地。这个阵地上有两三个之前由我军修建的堡垒，其中一个已被敌军占领。敌军将大炮置于堡垒前方靠近一些农舍的地方。在敌军步兵的把守下，堡内的步兵与树林附近的步兵形成一种平衡。弗吉尼亚第二十四团毫不犹豫地进攻这个炮台。在大炮的轰炸中，弗吉尼亚第二十四团士兵冲向敌军，将敌军大炮与协助步兵赶回了身后的堡垒中。这时，我命令

① 即温菲尔德·斯科特·汉考克（Winfield Scott Hancock，1824—1886）。——译者注

麦克莱伦抵达威廉斯堡战场。

库里耶和艾夫斯公司出品，绘者信息不详

其他团向前挺进。而北卡罗来纳州第五团的麦克雷上校早已料到我的命令，已率兵穿过了本应由另两个团占领的整个前线，赶去支援弗吉尼亚第二十四团了。

北卡罗来纳州第五团攻击敌军大炮时，身负重伤的厄尔利被迫离开了战场。目睹这次冲锋的厄尔利这样讲道：“我军之英勇，前所未有。”

敌军声称在威廉斯堡取得了胜利。可事实上，我军整夜都占领着威廉斯堡，直到第二天行军时都未遭到敌军的任何侵袭。同时，我军还缴获了联邦军的九门大炮。敌军损失大大超过我军。在这场战役中，我军共损失一千二百人；胡克声称损失了一千七百人。为阻止敌军追击，在这次战役中，我军首次使用了地下炮弹。

地下炮弹的发明者G.J.雷恩斯这样描述道：

战后，我军离开了威廉斯堡。当天，为带走我军大炮和缴获大炮，我军费了九牛二虎之力才在泥沼的道路上前进了四英里。因道路弯弯曲曲，我军无法向敌军投掷炸弹。但幸运的是，我们在一个泥坑里发现了一辆坏掉的弹药车。在这辆弹药车上，有五枚装满弹药的炮弹。我们将四枚导火管灵敏的炮弹埋在了我军后方。炮弹的附近是被砍倒当路障的一些树木。当敌军的一队骑兵碰到这些“地下炮弹”后，“地下炮弹”发生了可怕的爆炸。

我们身后的敌军再不敢轻举妄动。逗留三日后，担心这条路都埋了“地下炮弹”，敌军离开了这条路。由此，我军后方摆脱了敌军的追击。

我军就这样成功完成了撤退工作。

第 25 章

谢南多厄河会战

我军撤到奇克哈默尼河、放弃诺福克、“弗吉尼亚”号被毁、詹姆斯河下游出现缺口等事件，再加上为了与联邦首都华盛顿内的留守大军里应外合保护华盛顿，麦克莱伦将军事基地转移到了约克河源头等事件，让战争进入了另一阶段。这时，敌军已决定经由詹姆斯河直逼里士满。距里士满以南约七英里处，在詹姆斯河上有一个叫德鲁里布拉夫的地方。我军在德鲁里布拉夫建了个土垒，并配有四门大炮，堡垒前挖了散兵壕，詹姆斯河中用木桩和沉船做了屏障。当时，德鲁里布拉夫的总指挥是邦联海军中校法兰德[①]。除此之外，詹姆斯河德鲁里布拉夫段再无任何防御手段。

1862年4月15日上午，敌军的五艘战舰轰炸德鲁里布拉夫。五艘战舰中，其中一艘是“监视”号。当时，“监视”号和“加莱纳”号装甲舰停在了距我军约六百码的地方；木制战舰则停在了较远的地方。在此次进攻中，敌军旗舰“加莱纳”号的装甲严重被毁，三十二名士兵伤亡。而屡遭我军轰击的“监视”号只有一些铁甲被炸折。两军对垒四小时后，敌军舰队狼狈撤退。此次进攻失败后，为实现从水路通往里士满的目的，敌军决定采取用水陆两攻的方式拿下我军防御工事。

① 即埃比尼泽·法兰德（Ebenezer Farrand，1803—1873）。——译者注

这里应该提一下交战双方的兵力情况。1862年4月30日，麦克莱伦手下在役士兵有十一万两千三百九十二人；到1862年6月20日，如果不计在门罗堡的迪克斯[①]部队里的人数的话，在役士兵是十万五千八百二十五人。截至1862年5月21日时，J.E.约翰斯顿手下共有各兵种士兵五万三千六百八十八人，随后，达到六万两千零九十六人。在敌我兵力悬殊的情况下，麦克莱伦一直在要求增援。这是因为在华盛顿，杰克逊的“石墙”行动引发了恐慌，人人担心华盛顿失陷，所以麦克莱伦总认为增援力量无法满足作战需求。

1862年5月23日，杰克逊与尤厄尔[②]的联军风驰电掣般地突袭了敌军。尤厄尔率领的先行部队在俘获了弗兰特罗亚尔的大多数敌军后，率军继续向温切斯特推进。杰克逊则折回来从侧面攻打了敌军主要纵队，将敌军赶回了斯特拉斯堡。敌军被追击至温切斯特后，N.P.班克斯率军从波托马克河逃到了马里兰州。在追击的过程中，我军共俘获敌军两千人。

弗兰特罗亚尔遇袭的消息传到负责保护马纳萨斯盖普铁路的吉尔里[③]那里后，吉尔里感到十分意外，立即下令烧毁了军帐，毁掉了大量武器。之后，他率兵转移到马纳萨斯枢纽。吉尔里撤退的消息传开后，卡特利特车站的杜里埃[④]大惊失色，急忙带着自己的三个团回到了森特维尔，并致电华盛顿求援，只留下了宾夕法尼亚团留守卡特利特车站。因为撤退仓促，杜里埃留下了大量军备物资。这一消息传到华盛顿后，联邦战争部部长E.M.斯坦顿向各个“忠于联邦”的州发出号召：让各州州长召集民兵保卫华盛顿。

1862年5月25日，华盛顿的惶恐局面与联邦的增兵号召使北方各城陷

① 即约翰·亚当斯·迪克斯（John Adams Dix，1798—1879）。——译者注
② 即理查德·S.尤厄尔（Richard S. Ewell，1817—1872）。——译者注
③ 即约翰·W.吉尔里（John W. Geary，1819—1873）。——译者注
④ 即亚伯拉罕·杜里埃（Abram Duryea，1815—1890）。——译者注

入难以名状的恐慌。为了让更多的人应征入伍，北方各州州长和市长疯狂呼吁。

华盛顿的惶恐情绪弥漫开来后，北方各地一片哗然。而此时，杰克逊完全不知自己给敌军造成的恐慌。将敌军赶出温切斯特后，杰克逊并未因沉醉于那些欣喜若狂的人们的赞誉而停止不前。当时，他获悉敌军派兵驻守在了查尔斯敦和哈珀斯费里，遂决定不在故土弗吉尼亚州进行休整。行军过程中，在查尔斯敦，约翰·H.温德尔的先头部队遇到了已列阵迎战的敌军。一番较量后，敌军溃败，逃往波托马克河方向。接着，我军主力继续向哈珀斯费里挺进。到达哈珀斯费里附近时，杰克逊突然获悉麦克道尔和约翰·C.弗里蒙特正从一东一西向我军逼近，以在自己后方会合，切断我军退路。当时，杰克逊的有效兵力大约是一万五千人，任何一支逼近我军的敌军人数都比他的多得多。在谢南多厄河谷战役中，杰克逊缴获大量宝贵物资，其中包括九千多件轻武器、两门大炮及众多马匹，此外，加上一些假释伤病员，据说共俘获敌军两千三百人。为保存这些缴获物资与其他财产，杰克逊急需一个马车队。我军从谢南多厄河谷撤退前，这些物资已由一个团护送了出去。

杰克逊率军撤退时，得知留守弗兰特罗亚尔看管战俘和缴获物资的一小队人马已被敌军击败。但留守部队撤退前，已将缴获物资销毁。当时，杰克逊的目标是斯特拉斯堡。与向自己赶来的两支敌军纵队相比，杰克逊距斯特拉斯堡最远。因行军速度快，杰克逊的军队素有“步行骑兵”的称号。此外，这支军队还名副其实地享有“石墙”这一称号。

1862年5月31日晚，在敌军追赶下，杰克逊与纵队先头部队最先到达斯特拉斯堡，并获悉约翰·C.弗里蒙特的先遣部队就在附近。为牵制敌军，给其余部队抢时间，杰克逊决定袭击约翰·C.弗里蒙特。第二天一早，尤厄尔奉命进攻约翰·C.弗里蒙特，杰克逊则亲自护送那个满载缴获物资的马车队。尤厄尔不费吹灰之力就击退了约翰·C.弗里蒙特的先遣部队，这让理查德·泰勒恨不得越过杰克逊，派尤厄尔深入追击约翰·C.弗里蒙特。但理查德·泰勒明白，无规矩不成方圆，“我们不能把时间浪费在追击约翰·C.弗里蒙特的军队上”，因为据我军所知，在弗兰特罗亚尔的希尔兹[①]麾下军队与约翰·C.弗里蒙特的军队大不相同。我军曾在斯特拉斯堡与之打过遭遇战。当时，希尔兹的军队由O.O.霍华德将军统率，双方都将这支军队称为“飞翔的荷兰人”[②]。可见，这支军队不容小觑。因此，当时我军亟须关注的是由希尔兹统领的那支不容易对付的军队。

1862年6月1日晚上，杰克逊继续沿谢南多厄河谷向上游行进。约翰·C.弗里蒙特紧随其后。为了赶在杰克逊前到达纽马基特，希尔兹经由卢雷慢慢向谢南多厄河谷上游前进。

1862年6月5日早上，杰克逊到达哈里森堡，接着朝东面的共和港方向继续前进。为了防止希尔兹越过谢南多厄河与约翰·C.弗里蒙特会合，小特纳·阿什比摧毁了弗兰特罗亚尔与共和港之间的所有桥梁。这样一来，我军就不必连续赶路了，可以在被迫行军与频繁战斗之后稍事休憩，恢复精力。

1862年6月6日上午，得到增援后，约翰·C.弗里蒙特的骑兵袭击了由小特纳·阿什比率领的我军后卫部队。这场激烈战斗以敌军撤退告一段落。此外，我军俘获了统率敌军的珀西·温德姆上校与其他六十三名战俘。预料到敌军会发起更猛烈进攻的小特纳·阿什比将当时的情况派人报告给了尤厄尔。随后，尤厄尔派弗吉尼亚第五十八团和马里兰第一团前去支援。援兵赶到后，我军进攻敌军，重创并击退敌军。这一仗中，我军损失如下：死亡十七人，受伤五十人，失踪三人。我军尽管死伤人数不多，

① 即詹姆斯·希尔兹（James Shields，1806—1879）。——译者注
② 这里指战斗力强。——译者注

但失去了一位无私无畏的英雄——小特纳·阿什比。他的离去使我军蒙受巨大损失。杰克逊曾这样评价小特纳·阿什比：“他是我见过的最忠诚的军官。”

这时，杰克逊的主力部队已到达共和港。共和港坐落于谢南多厄河南岔口两条支流的分叉口处，是谢南多厄河的南河和北河交叉口处的一个小村庄。北河的上游有一座连通哈里森堡的木桥。南河的上游有一个浅滩。杰克逊的军队就驻扎在共和港以北、离河约一英里的高地上。离这里四英里、靠近哈里森堡通往共和港公路的地方，驻扎着尤厄尔的军队。当时，约翰·C.弗里蒙特已率军到达哈里森堡附近，而希尔兹则沿着谢南多厄河东侧向前推进，已到达康拉德的仓库。当时，约翰·C.弗里蒙特和希尔兹与杰克逊的阵地之间的距离都是十五英里左右。为防止敌军会合，我军毁掉了靠近希尔兹驻守阵地的河流上的桥梁。

1862年6月8日，希尔兹的先遣队接近我军阵地时，我军立即派托利弗[①]和约翰·H.温德尔的旅占领了北河木桥以北的阵地。在大炮的掩护下，希尔兹麾下的骑兵出现了。敌军骑兵轰炸一番后，将一门大炮安在了木桥的南入口处。这时，我方排炮也已经就位。我军派已经在该桥待命的托利弗冲过该桥夺取敌军大炮，并占领该阵地。托利弗率军英勇奋战，不仅完成了以上任务，还在击退敌军骑兵后，缴获了一门敌军丢弃的大炮。敌军大量骑兵向我军逼近时，我军轰炸了敌军。不一会儿，敌军骑兵身后的步兵就退到了三英里远的地方。敌军被我军追击一英里后，消失在了一片树林里。

希尔兹刚被击退，尤厄尔就与到达北河对岸的约翰·C.弗里蒙特展开了激烈战斗。这时，敌军已冲进我军前哨阵地，但我军予以英勇阻击，直

① 即威廉·B.托利弗（William B. Taliaferro，1822—1898）。——译者注

小特纳·阿什比之死。

绘者信息不详

至尤厄尔选好山岭制高点阵地。尤厄尔挑选的这块阵地，前面是一条小溪和一片开阔的地带，两侧是茂密的树林。这块阵地还与通往共和港的公路有一个交叉点。之后，尤厄尔做了以下部署：特林布尔[①]的旅担任右翼，J.E.B.斯图尔特的担任左翼，四组排炮置于中心阵地，阿诺德·埃尔齐的旅居中心后方。两翼都部署在了树林之中。1862年6月8日10时前后，敌军在我军排炮对面架起了大炮，两军激烈对峙达数小时。与此同时，敌军的一个旅开始悄悄向特林布尔逼近。而特林布尔一直不动声色，在敌军进入我军射程范围内后，才向敌军发起致命一击，将敌军击退。之后，在阿诺德·埃尔齐的两个后备队的协助下，特林布尔奋力追击敌军一英里多，直至将敌军赶回其之前的阵地。尤厄尔发现敌军并不打算攻击自己左翼后，就向敌军发起了进攻。在与敌军展开的小规模战斗中，尤厄尔不断向前推进。夜晚，尤厄尔攻下之前由敌军占领的阵地。

这场战役通常被称为克罗斯低岛战役。

1862年6月8日克罗斯低岛战役结束后，希尔兹没有继续出击。于是，杰克逊决定在1862年6月9日攻击希尔兹。1862年6月9日清早，尤厄尔奉命向共和港出发。尤厄尔派特林布尔留守牵制约翰·C.弗里蒙特。招架不住时，特林布尔可撤到北河对岸，并烧毁河上木桥。

这时，敌军已在距共和港约两英里的地方站稳了脚跟。敌军的右翼盘踞在北河岸边，左翼占领了山嘴处的山顶。山嘴与北河之间是一片宽约一千码的平原。山上的高地处，放置了一组可横扫我军必经平原的远程排炮。高地前方，是一条幽深的峡谷。一条蜿蜒的小溪顺着峡谷一直流到了岬角南边。山坡上树木茂密。

这就是杰克逊必须发起进攻否则就会错失制敌良机的敌军阵地，也是

① 即艾萨克·R.特林布尔（Isaac R. Trimble，1802—1888）。——译者注

杰克逊一路被迫赶路的目的地，更是杰克逊的希望所在。

为进攻敌军，约翰·H.温德尔率一个旅沿北河而下。我军发现，希尔兹阵地前的排炮可以在很远处横扫我军必经的平原之地。为驱逐敌军排炮，我军用大炮开路，但发现根本无济于事。接着，得到增援的约翰·H.温德尔率军发起冲锋，但被敌军的猛烈炮火打得溃不成军，被迫撤退。这时，敌军开始步步逼近我军。因敌我人数悬殊，我军步兵被迫撤退。彼时，尤厄尔正催促自己的部队过桥。如果我们还能力挽狂澜的话，尤厄尔晚来一阵也没什么。但当时的情况万分危急。理查德·泰勒这样描述了自己的首领杰克逊：

> 当时，杰克逊正在路上，离火势最猛的战线很近。他握着马脖子上的缰绳，好像在祈祷着什么。看到我焦急的神情后，他不慌不忙地说了声："很刺激嘛。"

然后，杰克逊命令理查德·泰勒率军攻打敌军在高原上的排炮，并将自己的一名年轻参谋派给了理查德·泰勒。

这时，斯科特上校率领的两个团开始进攻敌军侧翼，暂时阻击了敌军的进攻。但没多久，这一小股人马就被敌军击退，且损失惨重。在这次进攻中，除了一门能发射六磅重炮弹的排炮，其他排炮都得以安全撤出。

约翰·H.温德尔的军队处于危急时刻时，理查德·泰勒成功袭击了敌军左翼及后方军队，转移了敌军注意力，令敌军转而集中兵力对付自己。之后，理查德·泰勒率军沿山坡向右转移。因山坡上树木茂密，敌军未发现理查德·泰勒行踪。但当理查德·泰勒率军走出树林时，突然传来敌军的欢呼声。原来敌军已赶到理查德·泰勒的前方。面对前方与侧翼的优势兵力，以及阵地上摆放的大炮，我军在一片呐喊声中冲过了峡谷，猛烈攻击敌

克罗斯低岛战役。

19 世纪版画，绘者信息不详

军，并缴获了全部大炮。两军对垒期间，敌军三次失去大炮又拼死夺回。最终，敌军带走了其中一门大炮，将弹药车和炮车拖车留在了身后。我军占领这些大炮后，敌军暂时停止了进攻，在面向山岭的地方筑起了一条防线。这时，约翰 · H.温德尔已集结好军队，我军排炮也重新置于原位。与此同时，尤厄尔的增援部队赶到了，并与理查德 · 泰勒一起在我军射击精准的大炮辅助下向前挺进。理查德 · 泰勒生动描述了当时的情形。

> 两军在炮火覆盖的范围展开了殊死搏斗。很多士兵都倒在了刺刀之下。炮兵甚至拿大炮的通条当武器，却倒在了大炮旁……这时，我军拼死集结了人马。之后，我们第三次夺回炮台。击退所有步兵后，我军刚刚松了口气，敌军就又出现在了战场上。原来，敌军反向行军，靠近河边的左翼已完全进入我军视线。这时，举着战旗的敌军已转向右方，像一堵坚实的墙一样逼向我军。这时，我军只能背水一战了。在这危急关头，尤厄尔从上坡灌木丛中冲了出来。随后，尤厄尔的参谋与护卫队也跟了上来。尤厄尔的到来无疑增强了我军的实力。为此，大家欢呼不已。这时，我军面前的敌军突然停了下来，队伍也不像之前那样齐整。过了一会儿，一枚炮弹朝敌军呼啸而去。之后，耳边传来了我军的欢呼声。原来是挣脱敌军罗网的杰克逊像旋风一般赶到了。[①]

当时，敌军已到达部署炮台的那片高地的前方。其位置刚好确保我军安全的同时，让我军轰炸敌军。敌军撤退时，必须途经那个炮台。因此，我军就可以用缴获的大炮十分有效地轰击敌军。就这样，那个潇洒的

① 详见《破坏与重建》第75页、第76页。——原注

老兵“尤厄尔当了一回炮手”。仓促撤退时，敌军尽管将死伤人员留在了战场，但没有显出溃散之象。之后，我军一直将敌军追击至战场外五英里处。这一仗中，我军共俘获四百五十名战俘，此外，还缴获了一些推车、一门丢弃的大炮和八百支左右的毛瑟枪。我军将俘获的约二百七十五名伤员安置到了共和港附近的医院。第二天，约翰·C.弗里蒙特率军沿着山谷撤退了。

杰克逊每次对敌军进行的鹰隼般的猛扑，以及他那让人谈虎色变的名字，令整个华盛顿十分惶恐。那里的人们都以为杰克逊正率领着一支浩浩荡荡的大军向华盛顿逼近。联邦政府立即将米尔罗伊[①]、N.P.班克斯、约翰·C.弗里蒙特和希尔兹调往华盛顿方向，谢南多厄河谷又恢复了昔日的平静。

在谢南多厄河这场非同寻常的战役中，“杰克逊共率兵行军六百英里。其间，与敌军激烈战斗四回合，小规模战斗七回合，军事冲突日有发生。击败敌军四次，俘获敌人四千名，缴获七门大炮、一万件武器及大量物资，令敌军损失了两千名士兵，而杰克逊方面损失较小”[②]。

杰克逊给邦联带来了更显著的影响。同他在军事上取得的所有成就相比，他的一片拳拳之心与无私无畏的精神令人钦佩不已。1862年3月26日，得知自己刚击退的一大队敌军人马正向谢南多厄河谷下游返回，杰克逊推测这队人马是敌军派到山的东侧配合攻打里士满的部队。于是，杰克逊率领一支由三千名步兵、二百九十名骑兵组成的小队人马，像往常一样，快速追击敌军。在克恩斯敦，杰克逊追上了敌军后方纵队，并在敌众我寡的情况下进攻敌军。杰克逊率军与敌军展开了殊死搏斗，令敌军误以为我军规模庞大。因此，敌军将已派往马纳萨斯的先遣队召了回来，又给

① 即罗伯特·H.米尔罗伊（Robert H. Milroy，1816—1890）。——译者注
② 约翰·伊斯滕·库克：《石墙杰克逊——军事传记》，第191页。——原注

谢南多厄河谷增加了一些援兵。以上只是杰克逊的部分战绩。奉命归入麦克莱伦麾下的麦克道尔也被派往保卫联邦首都华盛顿。

在杰克逊大胆策略的影响下，敌军渐渐退到了谢南多厄河南岸。因未被我军追击，敌军得以有暇招募新兵。这时，即1862年4月，敌军有六七千人。

当时，N.P.班克斯把守着距杰克逊约十五英里远的哈里森堡，而约翰·C.弗里蒙特正打算率手下约一万五千人马与N.P.班克斯会合。为牵制N.P.班克斯，杰克逊命尤厄尔留守戈登维尔，自己则率军前去与爱德华·约翰逊的旅会合。与爱德华·约翰逊会合后，我军袭击了米尔罗伊和申克[①]。激烈交锋后，敌军在夜间撤退，加入约翰·C.弗里蒙特的阵营。

之后，杰克逊返回哈里森堡，攻击了N.P.班克斯。惨败后，N.P.班克斯率兵逃到了波托马克河对岸。

通过以上所有行动，我们可以明显感受到杰克逊的一片爱国热忱与自我牺牲精神。杰克逊所做的一切并不是为了赢得声誉，他所有的全力以赴与奋不顾身，都是为了自己维护的事业，为了大众的福祉。他一心为国，没有半点儿私心。

① 即罗伯特·C.申克（Robert C. Schenck，1809—1890）。——译者注

第26章

七松战役

1862年5月20日，敌军行至博顿桥渡口时，发现我军没有在这里设置任何防御工事，就派了一个旅在奇克哈默尼河对岸驻扎了下来。1862年5月23日和25日，敌军派来一些增援力量，开始在七松附近的阵线修筑防御工事。1862年5月31日下午，刚顺利经过新桥路，我就听到七松方向传来枪炮声。因没有人能解释这些枪炮声的由来，我就和罗伯特·E.李骑马朝战场赶了过去。我现将看到的情形简单描述一下：

在我们面前，缓慢流淌着一条窄而深的河流，即奇克哈默尼河。奇克哈默尼河旁，是一片树林与沼泽地。战线沿九英里公路一路延伸，穿过约克河铁路与威廉斯堡路段。当时，敌军已在从博顿桥到新桥两英里的地方修建了一些堡垒，并在这些堡垒前方挖了长长的覆有鹿寨的散兵壕。此外，为使奇克哈默尼河两岸兵力保持联系，敌军还在奇克哈默尼河上修建了一些桥梁。敌军左翼，即奇克哈默尼河南岸的兵力正向奇克哈默尼河猛冲推进；而奇克哈默尼河北岸的右翼则隐藏在岸边的斜坡下。我军主力部队位居我军阵地右翼，其阵地从威廉斯堡公路的两侧一直延伸至与九英里公路交叉地段的附近。组成我军右翼的是由D.H.希尔、休格和朗斯特里特的师组成的一支配有一些小型排炮和一小队骑兵的兵力；组成我军左翼的是不包括胡德[1]那个旅在内的古斯塔夫斯·伍德森·史密斯的师，其阵地就在九英里公路上。该阵地除了一些小空地，大部分都覆有树木和可以阻挠敌军行动的河水。

我和罗伯特·E.李沿着九英里公路一路骑行，行至我军阵线左翼时，发现两军正激烈交战。当时，我军已将敌军赶出营地。敌军被击退后，撤到了奇克哈默尼河岸边一片开阔场地的后方。那里树木茂密，里面隐藏着严阵以待的敌军步兵和大炮。我们刚到不久，就看到身负重伤的J.E.约翰斯顿被人从前线抬了回来。救助人员赶到后，立即将J.E.约翰斯顿转移到后方。J.E.约翰斯顿负伤前，曾前去援助我军右翼。而当时，左翼援军也正赶赴支援我军右翼。

在这种极为不利的条件下，我军左翼部队猛烈进攻敌军。为夺取敌军阵地，我军屡次英勇进攻敌军，但都被敌军打退了回来，且损失惨重。

在亲自勘察了我军前方空地左侧后，我先后向约翰·B.马格鲁德派了三个通信兵。第三个通信兵返回后，声称没有找到约翰·B.马格鲁德，但已把消息传达给为袭击敌军而按指定路线行军的格里菲斯准将。

回到战场后，我发现前方已停止进攻。因此，如果这时让一个旅单枪匹马去进攻敌军大军的话，为时已晚。于是，我派信使穿过树林通知格里菲斯准将原路返回。

1862年5月30日夜，一场大雨令奇克哈默尼河的河水上涨了很多。七松战役打响时，河水正在上涨，但当时的河水高度不足以阻止敌军过桥。

① 即约翰·贝尔·胡德（John Bell Hood，1831—1879）。——译者注

七松战役。

库里耶 & 艾夫斯出品，绘者信息不详

因此，战役开始后，联邦军得到了萨姆纳[①]的增援。当时，在奇克哈默尼河北岸的萨姆纳已建好两座连接南岸的桥梁。尽管河水上涨让这两座桥有所松动，但还是能勉强通过。战斗打响后，满腔热血的萨姆纳立即做好了作战准备。对我们而言，萨姆纳来得太快。如果萨姆纳没有出现，如果联邦军没有这样一位具有先见之明、机敏果断的将领，萨姆纳的战友可能就岌岌可危了。可以这样说，正是因为萨姆纳的出现，联邦军左翼才免遭失败。如果萨姆纳能晚一天到，等到河水涨到无法通过时该多好。

日暮时分，罗伯特·E.李给战场上的高级军官古斯塔夫斯·伍德森·史密斯下达了一些命令。之后，与我一起回到了里士满。

迄今为止，我叙述的都是七松战役左翼的情形，这是因为我曾亲历那里的部分战事。但我军的主力部队在我军右翼阵线，主要战争也发生我军右翼阵线。现在，我就来谈一谈我军右翼阵线的情况。我军右翼战线由D.H.希尔、休格及朗斯特里特的师组成，朗斯特里特担任总指挥。在其首次发表于《南方历史学会文集》第三卷第277页、第278页的报告中，朗斯特里特这样写道：

> 依我口头指示，1962年5月31日清晨，D.H.希尔的师在威廉斯堡公路列成攻击纵队袭击该路段前方敌军。休格的师将从侧翼行动，猛攻敌军阵地左翼兵力，并在敌军左翼后方发起攻击。严阵以待约六个小时后，我军仍未见敌军进入阵地。于是，我决定不顾一切向敌军挺进，并向D.H.希尔下达了进攻命令。1962年5月31日14时左右，我军开始向敌军挺进，立即投入到战斗中。1862年5月31日15时左右，D.H.希尔的整个师加入战斗。稳步击

① 即埃德温·沃斯·萨姆纳（Edwin Vose Sumner，1797—1863）。——译者注

退敌军之后，D.H.希尔率军占领了敌军鹿寨和部分挖有战壕的营地。正向右方挺进的罗德斯[①]则直入敌军左翼。当时，战场上的唯一增援力量就是我自己的几个旅。其中，约瑟夫·R.安德森、威尔科克斯和肯珀[②]的部队被部署在威廉斯堡公路，科尔斯顿[③]和普赖尔[④]的部队被部署在我的右翼。与此同时，在其他几个旅英勇决绝的进攻下，我军不仅占领了敌军全部阵地，还缴获了敌军大炮和营地设备等。在詹金斯[⑤]上校的带领下，约瑟夫·R.安德森的旅迅猛追击敌军，直至夜幕降临，才停止追赶。这场由D.H.希尔统率的胜利进攻，充分证明了D.H.希尔的能力、胆识及谋略。

第二天，即1862年6月1日，朗斯特里特声称敌军对我军阵地发动了猛攻，但被我军击退。朗斯特里特指的阵地就是D.H.希尔的部队在前一天占领的敌军阵地，敌军发起进攻是想夺回该阵地。

从朗斯特里特的最后报告可以看到，按照命令，他应该在1862年5月31日清晨发起进攻，可战事延误了六小时。对此，朗斯特里特做了相应解释。接着，朗斯特里特声称，此次进攻由D.H.希尔发起。D.H.希尔击退敌军后，又追击敌军，直至夜幕降临。从报告中还可以看出，在将敌军赶出其鹿寨及第一道堑壕时，右翼罗德斯的旅也功不可没。如前所述，朗斯特里特在报告中声称，为了等休格，这次袭击推迟了约六小时。接着，朗斯特里特率自己的几个旅与D.H.希尔的部队圆满完成了此次任务。

据官方报告，在七松战役中，我军共死伤及失踪六千零八十四人，其

① 即罗伯特·艾米特·罗德斯（Robert E. Rodes，1829—1864）。——译者注
② 即詹姆斯·L.肯珀（James L. Kemper，1823—1895）。——译者注
③ 即罗利·E.科尔斯顿（Raleigh E. Colston，1825—1896）。——译者注
④ 即罗杰·阿特金森·普赖尔（Roger Atkinson Pryor，1828—1919）。——译者注
⑤ 即阿尔伯特·G.詹金斯（Albert G. Jenkins，1830—1864）。——译者注

中四千八百五十一人来自右翼的朗斯特里特的部队，一千二百三十三人来自左翼的古斯塔夫斯·伍德森·史密斯的部队。

在报告中，敌军声称共损失五千七百三十九人。敌军损失比我军少，可能是因为敌军一直处于防守态势，而我方则在不断猛攻。

在七松战役中，我军不仅占领了敌军的防御工事，还缴获了敌军十门大炮、四面军旗，以及大量营地设备。此外，我军还俘获敌军一千多名。以上事实可证明我军右翼取得了胜利。

我军两翼共有约四万零五百名士兵。而与我军对峙的敌军数量大致是1862年6月20日报告中的人数与1862年5月31日和6月1日的伤亡人数的总和。这样统计是因为在1862年6月1日至6月20日之间，没有发生任何让该数字发生重大变动的战斗。据以上数据，即1862年6月20日时海因策尔曼[①]部队的一万八千八百一十人与凯斯[②]部队的一万四千六百一十人，再加上敌军在1862年5月31日和6月1日伤亡的四千五百一十六人，我们可以推断出1862年5月31日时这两支部队的参战人数合计三万七千九百三十六人。

这样看来，1862年5月31日的行动开始时，我军人数要比敌军多两千五百人左右，在人数上占有一定优势。当用同样的方法来计算萨姆纳部队的兵力时，我们发现萨姆纳麾下有一万八千七百二十四人。这样一来，萨姆纳渡过奇克哈默尼河后，敌军数量就超出我军约计一万六千人。

七松战役后，双方都称自己取得了胜利。

七松战役后，罗伯特·E.李担任我军总指挥，开始在里士满前方指挥我军行动。处理细枝末节时，罗伯特·E.李能做到勤勉严谨；把握大局时，能做到统筹兼顾。之前，人们并不看好他，但很快人们就发现，罗伯特·E.李指挥的队伍紧凑高效、反应敏捷。

---

① 即塞缪尔·P.海因策尔曼（Samuel P. Heintzelman，1805—1880）。——译者注

② 即伊拉兹马斯·D.凯斯（Erasmus D. Keyes，1810—1895）。——译者注

第 27 章

新冷港战役

七松战役前一天，即1862年5月30日，与罗伯特 · E.李离开战场时，我告诉罗伯特 · E.李他将接任受伤的J.E.约翰斯顿担任我军总指挥，并让他一回到自己的兵营就做好准备，因为我一到我的兵营就会给他下达该命令。1862年5月31日早晨，罗伯特 · E.李接任我军总指挥。罗伯特 · E.李挂帅前夜，我军左翼已在战斗结束之际从阵地撤回，而右翼仍留守之前占领的敌军阵地，并与敌军战斗了好几个回合。七松战役后，敌军进一步加固了奇克哈默尼河的阵地，对阵地与补给基地之间的交通加强了防护。当时，敌军左翼位于奇克哈默尼河南侧，介于白橡沼泽地和新桥路之间，该阵地不仅有坚实的堑壕，同时辅有大炮把守。此外，堑壕前还铺设了鹿寨。敌军右翼位于奇克哈默尼河北侧。该阵地一直延伸至梅卡尼克斯维尔。梅卡尼克斯维尔的防御工事可谓固若金汤。

然而，在里士满前方由士兵把守的阵地，我军没有挖建任何堑壕。因此，罗伯特 · E.李立即着手在我军左侧修筑土垒，在我军右侧挖建堑壕。但由于缺乏工具，这些防御工事都不甚坚固。敌军似乎打算通过常规作战进攻里士满。同敌军相比，我军不仅兵力不足、缺少工程兵，还缺乏武器，因此几乎无招架之力。罗伯特 · E.李上任翌日，我骑行去军中时，看到罗伯特 · E.李正与众将官商议军事。言谈之中，难掩沮丧情绪。我赶到前线后没多久，罗伯特 · E.李也赶了过来，并问我在这种情况下怎样做才好。当时，我是这样回答的："就我所知，没什么计划能比你之前给我演示过的那个计划更好的了，也是阿尔伯特 · 西德尼 · 约翰斯顿未能成功执行的那个计划。但因形势变化，计划需要做一些调整，也就是说，现在得将杰克逊的强大兵力从谢南多厄河谷调回来，不再把安布罗斯 · 鲍威尔 · 希尔的师安排在敌军后方。据我们所知：杰克逊当时正与比自己更具优势的敌军激烈交战。抽身离开前，杰克逊须将敌军赶出谢南多厄河谷。"

为协助杰克逊击退敌军，并为杰克逊与罗伯特 · E.李的会合提供掩护，我军派怀廷[①]率一个师的精兵强将乘火车前往谢南多厄河谷助阵杰克逊，以求在两军合力猛攻之下，将敌军赶到波托马克河对岸。当获悉敌军开始撤退，并且不会在弗吉尼亚州逗留后，我军立即命令杰克逊率军沿奇克哈默尼河北侧——敌军右翼——快速行军。我军特意披露了派军增援杰克逊一事，因此，麦克莱伦肯定会迅速反应。他可能不知道我军的真正动机，也可能会高估我军数量。

怀廷的增援部队还没到，在与敌军殊死拼杀几个会合后，行动迅速、骁勇善战的杰克逊的军队就将敌军彻底击败。接着，1862年6月17日，以行动迅速著称的杰克逊麾下的步兵团开始执行罗伯特 · E.李的命令。

开战前，在奇克哈默尼河南侧，我军曾为步兵修筑了辅有一些野战炮防御工事的简易战壕。为加快驱敌速度，我军派怀廷率两个旅前去增援杰克逊。敌军被驱逐出谢南多厄河谷后，杰克逊将率军火速前进，以在1862年6月24日前赶到阿什兰附近。然后，杰克逊将攻打敌军右翼，以援助我军既定的攻敌计划。为进一步确保计划顺利实施，我军命令当时正从佐治亚州率军赶来与罗伯特 · E.李会合的劳顿[②]改变行军路线，转而在谢南多厄河

① 即威廉 · H.C.怀廷（William H.C. Whiting，1824—1865）。——译者注
② 即亚历山大 · 劳顿（Alexander Lawton，1818—1896）。——译者注

谷与杰克逊会合。

为监视敌情，并防止敌军获悉杰克逊的动向，我军派斯J.E.B.斯图尔特率一队骑兵于1862年6月8日掩护杰克逊的行军路线，同时查明敌军是否为阻挠杰克逊行军而部署了任何防御工事或军队。J.E.B.斯图尔特传来的报告打消了我军的疑虑，此外，我军还了解到我军占有优势地势条件。

据我军战斗序列，杰克逊将于1862年6月25日从阿什兰出发，向斯莱斯教堂进军，并于当晚露营于中央铁路以西；1862年6月26日3时继续行军，转向河狸坝溪。杰克逊通过河狸坝溪后，安布罗斯·鲍威尔·希尔就在梅多布里奇度过奇克哈默尼河，进逼梅卡尼克斯维尔。一发现梅卡尼克斯维尔的桥梁，朗斯特里特和D.H.希尔就立即过桥，分别支援安布罗斯·鲍威尔·希尔和杰克逊。

我军部队奉命朝约克河铁路方向突袭奇克哈默尼河北岸敌军——杰克逊任左翼先锋；朗斯特里特殿后，离奇克哈默尼河最近；留守奇克哈默尼河南侧的休格、麦克罗斯[①]和约翰·B.马格鲁德奉命尽力拖住进攻敌军，同时监视敌军动向，并在敌军撤退时紧追不舍。为保护杰克逊侧翼并获悉敌军动向，我军将J.E.B.斯图尔特率领的骑兵团部署在了杰克逊的左翼。为抵御进攻里士满的敌军，并指挥支援奇克哈默尼北岸行动的援军，同时保留剩余军力以备不时之需，我军命彭德尔顿[②]调用炮兵后备队。1862年6月25日时，杰克逊未能及时赶到作战地。因被敌军耽搁了行程，杰克逊在1862年6月26日仍需赶路。

直到1862年6月26日15时，安布罗斯·鲍威尔·希尔才开始行动。之后，安布罗斯·鲍威尔·希尔渡过奇克哈默尼河，向梅卡尼克斯维尔挺进。在与敌军激烈战斗后，安布罗斯·鲍威尔·希尔将敌军堑壕中的士兵赶到了

① 即拉菲特·麦克罗斯（Lafayette McLaws，1821—1897）。——译者注
② 即威廉·N.彭德尔顿（William N. Pendleton，1809—1883）。——译者注

距其堑壕约一英里远的河狸坝溪岸边的防御工事中。该阵地地势险峻，河狸坝溪溪岸前方的堤坝又高又陡，几乎与溪面垂直。堤坝入口处的空地对面有步兵和炮兵把守。因岸边树木已被砍伐，桥梁也被摧毁，想要渡过河狸坝溪可谓难上加难。我军方案如下：杰克逊在通过河狸坝后，转向敌军右翼。这样一来，安布罗斯·鲍威尔·希尔就不用直接进攻敌军。发现并修复桥梁后，朗斯特里特和D.H.希尔立即率军过了桥，但还没来得及赶到奇克哈默尼河北岸，天色就已晚了。为转向敌军左翼，朗斯特里特和D.H.希尔费了很大的劲儿。但因天色已晚，我军无法跨越各种障碍。于是，朗斯特里特和D.H.希尔率兵撤退。1862年6月26日21时前后，两军暂停交战。我军赶跑敌军后，留在了敌军之前占据的阵地。

这时，麦克莱伦的阵地陷入危机。如果麦克莱伦选择在奇克哈默尼河东岸集中兵力，那么他就相当于放弃了夺取里士满的计划，并冒险撤退到了没有任何后备队，或者说没任何可能得到进一步支援的白宫[①]和约克敦。麦克莱伦如果选择率军转移到奇克哈默尼河西岸，那么就有可能失去与白宫的联络，而他的辎重是从白宫经由铁路运送来的。到那时，麦克莱伦将不得不进攻里士满。否则，他就得依靠詹姆斯河开辟新的物资运输方式，并立即朝詹姆斯河方向转移。到了詹姆斯河后，麦克莱伦会得到海军的支援。敌方似乎早就考虑过这一方案，因为敌军已将交通工具派到了詹姆斯河上。就在1862年6月26日那个两军暂停交战的夜晚，波特[②]将所有物资送到了奇克哈默尼河西岸。之后，搭1862年6月27日晚开往詹姆斯河的火车出发了。

似乎联邦政府早已料到麦克莱伦会在这个时候失败。1862年6月27日，亚伯拉罕·林肯总统发布了一个创建“弗吉尼亚军”的命令，其组成

① 即乔治·华盛顿曾住过的庄园。——原注

② 即大卫·狄克逊·波特（David Dixon Porter，1813—1891）。——译者注

部分包括：约翰·C.弗里蒙特在山区的作战兵力、N.P.班克斯在谢南多厄河的作战兵力，以及麦克道尔在弗雷德里克斯堡的作战兵力。由约翰·波普担任总指挥。这样一来，麦克道尔就无法为麦克莱伦提供任何支援了。

拂晓时分，已料到杰克逊会出现在其右翼的敌军与我军重新展开激烈战斗。其间，敌军试图渡过河狸坝溪，却被我军撵到了溪岸边。因溪流湍急，敌军行进屡屡受阻。于是，敌军回到阵地，准备从更接近奇克哈默尼河的另一个地点过河。但敌军尚未准备完毕，杰克逊已率军渡过了河狸坝溪。敌军见状，弃壕而逃，迅速朝奇克哈默尼河下游进行撤退。撤退过程中，敌军摧毁大量物资。但在被敌军遗弃的军营中，仍留有大量物资。

几支纵队修好河狸坝溪上的桥梁后，继续向前挺进。为切断敌军增援或断了敌军后路，与D.H.希尔会合后，杰克逊转向进攻敌军左翼。朗斯特里特与安布罗斯·鲍威尔·希尔则率兵靠近奇克哈默尼河。途中，他们抓获不少战俘。从沿途熊熊燃烧的推车与物资中，可以清清楚楚看出敌军的撤退路线。朗斯特里特和安布罗斯·鲍威尔·希尔到达新桥附近时，已是正午。当时，我军已查明敌军占领了波怀特溪后面的阵地，并准备在此阻击我军前进。敌军占领了很多小山，右翼敌军在麦吉屋舍附近休憩，左翼则正在盖纳博士屋舍附近休憩。两个屋舍都居于深谷中突起的覆有树木的峭壁上。深谷中到处是在浅滩掩护下的狙击手。

山坡上第一排步兵的身后，部署着敌军用原木胸墙加以防御的第二排步兵。山顶上，部署着敌军的第三排步兵。这里的步兵有堑壕和大炮双重防御措施。要想接近该阵地，就得通过一块由敌军三道火力保护，同时在奇克哈默尼河南岸的重炮扫射范围内的约四分之一英里宽的开阔平原。敌军正前方与右前方的地势整体比较开阔。靠近我军的一侧，有一个树木茂密、灌木丛生的树林。在林中缓缓流淌的小溪的作用下，林中遍布深深的沼泽。沼泽另一边的树林已被敌军狙击手占领。为了使我军不能通过这片

河狸坝溪战役。

绘者信息不详

沼泽，并使我军在对面山坡聚集敌军的射击下与山顶排炮的轰炸下无法进军，敌军还砍掉了林中的树木。

1862年6月27日14时前后，提前向约克河铁路挺进的安布罗斯·鲍威尔·希尔到达新冷港附近，并在那里与敌军打了一场遭遇战。遇到敌军后，在新冷港与通往麦吉屋舍的一线，安布罗斯·鲍威尔·希尔立即部署了一条几乎与约克河铁路平行的阵线，并与敌军展开了殊死搏斗。我军预料杰克逊会立即赶来，并推测托他的到来会使敌军拉长战线。因此，朗斯特里特暂时按兵不动。这时，敌军主力都在奇克哈默尼河以北。安布罗斯·鲍威尔·希尔率军以其特有的勇猛，单枪匹马同庞大敌军展开了战斗。在击退敌军后，安布罗斯·鲍威尔·希尔率军冲向了山脊上的敌军坚固阵地。就在这种敌我兵力相差悬殊的情况下，两军激烈战斗了近两小时。安布罗斯·鲍威尔·希尔麾下的三个团冲破敌军防线后，一路拼到了敌军左侧的山顶。但因敌众我寡，不得不退了回来。在敌军优势兵力与奇克哈默尼河南岸大炮的双重夹击下，迎难而上的我军纵队被迫撤退。但我军重整旗鼓，击退了进攻敌军。敌军部分旅已被击溃，部分仍在坚守阵地。但显而易见，敌军的优势越来越大。因杰克逊行军时间延长，加上路途上遇到各种障碍，延误了我军左翼的攻击时间。为转移敌军注意力并助安布罗斯·鲍威尔·希尔一臂之力，我军命令朗斯特里特佯攻敌军左翼。朗斯特里特佯攻时，发现我军阵地的多数士兵已暴露在敌军面前。为顺利转移敌军注意力，朗斯特里特认为必须放弃佯攻。为占领高地，朗斯特里特决定真正进攻敌军。朗斯特里特的纵队很快就在开阔地带摆好了阵势。一切准备就绪时，杰克逊也赶到了。杰克逊右方的怀廷的师被部署在了朗斯特里特的左侧。与此同时，在我军最左翼，D.H.希尔也部署好了兵力。在与敌军进行了一场殊死搏斗后，D.H.希尔穿过沼泽地，跨过敌军屏障，赶走了对面树林中的敌军。这时，尤厄尔也赶到了D.H.希尔右侧，同敌军展开了激烈交战。我军生力军赶来后，安布罗斯·鲍威尔·希尔得以撤回几个长期艰苦奋战且疲惫不堪的旅。这时，我军阵线已部署完毕。一声令下，我军展开了从敌军右侧到左侧的总攻。

右侧战场的情况如下：我军一出现在平原上，敌军部署在奇克哈默尼河两岸的大炮和山上的三道火力就一齐向我军开火。我军在枪林弹雨中英勇、稳步前进，不少士兵因此丧生。冲在最前面的是勇敢的得克萨斯士兵，同样勇敢的战友紧随其后。冲过敌军防线后，我军将深谷中的敌军赶到了第一排有胸墙防护的士兵那里。之后，我军勇猛的纵队穿过这一排士兵，冲到了山顶的堑壕处。经过这一轮猛攻，我军共缴获敌军十四门大炮，将敌军赶到了战场之外。敌军的援军赶来后，屡次力图收复阵地，均以失败告终。敌军被彻底击败后，伤亡惨重地撤退到奇克哈默尼河岸边的树林里。因天色已黑，我军停止了追击。敌军撤退后，战场上留下了大量死伤士兵。这些士兵表明，敌军曾在各个阵地负隅顽抗。撤退路上，尸横遍野。

同右侧战场相比，我军在左侧战场发起的进攻同样猛烈。先是D.H.希尔的一个团勇敢扫射敌军。随后，D.H.希尔率兵冲过前方空地。在右翼那支英勇无畏、坚定不移地向前挺进的部队的帮助下，D.H.希尔率军到达了山脊顶部。一番浴血奋战后，D.H.希尔的军队冲破了敌军防线，缴获敌军几组排炮，并将溃败敌军赶到了奇克哈默尼河方向，直至天色变黑无法继续追击。

敌军撤退后，战场上留下了大量死伤士兵。敌军残余兵力部分逃到了奇克哈默尼河，部分逃到了树林之中。因该地地势险峻，骑兵没有参加总攻。在保卫杰克逊的侧翼时，骑兵立下了不可磨灭的功劳。此外，骑兵还俘获大量战俘。

1862年6月28日上午，我军已肃清奇克哈默尼河以北的前方敌军。但

1862年6月27日的战斗。

绘者信息不详

考虑到敌军可能会为保护其交通线而开战，我军命令第九骑兵团占领约克河铁路，并命令尤厄尔的师进行支援，J.E.B.斯图尔特的主力部队加以配合。我军骑兵到达调度站时，发现敌人已撤退到奇克哈默尼河南岸，并烧毁了铁路桥。1862年6月28日上午，奇克哈默尼河南岸尘土飞扬，这表明敌军正在行动。敌军放弃约克河铁路并破坏铁路桥的行为说明敌军已不打算继续坚守阵线。不过，从敌军当时占领的阵地来看，敌军完全可以凭借通往詹姆斯河的公路到达奇克哈默尼河的桥梁，然后向弗吉尼亚半岛撤退。如果是第二种情况的话，我军就必须继续攻打奇克哈默尼河北岸了。与此同时，在发现麦克莱伦的意图前，我军须保持谨慎，以免敌军改变军事部署。因此，我军派尤厄尔镇守博顿桥，并派骑兵观察博顿桥附近的情况。我军在奇克哈默尼河南岸的兵力未发现敌军有任何要撤退到詹姆斯河的迹象，但1862年6月28日下午，敌军做好了应战准备。敌军牢固的防御工事让休格和约翰·B.马格鲁德无法查明前方的状况。敌军牢固的防御工事之下，是一片由敌军严防死守的茂密树林和横穿该地的沼泽地。这样的阵地不仅能有效掩护敌军行动，还能起到防止其他军队进行水路侦察的作用。敌军后方的桥梁已被摧毁。对我军而言，在敌军强大的阵容与排炮面前，根本无法修建桥梁。因此，我军只能按兵不动，直到知晓敌军目的。我军再次下令，一旦发现有敌军撤退，休格与约翰·B.马格鲁德就立即迅猛追击。1862年6月28日下午，我军发现敌军行动起来，但敌军并没有向奇克哈默尼河上的桥梁方向行进。由此，我军推断，麦克莱伦要向詹姆斯河撤退。

第 28 章

弗雷泽农场战役与莫尔文高地战役

1862年6月28日晚，我沿着奇克哈默尼河南岸的堑壕视察了我军几支部队的情况。当时休格居于我军右侧，麦克罗斯居中间，约翰·B.马格鲁德居于左侧。敌军确实在黎明前就离开了。首先获悉敌军已撤离其防御工事的是奇克哈默尼河北岸的一名军官。1862年6月29日黎明时分，这名军官用望远镜察看敌军防御工事时发现了这一情况。

我军立即派朗斯特里特和安布罗斯·鲍威尔·希尔从新桥再渡奇克哈默尼河，然后沿达比敦和长桥路前进。罗伯特·E.李在派工程师米德上尉检查了敌军遗弃的防御工事后，亲自来到奇克哈默尼河南岸。集结兵力后，罗伯特·E.李进行了部署。

约翰·B.马格鲁德和休格发现，敌军已遗弃了整个防御工事，同时遗弃或毁损了大量军用物资。约翰·B.马格鲁德和休格立即奉命追击敌军。杰克逊则奉命穿过葡萄藤桥，沿奇克哈默尼河以南向下游前行。到达萨维奇车站附近时，约翰·B.马格鲁德突然碰到了正在撤退的敌军后卫部队。得知敌军正向我军挺进的消息后，约翰·B.马格鲁德暂停追击敌军，并派人前去请求增援。我军派休格的两个旅前去支援约翰·B.马格鲁德。然而，当查明约翰·B.马格鲁德前方的敌军仅仅是在掩护敌军主力撤退时，我军就撤回了这两个旅。

杰克逊奉命前往萨维奇车站的侧方和后方。但因为路上必须重建葡萄藤桥，所以耽搁了些时间。

傍晚时分，约翰·B.马格鲁德开始进攻敌军。在与敌军激烈交战两个多小时后，夜幕降临时，战斗停止了。在战斗中，我军的英勇气势令敌军损失惨重。但因夜色已深，加之我军参战兵力又少，故未能在这次战斗中取得决定性胜利。敌军趁着夜色撤退了，但战场上留下了好几百名死伤的士兵。我军死伤人员不多，但同样损失巨大。

在萨维奇车站，我军发现两千五百名左右的敌军伤员及大量物资，但包括一些必要医疗用品在内的重要物资都已被损毁。战斗还没有结束，天就黑了。夜色下，敌我难分，为此我军决定暂停追击。

是夜，我军枕戈待旦。黎明时分，我军发现敌军已在夜间撤退了。一晚上的工夫，敌军已渡过白栎溪，并毁掉了溪上的桥梁。

1862年6月30日凌晨，杰克逊到达萨维奇车站。一路上，杰克逊俘获大量战俘，并缴获大量武器，数量之多，不得不专门派两个团的人员加以看管。杰克逊率军行至白栎溪时，因桥梁已被毁，需重建桥梁，因此遭到了白栎溪对面敌军的顽固阻击，从而行程受阻。

1862年6月30日，朗斯特里特和安布罗斯·鲍威尔·希尔突然发现敌军已在长桥和查尔斯城公路交叉口附近的那个在军事报道中赫赫有名的弗雷泽农场严阵以待。

这时，休格、杰克逊正分别率领军队前往弗雷泽农场右侧和后方。他们一到，我军就展开进攻。

1862年6月29日，霍尔姆斯[①]渡过詹姆斯河到达河北岸。1862年6月30日，霍尔姆斯得到了亨利·A.怀斯准将分遣队的增援。为了在莫尔文高地

---

① 即西奥菲勒斯·H.霍尔姆斯（Theophilus H. Holmes，1804—1880）。——译者注

附近占领一个能掌握敌军撤军路线的阵地，霍尔姆斯率军向詹姆斯河下游赶去。

我军发现，敌军并没有到詹姆斯河，而是在韦斯特屋舍和莫尔文高地之间的一块能够掌握霍尔姆斯军队动向的开阔场地上停了下来。

见状，霍尔姆斯令炮兵长轰炸敌军步兵，敌军步兵立即撤退。随后，敌军开始用二三十门大炮对我军炮台进行狂轰滥炸，随之而来的，还有敌军炮艇的交叉射击。敌军无论是步兵还是炮兵，都在数量上占有很大优势。这种情况下，如果我军未事先得到增援就贸然继续进攻的话，只会让事态变得更糟。因为增援力量尚未赶到，霍尔姆斯趁夜色撤退了。

据休格报告，因为敌军在威廉斯堡公路上放置了砍倒的树木，所以我军行程受阻。下午，休格一行通过障碍并赶走仍在试图砍倒树木的士兵。之后，他们到达一个开阔的场地，即威廉姆斯屋舍时，突然遭到敌军大炮轰击。我军当即用大炮反击。与此同时，为转移敌军炮火，我军派了一队步兵向敌军右侧挺进。就这样，这场战斗结束了。待在弗雷泽农场的朗斯特里特听到炮声后，误以为休格的纵队已靠近。于是，他下令开炮告知休格自己的位置。就这样，弗雷泽农场战役打响了。这时，已在前方严阵以待的安布罗斯·鲍威尔·希尔正等待杰克逊和休格的到来。据安布罗斯·鲍威尔·希尔称，弗雷泽农场战役是从敌军轰炸查尔斯市马路开始的。

休格的延误，加之杰克逊未能通过白橡沼泽，使朗斯特里特和安布罗斯·鲍威尔·希尔不得不在没有预期支援的境况下竭力维持与敌军战斗。在这种敌众我寡且敌军占据有利地形的情况下，我军一直与敌军鏖战到21时。这时，除了一个阵地，我军已重创并赶走其他阵地的所有敌军。随后，未占领的那个阵地上的敌军也趁着夜色撤退了。弗雷泽农场战役结束后，战场上到处是敌军伤亡士兵。我军几乎占领全部战场，俘获包括一个师长在内的众多战俘，同时缴获几组排炮和数千件轻武器。

弗雷泽农场战役后，为缓解朗斯特里特和安布罗斯·鲍威尔·希尔的压力，我军召回了原先派去支援霍尔姆斯的约翰·B.马格鲁德。是夜，约翰·B.马格鲁德率军赶到。但因天气炎热、行军良久，约翰·B.马格鲁德麾下人马疲惫不堪。

弗雷泽农场战役中，尽管朗斯特里特和安布罗斯·鲍威尔·希尔的部队没有得到预期支援，却与兵力、所占位置都比我军具有优势的敌军进行了战斗，最终英勇、顽强地击败了敌军。

朗斯特里特和安布罗斯·鲍威尔·希尔的部队扭转了原本对我军不利的局面。在弗雷泽农场战役中，如果休格或杰克逊任一方能及时赶来参战的话，毫无疑问，我军取得的战果会更大。也可以这样说，如果休格或杰克逊任一方能及时赶来参战，麦克莱伦的军队就会被打得四分五裂，根本不可能有组织地赶到詹姆斯河。

当晚，我军在战场上宿营，并派通信兵前去催促本应在白天赶来作战的军队。

如果换作一支没有这么英勇、没有这么忠诚，也没有这么坚韧的队伍，在这种势单力薄、人困马乏的情况下，可能会撤退。但朗斯特里特和安布罗斯·鲍威尔·希尔从没有过这样的念头。

大家都希望增援军队赶到后能再次进攻敌军。

从多方面来看，弗雷泽农场战役都是一场出色的战役。在弗雷泽农场战役中，我军步兵屡次冒着枪林弹雨冲锋陷阵，并成功夺取敌军排炮；在这场战役中，我军多次与敌军短兵相接，展开殊死搏斗。

据估计，敌军当时的兵力是我军的两倍。此外，敌军还占据着有利位置。以上任一因素都有可能使我军蒙受巨大损失。

弗雷泽农场战役当晚，敌军退回莫尔文高地的据点。之前阻挠杰克逊前进的敌军也在夜间与敌军另一部分兵力会合了。

弗雷泽农场战役中的炮战。

绘者信息不详

1862年7月1日清晨，费尽周折通过白橡沼泽后，杰克逊率军到达我军前一日作战的战场，并缴获几门大炮，俘获部分敌军。之后，他奉命沿敌军撤退路线向前挺进。但没走多久，他就发现自己身处莫尔文高地前方的一个高耸的山脊上。杰克逊发现，敌军已利用有利地势布好重炮、列好阵势，并匆忙修建了一条可以掩护敌军重兵及大炮的堑壕。敌军左翼安排在克鲁屋舍附近，右翼安排在宾福德屋舍附近。阵地正前方是一片从山顶缓缓倾斜下来的、从四分之一英里到半英里宽窄不等的开阔地带。这片开阔地带尽在敌军步兵和炮兵火力范围内。要想到达这片开阔地带，我军必须行经一个地面凹凸不平、树木茂密、沼泽遍地的地区。但该地只有几个地方可以通行。整个地带都在装甲舰和高地排炮的扫射范围内。要想通过该地，我军必须在敌军连续不断的炮火中行动。

杰克逊与左翼的怀廷和右翼的D.H.希尔的部队组成了我军阵线，尤厄尔的一个旅位居其中。尤厄尔的其余兵力和杰克逊的部队留以备用。约翰·B.马格鲁德奉命在杰克逊右侧就位，但约翰·B.马格鲁德还没就位，休格的两个旅就先到了。因此，这两个旅就被安排在了D.H.希尔旁边。之后，后到约翰·B.马格鲁德就被部署到了这两个旅的右侧。这两个旅与休格的另一个旅都由约翰·B.马格鲁德统率。朗斯特里特和安布罗斯·鲍威尔·希尔的部队都留以备用，因此没有参战。由于不熟悉地形，密林中交通不畅，加上道路不平，直到黄昏时分，我军战线才全部形成。这片区域尽管有几处对我军非常有利的阵地，但没有能够集中兵力的地方。此外，因树木茂密、沼泽遍布，我军无法携带足以与敌军庞大兵力抗衡的大炮。

一声令下，我军发起了总攻。但受制于上述种种原因，各军未能一致行动。D.H.希尔冲过开阔地带逼向敌军，与敌军展开了英勇战斗，突破并击溃敌军第一道战线。但因为其他部队未能同时发起进攻，在敌军庞大兵力与大量大炮轰击的情况下，D.H.希尔渐渐招架不住。杰克逊立即

莫尔文高地战役。

绘者信息不详

派自己与尤厄尔的后备军前去增援。但因天黑路险，后备军未能及时赶到。因此，损失惨重的D.H.希尔不得不放弃了已占领的敌军阵地。

在我军右翼，休格和约翰·B.马格鲁德的部队也英勇攻击了敌军。休格的两个旅率先进攻敌军。其他两个旅后被派去支援约翰·B.马格鲁德和D.H.希尔。为攻下克鲁屋舍跟前的小山，我军发起了好几次猛攻。在敌军数以百计的大炮与大量步兵的扫射下，我军勇敢穿过开阔地带向敌军挺进。在进攻中，一些士兵因身负重伤便撤退了；其他士兵则在枪林弹雨中击退了敌军步兵，并击退敌军排炮。士兵们不断冲锋陷阵，不少人战死沙场。由于缺乏进攻纵队的配合，势单力薄的我军没能打破敌军战线。曾英勇奋战的我军被迫在伤亡惨重的情况下相继撤退。夜幕降临后，双方又打了起来，但这时已难分敌友。战火一直持续到21时之后，双方未分胜负。

这时，我军部分人员已撤回原来阵地；其余人员仍在那片开阔地带。一些士兵离不久前曾英勇进攻但未能拿下的敌军排炮仅不到一百码。我军发起必要进攻时天色已晚，给了敌军充分利用其有利阵地的机会。对我军而言，进攻就更难了。

双方停火时，我军仍有部分士兵卧在离敌军阵线不远的地方坚守阵地。双方一停火，就达成了一个公认的非正式休战协定。之后，双方士兵手持提灯、担架四下寻找伤兵，战场上，呻吟声、呼救声此起彼伏。所见之处，令人油然而生恻隐之心。

天亮时突然下起大雨，我军发现敌军已经完全抛弃之前的阵地。敌军阵地上，到处是死伤士兵。从敌军行军的路线可以看出，敌军撤退得非常仓促。

历经艰难跋涉与连续战斗后，我军已不可能快速追击敌军。雪上加霜的是，大雨和侵骨的寒冷更令我军举步维艰。

当晚，敌军悄悄沿一条我军尚不知晓的路线进行了撤退。这条路是通往哈里森码头最近的路。当我军知道消息时，敌军已撤退多时。在场将领中，只有一人认为我军能赶上敌军，此人便是杰克逊。他坚定地说：“如果我们立即追赶，他们就不会全部逃掉。”

因有任务在身，我军骑兵未能参加此次追击。据报道：1862年6月28日，我军在占领约克河铁路，并将敌军赶到奇克哈默尼河后，为查明约克河铁路方向是否有敌军活动，J.E.B.斯图尔特率军继续沿约克河铁路前进。行军途中，他几乎没有遇到任何敌军。1862年6月29日，J.E.B.斯图尔特一行抵达白宫附近。他一到，敌军就摧毁了仓库中的大部分物资，之后，朝门罗堡方向撤退。J.E.B.斯图尔特率骑兵、携一门大炮，赶跑了停在白宫附近的炮艇，救出了包括一万多件轻武器在内的大量物资，但仍有部分武器被烧毁。据J.E.B.斯图尔特称，他沿着敌军通往约克河铁路的阵线前行时，敌军几乎没有予以回击。

J.E.B.斯图尔特说：

> 我们行至距白宫约四分之一英里远的地方时，突然发现码头处停放着一艘巨大的炮艇……我当时确信，只要派一些勇猛的神枪手过去，就可以将这艘炮艇撵跑。因此，我派了七十五名武装士兵去执行此任务，其中部分士兵来自弗吉尼亚第一骑兵团和第四骑兵团，部分士兵来自杰夫·戴维斯的部队。于是，这些神枪手向这艘庞然大物走去。为了接应这些神枪手，我又派了一些神枪手乘船从岸边登陆……为节省时间，我下令朝炮艇投掷榴弹炮。几枚榴弹炮直接命中目标，在炮艇甲板上发生了爆炸。而神枪手们立即乘船从奇克哈默尼河上快速撤退……我在这里有幸目睹了敌军对乔治·华盛顿的虚假崇拜——这座被敌军付之一炬的白宫已被烧得寸草不留，所见之处，一片荒凉，令人唏嘘。

> 我们靠近白宫时，九艘满载物资的大型驳船正熊熊燃烧。驳船上满载着总计数百万美元的各种物资：载有大量帐篷及装满货物的一长列货车、五辆机车、大量锻铁炉，以及数量庞大的各种军用物资——这些物资多多少少都遭到了破坏。

在将一个中队留在了白宫后，J.E.B.斯图尔特率兵前去保卫奇克哈默尼河上的桥梁。1862年6月30日，J.E.B.斯图尔特奉命重新渡过奇克哈默尼河去配合杰克逊作战。1862年7月1日晚，历经长途跋涉的J.E.B.斯图尔特在莫尔文高地战役结束之际到达敌军后方。

1862年7月2日，我军开始发起追击，J.E.B.斯图尔特的骑兵任先遣队。从“美国战争行为委员会”收集到的证词来看，我军似乎是直到1862年7月3日才占领那个可以瞭望到敌军营地的莫尔文高地；从J.E.B.斯图尔特的战时札记中，我们可以看出，他不费吹灰之力就占领了这个高地，并用轻型榴弹炮轰炸了敌军营地。爆炸在敌军阵营引起了极大的骚动。联邦退伍军人塞拉斯·凯西这样描述当时的情形：

> 敌军用几门大炮轰炸了聚集在奇克哈默尼河边的我军，而我军无法回击，因为敌军所在地不在我军控制范围内。如果敌军率两三万人占领这些高地的话，那么，在我看来，除了那些可能已登船逃脱的士兵，我军将全军覆没。

罗伯特·E.李不是一个优柔寡断的人。他立即命令朗斯特里特和杰克逊前去助阵。但出发当日，朗斯特里特和杰克逊遭遇了肆虐了一整天的暴风，因此行程受阻。尽管我军骑兵一路紧跟并不断搅扰敌军，但敌军还是成功占领了詹姆斯河的韦斯托弗，并护住了河上的炮艇。敌军占领莫尔文高地后，立即修建了堑壕。这样一来，其阵地更坚固了，也更利于敌军防守。敌军阵地两侧，各有一条溪流。阵地前方的入口处，有船上和堑壕中的重炮把守。在这样的情况下，我军似乎不宜贸然进攻。加之我军几乎已在极其恶劣的环境中连续行军、奋战了七天，为了让疲惫不堪的士兵稍事休憩，我军决定撤军。我军用好几天时间收集到了一些敌军遗弃武器和物资。与此同时，为搅扰敌军运输，我军派了一些炮兵和骑兵到韦斯托弗城外。1862年7月8日，我军回到里士满附近。

为围攻里士满，敌军历经几个月的准备、投入大量人力、物力，最后却不得不草草收场。[①]

莫尔文高地战役中，我军共俘获包括敌军军官在内的一万多名战俘，缴获五十二门大炮及三万五千多件轻武器。此外，我军还缴获了大量各种各样的宝贵物资和军需品。但同敌军摧毁的物资相比，我军缴获的不过是九牛一毛。从各个战场上数以千计的敌军伤亡士兵可以看出，敌军损失要比我军大得多。敌军对伤亡人员的不闻不问，可以表明敌军幸存者寻求到炮艇庇护的一路艰辛。

在华盛顿战争部的档案办公室里，存有部分北弗吉尼亚军士兵的档案。这些原存于里士满的档案准确记录了北弗吉尼亚军当时的人数。当时，我军并未公开这一数字，是因为我不想让敌军了解我军兵力不足。以下由罗伯特·E.李的参谋沃尔特·H.泰勒少校讲的一番话就来自这些档案。沃尔特·H.泰勒少校曾多年看管报告原件。

一份档案显示，1862年5月21日，J.E.约翰斯顿麾下的有效兵力是五万三千六百八十八人。沃尔特·H.泰勒少校在他的著作[②]中声称：

① 详见罗伯特·E.李、彭德尔顿、安布罗斯·鲍威尔·希尔、休格、亚历山大和沃尔特·H.泰勒少校在《与罗伯特·E.李一起的四年》中的报道。——原注

② 详见沃尔特·H.泰勒少校的《与罗伯特·E.李一起的四年》。——原注

1862年5月21日，J.E.约翰斯顿手下的士兵除了上述列举的人数，还有两个驻扎在汉诺威枢纽附近听命于他的旅，其中一个是约瑟夫·R.安德森的一个旅，另一个是布兰奇的一个旅。后来，这两个旅都并入了安布罗斯·鲍威尔·希尔的师，参加了在里士满附近展开的战斗。

沃尔特·H.泰勒少校并没有可以明确这些士兵人数的官方数据。但经过判断，加之与约瑟夫·R.安德森的会谈，沃尔特·H.泰勒少校估计这两个旅大约有四千人。

从我军返回里士满附近到七松战役开始前，J.E.约翰斯顿还得到了休格三个旅的增援。据“北弗吉尼亚军作战报告”，这三个旅的有效兵力总计五千零八人。沃尔特·H.泰勒少校说：

如果将这五个旅的兵力与1862年5月21日返回的士兵加到一起，那么1862年5月31日J.E.约翰斯顿拥有的有效兵力是六万两千六百九十六人。

减去官方报告中声称的七松战役的六千零八十四名伤亡人员，罗伯特·E.李任总指挥时，我军有效兵力为五万六千六百一十二人。

从波托马克军的官方报告来看，1862年6月20日，麦克莱伦的有效兵力应该是十一万五千一百零二人。据说，到达詹姆斯河时，麦克莱伦手下士兵在“八万五千人到九万人之间”。七天的战斗中，麦克莱伦总计损失一万五千二百四十九人。这样看来，莫尔文战役之初，麦克莱伦的兵力就有十万零五千人之多。[1]这一数字可能不包括驻扎在门罗堡的迪克斯手下的九千二百七十七人。

① 斯温顿：《波托马克军史》。——原注

第 29 章

联邦立法机关的篡夺行为

1862年年初，已可以明显看出联邦打算动用一切力量、用尽一切手段打击我军各地力量。当联邦政府忙着为入侵我国领土、消灭我国公民而征募大军，组建装甲舰队并筹备、制造大量武器时，联邦国会也没闲着。为通过立法颠覆我方社会制度，给疯狂的联邦军的掠夺披上合法外衣，联邦政府在国会的帮助下，进行了篡权。

联邦国会议员聚到一起，提出了联邦是为生存而战斗，从而可以采取任何手段进行自卫的信条。接着，联邦国会宣称我方奴隶制度是联邦所有问题的根源。因此，联邦政府须举全力铲除这一根源。

最近，在某群体的支持下，那些发起侵略、破坏联邦和谐的始作俑者获得了权力，并急不可耐地想要从中得利。为掩饰其真正动机，他们巧妙利用别国持有的偏见，宣称奴隶制度是联邦所有问题的根源，也是他们发动战争予以镇压的缘由。亚伯拉罕·林肯总统曾在就职演说中这样讲道：

> 我不打算直接或间接干涉各州现有奴隶制度。我相信我无权这样做，也无心这样做。

1861年2月，联邦国会废奴党派领袖、参议员萨姆纳曾说：

> 借此机会，我明确宣布，我认为国会无权干涉各州的奴隶制度。

从1789年第一届国会到1861年7月4日开始的第37届国会，该原则一直被奉为圭臬。

然而，在上述就职演说几个月后，国会就开始立法废除奴隶制度。宪法还是原来的宪法，南方各州脱离联邦后，宪法也没有变更过一个字或一个词。然而，1861年7月4日后，国会多数人却认为政府有权干涉各州的奴隶制度。这种改变因何而来？专政打击自由与正义时，总是使用同样的借口——迫不得已。这是一个非常合理的借口，因为只有篡夺者才能对所谓的必要性加以评判。

联邦政府以此为借口出台了一套囊括以下篡夺行径的立法体系：没收私人财产；禁止在领土范围内扩大奴隶制度；在完全由联邦政府控制的所有地区解放奴隶；对毗邻各州及哥伦比亚地区进行的解放奴隶行动予以补偿；根据军事进程开展切合实际的解放奴隶运动；解除奴隶身上的一切束缚，使其获得自由，在奴隶陷入贫困时，由联邦为其提供衣食，也就是说联邦政府会收容这些奴隶。

以上权力没有任何宪法依据。因此，联邦政府通过的一些法律直接违反了宪法的明文规定。

可能有人会提出这样的看法：邦联各州已脱离联邦，就不再受宪法保护。但这样的反对意见根本无法为联邦国会和政府的篡夺行为开脱。因为到目前为止，还没有任何法案或总统公告声称邦联各州不属于联邦。如果其公民应承受宪法规定的所有惩罚，那么也应有权受到宪法的保护。可以非常肯定地说，邦联各州与战争有关的所有行为都是为了维护宪法赋予他们与后代的权利，而联邦政府的行为是为了抑制这些权利，破坏宪法对我们的保护，令我们屈从于联邦政府的专制。联邦政府的行为是对宪法的颠覆，是对基本自由原则的破坏。孰之过？是非曲直，由后人评判。

第30章

联邦政府的篡夺行为

就在联邦立法机关进行一系列篡权行为时，联邦总统亚伯拉罕·林肯也率众进行了一系列篡权行为。1862年3月2日，联邦总统亚伯拉罕·林肯向国会传达了一条信息，建议国会采纳一项决议，即宣称联邦将通过给予经济援助的方式与任何能够逐渐废除奴隶制度的州进行合作。这掀起了违宪干涉奴隶制度的运动。这是一种在蓄奴州挑起不和的狡诈做法。在成为总统的每一个宣言中，亚伯拉罕·林肯都声称无心干涉各州奴隶制度。尽管该决议属违宪行为，却以多数票得以通过。

在联邦国会与公众对这一违宪决议予以支持或声援后，革命的车轮以排山倒海之势铺天盖地而来。

1862年4月25日，大卫·亨特少将下令对佐治亚州、佛罗里达州和南卡罗来纳州进行军事管制。1862年5月9日，大卫·亨特少将又颁布了一条命令，宣称“这些州的奴隶此后都将获得自由”。

不久，亚伯拉罕·林肯总统发公告宣称大卫·亨特少将颁布的命令无效，并将总统能否宣布某州奴隶获得自由这一问题的决定权留给了自己。

与此同时，联邦政府还稳步推进对北方人民的教育。联邦政府告诉北方人民：为了美国，必须诉诸武力废除奴隶制度。总统面临的所谓压力都是为了最后进攻南方。十五个州的州长联手要求再出动三十万名士兵去填补联邦军减少的士兵。联邦政府照办了。之后，反对奴隶制度的媒体就奴隶叛乱一事严厉抨击了总统。

随后，联邦政府下令征募三十万名士兵。因为征兵的速度缓慢，联邦政府就使用了威胁、恐吓和给予大量奖励金的手段。拥护解放奴隶运动的人坚称，人们之所以不愿意参军，是因为政府在解放奴隶方面的措施不够大胆。他们坚持将脱离联邦各州的奴隶制度问题视为军事问题，并坚称如果没有奴隶制，南方就几乎没有参战士兵，也几乎无法挖堑壕、修筑防御工事。

最终，1862年9月22日，屈于以上“压力”，亚伯拉罕·林肯总统初步提出了《解放奴隶宣言》，宣称将在下一届国会会议上，再次提出解放毗邻蓄奴州的奴隶的提议。他宣布，从1863年1月1日起，“叛乱州或叛乱州某指定地区内被当作奴隶对待的人，将从此永远获得自由”。

1863年1月1日，亚伯拉罕·林肯总统又发布了一条公告，宣称除了几个地区，必须解放邦联各州的奴隶。无论是战前还是战后，亚伯拉罕·林肯先生和他的顾问都曾反复郑重否认意欲干涉各州奴隶制度，并声称宪法没有赋予他们进行干涉的权力。联邦政府还曾在外交信函中申明过同样的原则。那么，联邦政府是凭借什么权力做出这种宪法非但没有授予、反倒明令禁止的举动的呢？亚伯拉罕·林肯先生的公告是这样结尾的：

> 此番举动，诚乃正义之事，据军事之需，依宪法而行，望人们能予以周全判断，望万能的上帝能施以援手。

让我们用一些事实来检验这里所说的军事需要吧。

当时，联邦各州的白人男性有一千三百六十九万零三百六十四人，而邦联各州的白人男性有五百四十四万九千四百六十三人；当时，联邦征募上战场的士兵人数超过了一百万，而邦联服役士兵的人数还不到四十万；当时，联邦的海军力量位居世界第三，而邦联只有一艘海上小船；当时，联邦的海上贸易遍布全世界，而邦联连一个通商口岸都没有；当时，联邦制造的各种产品可与各个强国相媲美，而邦联几乎没有制造业，即使有，生产的只是一些无足轻重的物品；当时，联邦掌管全美财政部达八十年之久，拥有丰富的资源，而邦联不得不通过开发财政收入来建立国库。当时，联邦代表和大使在世界各地都很受欢迎，而邦联各州的代表得不到各国的承认。

就这样，联邦实现了最初反对奴隶制度的意图。然而，这一过程中伴随着分裂、流血及两败俱伤的战争，随之而来的还有篡权这样的卑鄙行径。

第 31 章

邦联的海军行动

邦联海军军官由以下级别构成：海军上将、海军上校、海军中校、军医、海军上尉及海军学员。开战第一年年底，即1862年12月，邦联有一名海军上将、十二名海军上校、三十名海军中校，共有一百一十二名海军中尉和海军少尉。主要军官都曾隶属联邦海军。由于海上船舶数量有限，许多官员执行的是岸上任务。

海军船舶分两类：一类用于河面及港口防御，如装甲舰、撞击舰或由内河汽船改装成的炮艇；另一类是适于远洋航行的中型轮船，其中部分船舶航海速度快，但这些船舶不适合当作战船。

1861年4月19日，即弗吉尼亚州已脱离联邦尚未加入邦联时，弗吉尼亚州军总指挥托利弗抵达诺福克和联邦海军造船厂指挥官海军中校麦考利[①]进行了会晤。双方在会上达成协议："不得动用任何船舶，除非自卫，不得进行任何射击。"该协议宣布后，诺福克居民的不安情绪有所缓和。但没过多久，人们就发现港口的"日耳曼敦"号和"梅里麦克"号两艘护卫舰被人凿沉，其中"日耳曼敦"号还遭到损毁。午夜，海军造船厂起火，肆虐的大火不仅烧毁了造船棚，还烧毁了一艘战列舰，另一艘尚未建好的

① 即查尔斯·斯图尔特·麦考利（Charles Stewart McCauley，1793—1869）。——译者注

战列舰也被烧毁。除了上述护卫舰，另有一些护卫舰也被凿沉。此外，还有价值约数百万美元的物品遭到损毁。1861年4月19日，一直拖着“坎伯兰河”号航行的“波尼”号驶入港口。船上除了造船厂的指挥官与其他官员，还有很多宝贵的军火物资。在这场突然被人悄悄点燃的大火中，大量物资完好无损。在造船厂修理的“梅里麦克”号是一艘由弗吉尼亚人筹资的建造的护卫舰。上述事件发生后，我军立即着手将其船体改造成一艘装甲舰。两英寸金属板备好后，工人将一个四英寸厚的双斜面顶棚盖在了“梅里麦克”号这艘护卫舰上。这一装甲的厚度虽抵挡不住直接射击，却足以抵御侧面射击。“梅里麦克”号操纵起来与普通船没太大区别。

“梅里麦克”号有十门大炮、四门布鲁克大炮及六门口径为九英寸的达尔格伦炮。其中两门口径为七英寸的布鲁克大炮分别置于舰头和舰尾；另两门口径为六点四英寸的布鲁克大炮则分别置于舰两侧。为发射炸弹，每侧的九英寸口径大炮都置于最靠近火炉的地方。改造工作匆忙完成后，武器就绪、船员登船，试航开始。这是我军第一艘装甲舰。因改造“梅里麦克”号只是一个试验，因此很多人怀疑它是否能成功完成任务。“梅里麦克”号指挥官海军上校富兰克林·布坎南[①]精明强干，自年少起就曾四处航海，身上具有年轻人的勇敢和进取精神。和他一起登上“梅里麦克”号的还有专门负责炮台、十分熟悉该舰的海军上尉凯茨比·琼斯。作为一名军械官，凯茨比·琼斯的高资质在“老海军”中享有盛名。在之后的战争中，我们可以看到，作为一名海军军官，凯茨比·琼斯同样杰出。

就这样，邦联的第一艘装甲舰飘扬着星杠旗航行在了大海之上，我军给它取了个新名字，叫“弗吉尼亚”号。之后，邦联海军又拥有了几艘战舰，分别是：配有六门大炮的“帕特里克·亨利”号、配有两门大炮的

① 后晋升海军上将。——原注

“詹姆斯敦”号，以及配有一门大炮的“博福特”号、“罗利”号和“戏弄者”号。

敌军在汉普顿罗兹附近水域的舰队由以下战舰构成：配有二十四门大炮的“坎伯兰”号，配有五十门大炮的“国会”号，配有五十门大炮的“圣劳伦斯”号，以及各有四十门大炮的帆船护卫舰“明尼苏达”号和“罗诺克”号。敌军大炮在二十一门到二百零四门之间，其中还不包括敌军小型军舰，这些小型军舰上的武器装备也比我军上述战舰厉害得多。当时，“坎伯兰”号和“国会”号停泊在纽波特纽斯；其他战舰停泊在纽波特纽斯以东约九英里、靠近门罗堡的地方。岸边的排炮和几艘携有重型膛线炮的小型战舰保护着“坎伯兰”号和“国会”号。

“弗吉尼亚”号一航行到大海上，指挥官富兰克林·布坎南的使命感就油然而生。因此，这次试航立即转变成一场决绝的对敌攻击。计划确定后，船员们开始以最快的速度建造“弗吉尼亚”号。就在“弗吉尼亚”号开始试航前不久，工人还在“弗吉尼亚”号上忙活着。工人上岸后，“弗吉尼亚”号就载着船员和武器启航了。很少有人会像富兰克林·布坎南那样，在明知自己战舰不足的情况下，进攻实力比自己强太多的敌军。富兰克林·布坎南以每小时五节①的速度慢慢驶向了汉普顿罗兹附近水域。“坎伯兰”号和“国会”号一看到正在靠近的“弗吉尼亚”号，就进入了备战状态。旗舰“罗诺克”号向“明尼苏达”号和“圣劳伦斯”号发送了进攻信号。为侧面迎战缓缓靠近的“弗吉尼亚”号，“坎伯兰”号突然掉转了方向。接着，“坎伯兰”号向“弗吉尼亚”号发射了炮弹。密集的炮弹打在“弗吉尼亚”号的金属顶棚上后，被反弹了回去，并没有对“弗吉尼亚”号造成任何损伤。最后，“弗吉尼亚”号用舰头撞向“坎伯兰”号

① 速度单位，相当于每小时1海里，或每小时1.852千米。——译者注

右舷的前方。沉闷的撞击声后，“弗吉尼亚”号安然无恙。“弗吉尼亚”号的轮机手正犹豫是否撤退时，突然发现“坎伯兰”号被撞出一个巨大裂口，海水正疯狂涌进。“坎伯兰”号即将被海水吞没之际，舰上的水军还勇敢站在大炮前徒劳地开着火。之后，“坎伯兰”号与舰上至少一百名英勇的水军沉到了水下九英寻[①]处，只剩桅杆上的信号旗随风飘扬。

“坎伯兰”号沉没后，为了有更大的空间攻击“国会”号，“弗吉尼亚”号掉头向上游航行了一阵。岸上和战舰上的敌军见状，都以为“弗吉尼亚”号是慑于敌军来袭战舰的威力而逃走了，于是欢呼了起来。但当“弗吉尼亚”号像撞击“坎伯兰”号一样，掉头冲向“国会”号时，“国会”号立即松开缆索，迅速行驶至岸边躲了起来。在尽可能靠近“国会”号的地方，“弗吉尼亚”号开始扫射“国会”号。这时，“明尼苏达”号在距“弗吉尼亚”号约一英里半处搁浅。“罗诺克”号和“圣劳伦斯”号则向堡垒方向撤退了。岸上的排炮和“明尼苏达”号对“弗吉尼亚”号进行了连续轰炸。但因射程较远，都没起什么作用。而这时搁浅在岸边的“国会”号只能勉强应战。这时，我军的几艘较小战舰也赶了过来，与“弗吉尼亚”号一起轰炸“国会”号。没多久，“国会”号就招架不住了。在失去指挥官、军旗被击毁后，“国会”号的主桅斜桁和后桅斜桁上都挂上了白旗。“国会”号投降后，我军派“弗吉尼亚”号的拖船“博福特”号和“罗利”号去接收“国会”号上的投降人员。敌军将舰旗和指挥官手中的剑交到了海军上尉帕克[②]手中。随后，帕克将这些物品送到了里士满的海军部。为表示投降，其他军官也交出了手中的剑，并恳求我军让他们回去救出战舰中的伤员。我军同意了他们的请求。于是，他们借着我军的仁慈逃跑了。

---

① 长度单位，主要用来测量水深，1英寻相当于1.83米。——译者注

② 即威廉·哈瓦·帕克（William Harwar Parker，1826—1896）。——译者注

“弗吉尼亚”号撞沉“坎伯兰”号。

绘者信息不详

与此同时，为逼迫我军拖船撤退，岸上的排炮开始向我军拖船开火。在敌军的轰炸中，有五名我军战俘受伤，也就是说，有五名被俘的敌军被敌军炮火炸伤。“国会”号举旗投降后，富兰克林·布坎南停止轰炸“国会”号。海军上尉凯茨比·琼斯在谈到“国会”号时，曾这样写道：“‘国会’号一面挥舞着白旗，一面向我军开火。海军上尉迈纳和好几个士兵因此负伤。为此，我军再次向‘国会’号发起轰击，令‘国会’号葬身火海。”“国会”号和“坎伯兰”号的水军乘小船或通过游泳逃命时，我军停止了轰炸，仁慈地放走了这些人。富兰克林·布坎南被一颗流弹打伤，不得已被抬下了‘弗吉尼亚’号。他的英勇无畏赢得了所有人的钦佩。富兰克林·布坎南负伤后，海军上尉凯茨比·琼斯接任“弗吉尼亚”号的指挥官。这时，因夜幕降临，潮水方向发生改变，已无法继续作战，“弗吉尼亚”号就与拖船一起撤退了，停泊在了休厄尔半岛。迄今为止，“弗吉尼亚”号已让“坎伯兰”号沉于大海、让“国会”号置身火海，还炸毁一艘运输船，此外还分别击沉、俘获纵帆船各一艘。“弗吉尼亚”号共两人死亡、八人受伤。“弗吉尼亚”号的船头受到一定损害，锚和所有旗杆都被击掉，烟筒和蒸汽管被打出许多小窟窿；除此之外，该战舰都完好无损，并已做好第二天继续战斗的准备。战俘和伤员被立即送到了诺福克的医院。

夜间，一艘新型塔式汽船来到了“明尼苏达”号附近。这艘叫“监视”号的装甲艇同“弗吉尼亚”号一样，也是改造而成，尚待战争的严峻考验。“监视”号的吃水很浅；除了水面上的旋转炮塔，几乎看不见舰身。此外，“监视”号还具有好操作、速度快的特点。但同“弗吉尼亚”号一样，很多人都认为“监视”号无法承受海上的狂风暴雨。

“弗吉尼亚”号是由护卫舰改造而成的装甲舰，仅适合在风平浪静时航行。想要该舰提速，就需要找到适合的引擎，但当时根本无法获得所需引擎。“弗吉尼亚”号吃水二十二英尺，因此无法在汉普顿罗兹附近水域的浅水区航行。再加上“弗吉尼亚”号舰身又长又深，耗能很大，所以操作起来有一些困难。从很多方面来说，“弗吉尼亚”号还是一个实验品，我们如果当时有建造新战舰的方法，肯定会设计出更好的模型。

清晨，“弗吉尼亚”号、“帕特里克·亨利”号、“詹姆斯敦”号，以及被戏称为“蚊子舰队”的三艘小拖船一齐返回了前一天战斗的地方，以完成未竟的事业——摧毁“明尼苏达”号。前一晚，因夜色降临、潮水改向，未能进攻“明尼苏达”号。我军从“国会”号的火光中看到：距我军约三分之一英里远的“监视”号向“弗吉尼亚”号发起了轰击。“弗吉尼亚”号试图接近“监视”号，但因“监视”号行驶速度更快，行动也更敏捷，“弗吉尼亚”号根本无法靠近。两艘战舰好几次擦肩而过。“弗吉尼亚”号屡次近距离攻击“监视”号侧面，但都未取得明显效果。“监视”号迅速用旋转炮塔轰击“弗吉尼亚”号，但因未能连续击中同一地方，也未能对“弗吉尼亚”号的装甲造成任何损毁。很快，海军上尉凯茨比·琼斯发现，在我军炮弹的轰击下，“监视”号居然安然无恙。于是，凯茨比·琼斯决定撞翻“监视”号。但当“弗吉尼亚”号开足马力撞向“监视”号时，却因速度太慢只将其赶到了一旁而已。于是，凯茨比·琼斯决定派人登上“监视”号。众人也一致同意了该方案。这时，“监视”号已溜进“弗吉尼亚”号无法靠近的浅水区。等了一段时间后，指挥官凯茨比·琼斯向敌军发出了作战信号，但“监视”号一点儿都没有返回深水区的意思。无奈之下，凯茨比·琼斯率兵回到了海军造船厂。

两天的战斗中，我军伤亡仅仅是由“坎伯兰”号造成的，这是因为：“坎伯兰”号下沉时，舰上的水军进行了最后的英勇战斗；我军拖船靠近“国会”号接收战俘时，遭到了敌军攻击；“国会”号投降时，却背信弃义向我军开了火。与“监视”号的战斗中，我军未损伤一兵一卒。

这是双方战舰的首次交战，引起了极大的关注，也引发了众多的猜测。一些人认为，从此以后，木船再无用武之地了，所以人们开始大力改造木船，在木船上安装防弹钢板，以增强远洋船舶的防御能力。但人们认为双方战舰不应用于远洋航行或港口防御之外的其他用途。

“弗吉尼亚”号已安上新舰头，备上了实心弹丸，并迅速进行了必要的轻微修理。由杰出老兵、海军准将约西亚·塔特纳尔接替身体暂时有恙的海军上将富兰克林·布坎南担任“弗吉尼亚”号的指挥。“弗吉尼亚”号已做好应战准备，同时做好了在汉普顿罗兹附近水域上巡航的准备。1861年4月11日，海军准将约西亚·塔特纳尔沿汉普顿罗兹附近水域而下，向“监视”号发出作战信号。但“监视”号的军官始终按兵不动，将冒着蒸汽的“监视”号紧靠在岸边受门罗堡保护的地方。为诱敌作战，我军派“詹姆斯敦”号向“监视”号发起挑衅。但勇敢的“詹姆斯敦”号只带回了许多战利品，未能激发“监视”号迎战。在门罗堡大炮的严密保护下，“监视”号依然安然无恙地停泊在浅水区。当时，汉普顿罗兹附近水域中停泊着一艘英国军舰，军舰上的人目睹了我方为保卫弱小同胞而竭力将“监视”号引到深水区的过程。当“詹姆斯敦”号上的巴尼[①]带着战利品从“监视”号前经过、在敌军舰队的注视下停下来时，英国军舰上的人秉着对真正“赛事”的钦佩之情，“无法抑制内心的冲动，一齐为我军欢呼了起来”，这位旁观者还说，“1861年5月月初的一天，联邦的雄伟舰队大胆穿过汉普顿罗兹附近水域，为摧毁我军战舰，部分敌军舰队对休厄尔半岛的大炮进行了狂轰滥炸。当时，‘弗吉尼亚’号藏了起来。遭到敌军攻击后，年长的海军准将约西亚·塔特纳尔立即像轻盈的少年一般率‘弗吉尼亚’号冲了出来。但‘弗吉尼亚’号一出来，敌军整个舰队就像一群受

① 即约瑟夫·尼科尔森·巴尼（Joseph Nicholson Barney，1818—1899）。——译者注

惊的鸟一样，纷纷扑腾着翅膀回到了之前受门罗堡大炮保护的浅水区”。等了一段时间后，海军准将约西亚·塔特纳尔发现敌军没有迎战的意思，命令手下官员迎风鸣炮，之后便回到了设有浮标的地方。接着，我军原地等待敌军迎战。但1861年6月10日前，敌军一直按兵不动。

尽管大火让诺福克海军造船厂蒙受一定损失，但该造船厂仍是邦联设备最好、最有用的海军造船厂。为保护诺福克海军造船厂，我军在那里部署了一支由休格领导的陆军，并修建了防御工事。这样的部署不仅利于我军建设海军、维修战舰，对里士满的防御也有重要战略意义。在詹姆斯河与约克河之间的弗吉尼亚半岛上，我军占有一个四周围有堑壕的天然有利阵地。诺福克与弗吉尼亚半岛可谓息息相关。对这两个地方而言，占领诺福克与弗吉尼亚半岛之间的海峡意义重大。只要“弗吉尼亚”号封住詹姆斯河的入口，保住弗吉尼亚半岛上的堑壕，就有可能一直守住诺福克。

1861年5月1日，在弗吉尼亚半岛进行指挥的J.E.约翰斯顿决定撤退，并命令休格撤离诺福克。当时，刚到诺福克的战争部部长伦道夫[①]下令推迟执行该命令，“直至休格成功转移所有可带走物资、弹药和武器”。海军部部长马洛里先生也对海军造船厂下了类似的指示。休格有条不紊地转移了这些重炮、机械、物资及弹药，对我军后来的建设与防御工作发挥了非常重要的作用。为转移这些物资，我军用了一周时间。此时，敌军正与弗吉尼亚半岛上即将撤退的我军交战，所以既没有渡过诺福克附近的詹姆斯河干扰我军，也没阻扰我军的撤退，或阻截诺福克堡垒及其周围驻军的撤退。

我军从弗吉尼亚半岛撤退后，诺福克的驻军也撤离了诺福克。因詹姆斯河的深度不够，“弗吉尼亚”号无法通过，因此，“弗吉尼亚”号的

① 即乔治·W.伦道夫（George W. Randolph，1818—1867）。——译者注

使命戛然而止。毫无疑问，“弗吉尼亚”号的光辉历程让人无法弃之而走，人们想尽一切办法减轻其重量，好让它航行至詹姆斯河上游。但领航员宣称无法实现这一方案。后来对此事进行调查的法院也证实了领航员的观点，即“当时唯一的选择就是弃之、烧之”。后来，曾与“弗吉尼亚”号合作过的我军撤退人员发现了这艘无法溯流而上的战舰。1861年5月10日，我军撤退士兵将“弗吉尼亚”号带到了距詹姆斯河一英里远的克兰尼岛，然后这些士兵登上了这艘战舰。之后，他们在沙滩上列好队。一位目击者这样描述了当时的情形：

> 当时，我们就在“弗吉尼亚”号曾赢得荣誉的战场上，在“坎伯兰”号的注视下，在敌军那些仍蜷缩于浅滩的雄伟舰队的注视下，在“弗吉尼亚”号刚赢得桂冠不久，我们降下了“弗吉尼亚”号上方那面低垂的旗帜，然后，在悲喜交加中，将“弗吉尼亚”号付之一炬。

在北卡罗来纳州的威尔明顿，卡斯韦尔堡保卫着西南方向的屏障，费希尔堡护着新入口方向的屏障。那里的海防体系由“北卡罗来纳”号和“罗利”号这两艘装甲艇组成。由于“北卡罗来纳”号吃水深，其蒸汽机也没有什么推力，所以无法通过以上任何地方。后来，“北卡罗来纳”号在战争中沉在了史密斯维尔。另一艘装甲舰“罗利”号则吃水特别深、蒸汽机动力严重不足，所以几乎没有任何价值。“罗利”号曾在新入口方向的屏障外进行过一次无效航行，几小时后试图返回时在屏障处沉了。

萨姆特堡万夫莫敌的英勇防御为南卡罗来纳州的查尔斯顿增加了一份光彩。在将近四年的时间内，萨姆特堡一直保护着查尔斯顿的港口，抵御着联邦海军、陆军的侵袭。

眼看萨姆特堡就要落入W.T.谢尔曼之手时，镇守萨姆特堡的W.J.哈迪决定撤出萨姆特堡。

1865年2月17日，海军上校休格尼奉W.J.哈迪之命，率约三百名精疲力竭的士兵撤退。这些勇敢的守军撤退后，留有光辉历史的萨姆特堡被敌军占领。在萨姆特堡满目疮痍的墙壁上，刻画着萨姆特堡曾忠心耿耿为保卫南卡罗来纳州做出的贡献。

1863年或1864年，驻守萨姆特堡的英勇指挥官小斯蒂芬·艾略特上校已在敌军的连续轰炸中坚守了多个日夜。身边的人认为小斯蒂芬·艾略特上校已累坏了，就劝他稍事休憩一番。但顽强不屈的小斯蒂芬·艾略特上校谢绝了这些劝说并一直坚守岗位。后来，小斯蒂芬·艾略特上校被提拔到了更能施展其才能的职位上。

邦联在查尔斯顿港的海军由三艘装甲舰组成。这三艘装甲舰的蒸汽机都十分落后，无法给战舰提供有效动力。事实上，这三艘装甲舰在遇到逆风逆浪时，即使是很小的风浪，都会寸步难行。遇到逆风逆浪时，这三艘装甲舰就必须靠岸停泊。一次，装甲舰“帕尔梅托州”号和“奇科拉”号趁有利条件驶离了查尔斯顿港。之后，“帕尔梅托州”号袭击了由海军上校斯特尔维根指挥的“莫西戴塔”号战舰。最终，“莫西戴塔”号无条件投降。但因“帕尔梅托州”号奉命与随行船舶追捕敌军，没有转移“莫西戴塔”号上战俘的船，就接受了“莫西戴塔”号上的敌军有条件假释。“莫西戴塔”号上的敌军承诺：“帕尔梅托州”号回来后，他们依然遵守相同的假释条件。我军接受了“莫西戴塔”号上的敌军的投降。而“莫西戴塔”号上的敌军之所以会提出真诚的假释条件，完全是因为不希望“莫西戴塔”号被击沉。“帕尔梅托州”号离开后，海军上校斯特尔维根只逗留了一小会儿就违背承诺，启动已被我军俘获的“莫西戴塔”号溜之大吉了。因邦联装甲舰航速有限，无法帮查尔斯顿摆脱连续不断的封锁。

负责萨凡纳港防御工事的是海军准将约西亚·塔特纳尔，其防御工事包括一艘备有一门大炮的小汽船、一个效率低下的流动炮台，以及一艘由偷越封锁线的船改建而成的装甲舰。我军曾多次想要用该装甲舰攻击敌方战舰，但未能在合适的时机通过障碍物，因此行动受到了阻挠。该装甲舰吃水很深，如果不涨潮，根本无法通过必经河道。但河水要很久才涨一次潮。这艘改装而成的装甲舰装有由四门大炮组成的炮台，其中两门是七英寸口径，另两门是六英寸口径。该舰共配备二十一名军官和二十四名士兵。当时，我军还在建造另一艘战舰——“亚特兰大”号即将完工。人人都知道海军准将约西亚·塔特纳尔骁勇好战。可这次，他不想让“亚特兰大”号单枪匹马去对付敌军的战舰。在“亚特兰大”号刚刚任命的指挥官海军上尉韦伯①的指挥下，“亚特兰大”号航行至华沙湾，单枪匹马与等候在那里的“威霍肯”号和“纳罕特”号两艘敌军装甲舰展开了战斗。其间，“亚特兰大”号两次搁浅。第二次搁浅时，因为无法逃脱，“亚特兰大”号遭到了敌军的攻击。已无回天之力的“亚特兰大”号进行了英勇防御，最终被迫投降。

莫比尔港的防御体系相对完善：入口处设有鱼雷，能阻碍其他船舶接近港口；摩根堡和盖恩斯堡在海军上将富兰克林·布坎南临时组建的舰队的协助下，控制着港口的入口处。这支临时组建的舰队情况如下：“摩根”号和“盖恩斯”号这两艘木制炮艇各携有六门大炮，“塞尔马”号四门大炮，“田纳西”号六门大炮，合计二十二门大炮，四百七十名士兵。1864年8月4日，联邦军从海边袭击了盖恩斯堡。在进行微弱抵抗后，盖恩斯堡降敌。第二天，即1864年8月5日，海军上将法拉格特②率敌军舰队进入莫比尔湾，其中包括四艘装有旋转炮塔的军舰和十四艘汽船，共携有

① 即威廉·A.韦伯（William A. Webb，1824—1881）。——译者注
② 即大卫·法拉格特（David Farragut，1801—1870）。——译者注

一百九十九门大炮和两千七百名士兵。其中，一艘低舷装甲舰被鱼雷击沉。海军上将富兰克林·布坎南赶来迎战，并打算让“田纳西”号撞向敌军稍大一些的战舰，但因敌舰航速很快，未能如愿。与此同时，我军木质炮艇也与敌军激烈战斗起来。但没过多久，我军木质炮艇就被敌军强大兵力驱散了。这时，“田纳西”号挺身而出，打算用舰头击沉某艘敌舰，但同样因敌军战舰航速极快而落空了。没多久，双方就出动了所有战舰进行交战。双方交战达一小时之久。其间，“田纳西”号屡次被敌舰包围。被包围时，“田纳西”号上的大炮几乎都同时投入使用。为击沉“田纳西”号，敌军派四艘重型军舰开足马力撞向“田纳西”号。后来，在敌军六艘重型军舰包围和重炮轰炸下，“田纳西”号的操舵装置被击落，完全失去控制，最终落入了敌军手中。“田纳西”号的沦陷令人扼腕痛惜。很多人认为，如果“田纳西”号没有被俘，法拉格特的舰队大部分战舰定会受到重创。因我军已无法进一步抵抗，不得已之下，受伤的海军上将富兰克林·布坎南下令降敌。除了成功逃到莫比尔的“摩根”号，其他战舰都被敌军俘获。

尽管如此，这场敌众我寡的战役还是为邦联赢得了声誉。在这场战役中，除去一艘被击沉的装甲舰上的一百名失踪人员，敌军死伤人数达三百人之多，相当于邦联的整个海军人数。而取得这样的成绩主要归功于“田纳西”号。1864年8月22日，敌军从海陆两个方向轰炸摩根堡。鲍威尔堡、摩根堡和盖恩斯堡纷纷沦陷，敌军控制了莫比尔湾。英勇善战的邦联海军再次因军舰动力不足而败给了敌军。

在邦联的海防体系中，鱼雷系统恐怕是最有效的防御手段。这些小小鱼雷的破坏性可谓尽人皆知。但没人知道如何用鱼雷对付强大的战舰和装甲舰。要想将鱼雷的作用发挥到极致，还需我军军官发挥更多聪明才智。敌军最杰出指挥官之一——波特曾这样坦诚评论我军在运用鱼雷方面的才

莫比尔湾战役。

朱利安·O. 戴维森（Julian O. Davidson，生卒年不详）绘

智与成功。[1]他说：

> 相对而言，我军没费多大气力就占领了大多数南方海港城市。但占领查尔斯顿、萨凡纳、威尔明顿和莫比尔就十分困难了，部分原因就是通往这些港口的河道上布满了各种各样的鱼雷。鱼雷被一簇一簇地铺设在河道内，一遇电就爆炸。邦联的这种防御手段曾一度阻碍我军前进。因为在舰队指挥官看来，他们应小心应对这些自己知之甚少、难以发现其特性的战争元素。因此，这样的防御体系可以让敌军高枕无忧。尽管杜邦和达尔格伦[2]竭力攻克这一难关，但直到战争行将结束，我军仍未进入查尔斯顿、威尔明顿和萨凡纳。

1862年，麦克莱伦在里士满城外担任指挥时，我军发现詹姆斯河上有一百多艘敌军战舰，其架势似乎要通过水路进攻里士满。为此，我军命G.J.雷恩斯负责水下防御工作。接着，我军在德鲁里布拉夫对面的詹姆斯河上制成了第一枚潜艇鱼雷。潜艇鱼雷拥有十分灵敏的雷管，起了很大的作用。在我军未设防的河道上，潜艇鱼雷的威力是其他鱼雷或地雷所不能比的。

潜艇鱼雷主要由普通的材料制成，如用锥形封头固定的啤酒桶，桶内外涂有溶解在煤焦油中的松香。有些潜艇鱼雷由铸铁、铜或锡制成；有些潜艇鱼雷用玻璃坛子制成。要引爆潜艇鱼雷，有三个至关重要的因素：一是灵敏的导火管，二是有能盛下六十磅重火药的容器，三是鱼雷与船底的实际接触。

① 详见《鱼雷战争》《北美评论》，1878年9月、10月。——原注

② 即乌尔里克·达尔格伦（Ulric Dahlgren，1842—1864）。——译者注

我军在查尔斯顿港与斯托诺河共放置了一百二十三枚潜艇鱼雷。敌军用十三艘大型轮船和装甲舰、六七艘补给船及二十艘其他战舰将该区域封锁了起来。我军已获悉每一艘战舰的位置，并可以在半英里范围内接近这些战舰。这样一来，我军就可以在夜间用浮动鱼雷攻击、破坏或驱散这些战舰。具体做法如下：我军用一根一百三十码[①]长的绳子将这些鱼雷两个两个连在一起。在两艘战舰的拉伸下，让这些鱼雷浮在整个水面之上。然后，在落潮时将这些鱼雷投放到水中，让其沿着潮水漂到敌军舰队中。

敌军派了一支由十二艘战舰组成的舰队攻打布兰奇堡后，我军在北卡罗来纳州的罗诺克河埋了一百零一颗鱼雷。这些鱼雷摧毁了敌军六艘战舰，同时阻挠了敌军的进攻计划。

通往莫比尔城的每一条河道上都布置有潜艇鱼雷。因此，任何一艘吃水超过三英尺深的战舰都不可能进入我军防御工事的有效射程内。敌军两艘战舰想要靠近西班牙堡，都在碰到鱼雷后沉到了阿巴拉奇屏障处的水底。此后，再无敌军战舰进入这片由鱼雷保护的水域。但很多鱼雷时机未到就沉入水底了。一些鱼雷在邦联军撤离莫比尔很久后才沉到了水底。据海军少将D.H.莫里称，“特库姆塞”号可能是被联邦军自己的鱼雷击沉的。当时，正在法拉格特的舰队前方引路的“特库姆塞”号携带着一颗鱼雷，这颗鱼雷被固定在从舰头伸出去约二十英尺远的一根桅杆上。“特库姆塞”号本打算用这颗鱼雷对付我军唯一一艘令人生畏的“田纳西”号。但当“特库姆塞”号经过摩根堡时，堡内射出的一枚炮弹炸断了固定鱼雷的支撑物。瞬间，鱼雷就在“特库姆塞”号这艘倒霉的战舰前面发生了爆炸。“特库姆塞”号猛地一倾，之后迅即沉到了十英寻深的水中。“特库姆塞”号上的一百名或更多名海军中，只有六到八人获救。

① 长度单位，1码合3英尺或0.9144米。——译者注

莫比尔海湾的鱼雷共击沉敌军战舰十二艘，分别是三艘装甲舰、两艘轻装甲炮艇和七艘运输船。战争期间，共有五十八艘战舰被南部水域的鱼雷击毁，包括装甲舰和其他普通船。

第 32 章

邦联海军在西部的行动

作为密西西比河谷的天然出水口，新奥尔良是邦联最重要的商业港口，也是中美洲和南美洲与欧洲的通商港口。早在1861年前，新奥尔良就已经是美国主要的棉花贸易场所，邦联政府很早就开始关注那里的防御事务。敌军可以多路进攻新奥尔良。敌军可能会通过几条水路进入庞恰特雷恩湖，然后从新奥尔良北面的陆地发起攻击；还可能从墨西哥湾沿密西西比河而上，或从敌军正组建强大海军舰队的新奥尔良西北方沿密西西比河而下。

密西西比河口处有一个屏障，水位最深时都很少超过十八英尺。因此，人们认为载有武器和物资的重型战舰无法通过这里，而事实也的确如此，重型战舰要想进入密西西比河，就必须减轻载重。如此一来，就只有人数、装备较少的战舰才有可能通过密西西比河口。为了增强此地的防御工作，我军派时任新奥尔良舰队指挥官的霍林斯率舰队沿密西西比河而上赶往这里。当时，我军正在建造“路易斯安那”号和“密西西比”号两艘大型战舰，但两艘战舰都尚未完工。一些水手组建了一支志愿运输船队，可惜的是，该船队并不由海军指挥官调遣。我军还准备了一些纵火艇，以达到在敌军舰队趁夜色通过堡垒时照亮河面和遭遇敌军舰队时焚烧敌舰的双重目的。

密西西比河口屏障处到杰克逊堡和圣菲利普堡之间的这段河道上，我军未采取任何防御措施。杰克逊堡和圣菲利普堡分别位于密西西比河两岸。1861年12月5日，两个堡垒的军备如下：杰克逊堡有六门能发射四十二磅炮弹的大炮、二十六门能发射二十四磅炮弹的大炮、两门能发射三十二磅炮弹的大炮、十六门能发射三十二磅炮弹的大炮、三门口径为八英寸的哥伦比亚炮、一门口径为十英寸的哥伦比亚炮、两门口径为八英寸的迫击炮、一门口径为十英寸的迫击炮、两门能发射四十磅炮弹的榴弹炮和十门能发射二十四磅炮弹的榴弹炮；圣菲利普堡有六门能发射四十二磅炮弹的大炮、九门能发射三十二磅炮弹的大炮、二十二门能发射二十四磅炮弹的大炮、四门口径为八英寸的哥伦比亚炮、一门口径为八英寸的迫击炮、一门口径为十英寸的迫击炮，以及三门野战炮。

据J.K.邓肯的报告，1862年3月27日，他获悉敌舰队大举通过屏障进入密西西比河。为此，J.K.邓肯率军赶到了杰克逊堡。

1861年12月5日，杰克逊堡和圣菲利普堡共有驻军约一千人。据我所知，1861年12月5日后，该数字未发生显著变化。

为击沉敌舰或逼迫敌舰撤退，防止敌舰在杰克逊堡和圣菲利普堡的轰炸下从两个堡垒间笔直平静的河面经过，我军在杰克逊堡和圣菲利普堡之间的河面上建造了木筏。但不幸的是，木筏被河水泛滥时挟带的浮木撞毁。之后，我军又造了一只木筏，但遭遇了同样的命运。

大体而言，新奥尔良有内外两层防御体系：外部防御体系从密西西比河口附近一直延伸至杰克逊堡和圣菲利普堡，用以防御各种水路进攻；内部防御体系靠近新奥尔良市区。该防御体系囊括新奥尔良和阿尔及尔两个城市，主要用以抵御陆路进攻，同时通过河岸上的大炮来抵御水路进攻。内部防御体系的堑壕长达八英里。该防御工事完工后，与难以逾越的沼泽地共同形成一条非常牢固的防线。在密西西比河水位较高的地区，河水与沼泽地之间的所有地区都是含水量极大的湿地，靠寻常手段根本无法接近这里。因此，从陆路攻击的角度来看，新奥尔良有双重防护。

1861年至1862年冬，我派一名副官到新奥尔良进行全面检查，并与那里的总指挥M.洛弗尔进行了自由会谈。该副官返回后，声称M.洛弗尔对新奥尔良的陆地防御体系十分自信。

内部防御工事中共设有六十多门口径各异的大炮，大炮周围是又宽又深的壕沟。在包括密西西比河两岸的河堤与沼泽入口在内的各个登陆处，我军共设有十六个堡垒。这些堡垒和密西西比河边堡垒中的大炮，加上内部防御工事中的大炮，共约有三百门。

为配合堡垒进行防御，我军将一艘备有十六门大口径大炮、尚未完工的“路易斯安那”号装甲舰派到了这里。但“路易斯安那”号蒸汽动力不足，操舵装置不完善，未能有效配合堡垒的防御工作。而当时正在新奥尔良建造的“密西西比”号尚未完工，因此敌军到达时，“密西西比”号根本无法投入使用。此外，我军还有若干备有轻型武器的内河轮船。这些轮船在加固船首之后，可以充当有撞角的战船，或可为密西西比河的防御工作贡献一些力量。但据报告，最终只有极个别的内河轮船发挥了作用。

因此，我军主要的防御手段仍是备有重型武器的杰克逊堡和圣菲利普堡，以及两个堡垒之间摆放的障碍物：由许多柏树做成的长四十英尺、宽的一端平均为四到五英尺的木筏。这些木筏被纵向置于密西西比河中，两两相距约三英尺，顶端通过舷缘连在一起，末端通过固定在底端的两条长两点五英寸的锚链连在了一起。木筏被置于密西西比河中与两个堡垒并排的地方。

堡垒跟前有由法拉格特任总指挥的敌军舰队。敌军舰队包括七艘单桅战舰、十二艘炮艇和几艘武装汽船。此外，敌军还拥有一支由二十艘小型护航舰和一些汽船组成的迫击炮舰队。整体而言，敌军共有各种战舰四十多艘、改良大口径大炮三百门。

1862年4月18日起，敌军下令迫击炮舰队轰炸杰克逊堡和圣菲利普堡。在遭遇敌军为期六天连续不断的猛烈攻击后，杰克逊堡和圣菲利普堡守军依然保持着旺盛的战斗力，丝毫不曾松懈。1862年4月23日，敌军做好了通过堡垒的准备。1862年4月24日3时到4时，也就是一天中最黑的那段时间，敌军单桅帆船和炮艇兵分两路向密西西比河上游挺进。

敌舰一边向密西西比河上游挺进，一边不断用迫击炮轰炸堡垒。我军虽然对沿密西西比河而上的舰队和炮艇进行了反击，但我军堡垒指挥官J.K.邓肯未料到敌军会在这个时候发起攻击，未及时派出纵火艇照亮河面，因此也未能有效击中敌军战舰，又因为河道笔直、平静，敌舰很快就全速通过了杰克逊堡和圣菲利普堡。

在报告中，指挥海岸防御工作的J.K.邓肯这样记录了敌舰通过杰克逊堡和圣菲利普堡时的情形，他说：

> 我们发现，唯一能阻止敌军通过堡垒的办法就是堡垒的炮火。那些已经破损、四散的木筏根本不顶用。但令人欣慰的是，敌军之前并没有想过冒险冲过此地。为避免舷侧相撞，敌军排成两列纵队快速向前冲去。敌军迫击炮一到达杰克逊堡，就迅即加强了火力。为赶走堡垒中的士兵，这些猛冲而来的战舰分别从侧面对我军堡垒进行了轰炸。
>
> 在敌军可怕的轰炸中，我军官兵立即英勇回击，直至敌军通过两个堡垒，走出我军射程。因为密西西比河上没有灯光，加之轰炸后烟雾浓重，所以我军几乎无法看到任何舰船。无奈之下，我军只能根据敌军炮火来发射炮弹。但令我倍感欣慰的是，主要是凭借夜色的掩护，敌军才冲过堡垒的封锁。破晓时分，敌军的

联邦舰队在杰克逊堡和圣菲利普堡战役中通过要塞。

绘者信息不详

几艘炮艇和一艘护卫舰就被迫撤退了。光线充足时，我军就能够有效轰击敌军。之前，敌军曾屡次试图通过杰克逊堡和圣菲利普堡或侦察这两个堡垒，但都被我军击退了。

通过堡垒的敌舰在距堡垒约六英里处的船舶检疫站停泊了一阵后，继续向密西西比河上游驶去。当时，我军已在与密西西比河两岸相连的内部防御工事部署了排炮。密西西比河水位较高地区的河面比岸坡高，但因河流两岸都建有连绵不断的防洪堤，河水才没有淹没周围地区。当溯流而上的敌舰靠近这些排炮时，我军交叉轰击敌军，并击退两艘敌舰。直至弹药耗尽，我军才停止轰击。随后，我军撤离该地。此次战斗中，我军一人阵亡、一人受伤。

在自己的官方报告结尾处，曾为两个堡垒的防御工作付出长期努力的J.K.邓肯写道："我敢说，如果不是因为漆黑一片，看不清敌军动向，敌军永远都不可能成功通过杰克逊堡和圣菲利普堡。"J.K.邓肯所指的"漆黑一片"不仅仅是夜晚的漆黑，也包括未能用准备好的方法来照亮河道一事。为进一步证明当时的漆黑与未能执行预期良策，这里引用一下法拉格特的报告中的一句话："最后，火力减弱，浓烟散去，我们吃惊地看到，我们已通过堡垒。"

1862年4月25日，敌军将炮艇和战舰停在了新奥尔良前方，并要求我军投降。我军总指挥M.洛弗尔拒绝了这一要求，但同时自认无法成功保卫新奥尔良。为避免敌军轰炸新奥尔良，M.洛弗尔同意撤军，并将该城移交给该城政府部门。1862年4月25日，M.洛弗尔率兵撤离新奥尔良。而这时，杰克逊堡和圣菲利普堡的驻军仍在坚守阵地。勤勉的驻军不仅修复了堡垒，还遵照J.K.邓肯和海军上校爱德华·希金的指示，死守两个堡垒。

1862年4月25日、26日及27日，杰克逊堡和圣菲利普堡的火力有所减弱。此时驻军已听闻新奥尔良投降的消息。1862年4月24日和25日，堡垒驻军询问了相关人士，却一直没有收到任何答复。1862年4月27日午夜，杰克逊堡驻军突然发起兵变。杰克逊堡驻军袭击了护卫队，破坏了堡垒中的大炮。此次兵变中，隶属于海军上校S.O.科迈的连队、圣玛丽教区的路易斯安那炮兵连队，以及少数其他士兵始终忠于自己的事业和国家。因兵变范围较广，军官无力控制，于是军官们决定让那些想要离开的士兵离开杰克逊堡，并在天亮后与未通过杰克逊堡的舰队进行沟通，按敌军之前曾提出的条件与敌军进行谈判。

当敌军连续不断地轰炸杰克逊堡和圣菲利普堡时，当堡垒内的驻军无法休息、无法果腹时——他们曾英勇面对一切危险与不适；他们曾不辞辛苦不断修复堡垒；他们曾英勇扑灭炮弹爆炸引发的火焰；他们曾为保护弹药不被水浸泡而竭力舀出要淹没弹药库的河水——然而，稍事休憩后，这些曾斗志昂扬、服从命令的驻军出乎意料地兵变了。在这样的情况下，被兵变士兵包围的J.K.邓肯别无选择，只能接受他们提出的投降提议。1862年4月27日午夜兵变发生后，1862年4月28日天一亮，杰克逊堡的驻军就找来一艘小船将此事告诉了“路易斯安那”号上的海军上校米切尔。同时，圣菲利普堡获悉了此事。尽管圣菲利普堡的士兵从未公开叛变，但该堡官员一致认为应该向敌军投降。

为让敌军知晓杰克逊堡和圣菲利普堡的降敌心意与谈判意愿，我军将一面休战旗送到了波特那里。敌军不仅认可了两个堡垒之前的英勇行为，还慷慨接受了同之前一样的投降条件。

敌军同意：假释卫戍部队；允许军官保留随身武器；我军撤退前，邦联旗帜仍可飘扬在堡垒上空。这是对堡垒驻军的英勇防御行为的认可，这是通行的军事礼仪，这是在荒芜的战争中绽放的最美丽的花朵。

从J.K.邓肯那里，邦联海军上校米切尔获悉以下事实：第一，杰克逊堡发生了兵变；第二，敌军已通过圣菲利普堡背面的河道，在圣菲利普堡约六英里的船舶检疫站驻扎了下来；第三，堡垒驻军认为当时的情况必须投降。由于海军不受沿岸防御工事总指挥调遣，因此海军指挥官可以自行决定是否投降。在与军官们商量后，米切尔决定将自己拥有的唯一一艘庞大战舰即旗舰“路易斯安那”号摧毁，以免该舰落入敌军之手。在“路易斯安那”号上的士兵撤离后，该舰被付之一炬。

就在波特打着停战旗沿河而上，在杰克逊堡与我方协商投降事宜之时，熊熊燃烧的“路易斯安那”号顺流而下，在紧靠圣菲利普堡的地方发生了爆炸，随后沉入水底。

当人们得知敌舰已通过杰克逊堡和圣菲利普堡这一消息后，新奥尔良一片混乱。这种混乱局面表明新奥尔良市民根本没想到杰克逊堡和圣菲利普堡会失陷。敌舰一旦过了杰克逊堡和圣菲利普堡，就能一直溯流而上到达距新奥尔良四英里处、内部防御工事与两岸排炮相连的地方，途中根本没有任何障碍。而排炮数量十分有限，没法给人太大信心。尽管如此，这些排炮还是发挥了很大作用。弹药耗尽后，卫戍部队撤离了该防御工事，兵分多路前去与从新奥尔良撤出的士兵会合了。

同以上军事行动距离最近的将官们认为，新奥尔良面临的最大危险并非来自该城南方，而是来自该城北方。因此，他们将大部分兵力从新奥尔良派到了田纳西州，为截击从上游而下的敌军炮艇，霍林斯率大部分内河舰队溯流而上。

当时，我军已在新奥尔良城南布好排炮。这些紧挨新奥尔良的排炮处于内部防御工事与河流上游的相接之处，可抵御来自该方向的进攻。因不知敌军会从哪个方向、用哪种方式进攻新奥尔良，我军根据当时的情况做了以上准备，以应对各种可能发生的危险，防止敌军从不同地点登陆。但这样的部署没有考虑陆路进攻，也没有考虑如何应对敌军强大舰队的轰炸。我认为，以上所有防御措施都是为了防止敌军靠近新奥尔良。当时，因密西西比河面高于陆地，如果敌军俯射或直接轰炸新奥尔良的话，将会给该城造成极大破坏。当时，如果新奥尔良满城都是已无后顾之忧的士兵，而不是一群家中男子已到远方参战而需要保护的妇孺，那么我们可以将所有威猛的大炮在河堤上摆成一排，轰炸敌舰，不把敌军赶走决不罢休。可事实刚好相反。有人指责总指挥M.洛弗尔将军撤走了一支足以对敌军进行有效轰炸的军队，但殊不知，这支军队除了进行轰炸，根本无以应对敌军进攻，这样的指责实在有失公允。从M.洛弗尔对敌军提出投降要求的态度，就可以清楚看到他率军撤退的原因。正是因为拒绝投降，M.洛弗尔才有机会率兵携大部分公共财产及军需物资进行撤退，而这些被挽救的物资后来又用到了维克斯堡的防御工作中。尤其值得一提的是，M.洛弗尔率军从新奥尔良撤退后，敌军就没有了轰炸该城和屠杀妇孺的借口。据说，M.洛弗尔曾试图从市民中征召一万名志愿者，但未能如愿。

新奥尔良的沦陷是一场大灾难，人们对此不仅悲痛万分，也义愤填膺。需要有人来平息这种愤慨，而许多与此事密切相关的目击者之间相互矛盾的证词，给了人们谴责那些为自己辩言最少的人机会。因此，“密西西比”号的制造者和海军部部长马洛里就成了人们的攻击对象。人们将他们列为攻击对象，几乎与正义无关。这种做法无法替那些对此事负有责任的人开脱。

从前，新奥尔良从未造过任何船。到达新奥尔良时，“密西西比”号的建造代理人蒂夫特兄弟等人须先准备一个造船厂，从远方采购木材，根据当地可锻造的铁制品改造铸造厂和轧钢机，为获得均衡的资源而同其他地方订立合同。他们都是心灵手巧、熟谙造船事务的能工巧匠。在他们长期居住的佐治亚州和佛罗里达州，他们备受尊敬。他们向海军部部长马洛里提议根据新模型建造战舰。全面审查该提议后，海军部部长马洛里接受了该提议。但因该提议与之前的造船计划不同，代理人蒂夫特兄弟须全面负责建造工作。此外，当新奥尔良受到敌军威胁时，工匠们有时会被叫去充当民兵，这样一来，造船工作就会被打断。因以上原因，“密西西比”号未能如期完工。而当人们认识到“密西西比”号的厉害之处后，痛惜之情愈加强烈。

“密西西比”号的建造者蒂夫特兄弟本希望靠这艘自己设计的战舰赢得声誉。为此，他们同意在造船过程中，提供全面而不间断的服务，并同意除造船用的日常开支外，不收取任何薪酬与津贴。因此，那种怀疑蒂夫特兄弟故意拖延造船进度、最后肆意破坏该船的说法就显得荒谬至极。

建造“路易斯安那”号的承包商E.C.默里先生曾向邦联的一个国会委员证实，自己造船二十年，承包造船十八年，曾建造过约一百二十艘船。他的造船厂与建造“密西西比”号的造船厂只有一栅之隔。E.C.默里先生曾这样谈及“密西西比”号，他说：“在我看来，该船的建造时间比这片大陆上的任何一艘需要同样的工作量和材料的同吨位、同类型船耗时更短……他们夜以继日地工作，在建造‘路易斯安那’号时，我也曾如此废寝忘食。”

1862年3月22日，海军部部长马洛里通过电报指示造船人员“竭尽全力完成该船建造工作”，并补充道，“要夜以继日工作”。1862年4月5日，海军部部长马洛里再次发来电报：“要不遗余力尽早完工。能否以三倍工资雇人上夜班？”1862年4月10日，海军部部长马洛里再次发来电报：“敌军战舰已通过十号岛。务必夜以继日工作，动用一切人力物力，让‘密西西比’号准备好上战场。要不遗余力完成任务。”1862年4月11日，海军部部长马洛里问道：“‘密西西比’号何时可以下水？何时可以参战？”他的这些询问表明，当时人们普遍认为威胁新奥尔良的是来自新奥尔良北方的敌军装甲舰舰队，而非来自密西西比河口的战舰。但海军部部长马洛里的焦虑和他所做的一切努力，对新奥尔良南方、北方或任意一方的防御工作都有帮助。

因此，我们发现，早在1862年2月24日，海军部部长马洛里就开始让当时的海军中校米切尔尽一切努力为“密西西比”号和“路易斯安那”号这两艘装甲舰准备好大炮和马车。当他从报告中得知“路易斯安那”号缺乏足够的推动力时，就于1862年3月15日批准海军中校米切尔向M.洛弗尔请教，并称：如果承包商没有为尽早完工而竭尽全力的话，那么海军中校米切尔就应从承包商手中接过该工作。然后，在M.洛弗尔的协助下，亲自完成建造工作。1862年4月5日，海军部部长马洛里命令“密西西比”号的指挥官海军中校辛克莱尔到造船厂进行督促，以期能不舍昼夜完成该船的建造工作。

1861年3月，海军部把在蒙哥马利的军官派到了新奥尔良，同时下令购买一些汽船并将其改造为战舰。为采购这些汽船，部分官员被派往北方，另一部分被派往欧洲。1861年4月，为保卫新奥尔良，我军与里士满和新奥尔良的铸造厂签订了制造大炮的合同。1861年5月8日，海军部部长马洛里向邦联海军事务委员会详尽阐述了自己支持建造装甲舰的观点，同时论述了建造装甲舰的有效性和经济性，并表达了自己相信“密西西比”号能以一敌十，成功对付敌军一个舰队的木制战舰。

第33章

西部的海军事务

M.洛弗尔率军撤出新奥尔良后，该城的管理权又回到了新奥尔良政府手中。1862年4月26日，海军上将法拉格特向新奥尔良市长约翰·T.门罗重申了该城投降的要求。海军上将法拉格特在信中说："军事管理不属于海军军官的职权范围。"并补充道："人民的人身和财产权将会得到保障。"接着，海军准将法拉格特要求"将象征联邦主权的旗帜在正午前高挂于市政厅、铸币厂和海关上空。正午前，撤去联邦主权象征物之外的所有旗帜与物件"。对此，新奥尔良市长约翰·T.门罗是这样回复的：

> 这是一座没有任何防御手段的城市，这是一座完全没有任何兵力和物资可抵御面前强大敌人的城市……投降不过是一种无聊而毫无意义的仪式而已……至于悬挂我们所接受并忠于的旗帜以外旗帜一事，我要对你说，这样的举动会让我们每一个人心如刀割。我的选区内没有哪个卑鄙、绝望的背叛者敢用双手去亵渎象征我们共同向往的神圣物件……此时此刻，我们没有任何防御能力，所以无须采用任何措施就能维护和平与秩序。即使你们占领了这座城市，也无法让这里的人们放弃对自己所选政府的忠贞，而去投靠自己内心并不认可、被征服者强行压迫才屈从的政府。

1862年4月29日，海军上将法拉格特采纳了新奥尔良市长约翰·T.门罗提出的另一办法，派海军分遣队将联邦国旗升到海关上空，并降下市政厅上方的邦联国旗。之后，一名海军军官与部分海军陆战队队员留在海关看守联邦国旗，直至本杰明·F.巴特勒率陆战队赶到。

1862年5月1日，本杰明·F.巴特勒占领了新奥尔良。之后，他对新奥尔良进行了洗劫般的恐怖统治，实施了一系列臭名昭著的恶行。其可耻程度，足以让任何一个为美国这一名称而自豪的人蒙羞。

如果新奥尔良居住的是一群流浪汉或暴徒，那么用这种暴行进行严厉统治还情有可原。但这里需要注意的是，新奥尔良从来都没有发生过任何骚乱，且当时城中大部分是妇女儿童。因此，什么都无法掩饰他们对那些妇孺的肆意侮辱与暴行。那些不了解新奥尔良居民品行的人，可以通过以下描述了解一二：

> 当还是法兰西殖民地的加拿大被大不列颠征服后，许多影响力大、修养好的居民本着对法兰西的忠诚，移居到了路易斯安那的荒野之地。这些人中，有一部分在新奥尔良及其周边地区安顿了下来。之后，他们在此繁衍生息。他们的后人成了该地区命运的主宰者。即使因为大量移民的涌入，他们不再掌控该地区商业和政治事务，但他们推崇的价值观依然被当地奉为圭臬。没人能比他们更文雅、更礼貌、更侠义。

在写给法拉格特的信中，市长约翰·T.门罗向这位军官讲述了该城人民十分高尚的人格。

亚洲平原上的贫苦野蛮人突然大举入侵意大利时，他们的暴行让人瞠目结舌。但人们如果详细了解了本杰明·F.巴特勒及其追随者在新奥尔良的行径后，就会发现一段更令人憎恶的历史。在新奥尔良出版的《路易斯安那州的几十年》一书中，目击者亚历山大·沃克生动、翔实地披露了这一暴行。

1862年5月17日，加尔维斯顿前方的联邦海军总指挥、海军上校伊戈尔命令该城投降，“以防止轰炸给该城造成人员伤亡及财产损失”，并声称几天后陆军和海军就会到达这里。伊戈尔得到的回复是，“陆军和海军到达后，就按要求投降”。同新奥尔良一样，加尔维斯顿并不打算对抗敌军轰炸。在赫伯特[①]的建议下，加尔维斯顿市民平静而坚定地等待着，打算在敌军进入加尔维斯顿后再在各处进行抵抗。一连几个月过去了，情况都没有发生太大变化。1862年10月8日，海军中校伦肖[②]突然率领着一支由炮艇“韦斯特菲尔德”号、“哈里特·莱恩”号、“奥沃斯科”号、“克利夫顿”号及一些运输船组成的舰队停在了距离加尔维斯顿非常近的地方，准备用大炮制服该城。一接到信号，代理市长就到旗舰前将当局已选自己为市长的消息告诉了海军中校伦肖，并称自己此行的目的是想了解一下他的意图。在回复在这位代理市长时，伦肖声称自己无意干涉加尔维斯顿政务，且不打算在陆军指挥官到达前占领该市，但他打算将联邦国旗高挂于公共建筑之上，并称这一点应得到尊重。代理市长告诉伦肖，那些不受自己管控的人可能会把悬挂起来的联邦国旗摘下来，且自己无法保证联邦国旗会受到尊重。伦肖回复道：为避免加尔维斯顿产生同新奥尔良一样的问题，他将派兵保护联邦国旗，并声称顶多让联邦国旗飘扬十五分钟或三十分钟。

伦肖将舰队分别派到了能够控制加尔维斯顿及连接大陆与岛屿的桥梁那里，将马萨诸塞志愿者组成的军营派到其中的一个码头。

① 即路易斯·赫伯特（Louis Hébert，1820—1901）。——译者注
② 即威廉·班布里奇·伦肖（William Bainbridge Renshaw，1816—1863）。——译者注

1862年年底，曾于早些时候在保护詹姆斯河与约克河之间的弗吉尼亚半岛时立下赫赫战功的骁勇善战的勇士约翰·B.马格鲁德被任命为得克萨斯战区总指挥。约翰·B.马格鲁德到达后，发现弗吉尼亚半岛的主要港口即加尔维斯顿港及其他沿岸港口都已被敌军占领。于是，他立即将分散的武器和野战炮汇集到一起，将几艘在布法罗河道运输棉花的普通高压汽船用棉包保护起来。这些棉包从主甲板一直堆放到上层轻甲板之上。在得克萨斯州海军上校利昂·史密斯的指挥下，我军将与志愿炮兵一起重新占领加尔维斯顿港及其岛屿。

1863年1月1日黎明前，我军进入加尔维斯顿，载有得克萨斯州骑兵和志愿炮兵的汽船驶入海湾。一声令下，志愿炮兵冲到岸上轰炸了敌军炮艇。因码头上的木板已被敌军损毁，我军步兵只能涉水接近敌军。两艘汽船攻击了距加尔维斯顿湾最远的"哈里特·莱恩"号炮艇。但由于两艘汽船的船体比较脆弱，要想制胜，就必须靠近"哈里特·莱恩"号后登上该炮艇。没多久，其中一艘汽船就被"哈里特·莱恩"号撞烂。下沉之际，该船迅速驶进了浅水区。在与"哈里特·莱恩"号进行一番搏斗后，另一艘汽船上的士兵登上了"哈里特·莱恩"号，并将其俘获。敌军旗舰"韦斯特菲尔德"号因搁浅未能逃脱。之后，约翰·B.马格鲁德要求敌军战舰投降，但一艘除外，并要求那艘除外的战舰上的所有船员在1863年1月1日10时前离开加尔维斯顿。为进一步督促敌军，约翰·B.马格鲁德将一个人派到了"哈里特·莱恩"号上。接着，敌军舰中最具战斗力的战舰停止了射击。海军中校伦肖拒绝接受接受约翰·B.马格鲁德将军的投降提议，命令"克利夫顿"号指挥官让包括近期加入舰队的"领袖"号和"酋长"号等所有战舰尽快驶离加尔维斯顿港，并称自己将在炸掉"韦斯特菲尔德"号后与军官及士兵乘坐附近的运输船离开。在实际执行该计划时，因"韦斯特菲尔德"号提前爆炸，海军中校伦肖与其他十几人不幸身亡。该战场总司令约翰·B.马格鲁德的初步报告如下：

得克萨斯州加尔维斯顿总部：

1863年1月1日3时，我袭击了这里的敌军舰队与卫戍部队，俘获敌军卫戍部队并缴获"哈里特·莱恩"号汽船、两艘驳船及一艘纵帆船。其他四五艘敌舰在白旗的掩护下厚颜无耻地逃走了。我共俘获约六百名战俘，缴获大量宝贵的物资与军械。"哈里特·莱恩"号受损不严重。后来，"哈里特·莱恩"号被载有得克萨斯州骑兵与炮兵部队的两艘高压汽船带走了。在隶属西布利①旅的海军上校格林②的指挥下，战斗部队打了一场漂亮仗。利昂·史密斯少校率军攻打了敌军舰队。如果没有他们不屈不挠、英勇果敢地奋战，我就不可能成功完成摧毁敌军战舰的计划，也不可能取胜。来自西布利旅的海军上校巴格比率领的志愿兵也立下了汗马功劳。其中，每一位军官和每一名士兵都为自己赢得了不朽声誉。

陆军少将约翰·B.马格鲁德

海军中校伦肖对加尔维斯顿居民的态度很好，他在生命最后一刻彰显了自己对国家的忠诚，也彰显了自己的男子气概。

在保卫军舰中阵亡的海军中校温莱特③和海军少校利④被埋进了纪念革命英烈的公墓中。由此可以看出，真正的士兵是发自心底尊重对手的。我

① 即亨利·霍普金斯·西布利（Henry Hopkins Sibley，1816—1886）。——译者注
② 即托马斯·格林（Thomas Green，1814—1864）。——译者注
③ 即乔纳森·梅休·温莱特（Jonathan Mayhew Wainwright，1821—1863）。——译者注
④ 即爱德华·利（Edward Lea，1837—1863）。——译者注

们假释了敌军所有幸存军官。

加尔维斯顿港以不同寻常的方式俘获了敌军舰队，这不仅让人感到惊奇，也让人心怀感激与钦佩。之后，在得克萨斯海岸，我军又取得另一次胜利。因为得克萨斯海岸的那场战役情况非同一般，所以该战役十分了不起。这就是很多人熟知的沙宾渡口战役。

因占领沙宾河对敌军有重要战略意义，于是敌军组织了一支大型海陆远征队沿沙宾河溯流而上。敌军如果能成功占领沙宾河的话，就能以最短的路程进攻得克萨斯州。

敌军共有二十三艘战舰，约一万士兵。当时，我军的兵力与武器不能与之对抗，也无法立即获得援军支援。距沙宾河入口几英里处建有一个小堡垒，那里有驻军四十二名、海军上尉两名、大炮六门。这个被称为“戴维斯护卫队”的连从军官到士兵都是爱尔兰人，由海军上尉R.W.道林担任指挥。与其他拥有同等兵力的驻军相比，戴维斯护卫队在沙宾渡口战役中的表现更加英勇。为了铭记戴维斯护卫队英勇的历史事迹，下面引用了当时得克萨斯州报纸刊登的有关沙宾渡口战役的主要情况。

海军上校F.H.奥德伦在官方报告中这样写道：

> 十分荣幸能向大家阐明以下事实。我们在昨天的对敌战役中打了一场漂亮的胜仗。我军俘获敌军炮艇两艘、击毁一艘，并将其余炮艇撵出沙宾渡口。缴获十八门精良大炮，大量轻武器、弹药及一些其他物资。杀死敌军五十人左右，击伤数人，俘获一百五十人。我军没有任何伤亡，堡垒也没有遭到严重损毁。

海军准将利昂·史密斯在官方报告中这样写道：

> 我15时到达沙宾渡口时，发现沙宾渡口屏障内外都有敌军。据我判断，敌军有一万五千人。我与F.H.奥德伦上校接着朝堡垒走去，发现工程兵团的海军上尉R.W.道林与N.H.史密斯正率领四十二名士兵保卫堡垒。因射程太远，直到15时，我军才向敌军开火。敌军靠近前，堡垒中的军官保持沉着冷静，按兵不动。敌军一进入有效射程，我军就向他们发起了轰击，并回击敌军猛烈的炮火。我进入堡垒时，“克利夫顿”号、“亚利桑那”号、“酋长”号、“花岗岩州”号与其他几艘炮艇已挺进到距我军不到一千码的地方。这些战舰对我军进行了整整一个半小时的狂轰滥炸。但在上帝的护佑下，戴维斯护卫队无一人受伤，并勇猛而有力地回击了敌军轰炸。在此次保卫堡垒的任务中，海军上尉R.W.道林展现了极大的英雄气概，为自己赢得了至高荣誉。这些手握国家荣誉的士兵勇敢地捍卫着国家的荣誉，无论从四面八方倾泻而来的炮火有多么猛烈，每个士兵都坚守阵地、毫不动摇。一个半小时的战役结束后，我军大胜，俘获了“克利夫顿”号与“酋长”号，将其余二十三艘战舰逐出沙宾渡口屏障处。我军共缴获十八门重炮，同时俘获战俘一百五十名，打死、打伤敌军五十人。

人们自然会纳闷，这么少的兵力如何看守这么多的战俘。我们除了勇猛，还有谋略。我军派几名士兵在堡垒内放哨，其余士兵则外出接收战俘与武器。这样一来，就掩饰了堡垒中其实已空空如也的事实。另外，我军一听到堡垒遭轰炸，就增派了援兵。因此，战役结束没多久，援兵就赶到了，从而缓解了堡垒驻军人数较少的尴尬境况。

南北战争刚开始时，邦联政府还没有海军，各州战舰由我们之前的同僚掌控。但更糟糕的事情是，造船业一直由北方独揽，因此从海军军力上来说，我们根本没法和北方相比。横越南方各州的难以计数的大河为敌军炮艇提供了极为有利的契机。敌军在西部海域及其他地区大规模建造战舰，并将现有船舶改装成装甲舰。因此，敌军后备战舰数量迅速增加。而我们忠诚无畏的人民则以新的权宜之计与非凡的胆识解决了我军燃眉之急。这一点在路易斯安那州西部的军事行动中尤为明显。在路易斯安那州西部海湾、河流众多，陆路难行，给敌军带来了很大优势。这样的情况足以令任何意志薄弱之人逃之夭夭。

我军内河船舶与敌军炮艇进行几番争斗，在取得节节胜利后，发现之前高估了敌军炮艇的威力。最显著的例子就是我军俘获了“印第安诺拉”号重型铁甲舰，并缴获炮塔内的四门大炮。其中两门口径为十一英寸的大炮置于炮塔前方、两门口径为九英寸的大炮置于船尾。我军向“印第安诺拉”号发起袭击时，该舰已顺利通过维克斯堡的排炮，到达位于维克斯堡和哈得孙港之间的那段河道上。1863年2月，维克斯堡和哈得孙港之间的河道是邦联政府连通密西西比河东西两段的唯一通道，对我军从密西西比河以西地区获取物资有着至关重要的作用，因此该河段的通畅事关大局。

理查德·泰勒的参谋布伦特①少校提议，用“韦伯”号拖船和四五天前在德鲁西堡俘获的“西方女王”号战舰去密西西比河攻打“印第安诺拉”号。1863年2月19日，我军启程出发。“西方女王”号因为在被缴获时受了一些损伤，所以出发时仍在修理之中。因此行十分危险，士兵都由志愿者组成。他们付出的比应得的报酬多得多。1863年2月24日，“西方女王”号在沿密西西比河溯流而上到达维克斯堡以北约六十英里处时，布伦特少校突然发现了前方不远处的“印第安诺拉”号，“印第安诺拉”号

① 即约瑟夫·兰卡斯特·布伦特（Joseph Lancaster Brent，1826—1905）。——译者注

两旁还有两艘煤驳船。布伦特少校决定在夜间袭击“印第安诺拉”号，因为他十分确定，如果被口径为十一英寸或九英寸的大炮炸到的话，那么“韦伯”号和“西方女王”号都会被毁掉。1863年2月24日22时，“西方女王”号与“韦伯”号相继出发，全速向“印第安诺拉”号冲去。在“西方女王”号的猛烈撞击下，一艘煤驳船立即被劈成两半，“印第安诺拉”号的铁甲上也留下了深深的凹痕。“西方女王”号刚一后退，“韦伯”号就全速冲了过去，将另一艘煤驳船撞成了碎片。在此过程中，“印第安诺拉”号前方的大炮一直轰炸着“韦伯”号，但没有击中。接着，“西方女王”号再次向“印第安诺拉”号的明轮罩[①]后方撞去。这一撞，不仅撞坏了“印第安诺拉”号的框架，也撞松了其装甲板，但“西方女王”号也遭到了“印第安诺拉”号后方炮塔的轰击。一枚炮弹击飞了“西方女王”号右侧的十几包棉花；另一枚炮弹飞进了前方舷窗，炸死六名士兵并击毁两门野战炮。“西方女王”号刚一离开，“韦伯”号再次向“印第安诺拉”号的同一位置撞去。这一回，不仅撞掉了“印第安诺拉”号的铁板，也撞碎了舰的木身。开始沉没的“印第安诺拉”号立即缴械投降。这里的河水流向西岸，从这里到西岸，水一直很深。而当时，格兰特的部队就驻守在密西西比河西侧。出于以上原因，布伦特少校将“印第安诺拉”号拖到了密西西比河东岸。后来，“印第安诺拉”号在一个屏障处沉了下去，而舰上的大炮依然在水面之上。在这场战役中，“西方女王”号和“韦伯”号的毁损都很严重。为修理两艘战舰，布伦特少校回到了红河。陪同两艘战舰一起返回的还有一艘附属船，一艘锅炉已不在的小船，这是一艘在返回红河的途中遇到的内河轮船，该船在遇到“西方女王”号和“韦伯”号后，就跟在了它们身后。该船同附属船一样，没有任何战斗力。

① 明轮上的木质罩壳。——译者注

“西方女王”号摧毁“印第安诺拉”号。

绘者信息不详

受上述事件影响，为保护正在孟菲斯建造的有撞角军舰“阿肯色”号，我军将尚未完工的“阿肯色”号转移到了亚祖河。“阿肯色”号完工后，在一直负责该舰的海军中校J.N.布朗的指挥下，沿亚祖河顺流而下进入密西西比河，驶往维克斯堡。那里约有十二三艘敌军战舰。这些敌军战舰位于维克斯堡北方亚祖河汇入密西西比河的河口南方。为阻止“阿肯色”号进入密西西比河，预料到“阿肯色”号会沿着亚祖河顺流而下的敌军派了一支分遣队前去阻挠。海军中校J.N.布朗在一封附函中描述了亚祖河所发生的一切。

我军摧毁的那艘叫“本顿”号或其他什么名字的装甲舰后来降下了舰旗。显而易见，该舰是为了防止沉没才搁浅的。搁浅位置就在维克斯堡对面的河岸上，距亚祖河口以北约一英里半。

我希望人们能记住以下事实：我们在比敌军少两门大炮的情况下，打败了敌舰，并追击夺路而逃的敌舰，直至敌军降下舰旗。与此同时，我们同用两门大炮和轻武器向我军进行狂轰滥炸的敌军军舰搏斗。以上一切，都是由一群基本上从未登过船、从未用过大炮的来自各行业的人完成的……

J.N.布朗

1862年7月15日于“阿肯色”号

“阿肯色”号进入密西西比河后，发现敌军舰队排成了一个方阵。在指挥官的英勇指挥下，“阿肯色”号直接驶向了敌军方阵。在穿过该可怕方阵时，尽管“阿肯色”号受到了敌军整个舰队的夹击，但除了被一个口径为十一英寸的炮弹击中下级军官住所、烟囱被打穿一些孔，并没有其他损伤。人员伤亡情况如下：死亡五人，受伤四人。英勇的指挥官也受伤了。1863年7月15日，在该作战区指挥的厄尔·范·多恩从维克斯堡发出的一封急件中，厄尔·范·多恩指出维克斯堡北方的敌舰的具体数量，也高度赞扬了“阿肯色”号的军官和士兵，同时还说道：

> 除一艘单桅战船，维克斯堡附近所有的敌军运输船和军舰都已加足马力，要从“阿肯色”号身边溜之大吉了。

我们需要用更多笔墨描述“阿肯色”号这艘让敌军闻风丧胆的战舰。“阿肯色”号是一艘长一百英尺的装甲舰，舰上备有十门帕罗特炮，载有一百名来自陆战队的自愿参加该艰巨任务的士兵。“阿肯色”号的指挥官年轻时就一直在联邦海军服役，他阅历丰富，知识渊博，能有效弥补舰上士兵海上作战知识匮乏的不足。在炮火的洗礼下，“阿肯色”号经受住了考验，建造该舰时使用的技术和投入的心血也没有白费。如果“阿肯色”号的引擎能同其舰身及装甲一样好的话，“阿肯色”号发挥的威力就不可估量了。当时，敌军占领着巴吞鲁日。为配合那里的战斗部队，敌军将炮艇停在了巴吞鲁日。前面已提到，密西西比河有一段非常重要的河道，该河道事关能否自由进出密西西比河。因此，对该河段的控制极其重要。为此，我军认为必须重新占领巴吞鲁日，并配合沿亚祖河顺流而下攻击敌舰的“阿肯色”号，在陆地上攻击敌军。

海军陆战队少将约翰·C.布雷肯里奇被任命为陆军总指挥。在克服重重困难后，这位杰出的公民、优秀的士兵到达了巴吞鲁日附近。之后，约翰·C.布雷肯里奇根据“阿肯色”号到达的时间准备攻击敌军。1862年8月6日战役结束后，约翰·C.布雷肯里奇在对官兵的致辞中，赞扬了他们在艰苦行军中展现的刚毅，也赞扬了在敌众我寡、敌军部署极其有利的情况下，他们对敌军发起的有力进攻。他们不仅赶跑了敌军，占领了敌军大营，还迫使敌军到自己的舰队处寻求庇护。他说：“不久前，那些还四处蹂躏、四处劫掠的人在被你们狠狠教训一顿后，连哨兵现在都不敢走出舰队的保护范围。”约翰·C.布雷肯里奇认为，他之所以没有取得全面胜利，是因为“阿肯色”号未能与自己配合。

沿亚祖河顺流而下的“阿肯色”号本应有充足的时间按时赶到，但在行驶至巴吞鲁日以北约十五英里处时，“阿肯色”号右侧的引擎突然抛锚了。舰上的人立即开始维修。1863年8月5日8时，维修工作只完成一部分。而约翰·C.布雷肯里奇在1863年8月5日4时就已对敌军发起了进攻。尽管这时“阿肯色”号还不能应战，但继续向前行驶了。巴吞鲁日近在眼前时，“阿肯色”号的右侧引擎再次发生故障，该舰再次停泊到了岸边。舰上的人立即重新开始了修理工作。第二天一早，即1863年8月6日，他们看到了迎面驶来的联邦舰队。“艾塞克斯”号靠近并开始轰炸“阿肯色”号时，“阿肯色”号的工程师声称引擎能工作半日。于是，“阿肯色”号割断缆绳，向“艾塞克斯”号驶去。但就在这时，“阿肯色”号的另一侧引擎突然不动了，“阿肯色”号只好再次靠岸。这时，已大胆靠近“阿肯色”号的“艾塞克斯”号对失去战斗能力的“阿肯色”号发起了猛烈轰击。时任“阿肯色”号指挥的海军上尉史蒂文斯在命令舰上人员上岸后，点燃了“阿肯色”号，让飘扬着舰旗的“阿肯色”号随波逐流——这是对“阿肯色”号曾英勇奋战过的短暂而辉煌事业的献祭。在公开发表的文章中，曾在“阿肯色”号上服役的海军上尉C.W.里德这样讲道：“所有人员上岸后，‘艾塞克斯’号”对已失去战斗力的‘阿肯色’号进行了最猛烈的轰击。”

第 34 章

邦联海军在公海上的行动

要想以独立主权的身份立足，邦联需要一支海军。有了海军后，既能捍卫自己的海岸，也能保护自己的贸易。南方各州脱离联邦后，在海军建设方面非常困窘，有点像刚刚宣布独立的美国。

从联邦第一批法案就可以看出，其想要购买可用于军用的船舶。当时，联邦制定的政策与其说是为了保护自己的贸易，倒不如说是为了封锁邦联的贸易。从北方港口大批买进的船舶便可以清楚看出，联邦买进这些船不仅是用于巡航，也是为了用以封锁邦联的贸易。相比之下，南方的港口几乎看不到什么船。

前文有提到萨姆特堡的指挥官拉斐尔·塞姆斯，我们应该更详尽地了解一下此人。

曾在联邦海军服过役的拉斐尔·塞姆斯已是一名海军中校。他因勤奋好学、知识渊博而备受尊重。亚拉巴马州通过《脱离联邦条例》时，拉斐尔·塞姆斯还是华盛顿灯塔委员会的一员。获悉此消息后，拉斐尔·塞姆斯立即递交了辞呈，在邦联政府的组织下，赶赴蒙哥马利。邦联政府曾希望得到一些可用于勘察敌军贸易的巡航舰，但未能找到一艘在海军官员看来能担当此任的船。一份报告中曾描述过一艘小型低压引擎螺旋桨轮船。该船可载重五百吨，性能良好，加固后可乘载由四到五门大炮组成的炮台，速度每小时九节到十节。但灯塔委员会因该船仅能携带五天的燃料且没有地方供船员居住而否定了该船。

看过海军部部长马洛里手中的这份报告后，拉斐尔·塞姆斯说：“把那艘船给我吧。我觉得我能让这艘船派上用场。”为纪念我军的第一场胜利，该船被命名为“萨姆特”号，并有幸成为邦联正式服役的第一艘战舰，也是公海上第一艘飘扬着星杠旗①的船。之后，拉斐尔·塞姆斯赶往“萨姆特”号的所在地新奥尔良。为了让大家明白当初邦联创建海军的难处，现引用拉斐尔·塞姆斯在《回忆录》中的一段话。这段话讲述了我军为“萨姆特”号的出海而付出的努力：

> 得到该船后，我派了一些技工拆走为改造该船而准备的上层隔间和其他多余东西。该船的改造是个大工程。很快，我发现手头的工作十分艰巨。当我有机会为装备该船而走进设备完善、工人技术娴熟且所有必须材料都由我支配的海军造船厂时，海军造船厂已不再是当年的那副模样。水箱、水手盛食物用的小木桶、食物罐、炮架及摩擦火帽等物品都得临时制作……我们用了整整两个月的时间来改造该船。我打算在船中央安装一门可发射为八英寸炮弹的可旋转的炮台，在船两侧各安装四门重一千三百磅、能发射三十二磅重炮弹的轻型大炮。

1861年6月3日，“萨姆特”号正式投入使用，舰上军官与士兵名册送交海军部。1863年6月18日，“萨姆特”号离开新奥尔良，沿密西西比河

① 即象征邦联的旗帜。——译者注

顺流而下下停在了附近的河口。“萨姆特”号在河口停泊时，指挥官报告说河口外有一支敌军封锁舰队，其中三艘在超越关口，一艘在西南关口。停泊在超越关口处的“布鲁克林”号是一艘实力强大的战舰，其航速比“萨姆特”号快很多。“波瓦坦”号战舰备有重武器。因此，“萨姆特”号如果想在白天从“波瓦坦”号身边经过，必然是危险重重，而晚上则因没有航标和灯光，想摸黑经过超越关口一样难比登天。因此，“萨姆特”号不得不停在超越关口前方伺机而行。只要“布鲁克林”号和“波瓦坦”号一离开，“萨姆特”号就立即出海。幸运的是，这两艘战舰都没有到超越关口前方来，因那里只有一条河道，“萨姆特”号一旦被发现，很难从超越关口逃出。

1863年6月30日，阳光明媚，一个船夫报告说“布鲁克林”号出海去追逐一艘帆船。“萨姆特”号立刻行动了起来。可没过多久，“萨姆特”号遇到了正在返回的“布鲁克林”号。当时，两艘战舰与屏障处的距离差不多。最后，“萨姆特”号靠船员的沉着、勇气及杰出的航海技术摆脱了“布鲁克林”号这艘行动更敏捷的战舰的追击。之后，“萨姆特”号开始破坏敌军贸易，以此削弱敌军战斗力。

当时，敌军已将大量武装战舰停在了我方海岸附近，可“萨姆特”号这艘小小的战舰让敌军惊恐不已。“萨姆特”号尽管只是为邦联服役的一艘普通船，却总是被人斥责为海盗船。

到1862年1月17日，“萨姆特”号共在巡航中捕获三艘轮船、五艘横帆双桅船、三艘三桅帆船及三艘纵帆船。但以上行为只对敌军贸易造成了极小的破坏。“萨姆特”号的出现，令海上的北方船舶恐慌不已，以至很多北方船舶都纷纷挂上了外国国旗，使联邦原本仅居于大不列颠之后的海外贸易量迅速下滑。“萨姆特”号在搞这些恶作剧时，几乎也实现了自给自足。1861年年底到达直布罗陀海峡时，“萨姆特”号仅花了邦联政府两万八千美元。但因无法获得燃煤，“萨姆特”号就一直待在直布罗陀海峡，直至被售卖。

海军上校詹姆斯·D.布洛克是一名有多年航海经验的海军军官。身为海军军官，他能力卓越、性格坚韧，是我军在利物浦的海军代理人。海军上校詹姆斯·D.布洛克任职期间，曾支出数百万美元。虽然没人要求他提交账单，他却把手中最后一个铜板都交了出来，坦然面对贫困生活。他与伯肯黑德的莱尔德先生等人签订了建造坚固蒸汽商船的合同。该船后来在一外国港口接收武器与船员时被叫作“亚拉巴马”号。

“亚拉巴马”号的建造过程公开透明。建造期间，常有人前来参观。据悉，有人曾要求英国政府禁止“亚拉巴马”号离港。人们曾担心这样会耽误“亚拉巴马”号投入使用。但人们相信，英国不会因担心一艘没有武装的商船在别处获得武器，然后为一个公认的参战国效力，给另一参战国制造像“萨姆特”号曾制造的恐慌而阻止该船离港。

“亚拉巴马”号准备出海时，海军上校詹姆斯·D.布洛克请来了拉斐尔·塞姆斯。当时被称为“290”号的“亚拉巴马”号已在几天前驶往集结地——亚速尔群岛中隶属葡萄牙的特塞拉岛。有人说，“亚拉巴马”号之所以被称为“290”号，是因为该船是由二百九十个支持我方的英国人建造而成的。这种说法完全是杜撰的。该船是根据与邦联签订的合同、由邦联出资建造的。该船恰好是莱尔德等人建造的第二百九十艘船。这艘船当时还没有名字，就被称为“290”号了。在海军上校詹姆斯·D.布洛克的陪同下，拉斐尔·塞姆斯乘“巴哈马”号轮船跟随“290”号来到了集结地。同行的还有一艘帆船。在“亚拉巴马”号到来前，这艘帆船就已携大炮辎重赶到了集结地。

激动不已的拉斐尔·塞姆斯描述了自己对这艘未来会成为自己家园的船的第一印象：这艘船规避了“萨姆特”号的缺点。因此，该船“既是一

1862 年 4 月 12 日，联邦军舰“塔斯卡洛拉”号和“凯尔萨格”号在直布罗陀监视邦联巡洋舰“萨姆特”号。

绘者信息不详

艘完美的帆船，也是一艘完美的轮船。两种动力模式相互独立……该船可载货约九百吨。船身长二百三十英尺，宽三十二英尺，深二十英尺。船上装备物资与燃料后，吃水深度为十五英尺。该船很对称，停在水中时，宛如一只优雅的天鹅”。但“亚拉巴马”号是一艘商船。船上的人员及随“巴哈马”号船长一起出港的所有人员，都符合航海条例的规定，因此船上没有武装人员。武器装备与物资搬上甲板后，“亚拉巴马”号立即离开港口驶向了公海。在公海上，我军为“亚拉巴马”号举行了命名仪式并对它抱有很大希望。该船木质较薄，本来是用以打击敌军贸易的，并非用于战斗，只在必要时才加以自卫。“亚拉巴马”号桅杆可悬挂大型帆布，达三百马力，“亚拉巴马”号还配备了一个能为船员提供所有淡水的蒸汽凝结装置。1862年8月24日，“亚拉巴马”号从补给船获得燃煤、物资与武器后，驶向了大海。“亚拉巴马”号离岸一里格[①]时，拉斐尔·塞姆斯在公海上宣读了邦联总统任命他为船长的委任状和海军部部长马洛里任命他为“亚拉巴马”号指挥官的命令。就这样，在这片不受任何政府管辖，但联邦的委任同样具有法律效力的大海上，“亚拉巴马”号成了邦联的海军战舰。这时，那些已不受之前条款约束的船员可有两种选择：一是带着结清的报酬自由前往利物浦，二是成为“亚拉巴马”号的船员。一起出海的几艘船中，共有八十人自愿加入了“亚拉巴马”号。于是，拉斐尔·塞姆斯就带着这群比核准人数要少的全部船员开始了漫长而辉煌的巡航生涯。“亚拉巴马”号两侧配有六门可发射三十二磅炮弹的大炮，中央配有两门可旋转的火炮，其中一门旋座火炮是口径为八英寸的滑膛炮，另一门是可发射一百磅炮弹的布莱克利线膛炮。

海陆知识渊博的拉斐尔·塞姆斯此行目的并非冒险，而是要驶向最

① 里格是欧洲和拉丁美洲一个古老的长度单位。在英语世界，就陆地上而言，一里格相当于三英里（约合4.828千米）；就海上而言，一里格相当于三海里（约合5.556千米）。——译者注

有可能发现敌军大量商船的地方。拉斐尔·塞姆斯捕获了大量商船，并在捕获的某一艘轮船上发现了纽约的文件。从文件中，拉斐尔·塞姆斯得知N.P.班克斯将于某日率运输船队驶往加尔维斯顿港。于是，拉斐尔·塞姆斯决定前往与运煤船定好的会合点——墨西哥湾，然后准备就绪，等敌军运输队一到达加尔维斯顿港，就立即冲过去。

此时，约翰·B.马格鲁德夺回了加尔维斯顿。因此，拉斐尔·塞姆斯一到加尔维斯顿港，就从瞭望士兵那里得知封锁加尔维斯顿港的并非敌军运输船队，而是正在对加尔维斯顿进行轰炸的五艘战舰。由此，拉斐尔·塞姆斯断定加尔维斯顿已被我军占领。在他面前的不是什么满载士兵的运输船队，而是实实在在的战舰。因瞭望士兵称这五艘战舰都比“亚拉巴马”号大，拉斐尔·塞姆斯就放弃了冲进战舰的打算。“亚拉巴马”号此时唯一能做的就是将其中一艘战舰引到远离其他战舰的地方。“亚拉巴马”号很快就达到了这一目的，一艘敌舰离开舰队朝“亚拉巴马”号驶了过来。当时，“亚拉巴马”号正在航行，拉斐尔·塞姆斯说：

> 为实现诱敌计划，我立即装成躲避敌军追击的样子将“亚拉巴马”号掉了个头，并将螺旋桨降到了水里。行至距敌军舰队约二十英里处时，做好应战准备的“亚拉巴马”号转舵迎向追击而来的敌舰。在遭到敌舰一阵轰炸后，“亚拉巴马”号向敌舰喊道：“这是大不列颠女王的‘海燕’号轮船。”敌军回答道：“这是美国的……轮船。”我方未听清该船的名字。

接着，拉斐尔·塞姆斯命令舰务官用喇叭喊道：“这是邦联的‘亚拉巴马’号轮船。”话音刚落，敌军就对我军发射了舷炮。拉斐尔·塞姆斯说，当时的风向特别利于声音传播，因为风正好吹向敌舰。我军后来得知，联邦舰队司令一听到此话，就立即率“布鲁克林”号和另外两艘战舰前来营救。“亚拉巴马”号立即同敌舰展开了战斗。一番较量后，敌军举起一盏灯并鸣枪示意投降。这距敌军发出第一炮还不到十三分钟。拉斐尔·塞姆斯靠近“哈特勒斯”号询问敌军是否已经投降，接着又询问“哈特勒斯”号是否需要援助。敌军均予以了肯定回答。于是，“亚拉巴马”号敏捷而谨慎地放下了小船。后来，虽然“哈特勒斯”号在夜间沉没了，但舰上的人无一人溺死。“哈特勒斯”号船长登上“亚拉巴马”号后，拉斐尔·塞姆斯才知道刚才同“亚拉巴马”号交战的是“一艘比‘亚拉巴马’号重一百吨的大型舰船”。该舰的大炮数量同“亚拉巴马”号一样，船员比“亚拉巴马”号少两人，“两艘船上的旋转火炮的重量相差甚大。从这一差别来看，‘亚拉巴马’明显占有优势，也应该赢得这场战役。而‘亚拉巴马’号确实在开战十三分钟就结束了这场战役”。这一仗后，没有明显损伤的“亚拉巴马”号继续向牙买加岛驶去。进入罗亚尔港后，拉斐尔·塞姆斯经当局允许后将战俘放在了牙买加岛并予以假释。

有人指责拉斐尔·塞姆斯是“海盗”，是“强盗”。对此，我仅用一个例子就可加以反驳。从拉斐尔·塞姆斯对一艘非武装轮船的所作所为，便可看出拉斐尔·塞姆斯并不是一些人口中的“海盗”或“强盗”。为捕获一艘携联邦政府财产返航的轮船，拉斐尔·塞姆斯曾在阿斯平沃尔和纽约之间追踪过几艘加利福尼亚轮船。在找到那艘携有联邦政府财产的轮船之前的一个上午，“亚拉巴马”号发现了一艘叫“阿里尔”号的大型轮船正朝相反的方向行驶。“亚拉巴马”号迅速追击该船。捕获该船时，“亚拉巴马”号发现船上都是前往国外的妇女儿童，并没有存放百万美元的保险箱。拉斐尔·塞姆斯派一名官员登上了该船。这位官员返回时，描述了船上人员尤其是女士们的恐慌情绪。为此，拉斐尔·塞姆斯派了一名海军上尉到该船向人们保证：他们“现在是在南方绅士手中。在这些绅士们的保护下，他们绝对安全”。这些乘客中，有一些海军陆战队士兵及海军军官，其中普通士兵计一百四十人。之后，拉斐尔·塞姆斯假释了所有士兵与军官，并在该船递交赎回证书后，放行了该船。据拉斐尔·塞姆斯称，该船共有五百名乘客。我们完全可以这样推测：每位乘客的钱包里都至少有三五百美元。根据战争法，这些钱都应该是战利品，但拉斐尔·塞姆斯未动一美元，甚至没有搜查乘客的行李。

之后，“亚拉巴马”号向西属美洲驶去，然后从西属美洲驶入印度洋。在可以打击联邦贸易的各个海域巡航一遍后，“亚拉巴马”号绕过好望角返航，然后一路向北航行至之前曾捕获许多商船的北纬30°。这时的“亚拉巴马”号已发生很大改变，拉斐尔·塞姆斯曾这样描述道：

> 可怜的“亚拉巴马”号已不是当初的模样了。它就像一只疲惫不堪的猎狐犬，经过长期追逐后，已四脚酸痛，于是便一瘸一拐地走了回来，渴望能休憩一阵。
>
> 在此次破坏联邦贸易活动和打击联邦战斗力的任务中，“亚拉巴马”号共俘获六十三艘船，其中一艘叫“哈特勒斯”号的炮艇在战斗中沉没。此外，“亚拉巴马”号还根据赎回证书放行了九艘船，并假释了所有战俘。

因所有中立港口都不允许“亚拉巴马”号的战利品上岸，拉斐尔·塞姆斯被迫下令在海上烧毁了缴获商船。对这一烧毁商船的行为，很多人愤愤不平。然而，这些发牢骚的人只要稍微思考一下，就会明白：如果从自身利益出发，缴获这些船的人会把这些船留下来，送到最近的港口当作战利品征用。因此，一切不满都是由不允许中立港口接收战利品、须等待战利品军事法庭裁决的封锁政策和规定造成的。

1864年6月11日上午，“亚拉巴马”号驶入瑟堡港。

> 我方派了一名军官去拜访瑟堡港的将领，请求对方同意我方让刚俘获的两艘船上的战俘登陆。对方欣然应允。

第二天，即1864年6月12日，拉斐尔·塞姆斯上岸向这位瑟堡港的将领咨询了“亚拉巴马”号的“停靠及修复事宜”。因瑟堡的码头归法兰西政府所有，所以该申请需由法兰西帝国皇帝拿破仑三世定夺。我方还未收到答复，“奇尔沙治”号就驶进了瑟堡港。但在往岸边派了一艘小船后，“奇尔沙治”号就从防波堤那里离开了。拉斐尔·塞姆斯后来得知，“奇尔沙治”号之所以会派那只小船靠岸，是为了请求拿破仑三世将“亚拉巴马”号释放的战俘送到“奇尔沙治”号上。我们仍然记得，联邦政府曾在许多刺耳且不公正的措辞中拒绝承认“亚拉巴马”号是一艘战舰，并声称我方假释战俘的行为属无效行为。因此，拉斐尔·塞姆斯认为，“奇尔沙治”号之所以会提出这样的请求，是想征募刚从“亚拉巴马”号上登陆的战俘。于是，拉斐尔·塞姆斯将真实情况告诉了瑟堡港的将领，瑟堡港的将领也因此回绝了“奇尔沙治”号的申请。

对于“奇尔沙治”号这一挑战，拉斐尔·塞姆斯派人通知“奇尔沙治”号船长温斯洛①说，如果温斯洛愿意等待，“亚拉巴马”号会在加好燃煤后出海与之战斗。

从拉斐尔·塞姆斯的记录中，我们得知，拉斐尔·塞姆斯深知“亚拉巴马”号在漫长的航行后需要修复。因瑟堡港严格执行“中立政策”，拉斐尔·塞姆斯根本无法为“亚拉巴马”号补充弹药。如果硝石的纯度不够

---

① 即约翰·安克拉姆·温斯洛（John Ancrum Winslow，1811—1873）。——译者注

高，弹药就会因长期暴露在潮湿的空气中而发生变质。“奇尔沙治”号是一艘坚固的战舰，其规模比“亚拉巴马”号大，其武器也比“亚拉巴马”号精良。从“奇尔沙治”号的舷炮可发射的金属炮弹数量看，就可以知道该船的武器装备有多厉害。“奇尔沙治”号上共有船员一百六十二人，“亚拉巴马”号共有船员一百四十九人。拉斐尔·塞姆斯说：“尽管如此，双方差距其实并不大。我希望能在一次公平的战役中击败‘奇尔沙治’号。但‘奇尔沙治’号并没有与我军进行公平较量，因为后来，我们发现，‘奇尔沙治’号是一艘装甲舰。”拉斐尔·塞姆斯用“装甲舰”一词，是因为“奇尔沙治”号的两侧都拴有链条。他将这些链条描述成被木板藏起来的装甲，并且这些装甲与船的轮廓十分契合，即使是使用望远镜都看不出来。很多人“事后诸葛亮”，责怪拉斐尔·塞姆斯不该在那种情况下出海。同其他问题一样，这一问题也应一分为二地看待。如果拉斐尔·塞姆斯修理“亚拉巴马”号，那么修船的工夫，那些目光短浅的船员就会四下散开，能否再聚到一起都不一定。此外，敌军可能会派其他船来协助“奇尔沙治”号封锁瑟堡港。那样的话，“亚拉巴马”号的船员返回后，就只剩下冲过敌军舰队这一条路可选了。以“亚拉巴马”号为豪的拉斐尔·塞姆斯向船员坦荡吐露了自己的心声。毫无疑问，为了我军具有的那种邦联精神和在敌众我寡的情况下夺取胜利的决心，有些东西要被抛到一边。

1864年6月19日，“亚拉巴马”号驶离瑟堡港，与几日前曾经在该港停留过的“奇尔沙治”号展开了战斗。在战斗报告中，拉斐尔·塞姆斯这样写道：

一小时十分钟后，我们查实我们的船正在沉没……为到达法兰西海岸，我让船全速前进，并将可用的前后帆都挂好。船注水速度很快，我们还没走多远，炉子就熄灭了。于是，我拉下舰旗，派了一只小船去告知敌军我们的情况。这时两军只相距四百码。尽管舰旗已被取下，但敌军向我开了五次火。有人认为，基督教国家的战舰不可能有意做这样的事情，这样想真是太宅心仁厚了。

拉斐尔·塞姆斯说，当时“亚拉巴马”号两侧的救生艇都已被炸成碎片，于是他让船上的受伤人员和不会游泳的小伙子上了船尾救生艇，并向敌军靠近。因没有看到敌军派任何船过来，没登上救生艇的船员就按之前的指示，跳入水中，竭力自救。二十一名伤员全部获救，十名船员溺水身亡。“亚拉巴马”号下沉前，拉斐尔·塞姆斯一直站在船尾甲板上。“亚拉巴马”号沉入水中的那一刻，拉斐尔·塞姆斯将自己的剑扔到了海中，让它与自己深爱的船一起沉到了海底，而拉斐尔·塞姆斯则在被沉船的漩涡淹溺前纵身跃入水中。后来，拉斐尔·塞姆斯与很多船员被一位仁慈的英国绅士用自己的“猎鹿犬”号快艇救了起来。其他船员则被附近的两艘法兰西引航船救了下来。希望其余船员都被敌军救了下来。拉斐尔·塞姆斯在其正式报告中说，战斗结束两天后，也就是拉斐尔·塞姆斯被“‘猎鹿犬’号救起后，‘奇尔沙治’号才派了一只船过来，然后又慢吞吞地派了另一只船过来”。读者不妨比较一下“奇尔沙治”号的这种行为与拉斐尔·塞姆斯同“哈特勒斯”号作战时的表现。尽管当时天色已黑，拉斐尔·塞姆斯还是到“哈特勒斯”号旁，用所有小船迅速救起了“哈特勒斯”号上的所有船员。

前面已提到过“亚拉巴马”号的弹药问题。就这一问题，我引用了拉斐尔·塞姆斯《回忆录》中的一段：

拉斐尔·塞姆斯被“猎鹿犬”号救起。

绘者信息不详

我朝“奇尔沙治”号没有铁链的船尾柱发射了一门炮弹，但由于火帽的问题，该炮弹未发生爆炸。如果火帽性能良好，引爆炸弹的话，我就能去救“奇尔沙治”号的落水船员了，而不是让“奇尔沙治”号来救我了。

《回忆录》也提到了“奇尔沙治”号的速度比“亚拉巴马”号快得多。由此可见，尽管“奇尔沙治”号的船长温斯洛能靠近并登上“亚拉巴马”号，但如果不经“奇尔沙治”号允许，“亚拉巴马”号的船长是登不上“奇尔沙治”号的。

被打造成商船的“亚拉巴马”号从英国水域出发，在遥远的海域上装载了打击敌军贸易的船员与军备。它在这片“蓝色水域”上被叫作“亚拉巴马”号，也在这片“蓝色水域”上被埋葬。它让朋友为之骄傲，让敌人为之惶恐。它出海与一艘木船战斗，却被一艘暗藏装甲的敌舰击沉。

那些被“猎鹿犬”号救下来的船员后来在英国南安普敦上了岸。

此事之后，联邦政府通过驻英国特使老查尔斯·弗朗西斯·亚当斯先生向英国政府提出了一个荒谬要求，想让英国政府将这些船员按逃犯送交联邦政府。约翰·罗素勋爵拒绝了这一要求。

1862年3月23日，“奥雷托”号从利物浦出发，该船还在利物浦建造时就已成了外交文书的主题及海关官员严密审查的目标。“奥雷托”号到达拿骚后，被港口的联邦领事扣押下来进行了再次检查。因“奥雷托”号没有任何战船的特征，故被放行。此时，刚携带一船棉花出海的海军上校约翰·钮兰·马菲特[①]收到了委任他负责“奥雷托”号的信，并要求他立即带“奥雷托”号出海。“奥雷托”号是一艘可载重五百六十吨、动力达

① 即约翰·钮兰·马菲特（John Newland Maffitt，1819—1886）。——译者注

二百五十马力的三桅帆船帆装轮船。该船在蒸汽动力作用下，每小时可行驶八到九节；五级风中扬帆航行，每小时可行驶十四节。“奥雷托”号共有船员二十二人。

驻英国特使老查尔斯·弗朗西斯·亚当斯曾向英国政府递交过一份报告，很多人担心这份报告会让“奥雷托”号被捕。人们担心的事很快发生了，“奥雷托”号的指挥官约翰·钮兰·马菲特费尽周折才为邦联政府留下了该船。1862年4月28日抵达拿骚后，“奥雷托”号就被扣押了起来，直至海事法院1862年8月开庭审判才获释。一经释放，“奥雷托”号立即向荒岛格林凯岛驶去。格林凯岛在普罗维登斯岛以南九十英里处。岛上有一艘附属船，船里放有一些军用装备，这些装备是一名邦联商人提供的。“奥雷托”号在格林凯岛停泊了一夜，第二天就将那艘附属船上的军用装备转移到了船上。这时，已成为邦联海军一员的“奥雷托”号被叫作“佛罗里达”号。因为在拿骚滞留时间过长，船上的人员感染了黄热病，加之船上没有外科医生，“佛罗里达”号奉命开往古巴岛向卡德纳斯港求助。到达卡德纳斯港时，船上只剩下了一名锅炉工和两名海员，约翰·钮兰·马菲特也因感染黄热病而倒下了。但卡德纳斯的总督不同意派医生上船，并警告“佛罗里达”号必须在二十四小时内离开。“佛罗里达”号副舰长、海军上尉斯特里布林曾前往哈瓦那向马歇尔·塞拉诺汇报“佛罗里达”号的情况。获悉“佛罗里达”号的情况后，这位侠义的绅士、军人及政治家立即邀请“佛罗里达”号到哈瓦那港。到达哈瓦那港后，“佛罗里达”号受到了热忱款待，也得以修复。孤苦伶仃的“佛罗里达”号终于得到了向往已久的关爱。

1862年9月1日，因船上的大炮已完全无法使用，为完善船上的装备并招募船员，“佛罗里达”号离开了哈瓦那。之后，“佛罗里达”号奉命驶向了莫比尔港。快到莫比尔港时，“佛罗里达”号发现港口处有好几艘封锁舰。于是，“佛罗里达”号勇敢地从这些封锁舰中穿了过去。逃脱后，“佛罗里达”号驶向了摩根堡这个友好的避难所。此次行动中，“佛罗里达”号的桅杆和绳索受损严重。

与此同时，敌军进一步加强了封锁，并扬言要把那艘巡航舰“牢牢封锁在”莫比尔港。“佛罗里达”号做好出海准备后，一些船员便开始迫不及待地想要出海了。但海军上校约翰·钮兰·马菲特根据自己的合理判断和航海经验决定在有风暴的夜晚通过敌军的严密封锁。机会一到，约翰·钮兰·马菲特就乘坐“佛罗里达”号驶入了狂风肆虐、波涛汹涌的大海，直到通过封锁区才被封锁舰队发现。封锁舰队发现“佛罗里达”号后，立即派了许多船追击“佛罗里达”号。到第二天晚上，除了两艘速度最快的船还在追击，其他船都撤退了。夜晚再次来临，敌舰只能通过“佛罗里达”号的烟雾与帆布来进行追击了。海军上校约翰·钮兰·马菲特这样描述了甩掉追军的计策：

> 我们将帆布绑在了长长的帆桁上，并停下了发动机。在波涛汹涌的大海上，如非晴空万里，敌军很难发现我们低矮的船身。追敌心切的联邦船果然迅速从我们身边开了过去。于是，我们愉快地同敌军道了声晚安，然后就转舵向北航行了。

这时，“佛罗里达”号已航行到公海上了。在历经漫长而恼人的等待后，“佛罗里达”号正式开始了打击敌军贸易的巡航任务。它在墨西哥湾开始了巡航，之后经过佛罗里达海湾到达到与纽约同纬度的海域，接着又从那里到达赤道，并一直航行至南纬12°海域，然后又回到了距纽约三十英里左右的海域。航行至圣罗克角附近时，海军上校约翰·钮兰·马菲特俘获了一艘来自巴尔的摩的叫“克拉伦斯”号的横帆双桅帆船，并将该船装配

“佛罗里达”号。
爱德华·詹姆斯（Edward James，1820—1877）绘

成一艘附属船。之后，约翰·钮兰·马菲特让海军上尉C.W.里德、指挥官及十四名士兵携带毛瑟枪、手枪及一门能发射十二磅炮弹的榴弹炮登上了这艘附属船。接着，“佛罗里达”号收到了继续前往美国海岸打击敌军贸易的命令。于是，“佛罗里达”号遵照指示破坏了很多艘联邦的船。

在海军上校约翰·钮兰·马菲特的指挥下，“佛罗里达”号与附属船共俘获五十五艘敌船。这些敌船中，很多都非常有价值。这时，因航行里程多，“佛罗里达”号这艘由轻质木材建造而成的船“机械装置有些失灵，需要到友好港口进行修复”。海军上校约翰·钮兰·马菲特说：“我选择了布雷斯特港。当地政府同意了‘佛罗里达’号使用当地海军造船厂设施的请求，‘佛罗里达’号就立即停靠在了布雷斯特港的码头。”海军上校约翰·钮兰·马菲特因之前的黄热病的折磨，加之指挥该船以来的各种劳顿，已身心交瘁。为此，他请求卸任“佛罗里达”号指挥官一职。按照海军上校约翰·钮兰·马菲特的要求，海军上校C.W.莫里斯接任了约翰·钮兰·马菲特的职位。

所有必要修复工作完成后，海军上校C.W.莫里斯接着在弗吉尼亚沿岸展开了巡航任务，并俘获大量重要物资。离开弗吉尼亚海岸后，海军上校C.W.莫里斯经过了赤道，在前往巴伊亚的途中破坏了北方州的贸易。之后，海军上校C.W.莫里斯在巴伊亚为“佛罗里达”号获取了燃煤，并修复了受损引擎。以上工作完成后，联邦“沃楚西特”号轮船驶入了巴伊亚港。因不了解“沃楚西特”号指挥官会在到达当晚采取什么行动，“佛罗里达”号一直处于战备状态。

这种在中立国港口表现出的挑衅行为，令巴伊亚总督与舰队司令备感惊恐。他们要求双方保证尊重巴西主权及其中立国地位。双方都进行了保证。到了晚上，不幸的事发生了。被联邦指挥官的保障蒙蔽的海军上校C.M.莫里斯不仅允许大多数军官陪自己去剧院看表演，还批准了三分之二的船员上岸参观。1时左右，“沃楚西特”号开始暗中行动。“沃楚西特”号指挥官完全摒弃了自己的诺言，率军冲向“佛罗里达”号。他们不仅登上了“佛罗里达”号，还卸掉了船上的炮台。当时，“佛罗里达”号只剩极少的军官与很少的士兵。对于突如其来的袭击，他们根本无力招架。于是，敌军不费吹灰之力就在这场隐蔽而不光彩的袭击中占领了“佛罗里达”号。在巴西陆军和海军的一片谩骂声中，敌军将“佛罗里达”号拖到了海上。巴西军队对此惊愕万分，便在巴伊亚这个好客的港口，鸣枪警告这些侵犯他人权益的人。之后，这艘属于邦联的船被带到了汉普顿罗兹附近的水域。

巴西政府立即要求“沃楚西特”号将“佛罗里达”号完好无损送回“佛罗里达”号之前在巴伊亚停泊的地方。欧洲各国代表也向亚伯拉罕·林肯先生提出了抗议。他们谴责了联邦这种破坏一国中立局面的做法。这令联邦政府很难堪。一向伪善、不择手段的威廉·H.苏厄德先生与一位杰出的海军上将密谋了处理“佛罗里达”号的办法。其间，这位手段“高明”的威廉·H.苏厄德先生对此事一直闪烁其词。密谋结果如下：他们派了一位工程师来负责处理偷来的“佛罗里达”号，命工程师“半夜打开该船的海底旋塞，直到海水漫过自己的下巴才能离开轮机舱，必须让‘佛罗里达’号在日出前沉入水底”。以下是威廉·H.苏厄德先生寄给巴西代办处的便条：

> 1862年11月28日，我们正在等待巴西政府的代表时，“佛罗里达”号沉没了。这是因为“佛罗里达”号发生了无法阻止的漏水问题。刚开始，我们以为漏水问题是由战争运输中的碰撞引起或加剧的。于是，我们立即下令查明整个事件的来龙去脉。此事似乎牵涉联邦陆军和海军。海军调查法庭和军事法庭都为此提交

了报告，兹附上副本一份……据推测，“佛罗里达”号的沉没完全是一场意外，与联邦政府没有任何干系。

因此，让联邦政府归还“佛罗里达”号是不可能了。之后，联邦总统亚伯拉罕·林肯先生就“巴西主权受到侵犯”一事表达了歉意，“开除了此事的帮凶——巴伊亚领事，并将‘沃楚西特’号指挥官送上了军事法庭”[①]。

但“沃楚西特”号的指挥官非但没有受到任何处罚，反倒很快就被提升为海军上将。

“佐治亚”号是海军上校詹姆斯·D.布洛克成功派出的另一艘邦联巡洋舰。这艘可载重五百六十吨的巡洋舰是在法兰西海岸装备的。该舰指挥官W.L.莫里是一名邦联海军，此人曾在北大西洋和南大西洋的巡航中取得一些成就。无论是从速度还是从其他重要指标来看，“佐治亚”号都无法胜任其肩负的任务。“佐治亚”号曾远至好望角，在俘获了七艘船和两艘三桅帆船后，打道回府。后来，“佐治亚”号被卖掉了。

海军上校詹姆斯·D.布洛克在购买了曾被称为“海王”号的“谢南多厄河”号后，让海军上尉詹姆斯·沃德尔指挥“谢南多厄河”号。詹姆斯·沃德尔后来历经千辛万苦，在马德拉群岛附近的一个叫波尔图桑塔的荒岛上对“谢南多厄河”号进行了必要改造。在经历了联邦驻澳大利亚墨尔本领事发生的极其恼人事件后，詹姆斯·沃德尔最终离开了波尔图桑塔荒岛，开始在鄂霍次克海和北冰洋积极有效打击联邦的船舶。1865年8月，詹姆斯·沃德尔获悉战争结束，就停止了破坏联邦的贸易活动，然后驶往英国利物浦，将“谢南多厄河”号交给了英国政府。后来，“谢南多厄河”号被

① M.伯纳德：《大不列颠在南北战争期间的中立立场》。——原注

移交给了联邦政府。“谢南多厄河”号是一艘可载重八百吨的装备齐全的轮船，扬帆航行时速度非常快，其蒸汽动力只起辅助作用。

这是邦联旗帜最后一次在大不列颠附近出现。但第一艘让邦联旗帜在大不列颠临风招展的是“纳什维尔”号轮船。“纳什维尔”号由R.B.佩格拉姆指挥，是一艘敏捷、轻盈的轮船。被建成客船的“纳什维尔”号因速度快、吃水浅，适于在南方港口航行。“纳什维尔”号不适合用于作战，也无法承载作战用的武器装备。

“纳什维尔”号曾在往返于欧洲的途中破坏过两艘商船。在返航靠近港口时，“纳什维尔”号发现港口被封锁了。除此之外，距自己航道不远处还有一艘大船。在指挥官R.B.佩格拉姆的大胆指挥下，“纳什维尔”号径直向那艘大船开了过去。由于“纳什维尔”号离那艘大船很近，所以并未引起船上人员的疑心。直到“纳什维尔”号走远，那艘船上的人才回过神来，压低大炮轰炸“纳什维尔”号，但为时已晚。对“纳什维尔”号而言，随便一门大炮就可以将其击沉。“纳什维尔”号能够逃脱，完全得益于指挥官R.B.佩格拉姆的大胆与该船的速度。因为“纳什维尔”号完全不适合海上作战，所以此次航行后，“纳什维尔”号就退役了。

之后，我军采用了一种新的适用于近海巡航的船舶。1864年7月，海军部部长马洛里购买了一艘叫“亚特兰大”号的轮船。“亚特兰大”号速度飞快，双螺旋推进，可载重六百吨，但该船完全是一艘蒸汽船，所以非常依赖燃煤。“亚特兰大”号在北卡罗来纳威尔明顿港装备齐全，用于破坏北方各州的贸易活动。能力非凡、锐意进取的海军中校J.泰勒·伍德奉命指挥“亚特兰大”号。J.泰勒·伍德担任船长后，将“亚特兰大”号改叫“塔拉哈西”号。“塔拉哈西”号安然无恙通过封锁后，很快就在新英格兰沿岸俘获了不少战利品，其中包括两艘轮船、四艘横帆双桅帆船、四艘三桅帆船和二十艘纵帆船。“塔拉哈西”号的战绩令北方商人惊愕不已。

尽管“塔拉哈西”号巡航生涯比较短暂，但它还是留下了光辉的一页。

大约在同一时间，一艘叫“伊迪丝”号的速度快、双螺旋推进的船也到了北卡罗来纳威尔明顿港，这艘轮船可载重五百八十五吨。海军部因需要，就买下了这艘船，并改叫“奇克莫加”号。我军为这艘船安装了合适的炮台，配备了军官和船员，并任命航海技术高超的海军中校约翰·威尔金森指挥该船。一切准备就绪后，“奇克莫加”号在皎洁的月光下冲出了封锁线。奇怪的是，一向警觉的哨兵竟没有阻拦“奇克莫加”号，甚至都没有理它。同“塔拉哈西”号一样，该船的追捕、逃跑完全依赖蒸汽动力。尽管如此，“奇克莫加”号在巡航中俘获了七艘船舶。

第 35 章

联邦政府呼吁欧洲不要援助“海盗”

我军巡洋舰的有效行动不仅令北方各州一片哗然，还引起了联邦政府的注意。人们本以为为了保护自己在公海上的贸易，联邦政府会动用强大舰队来抓捕或驱赶我军的小型巡洋舰。但联邦政府非但没有这样做，反倒将战舰都用到了封锁我方港口或监视西印度群岛的港口上。这种不保护本国贸易的渎职行为实在是可耻，但联邦政府还有比这更可耻的举动。

在联邦眼中，邦联的所作所为不过是一次叛乱，很快就会被镇压。联邦把邦联委任的巡洋舰称为“海盗”，并通过外交手段要求英国采取措施，以防其声称的“海盗”侵犯国际法，好像国际法对海盗有约束力一样。与此同时，联邦政府呼吁英国政府不要将战争物资售予邦联政府，从而间接帮助联邦履行自己声称的监督职责——镇压一帮居心叵测之人。联邦政府大言不惭地声称：已全副武装的联邦军要对付名单上所有手无寸铁的敌手。

对一个从小到大一直为自己国家倍感骄傲的人来说，国旗展开时，映入眼前的条纹和星星提醒着人们这个国家的由来与发展历程。因此，当那个依然让人留有美好回忆的政府表现得卑鄙无耻、诡计多端、懦弱不堪时，尽管这只是一种反常行为，却让人痛心不已。

联邦封锁邦联后，全世界都注意到这里确确实实发生了战争。如果联邦一面否认战争的存在，一面却告知他国某国有一些不法分子，请各国勿将弹药卖给该国。那么，这种做法真是荒谬至极，自相矛盾。但荒谬之事远不止这些。后来，联邦政府居然向英国索赔，要求英国就其所造的那些后来在别处用于军事目的，令联邦蒙受损失的船进行赔偿。在世界性战争中，中立国有权向其他国家售卖非武装船舶，而无须向购买者询问使用意图。联邦遵循同一套法则，但矫枉过正，违反了有关武装船舶的禁令。

战争开始后，为获得全副武装、设备齐全的装甲舰，联邦政府曾竭力与英国签订相关合同。这里还须补充一点，截至战争结束前一个月，联邦军人几乎都是从欧洲各国征募来的；联邦军的部分武器及弹药也是由外国制造的；联邦舰队中的许多水手来自英国和德国港口。总之，只要是对联邦有用的，联邦政府都会毫不犹豫地从中立国获取，才不管有什么国际法。与此同时，联邦政府却要求英国为邦联巡洋舰给联邦政府造成的损失和售与邦联政府战争物资一事负责。

1862年12月19日，注意到这一点的约翰·罗素勋爵在一份急件中说：

> 如果让英国政府因为武器弹药从英国流向邦联政府一事而对联邦政府负责，那么邦联可能就会像其他交战国一样，据理力争地控诉联邦从英国补充军械一事了。同样无法否认的是，许多效忠女王陛下（指英国维多利亚女王）的臣民都无视女王陛下的公告加入了联邦军……因此，英国政府完全有理由对两个交战方提出控告，尤其是控诉联邦政府。因为联邦政府曾无视自己应遵从国与国之间交往的礼仪、有组织地教唆女王陛下的臣民违反女王陛下曾让臣民依照中立国立场遵守的命令。

当我们按照国际法就交战双方在巡洋舰的建造和装备，尤其是以联邦政府为先例来研究中立国的职责时，我们会发现联邦政府提的要求完全没有任何根据，而邦联政府的行为是合法的。联邦政府指控英国的行为违背了中立国立场，但其指控没有任何法律依据或政策依据，这一点从联邦政府之前的行为就可以看出来。

值得注意的事实是，从战争开始到结束，联邦政府从不曾正式称邦联政府或南方各州为交战国。联邦政府尽管已多次同邦联政府交战，却从未正式称邦联政府或人民为交战方，只是将其称为“叛民”或“造反人员”。然而，联邦尽管拒绝承认邦联的交战国地位，却一有机会就要利用别国在邦联交战国地位方面做出的让步。联邦国务卿威廉·H.苏厄德曾在大量信函中指控邦联巡洋舰及其所谓“劫掠”行为违反了国际法，却忘了只有“国家”才能违反国际法，且邦联的行为已在英国港口获得许可。联邦政府在提出上述指控后，又在此基础上向英国政府提出了索赔要求：要求英国就港口对交战国——邦联的监督不力一事进行赔偿。日内瓦会议上，英国被迫赔付了联邦政府一大笔钱。

联邦政府的敌对行动针对的是邦联内的人民。它针对的是处于无组织状态的个人，还是有组织的政治团体？如果是前者，那么联邦政府针对的就是一群乌合之众；如果是后者，那么联邦政府针对的就是一个国家。无组织的乌合之众的行为会产生叛乱，而有组织的人民或国家的行为产生的则是战争。

联邦政府声称某些州因叛乱而无法执行法律，这是在捏造事实。联邦政府指的叛乱分子实际上是邦联各州有组织的人民。他们的行为源于各州授权，受各州官员的监督，他们的行为产生的后果都会上报各州，由各州行政机构加以管理。那么，为什么一个聪明、强大的政府要如此这般地侮辱人类的理解力，甚至要捏造事实来为自己的敌对行动找理由、找根据呢？联邦政府是各州通过契约即宪法形成的产物。联邦政府之所以能够存在，是因为受各州委托、为实现各州的共同利益而行使由各州所授予的某些权力。这些权力中，其中一项就是“镇压叛乱”。然而，各州并没有授权联邦政府去征服政府的组成者——各州，也没有授权联邦政府向任何一州宣战。那么，如果联邦政府在未经授权或没有任何合法权限的情况下攻打组成联邦的一些州，那么联邦政府又怎样向全世界辩解呢？联邦政府已成为侵略者，其行为伤害了宪法的自由原则，粉碎了人们在为自治做出努力后渴望休憩的梦想。这样的行为不可饶恕，也不可能被忘记。为减轻其滔天罪行，捏造事实的人极力否认其敌对行动是针对南方各州的战争，并声称那些大量的军队和舰队仅仅是镇压叛乱的警力，真是一派胡言。联邦政府这么做，是想向全国人民隐瞒以下事实：联邦政府参与这场竞争是为了争夺统治权——对各州政府的绝对统治权；联邦政府这么做时，已经忽视宪法；人民未来的自由状况将由利剑或受“国家”控制的投票箱决定。

我方巡洋舰就这样被无视事实的联邦政府斥责为“海盗”。根据各国法律，海盗是人类的敌人，任何国家的船舶都可以消灭海盗。合法巡洋舰和海盗的区别在于，前者背后是受文明国家承认的、有权进行战争的政府，且巡洋舰的指挥官是受到国家的委任或授权的；但海盗不代表任何政府，也不被任何政府认可。

联邦政府深知，维多利亚女王发公告承认我方政府后，用“海盗”一词来指代我军巡洋舰不过是嫉恨罢了。这些巡洋舰是受实际存在的政府委任过的，是合法的。有这样一个政府，就连自己国家的法院都承认了的事实，它却一而再再而三地否认。如此看来，联邦最高法庭完全承认了邦联的交战国身份。

战争开始的前几个月，邦联主要港口都遭到了封锁，后来，每个港口的入口都被联邦军占领或派联邦舰队监视。轮船可以不受天气影响日夜守在港口前。与此同时，中立国的港口也通过各种声明和政令禁止我方战利品上岸。拉斐尔·塞姆斯说："在我的航海生涯中，我连一个可以放置战利品的港口都找不到。"

就像邦联在多数情况下做的那样，除了摧毁这些战利品，我们别无他选。

1871年1月，英国政府向联邦政府提议组成联合委员会，以调解两国在渔业、加拿大边界等方面的分歧。联邦政府同意了这一提议，但条件是英国应考虑所谓的"亚拉巴马"号索赔案。英国同意了这一条件。会议召开期间，联邦政府专员提议对索赔进行仲裁。英国专员的回复是，英国政府无法承认不是国际法要求的自己应对联邦政府承担的义务，也无法承认英国有责任赔偿联邦政府提及的巡洋舰给联邦造成的损失。

随后召开的日内瓦会议的决议可概括如下："英国本应高度警惕、恪尽职守"，"当时的情况需要英国殚精竭虑遵守维多利亚女王于1861年5月13日发布公告中的权利与义务"。会议还补充道："不能否认，英国政府在某些时刻放松了警惕。这时，一些政府部门监督不力，就给美国造成了极大的伤害。"

对于邦联的十四艘巡洋舰所造成的损失，联邦政府共向英国索赔两千六百四十万八千一百七十美元。会议驳回了对"波士顿"号、"萨利"号及"杰斐逊·戴维斯"号造成损失的索赔，后来用黄金赔付了联邦政府一千五百五十万美元。

巡洋舰给联邦贸易造成的间接损害远超联邦政府在日内瓦会议上索要的赔款金额。战争开始时，联邦共拥有七百一十五艘船，货运量为四十八万零八百八十二吨。后来，这些船在英国登记后转到了外国人手中。联邦的法律就是这样，任何已售与国外的船都不得在美国重新登记。

1860年，联邦近百分之七十的对外贸易都是在联邦的船上进行的。但因害怕我方巡洋舰破坏，1864年，联邦在船上进行的贸易已缩减到原来的百分之四十六。战后，这个比例继续下滑，至1872年时，已下降到百分之二十八点五。

战前，美国的货运量仅屈居英国之后，当时正和英国争第一。那时，沿海贸易显著增长，货运量达一百七十三万五千八百六十三吨。三年后，即1864年，货运量已下降到八十六万七千九百三十一吨。

从北方各州面包类商品出口额的下降就可以看出美国出口物品所受的影响。在以下四个年头的最后四个月里，出口值分别为：1861年，四千二百五十万美元；1862年，两千七百八十四万二千美元；1863年，八百九十万九千零四十二美元；1864年，一百八十五万零八百一十九美元。出口量的下降，一方面是因为英国取得了丰收，另一方面是美国受到了战争的影响。因担心被巡洋舰俘获，海运保险费率的增加起伏不定。但联邦政府就这一点向日内瓦会议提出并获得的索赔额合计六百一十四万六千二百一十九美元。

第 36 章

各州军事统治

1862年2月25日，纳什维尔被联邦占领。之后，安德鲁·约翰逊被任命为田纳西州战时州长，军衔为准将，并立即开始了其军政统治。接管田纳西州后，安德鲁·约翰逊的意志就成了最高法律。政府官员须宣誓效忠联邦政府，如果拒绝，就会被开除。新闻受到打压，报社被勒令关闭。随后，报社按《充公法案》被售卖。所有含有说过“叛国或煽动叛变性”类似的话的人都被逮起来按要求宣誓效忠联邦政府，否则就会被流放。一些神职人员因拒绝宣誓效忠联邦政府而被关进了监狱，遭到逮捕的还有教师、编辑及大量平民，直至他们宣誓效忠联邦政府才能获准释放。邻近地区的冲突日益频繁，谋杀和破坏财产事件紧随其后。

1862年10月21日，联邦政府发布了在第九选区和第十选区选举联邦国会议员的命令。每个投票者都必须证明自己“忠于”联邦政府。后来，两人获准入选该席位。

直到1864年年初，纳什维尔一直处在联邦军事统治之下。战时州长掌权后，开始采取措施组建同联邦政府步调一致的州政府，即后来广为人知的“国家重建”。安德鲁·约翰逊发布了一则将于1862年3月5日在该州各地选举地区官员的公告。安德鲁·约翰逊说：“我们不指望联邦政府的敌人投票，也不打算让他们投票或任职。”

该选举未能成功，“国家重建”工作也被搁置。1864年年底，密西西比州政府试图召开大会修改州宪法。于是，一群人在没有相关权威人士参与的情况下，聚在一起通过了修正案。之后，他们将修正案公之于众，并宣称该修正案以两万五千票的表决结果正式生效。1860年时，密西西比州的选票是十四万五千票。修正案废除了奴隶制度，并对州宪法做了一些其他变更。这些投票者选出了所谓的州官员，组成的机构被称为重建的田纳西州政府。

1862年5月1日，联邦为保证“共和政体”，对路易斯安那州的新奥尔良进行了军事占领。联邦海军上将本杰明·F.巴特勒任命谢普利[①]准将为该州战时州长。路易斯安那州实行军事统治后，那些热爱和平的年迈之人、那些未进行抵抗的俘虏及平民都被戴上脚镣手铐关进了地牢或要塞，被迫从事艰苦的劳动；那些向邦联生病士兵出售药品的平民也遭到了类似的惩罚。入侵士兵凭借军令，凌辱了居民的妻子、母亲及姐妹，他们将无助的女子从家中拽出，之后将其单独监禁在要塞或监狱中，甚至热带的荒岛之上。之后，他们将令人作呕的食物塞给这些女性，卑鄙无耻地侮辱她们。他们将那些根据协议在投降联邦海军后获得假释的战俘都抓了回来，将他们关进监狱。为进行劫掠，他们不断寻找各种借口，以威胁无辜的人，向他们征收各种罚款。所有人都被迫进行如下选择：要么在财产没收后忍饥挨饿，要么违背良心宣誓效忠入侵者。他们不仅不让刚正不阿的居民踏出城门，连孤独的老妪和无助的孩童都不能踏出城门半步。这些人在被赶出家门、夺去财产后，只能在街上忍饥挨饿或靠乞讨过活。在这些军人的统治下，新奥尔良附近种植园里的奴隶都被赶了出去，直至种植园主同意将作物分给军队，那些奴隶才被准许回来在联邦士兵刺刀的管制下劳作。如

① 即乔治·福斯特·谢普利（George Foster Shepley，1819—1878）。——译者注

果种植园主拒绝合作，联邦士兵就到种植园夺走一切物品。年迈病弱的奴隶苦苦哀求却无济于事，被迫离开了种植园主为其提供的住所，无助徘徊。根据第九十一号命令，路易斯安那州在密西西比河以西的所有地区都没收，负责官员在奉命收缴个人财产后，将联邦军可能需要的部分移交相关官员，其余部分则送至新奥尔良，在拍卖会上售与出价最高的人。与此同时，联邦政府官员极力怂恿奴隶叛乱，并让一些奴隶发动武装起义。他们热忱地教唆奴隶进行反抗，据悉，每一个官员都对此乐此不疲。

1862年6月7日，联邦政府无情地处决了威廉·B.芒福德。威廉·B.芒福德是一个没有进行过任何抵抗的俘虏。新奥尔良被占领后，他没有犯过什么罪。可他被指控协助并唆使一些人降下悬挂于铸币厂上空的联邦国旗。联邦国旗在联邦军事占领新奥尔良五天前，即1862年4月26日上午由一名船员留在那里。经军事法庭审判，威廉·B.芒福德后被绞死。

1862年12月15日，本杰明·F.巴特勒退任，N.P.班克斯上任。早在1862年8月初，谢普利就曾着手建立新奥尔良司法体系。为此，他为两个没有法官的地区法院任命了法官，并批准另一个曾在1861年前担任过此职的法官重新上任。这种做法相当于建立了三个法院，这三个法院具有与之前同名的法院一样的司法权，而设立这些机构的是代表联邦政府的军官。联邦政府声称：只有这三个法院在新奥尔良享有民事管辖权，但这种民事管辖权只适用于新奥尔良公民，并不包括居于新奥尔良的被告①。至于新奥尔良的其他居民，即新奥尔良以外的居民，则没有哪个法院拥有起诉他们的权利。在这样的情况下，联邦政府派军队占领了几个地方。

因此，为了让军权当政，还须采取进一步措施。这一措施彻底推翻了最基本的社会组织原则。这一措施完全摒弃了军队受行政当局管理的这一

① 这里指威廉·芒福德。——译者注

基本原则。该措施如下：军队因为具有兵力，所以有了一定的行政职能，可以随意确立规则和行为方式，并决定自己的权限。这种在军权基础上管理民政事务的做法颠覆了基本的社会组织原则。军权也许能消除行政当局执法时的障碍，但障碍消除后，军权并不能堂而皇之审判民政事务，这就像老鹰不能披上鸽子的羽毛变成鸽子一样。

然而，入侵者采取了进一步措施，联邦总统亚伯拉罕·林肯下令：建立一个用于存放案卷的“临时法院”。临时法院“有权审判包括法律、税收及海军部案件在内的一切民事与刑事案件。特别需要注意的是，临时法院拥有和美国地方法院及巡回法院一样的一切权力和司法权”。

一名来自纽约的律师被任命为该法院法官，且该法官有权任命必要的下属官员——“只要总统喜欢，该任命就一直有效，直到……新奥尔良和路易斯安那州的行政当局恢复正常”。

宪法提道：“美国的司法权属于最高法院和国会根据具体情况设立的下级法院。”临时法院既不是最高法院设立的，也不是由国会根据具体情况设立的。因此，临时法院不具有任何司法权。宪法也没有赋予国会在联邦任何州内建立独立的州法院，如上述路易斯安那州的法院的权力。

因此，在路易斯安那州，新建法院只是联邦政府进行军事管制的手段，在宪法或者其他法律条款里找不到可证明其正当性的依据。

当有人问及入侵者采取这种措施的理由时，他们通常会这样回答：由于情况需要，他们有权建立这样的临时法院。联邦政府就是这样讲的，联邦国会也默许了这一点——这样的做法起了带头作用。因为《充公法案》的通过同样需要一个合理解释，司法部同样默许了这一点。如此一来，宪法就多了一条没有明文规定的条款——必要性原则：在军事与民政事务的管理中，如事态所须，就可以颠覆或中止宪法的规定，行使宪法中没有授予的权力。

第 37 章

中央集权的进展

1862年12月3日，在战时州长谢普利的授意下，第一和第二选区进行了所谓的国会议员选举。这两个选区选民的构成相同：一半选民是新奥尔良的居民，另一半选民是新奥尔良周边地区的居民。获得第一选区多数选票的是本杰明·弗兰德斯，获得第二选区多数选票的是迈克尔·哈恩。到达华盛顿后，在选举委员会的支持下，本杰明·弗兰德斯和迈克尔·哈恩要求进入众议院。因为州宪法明文规定，如果选举公告不是由州长发布的，选举无效。因此，如果这二人的申请得到批准，国会就相当于承认了军令凌驾于一州的州宪法之上。尽管联邦政府各部门都认为联邦仍完整无缺、邦联各州只是一时叛乱，日后会在不损害现有法律的情况下重返联邦；尽管持该理论的国会必将会像捍卫纽约的法律一样捍卫路易斯安那州的法律——但路易斯安那州的两位申请人本杰明·弗兰德斯和迈克尔·哈恩还是获准进入了众议院。

联邦政府依靠军权从路易斯安那州的一小部分人、一小部分地区开始的重建工作仍在继续。联邦政府的下一步计划就是为修订宪法召开州代表大会，但因支持者甚少，因此1863年未开展任何工作。联邦政府建立军事统治的目的是获取可以废奴的政权。该目的实现前，一切事情都会被抛之脑后。

与此同时，1863年12月8日，亚伯拉罕·林肯总统发布了一份公告，声明总统要将部分邦联的州变为联邦州的计划，同时声称将只赦免那些宣誓效忠联邦政府的民众。简言之，亚伯拉罕·林肯总统的计划是：无论何时，只要某个邦联的州有不少于十分之一的选民在1860年的总统选举中投票，且选民都按规定进行了宣誓，且根据脱离联邦前的法律都是合法选民，该州就应重建州政府。重建政府才是该州真正的政府。选民需进行如下宣誓：拥护宪法、拥护联邦制、拥护“国会在叛乱期间通过的涉及奴隶的所有法案”及总统在同一时期发布的关于奴隶的“所有公告”，直至经由最高法院修改或认定无效。

亚伯拉罕·林肯总统这一旨在将各州重新纳入联邦的计划，既不是共和政体应采取的举措，也不是宪法规定的内容。他能用篡夺的兵力帮他轻而易举进行破坏，却无力在破坏后创建或再造。

1864年1月11日，N.P.班克斯根据亚伯拉罕·林肯总统的公告在新奥尔良发布了选举州政府官员和州制宪会议成员的公告。根据该公告，当选州政府官员将“依据路易斯安那州宪法及路易斯安那州法律组成州政府。而那些与公共事务相悖、明显不适用于路易斯安那州各阶层的与奴隶制有关的宪法与法律则须暂停”。这些州政府官员共得到一万零二百七十选票。1860年时，该州人口数为七十万八千九百零二人。1864年3月4日，所谓的当选州长迈克尔·哈恩就职。1864年3月11日，迈克尔·哈恩被授予之前一直由军政长官谢普利替联邦总统亚伯拉罕·林肯行使的权力。同一天，N.P.班克斯发布了一条与选举所谓的州代表大会代表有关的法令，该法令规定了选民资格。州代表大会代表都是在联邦军内部选举产生的。所谓的代表大会在召开会议后通过的所谓宪法宣布，“立即无条件解放所有奴隶”。在少得可怜的投票中，赞成票为六千八百三十六票，反对票为一千五百六十六票。新奥尔良的投票结果是四千六百六十四票赞成，七百八十九票反对。这一状况一直持续到战争结束。人们对所谓宪法的有效性展开了激烈争论。之后，依据该宪法选出的所谓立法机关通过了《宪法修正案》第十三条。根据《宪法修正案》第十三条，联邦政府不允许有奴隶制度存在。

这样建立的路易斯安那州并非共和制，民众并未同意建立这样的路易斯安那州，其立法机关是一个没有任何“正当权力”的违宪机构。由该立法机关表决的《宪法修正案》是无效的。因为该立法机关本身就是由一个无权授予其权力的机构确立的，因此不具有任何“正当权力”。然而，该立法机关的表决却被当成了通过《宪法修正案》的必要因素。这是打算捏造事实、无中生有吗？这样的行为就是危害人类自由的犯罪记录。

阿肯色州共和州政府的“建立”始于联邦总统亚伯拉罕·林肯给斯蒂尔[①]下达的命令。当时，经人民同意，阿肯色州建立的正规州政府正全力抵抗联邦军。

与此同时，根据1863年12月8日的公告，阿肯色州北部的一些人员召开了囊括禁止奴隶制度的所谓州代表大会。之后，与会人员奉命将决议提交普选决定，届时还将选出州政府官员。以上事宜交由军事领导人斯蒂尔指挥后，得到了亚伯拉罕·林肯总统的批准。选举中，禁止奴隶制度的那条提议共获得一万两千张投票，州政府官员也随之在选举中产生。接着，阿肯色州就成了由军政当局“建立”的所谓享有有共和制的州。当然，该州也因宪法宣称的“美国将保证联邦内的每一个州都是共和政体”这一条款而受益。这里要补充的是，在联邦政府看来，这样“建立”起来的州，同纽约州、马萨诸塞州和其他北方州一样，都将支持《宪法修正案》第十三条，即可以为禁止奴隶制存在的《宪法修正案》投票。于是，阿肯色

① 即弗雷德里克·斯蒂尔（Frederick Steele，1819—1868）。——译者注

州进行了投票，投票数恰好是运行此事的人所需的票数。就这样，欺诈、虚假行为战胜了大众权利与根本大法。

谈到联邦政府对各州的颠覆，弗吉尼亚州遭受的颠覆最大。1860年到1861年冬，里士满召开了州立法机关特别会议。会上通过了一条法案，决定让人民在1861年2月14日进行的选举中选举州代表大会代表。大会召开后，讨论了弗吉尼亚州与联邦的关系及克服困难的举措等问题，直至亚伯拉罕·林肯总统呼吁征兵、大会通过《脱离联邦条例》，该会议才告一段落。因弗吉尼亚州的西北地区与俄亥俄州及宾夕法尼亚州毗邻，很多人反对弗吉尼亚州脱离联邦，并决定将弗吉尼亚州西部地区重组成独立的州。为此，1861年6月11日，惠灵市召开了所谓的代表大会。大会的第一批举措如下：向外界宣布弗吉尼亚州的政府职位仍空缺。然后，在弗吉尼亚州任命新的政府官员，从而实现重组弗吉尼亚州州政府的目的。在联邦政府眼中，新组建的政府才是真正代表弗吉尼亚州的组织。改头换面的新政府也得到了亚伯拉罕·林肯总统的认可。大会的第二批举措是：将弗吉尼亚州部分地区组建成新州。为此，一些代表被选入所谓制宪大会，为新成立的西弗吉尼亚州制定了所谓宪法。在1862年4月举行的普选中，该宪法在该区以多数票通过。与此同时，重组的弗吉尼亚州州长发布了选举议员的公告，并声称要召开所谓立法机关特别会议。1862年5月6日，该立法机关召开会议，成为弗吉尼亚州的立法机关。立法机关成立后，立即通过了将弗吉尼亚州的部分地区组建成新州的法案。之后，这个所谓立法机关下令将已通过的法案和西弗吉尼亚州的新宪法草案送交国会，并请求“联邦接纳所述新州”。1862年12月31日，正有此意的亚伯拉罕·林肯总统批准了该法案。

当西弗吉尼亚州加入联邦的问题摆在联邦众议院面前时，宾夕法尼亚州的撒迪厄斯·史蒂文斯先生曾坦率声称自己讲不出上述法案是经宪法批准的话，因为那样会让他陷入自相矛盾的境地。撒迪厄斯·史蒂文斯说：“我们知道这样做属违宪行为，但不得不这么做。”

第38章

弗吉尼亚州的军事行动

麦克莱伦撤退到韦斯托弗后，约有一个月的时间一直按兵不动。我军派了一队骑兵去严密监视麦克莱伦前线的动向，同时做好了再次抵御麦克莱伦从新军事基地向里士满发起进攻的准备。我军主力一直静观其变，未进行重大战事。

与此同时，约翰·波普率领另一路敌军从华盛顿向南推进，并渡过拉帕汉诺克河，似乎要在占领戈登斯维尔后，从戈登斯维尔向里士满进军。与此同时，一股敌军出现在弗雷德里克斯堡前方，对戈登斯维尔到里士满之间的铁路造成了威胁，很明显这是为了配合约翰·波普的行动。为阻止约翰·波普进攻，并尽可能阻止敌军对手无寸铁的人实施暴行，杰克逊奉命于1862年7月13日率自己及尤厄尔的部队前往戈登斯维尔。

从约翰·波普的第五号命令、第六号命令和第七号命令就可看出其残暴的秉性。

第五号命令规定：

> 麾下部队应尽可能依靠作战地区的物资生活。部队获取物资后，要给物主开单据。战争结束后，物主凭“能够充分证明自己在获得单据后一直忠于联邦的证据”获得支付。

第六号命令规定：

> 骑兵在任何行动中都不得使用各种物资或行李搬运车，骑兵途经的所有村庄或社区都应为骑兵及马匹提供食宿。

第七号命令规定：

> 在可能会发生战斗的谢南多厄河谷及其他地区，如铁路有任何损毁，就拿当地居民是问；如果附近地区有游击队袭击列车或掉队士兵，就拿当地居民是问；如果有任何屋舍有人朝士兵开枪，就要将该屋舍夷为平地，将屋里的主人送进监狱；“如果上述任何一种暴行发生在距当地居民住处较远的地方，那么周围五英里以内的人都应承担责任，并交付足够的赔偿金；如果发现有人参与上述任何一种暴行，那么无论是事中还是事后，都应该将参与者击毙，无须等待民事诉讼裁定”。

上述蛮政问世十天后，第十一号将军令也出台了。第十一号将军令出台后，军政当局开始驱逐弗吉尼亚州的某些居民，将其流放到其他州。

指挥官被命令立即“在其战线内或其驻地后方可到达的地区，逮捕一切不忠于联邦的男性公民”，“那些愿意宣誓效忠联邦、愿为遵守誓言提供足够保证的人，将获准留在家中……那些拒不宣誓的人将被送至警戒哨之外的南方地区，并予以如下警告：如果他们再次出现在我军阵线范围内，或出现在我军后方某地，就会被当作间谍予以最严厉的军法处置”。

如果约翰·波普的手下彻底执行了这些危言耸听、有辱军人声誉的命令的话，就会给当地造成更持久的伤害；其行径也会更加残忍。一收到约翰·波普发布的最后一条命令，我就命令罗伯特·E.李向其军队前方的联邦指挥官传达了以下内容：所述命令撤销前，邦联政府将不按战俘对待日后从约翰·波普军中俘获的军官。此外，尽管当前我们不报复无辜之人，并继续将约翰·波普军中的列兵当战俘对待，但如果该野蛮行径一直继续的话，我们将以眼还眼、以牙还牙，直到对方良心发现，能够尊重人们公认的战争法则。

1862年7月19日，杰克逊到达戈登斯维尔附近后，得到了安布罗斯·鲍威尔·希尔的增援。当杰克逊获悉库尔佩珀县政府只有约翰·波普的部分兵力后，遂决定在敌军增援部队赶到前击败这股敌军。1862年8月7日，杰克逊派尤厄尔、安布罗斯·鲍威尔·希尔和自己麾下的军队从戈登斯维尔附近的堑壕出发。1862年8月9日，到达距离库尔佩珀县政府约八英里处时，杰克逊发现了锡达伦附近的敌军。当时，敌军骑兵大军已占领道路右侧的山脊。于是，我军开始轰炸山脊上的敌军。没多久，这些敌军骑兵就撤退了。我军开火后，山脊后方的敌军立即反击。骑兵回到原来位置后，严阵以待的厄尔利率军向敌军挺进，并将面前的骑兵赶到了对面部署有排炮的山顶。敌军发起轰炸后，厄尔利在山丘的掩护下撤退，其右前方的一组小型排炮反击了敌军。与此同时，约翰·H.温德尔率领的杰克逊的旅被部署于道路左侧；加内特上校指挥的坎贝尔的旅被部署在约翰·H.温德尔左侧；托利弗的部队被部署在与道路平行的地带协助炮兵作战；约翰·H.温德尔自己的旅则暂时按兵不动。

这场战役在激烈的炮火中打响了，两军互相轰炸了约两小时。

1862年8月9日17时前后，敌军步兵发起进攻，袭击了厄尔利前方的军队，而另一队敌军则悄悄逼近厄尔利右侧。双方立即展开激烈战斗。与此同时，敌军主力逼近托利弗左侧，并对其侧翼和后方进行了狂轰滥炸。慌乱中，坎贝尔进行了撤退。坎贝尔撤退后，托利弗侧翼暴露，逼不得已也

锡达伦战役。

阿尔弗雷德·沃德（Alfred Waud，1828—1891）绘

撤退了。托利弗的其余兵力则一直坚守阵地。

约翰·H.温德尔与其右侧的安布罗斯·鲍威尔·希尔麾下的布兰奇立即赶去支援。一番浴血奋战后，他们将敌军击溃，敌军损失惨重。彭德[1]与阿奇尔[2]赶到约翰·H.温德尔左侧后，我军发起总攻。之后，敌军溃退。战场上留下大量敌军死伤士兵。我军最右翼是由尤厄尔率领的两个旅，因我军炮兵一直向敌军开火，这两个旅未能出击。炮兵清除障碍后，尤厄尔立即率兵冲向敌军左翼，在烈火中与敌军进行了英勇战斗。敌军被我军左翼及中间力量击退后，这时又遭到了我军右翼的进攻。一番战斗后，敌军渐渐招架不住，进行了全面撤退。这时，夜幕降临，但由于杰克逊希望在天亮前进入库尔佩珀县政府，就对敌军展开了追击。

此次追击由安布罗斯·鲍威尔·希尔的师带路，但因夜色过暗，我军只能小心前进。

我军在距离战场后方约一英里半时发现了敌军，但同时获悉敌军的援军已经赶到。因此，杰克逊决定停战一夜。1862年8月10日上午，杰克逊发现敌军果然增加了很多，遂未鲁莽作战。他命人将伤员送往后方，开始埋葬死者，并收集战场上的武器。1862年8月11日，我军准许敌军埋葬其尚未安葬的死者。1862年8月11日晚，杰克逊率兵回到戈登斯维尔附近。

这场战役被称为锡达伦战役。在此战中，我军共俘获四百名战俘，缴获五千三百件轻武器、一门大炮、若干弹药箱和三面军旗。我军死亡二百二十九人，受伤一千零四十七人，合计一千二百七十六人。敌军共死伤一千五百多人。

锡达伦战役的胜利暂时制止了敌军的入侵。但我军很快就发现，敌军增援部队大批赶来。锡达伦战役几日后，为同约翰·波普及麦克莱伦留在

① 即威廉·多尔西·彭德（William Dorsey Pender，1834—1863）。——译者注
② 即詹姆斯·J.阿奇尔（James J. Archer，1817—1864）。——译者注

韦斯托弗的兵力会合，伯恩赛德率军赶至拉帕汉诺克河。

因此，要想阻止敌军进攻里士满，这时最应该做的就是支援杰克逊将并进攻约翰·波普。

1862年8月13日，朗斯特里特、约瑟夫·R.安德森和J.E.B.斯图尔特开始向戈登斯维尔挺进。1862年8月16日，我军开始从戈登斯维尔附近向北岸集结有大量敌军的拉皮丹河挺进。我军决定派骑兵去破坏位于敌军后方的拉帕汉诺克河上的铁路桥，杰克逊则与朗斯特里特渡过拉皮丹河袭击敌军左翼。但敌军在获悉我军作战计划后匆匆撤到了拉帕汉诺克河对岸。1862年8月21日，我军向拉帕汉诺克河进发。我军骑兵渡过贝弗利浅滩后，与敌军展开了激烈遭遇战。因交战地点不是我军既定过河地点，骑兵又退回拉帕汉诺克河南岸。没多久，拉帕汉诺克河北岸就出现了大量敌军，托利弗与敌军激烈交火。

但由于我军在拉帕汉诺克河南岸的阵地归北岸指挥，而北岸又肩负保卫各浅滩之重任，罗伯特·E.李决定率兵过河占领拉帕汉诺克河上游更为有利的阵地，从而占领敌军右侧的阵地。朗斯特里特奉命于1862年8月21日离开凯利浅滩，在占领贝弗利浅滩附近及铁路桥后，掩护奉命沿拉帕汉诺克河而上的杰克逊的行动。1862年8月22日，杰克逊开始沿拉帕汉诺克河而上，让特林布尔的旅看守火车。1862年8月22日下午，朗斯特里特派胡德带两个旅去援助特林布尔。胡德刚到特林布尔那里，就遭到了敌军的袭击。一番战斗后，损失惨重的敌军仓皇逃到了拉帕汉诺克河北岸。因大雨滂沱，河水激涨，步兵和炮兵无法渡河，杰克逊未能成功过河，并撤回了到达北岸的军队。1862年8月22日清晨，J.E.B.斯图尔特率两个旅在距斯普林斯约六英里处渡过了拉帕汉诺克河，但受恶劣天气影响，同样未能摧毁卡特莱特车站的铁路桥。此次行动中，J.E.B.斯图尔特共俘获三百多名战俘。因担心下雨造成影响，J.E.B.斯图尔特再次率军渡过了拉帕汉诺克河。

河水上涨后，浅水区已无法通行，敌军趁机将兵力聚集到了杰克逊对面。见状，罗伯特·E.李派朗斯特里特去支援杰克逊。尽管受河水上涨影响，朗斯特里特还是在1862年8月24日下午到达了杰斐逊顿。当时，杰克逊的军队位于杰斐逊顿与斯普林浅滩之间，安布罗斯·鲍威尔·希尔的部队正与前方的敌军激烈交锋。敌军将大军聚集在沃伦顿与斯普林斯之间，把守着拉帕汉诺克河远至滑铁卢的浅滩。

这时，麦克莱伦的军队已离开韦斯托弗，且部分军队已与约翰·波普会合，据悉其余兵力也会很快跟进。与此同时，敌军将考克斯的大部分兵力从卡卡诺瓦河谷撤了出来，目的也是同约翰·波普会合。

1862年8月25日，杰克逊渡过拉帕汉诺克河，1862年8月26日晚，到达布里斯托火车站。到达盖恩斯维尔时，J.E.B.斯图尔特率领由罗伯森和菲茨休·李指挥的两个旅加入了杰克逊的队伍中。此后，这两个旅一直追随杰克逊左右，保卫着杰克逊的两翼。

这时，介于约翰·波普军队与华盛顿之间的杰克逊还没有遇到敌军的大兵。为了缴获距杰克逊军营约七英里的马纳萨斯枢纽的敌军兵站物资，特林布尔主动请缨，希望在夜间率两个加州团向敌军推进。获批后，特林布尔在午夜轻松拿下该地。此次行动中，我军缴获大量物资，其中包括八门大炮、一百七十五匹马、二百顶新帐篷及大量军需品，共俘获敌军三百多人。

除了尤厄尔的师被留在布里斯托火车站，其余军队都在1862年8月27日一早赶到了马纳萨斯枢纽。我军占领兵站不久，新泽西州的泰勒将军就率大军前来收复兵站。激烈交战后，泰勒将军丢下死伤士兵溃退了。1862年8月27日这一天，我军在马纳萨斯枢纽补充了所需物资。下午，敌军的两个旅从沃伦顿枢纽方向进攻了布里斯托的尤厄尔，但被我军击溃。没多久，敌军再次发起进攻，这次，敌军明显是想用全部兵力与杰克逊进行战斗。

见此，尤厄尔率军撤退，重新加入杰克逊的部队。敌军行至布里斯托时稍事停顿了一下。因敌众我寡，杰克逊率兵从马纳萨斯枢纽撤退到了沃伦顿到亚历山大之间的收费公路，这里更方便杰克逊与即将到来的朗斯特里特会合。因缺乏交通工具，杰克逊在给军队提供军需后被迫烧毁其余缴获物资，其中包括上万磅培根、一千桶咸牛肉、两千桶咸猪肉、两千桶面粉及若干其他宝贵物资。

1862年8月27日晚，托利弗率军到达战场附近。1862年8月28日，安布罗斯·鲍威尔·希尔和尤厄尔也率兵赶到。1862年8月28日下午，从沃伦顿向亚历山大进攻的敌军左翼兵力暴露，杰克逊遂决定发起进攻。之后，两军展开激烈拼杀。1862年8月28日21时前后，敌军开始陆续撤退，我军占领该战场。在这场战斗中，双方都蒙受了巨大损失。第二天早上，即1862年8月29日早上，敌军占领介于杰克逊与亚历山大之间的阵地。1862年8月29日10时前后，敌军轰炸了杰克逊的右翼。

当时，杰克逊的右翼被部署在格罗夫顿后方，由斯塔克[①]准将率领的部队居于右侧；由劳顿率领的尤厄尔的部队居于中央；安布罗斯·鲍威尔·希尔率领的军队居于左侧。敌军进攻纵队很明显是想在朗斯特里特到来前集中兵力战胜杰克逊。1862年8月26日，朗斯特里特离开沃伦顿斯与斯普林斯对面的阵地，前去与杰克逊会合。1862年8月28日，朗斯特里特到达要道峡时，发现了要阻击我军前进的敌军大军。已占领要道峡最东头的敌军猛烈轰炸通往要道峡的道路及路两边的山。我军打算绕到敌军右侧，但还未到达目的地，就遭到了敌军攻击，我军随之奋力反击。之后，敌军撤退到要道峡东头的阵地，并在天黑前不断射击我军。天黑后，敌军撤退了。1862年8月29日上午，朗斯特里特继续率兵向前挺进。这时，马纳萨斯传

① 即威廉·E.斯塔克（William E. Starke，1814—1862）。——译者注

来大炮声，表明杰克逊已与敌军展开了战斗。原来杰克逊率兵攻击了刚刚轰炸了其右翼军队的敌军左翼的后方战场。朗斯特里特立即在阵地部署大炮，但还没等他部署好，面前的敌军就已撤退了。接着，朗斯特里特在杰克逊右侧的阵地就位。这时，我军的左右两翼由骑兵守卫，右翼骑兵由J.E.B.斯图尔特亲任总指挥。朗斯特里特到达后，敌军转移了阵地，开始集中兵力和火力攻击杰克逊的左翼，安布罗斯·鲍威尔·希尔率部分炮兵进行了反击。

之后不久，J.E.B.斯图尔特报告称布里斯托方向正有一大队敌军向我军逼近，并对朗斯特里特的右翼构成威胁。但这支敌军并没有发起猛烈进攻，在发射了几枪后就撤退了。与此同时，敌军大部队对杰克逊的左翼——安布罗斯·鲍威尔·希尔占领的阵地——发起了进攻。安布罗斯·鲍威尔·希尔率军进行了顽强抵抗，并几度将敌军击退，但敌军总是很快又发起新一轮的进攻。敌军甚至曾在一次进攻中直插我军内部，在巴特里·格雷格和托马斯率领的军队中冲出一条路来，但没过多久就被南卡罗来纳州第十四团和佐治亚州第四十九团狠狠赶了出去，并蒙受巨大损失。在这场近距离交锋中，两军打得不可开交，有时射击距离仅几步之遥。巴特里·格雷格英勇抵抗敌军的进攻，直至弹药耗尽、只剩两名指挥作战的军官。前来增援的海斯的部队作战力非常强，与巴特里·格雷格联手保卫了阵地。在厄尔利的旅和路易斯安那州第八团赶来救援前，他们与敌军厮杀了好几个小时。厄尔利赶到后，不仅重创了敌军，还有力地追击了敌军。在将敌军赶至我军战线二百码以外时，厄尔利奉命返回了铁路上的阵地。就在杰克逊的左翼兵力与敌军激烈交战时，胡德和N.G.埃文斯奉朗斯特里特之命进攻敌军。但胡德还没来得及执行命令就遭到了敌军袭击。激烈战斗后，胡德将敌军击退，并紧密追击敌军。

此次战斗一直持续到1862年8月29日21时，敌军最后撤退到了一个有

马纳萨斯战役。

绘者信息不详

大军把守的阵地。天亮前，我军一直守在敌军阵地前。第二天天亮后，追军才奉命撤回第一阵线。此次战斗中，我军缴获物资如下：一门大炮、几面军旗及若干战俘。我军损失惨重。

1862年8月30日上午，敌军再次攻击我军，在我军阵线沿线展开了小规模战斗。杰克逊和朗斯特里特一直坚守着前一日占领的阵地。1862年8月30日中午，两军休战数小时。1862年8月30日15时左右，敌军在杰克逊前方集结了兵力，之后发动进攻。为阻击步步紧逼的敌军，杰克逊的军队与敌军浴血奋战。为支援第一批进攻军队，敌军接着派出了第二批、第三批军队。这样一来，敌军就进入了朗斯特里特左前方的射程内。朗斯特里特立即将两门大炮调到前线，同时派斯蒂芬·迪尔·李上校携另两门大炮向敌军推进。在我军的攻击下，敌军支援阵线土崩瓦解，敌军在其炮弹的有力掩护下撤退了。之后，敌军屡次集结军队，都未能成功。如此一来，杰克逊的压力就缓解了不少。于是，他率兵稳步逼近敌军，最终赶跑了面前的所有敌军。敌军在仓皇撤退中，受到我军大炮重创。这时，等待发起总攻的朗斯特里特将自己的全部兵力调来攻打敌军中间及左翼兵力。于是，我军在全面进攻中，相继在各阵地击退并重创敌军，直至1862年8月30日22时夜色已至才停止追击。

因夜色过暗，无法判断布尔溪浅水区的深度，我军只能在天亮后再继续追击敌军。第二天，即1862年8月31日，我军骑兵赶到后，发现敌军已撤到了位于布尔溪四英里之外的森特维尔的有利阵地。夜间下起的那场大雨让我军未敢贸然渡过布尔溪，因此，我军行动受到掣肘。为分散敌军注意力并保护埋葬死者和转移伤员的小分队，朗斯特里特留在了战场上。为了转到敌军右翼拦截退往华盛顿的敌军，杰克逊从萨得雷浅滩前往利特尔河收费公路。因天气恶劣、军队疲累，他的行程受到阻碍。1862年8月31日夜，杰克逊到达利特尔河收费公路。第二天，他从利特尔河收费公

马纳萨斯战役后，联邦军撤退。

鲁弗斯·费尔柴尔德·佐格鲍姆（Rufus Fairchild Zogbaum，1849—1925）绘

路向费尔法克斯县政府进发。与此同时，敌军正快速向华盛顿撤军，为掩护从森特维尔撤退的军队，敌军向利特尔河收费公路上的日耳曼敦派遣了大量兵力。1862年8月31日17时前后，杰克逊的先头部队在日耳曼敦附近的牛山遭遇敌军派遣部队。我军立即布好阵线，并派了两个旅去摸清敌军情况。滂沱大雨中，我军向敌军发起了英勇进攻。之后，我军增援部队赶至，与敌军一直鏖战到天黑。天黑后，敌军开始撤退。此次战役中，敌军损失了两名将官，其中卡尼①少将战死。牛山战役结束后，朗斯特里特率军赶到。第二天早上，即1862年9月1日早上，我军发现敌军已逃之夭夭，且亚历山大和华盛顿附近的防御工事也不允许我军展开进一步的追击，因此我军放弃了拦截计划。1862年9月2日，我军在尚蒂利附近休息时，骑兵仍在追击撤退敌军，直至敌军进入堑壕，骑兵才停止追击。

在马纳萨斯平原的一系列交战中，除了敌军留在战场上的伤员，我军共俘获七千名战俘。除了杰克逊在马纳萨斯枢纽缴获的物资，我军还缴获了三十门大炮、两万多件轻武器、为数众多的军旗及大量物资。

约翰·波普曾在报告中这样讲道：

> 1862年9月1日上午，据军队指挥官报告，我在森特维尔的全部兵力如下：麦克道尔的部队，一万人；西格尔的部队，七千人左右；海因策尔曼的部队，六千人左右；雷诺②的部队，六千人；N.P.班克斯的部队，五千人；萨姆纳的部队，一万一千人；波特的部队，一万人；富兰克林③的部队，八千人。合计，六万三千人……其中，有两万零五百人是曾经在我的统率下参加过哈里森

① 即菲利普·卡尼（Philip Kearny，1815—1862）。——译者注
② 即杰西·李·雷诺（Jesse L. Reno，1823—1862）。——译者注
③ 即威廉·布埃尔·富兰克林（William Buel Franklin，1823—1903）。——译者注

卡尼少将之死。
绘者信息不详

登陆战的那九万一千名老兵中的一部分。

在马纳萨斯平原战役中，我军损失巨大：死亡一千零九十人，受伤六千一百五十四人，合计七千二百四十四人。据估计，敌军共死伤、失踪一万五千人到两万人。

第39章

战事转移至边界地区

敌军撤到华盛顿和亚历山大附近的防御工事后，罗伯特·E.李于1862年9月3日率兵向利斯堡进发。这时，麦克莱伦和约翰·波普的军队奉命回到了1862年春、夏战开始的地方。敌军未能在这些战役中取得既定目标，对北卡罗来纳州海岸和西弗吉尼亚州的进攻计划也因主力的撤退而落空。

敌军将弗吉尼亚州东北部的军队撤到了华盛顿的堑壕中。曾占领温切斯特的敌军退到了哈珀斯费里。这时，战争已转移到边界。如此一来，我军就可以从富饶的地区获得物资了。为有效遏制敌军，因此，我军打算将军队转移到马里兰州——这似乎是当时最好的选择。尽管我军还没有做好入侵准备，士兵的衣服和鞋子供给十分短缺，交通工具也十分缺乏，但我们相信我军足以将遏制北部边界的敌军，直到冬季来临。到那时，北部边界的敌军再想进攻弗吉尼亚州就很难了。马里兰州的情况也让我们相信：我军尽管在数量上比不上联邦军，却足以威慑联邦政府。这样一来，联邦政府就必须保留所有可用兵力，以应对马里兰州的不时之需。与此同时，我军也希望我们取得的军事胜利能帮助马里兰州人民重获自由。

出于以上考虑，我军开始了行动。当时，波托马克河南岸的敌军直接威胁着我军的交通及战场上伤兵、战俘及缴获物资的转移。为迫使这里的敌军撤军，我军打算从蓝岭的东部渡过波托马克河。这样一来，我军就会对华盛顿和巴尔的摩构成威胁，敌军也就会撤出波托马克河南岸。该任务完成后，我军将把军队转移到马里兰州西部，届时，敌军将会为保护宾夕法尼亚州退出我方领土。

1862年9月4日和7日，安布罗斯·鲍威尔·希尔率兵从利斯堡附近渡过波托马克河，在弗雷德里克附近扎营。我们曾以为该行动会让敌军从马丁斯堡和哈珀斯费里撤军，这样就能打通我军在谢南多厄河谷的交通线路。但敌军并没有这样做。因此，在蓝岭西侧集中兵力前，我军须将马丁斯堡和哈珀斯费里的敌军驻军赶走。为此，杰克逊一路疾行，渡过了波托马克河，并派安布罗斯·鲍威尔·希尔率军去马丁斯堡对付敌军剩余兵力，以切断其退路，防止敌军向西撤退。敌军从马丁斯堡撤退到了哈珀斯费里。与此同时，我军派麦克罗斯去占领波托马克河以北、哈珀斯费里对面的马里兰高地。麦克罗斯到达后，发现敌军已占领马里兰高地，并在堑壕上部署了大炮，派步兵把守。1862年9月13日，麦克罗斯率军袭击并占领马里兰高地。之后，敌军撤退到哈珀斯费里。第二天，即1862年9月14日，我军完成封锁任务。

就在麦克罗斯向哈珀斯费里进军之时，朗斯特里特的其余兵力和D.H.希尔的部队越过南山向布恩斯博勒进发。到达布恩斯博勒后，朗斯特里特继续向黑格斯敦进发。D.H.希尔则在布恩斯博勒停了下来，以协助我军骑兵阻止哈珀斯费里的敌军从普莱森特谷逃走。因敌军行进速度缓慢，我军认为：在集中兵力对付敌军前，应先解决掉哈珀斯费里的敌军。那样的话，我军就要阻止敌军通过南山。在我军撤离弗雷德里克后，罗伯特·E.李的一份作战命令落入了麦克莱伦之手。于是，麦克莱伦立即快马加鞭赶了过来。1862年9月13日下午，麦克莱伦率领大军即将到南山。J.E.B.斯图尔特率骑兵进行了阻击，为我军赢得了备战时间。D.H.希尔率兵镇守布恩斯博勒山口，朗斯特里特则奉命支援D.H.希尔，以防敌军经过布恩斯博勒山口去支援哈珀斯费里的驻军。1862年9月14日清早，敌军大兵企图强行进入D.H.希尔的后方阵地，但D.H.希尔的小队人马与加兰[①]的旅屡次击退敌军进攻，牵制敌军达五小时。朗斯特里特奉命前去支援，并在1862年9月14日15时到16时前后到达战斗现场。两军一直鏖战到傍晚。这时，南面的敌军已被击退，攻击我军中间力量的敌军也因损兵折将进行了撤退。因夜幕降临，我军停止了战斗。

尽管敌军未能通过布恩斯博勒山口，但显然，在没有得到增援前，罗伯特·E.李不会贸然再次开战，因为麦克莱伦可以凭借自己的优势兵力轻而易举转到罗伯特·E.李的侧面。与此同时，我军获悉敌军另一支大军已强行通过克兰普顿山口，距麦克罗斯后方仅五英里之遥。因此，我军决定退到夏普斯堡，这样我军就能在敌军攻击麦克罗斯时，处于敌军侧面和后方，也易于我军同其余兵力会合。在菲茨休·李的骑兵旅的有效掩护下，我军顺利完成以上任务。直至第二天（1862年9月15日）8时之前，麦克莱伦的进攻部队都没有再出现在布恩斯维尔西侧的山口。

我军的抵抗为杰克逊处置哈珀斯费里的驻军赢得了时间。1862年9月15日黎明，杰克逊率军袭击了哈珀斯费里的驻军。杰克逊与马里兰高地及劳登高地的部队同时猛烈轰炸敌军。约两小时后，哈珀斯费里的驻军投降。我军俘获敌军一万一千人，缴获七十三门大炮、约一万三千件轻武器，以及大量军需品。

1862年9月15日上午，朗斯特里特和D.H.希尔率兵到达夏普斯堡。1862年9月16日一大早，杰克逊抵达该地。1862年9月16日下午，J.G.沃克到达该地。1862年9月14日前，麦克罗斯则一直坚守克兰普顿山口的阵地。在发现敌军并不打算袭击自己后，麦克罗斯才率军渡过波托马克河到

① 即塞缪尔·加兰（Samuel Garland，1830—1862）。——译者注

南山战役。

绘者信息不详

达哈珀斯费里，然后取道谢普斯敦继续前进。因此，直到战役开始多时，麦克罗斯还未赶赴战场。

在率军即将到达弗雷德里克时，罗伯特·E.李遵照我的指示，向马里兰州人民发布了一份公告，宣布自己在敌军赶到前就到达这里的动机与目的。

公告简要述及了联邦政府对马里兰州人民实施的暴政：联邦政府违反法律逮捕、监禁没有任何罪名的公民；用武力篡夺主要城市的领导权；靠非法逮捕立法机关成员解散当地立法机关；压制出版自由和言论自由；将一个同南方各州在社会、商业及政治等方面有着紧密联系的州变成一个被征服的省，罗伯特·E.李补充道：

> 相信高尚的马里兰州人民是不屑于向这样的政府低头的。南方人民早就想帮助你们摆脱这种强加给你们的枷锁，让你们能重享自由公民不可被剥夺的权利，并恢复贵州的独立与主权。为达成这一心愿，我军才来到这里，并已做好用武力帮你们重获被非法夺走的权利的准备。
>
> 马里兰州的人们，我们的使命就是保护你们。任何人都不能约束你们的自由意志；任何人都不能恐吓你们，起码在我军保护范围内不能。马利兰人将再次享有他们之前享有的思想自由与言论自由。你们不是我们的敌人，你们每一个都是我们要保护的对象。

戴维斯的总统就职典礼。

19 世纪版画，绘者信息不详

林肯总统撰写《自由宣言》。
福布里格公司出品，绘者信息不详

马纳萨斯战役。

库尔茨 & 艾利森公司出品，绘者信息不详

鲍尔布拉夫战役中，炮轰波托马克河。
阿尔弗雷德·华兹华斯·汤普森（Alfred Wordsworth Thompson，1840—1896）绘

多纳尔森堡战役。

梅杰 & 纳普公司出品，绘者信息不详

威廉斯堡战役。

库尔茨 & 艾利森公司出品，绘者信息不详

1862 年 6 月 27 日的战斗结束后，联邦军撤退。
绘者信息不详

约翰·威尔克斯·布斯在福特剧院观看表演时，俯身向亚伯拉罕林肯总统开枪。
绘者信息不详

杰斐逊·戴维斯在被俘前两天告别他的护卫队。

摘自 1865 年出版的《伦敦新闻画报》，绘者信息不详

里士满失陷后，邦联政府逃亡。
19 世纪版画，绘者信息不详

1865 年罗伯特 · E. 李将军投降后，杰斐逊 · 戴维斯在逃亡途中签署邦联政府文件。
19 世纪版画，绘者信息不详

第 40 章

安蒂特姆河战役

我军到达夏普斯堡后，朗斯特里特和D.H.希尔的部队被部署在夏普斯堡与安蒂特姆河之间的山脉上，该山脉几乎与安蒂特姆河平行。朗斯特里特的部队被部署在通往布恩斯博勒的道路右侧，D.H.希尔的部队则被部署在这条路的左侧。在菲茨休·李所率骑兵的牵制下，敌军迟迟未能发动进攻，直到1862年9月15日14时前后，敌军才出现在安蒂特姆河对面。当天下午，两军都只派了部分炮兵作战。1862年9月16日，炮火愈加猛烈，并持续了一整天。敌军一列纵队从我军大炮射程之外的某个地方渡过了安蒂特姆河，对我军左翼兵力构成了威胁。由于我军已料到这一点，胡德的两个旅已从我军右侧调到D.H.希尔和黑格斯敦公路之间。敌军渡过安蒂特姆河后，我军将杰克逊调到了胡德左侧，杰克逊赶到后，在J.E.B.斯图尔特的骑兵和炮兵保护下，进行了以下部署：右侧阵线在黑格斯敦公路上，左侧阵线通往波托马克河。J.G.沃克及其麾下的两个旅被部署在朗斯特里特的右侧。到了1862年9月16日晚上，敌军炮火越发猛烈，并派大量步兵逼近胡德，但遭到我军英勇反击。1862年9月16日22时，劳顿率领自己的旅和尤厄尔麾下由特林布尔率领的旅赶到，为胡德解了燃眉之急。J.M.琼斯则在尤厄尔其余兵力的协助下，率杰克逊的部队居于劳顿的左侧。

1862年9月17日凌晨，安蒂特姆河两岸的敌军同时向我军猛烈开火，用最大火力攻击我军左翼兵力。在猛烈炮火的掩护下，敌军派大量步兵袭击了杰克逊的部队。两军激烈交战几小时，胜负难分。我军屡次冲破敌军阵线将其击退，但没过多久，敌军就又派新兵冲了上来，因此，杰克逊的士兵也被迫几次撤退。敌军在每一轮进攻中都死伤惨重，大量士兵因此受伤或丧生，战地指挥官也死的死，伤的伤。我军在各个阵地顽强抵抗敌军，但渐渐招架不住，被迫后退。于是，我军派厄尔利率领尤厄尔的部队代替杰克逊的部队，并撤回人数锐减、弹药几乎耗尽的杰克逊的大部分兵力。这时，战斗变得非常激烈。在极其猛烈的炮火下，在数倍于我军的敌军步兵的攻击下，胡德和厄尔利率少数人马坚守着自己的阵地。得到增援后，胡德一度冲破敌军阵线，击退敌军。但不久，敌军增援力量就冲了过来，并慢慢占了上风。胡德率军拼死抵抗，直至麦克罗斯和J.G.沃克分别率兵赶到。这时，胡德的旅已弹尽粮绝，并蒙受巨大损失。尽管如此，在为军队补充了弹药后，胡德重新率军返回了战场。J.G.沃克的到来，为胡德解了燃眉之急。J.G.沃克率军猛烈回击敌军，击退并重创敌军。麦克罗斯率增援部队赶到后，厄尔利率军英勇地进攻面前的敌军大部队。与此同时，麦克罗斯也率兵向敌军挺进。在我军的猛烈进攻下，敌军在混乱中撤退了。之后，我军紧密追击，直至敌军退到战役开始时占领的阵地以外的地方。

敌军很快又率大军进攻我军中间部队。在几门大炮的协助下，J.G.沃克的部分兵力和D.H.希尔麾下的G.B.安德森和罗德斯率军进行了抵抗。前来协助作战的R.H.安德森在D.H.希尔后方就位。这时，由于指挥失误，罗德斯的军撤离了阵地，因此，我军阵线露出一个缺口，致使敌军趁机冲过去击溃了G.B.安德森率领的旅。之后，敌军大举向前挺进，而我军当时只有四门大炮反击敌军。与此同时，由D.H.希尔和其他几名军官召集的来自不同旅的几百名士兵也参与了反击。参与反击的还有J.G.沃

安蒂特姆河。

库尔茨 & 艾利森公司。绘者信息不详

克和R.H.安德森的部分兵力。在没有任何弹药的情况下，约翰·伊斯滕·库克上校和北卡罗来纳州第二十七团勇敢排成了一条阵线。这一小股兵力形成的牢固阵线，加之我军大炮的精准射击，有效牵制了敌军的进攻。约一个半小时后，敌军撤退了。但没过多久，敌军又对我军中间偏右一点的地方发起了进攻，但被我军的华盛顿炮兵团发射的大炮击退。在R.H.安德森麾下部分士兵的协助下，华盛顿炮兵团一直坚守该阵地至战役结束①。

敌军在攻击我军中间及左翼兵力时，还屡次想要强行渡过安蒂特姆河上的一座桥。该桥对面是由D.R.琼斯率领的朗斯特里特的右翼兵力。当时，镇守该桥的是图姆斯率领的两个团和D.R.琼斯的炮兵连。在敌军的袭击中，这一小队人马曾连续五次击退敌军强势进攻。1862年9月17日下午，已大举渡过安蒂特姆河的敌军向D.R.琼斯发起了进攻。当时，D.R.琼斯正率领着不到两千士兵镇守山顶。遭到袭击后，D.R.琼斯率兵进行了英勇顽强的抵抗，但还是被迫撤退了，于是山顶失陷。这时，奉命协助D.R.琼斯的安布罗斯·鲍威尔·希尔率兵赶到，袭击了正扬扬得意的敌军。安布罗斯·鲍威尔·希尔与D.R.琼斯的大炮同时轰炸敌军，D.H.希尔的炮兵也从布恩斯博勒路对敌军进行了有效轰炸。在我军轰炸下，敌军行动受到遏制，阵脚大乱。就在这时，D.R.琼斯命令图姆斯进攻敌军侧翼。在布兰奇和巴特里·格雷格的协助下，阿奇尔则攻向敌军前方兵力。敌军在进行短暂抵抗后，被阿奇尔击溃，朝安蒂特姆河方向撤退了。在安布罗斯·鲍威尔·希尔和D.R.琼斯的追击下，敌军一直撤退到了部署有大炮的安蒂特姆河对岸。

① 华盛顿炮兵团由路易斯安那州炮兵连组成，是战争开始时在新奥尔良组建起来的。华盛顿炮兵团因其在战场上的卓越表现而闻名。该团曾在马纳萨斯的第一场战役中立下汗马功劳，几乎参加过所有重大战役，还曾在弗吉尼亚州和田纳西州军中效力。直到南北战争结束，华盛顿炮兵团的工作才宣告结束。——原注

这时天色已黑，为扫射安蒂特姆河，麦克莱伦在安蒂特姆河岸边部署了大量大炮。而安蒂特姆河对岸，波特似乎正率领着另一拨兵力严阵以待。这时，我军已精疲力竭、人数锐减。敌军人数本来就比我军多得多，这时又新增了兵力，显然，继续追击敌军不明智。因此，我军撤回了追军。我军右翼撤退后，安蒂特姆河战役也结束了。这是一场旷日持久的浴血奋战。在这次战役中，敌军屡次想将我军逐出我军阵地，但都以失败告终，且惨遭重创。

在安蒂特姆河战役中，我军参战人员近四万。这些人都在战场与行军中历经艰辛，他们凭借勇气与决心同装备齐全的敌军进行了战斗。他们的勇气无人能及，安蒂特姆河战役的结果就是对这些参战官兵的最高褒奖。

1862年9月18日，我军占领了前一天的阵地。除了中心阵地未占领，我军阵线被拉长了约二百码。我军侧翼兵力因一些部队的加入有所增加。这些新加入的兵力没有参加前一天的交战。但这时，我军已十分虚弱，根本无力进攻敌军。尽管如此，罗伯特·E.李还是希望能再次进攻敌军。1862年9月18日，没有发生任何敌对活动。当晚，我军撤到了波托马克河南岸，过河后到达了谢普斯敦附近，途中未遭到敌军骚扰。1862年9月19日早上，敌军发起进攻，但遭到了菲茨休·李率领的骑兵的阻击。这时，我军已困顿不堪，需要休息。于是，我军到马丁斯堡附近的奥普安休息了几日，之后，朝邦克山及温切斯特附近赶去。而这时，麦克莱伦似乎正在哈珀斯费里及其附近集中兵力，但没有采取进一步行动。

在安蒂特姆河战役中，我军左翼的战斗最激烈。从以下胡德的描述中，可以非常清楚地感受到这场战役的激烈程度与我军的艰难状况。胡德少将说：

> 1862年9月15日上午，我军再次行动起来。这时，我军急需鞋

子、衣物和食物。我们已经好几天没有领到肉了，也几乎没有面包可吃，士兵们只能靠嫩玉米和苹果度日。然而，当这些士兵在1862年9月15日一整天及9月16日上午与麦克莱伦的前卫部队交战时，他们依然斗志昂扬。1862年9月16日下午，在我军极度疲惫、饥饿的情况下，我奉命率领他们去占领黑格斯敦收费公路附近的阵地。该阵地在邓卡德教堂前方的一片空地上。胡克率军渡过安蒂特姆河后，开始掉头朝黑格斯敦收费公路方向前进，日落前一小时前后与我军相遇。这时，我已在黑格斯敦收费公路旁、一片玉米地边上的小山丘上部署了一到两组排炮。我将得克萨斯旅部署在左侧，将劳[1]的部队部署在右侧。之后，我军发起轰击，与敌军展开了一场十分激烈的战斗，并与敌军一直鏖战到深夜。炮火渐渐停息后，我军与敌军已相距不远，甚至能清楚听到敌军大部队在我军前方集结的声音。

因我军饱受饥饿之苦，我骑马赶到罗伯特·E.李那里，请求再派两个旅来解围，这样士兵们就能得空烹制少得可怜的口粮了。罗伯特·E.李说他也很想这么做，但没有可调用的军队。但罗伯特·E.李建议我去找杰克逊，然后想办法从杰克逊那里获得帮助。我骑行了很久，才找到杰克逊。当时，他正独自一人在一棵树的树根旁休息。我唤醒杰克逊，将我军的半饥饿状况告诉了他。杰克逊立即命令劳顿、特林布尔和海斯的旅来帮我们解围。同时，杰克逊要求我保证能在以后受到召唤时去帮助他们。我立即骑马去找拉运面粉——可供士兵们在没有肉食的情况下充饥——的马车。不幸的是，当时天色已黑，我想尽了一切办法带

① 即伊万德·麦基弗·劳（Evander M. Law，1836—1920）。——译者注

货车前进，但许多士兵还没和好面团。1862年9月17日，天快亮了。天一亮，劳顿的参谋就冲到我跟前说：“劳顿向您致意，请您速去支援他。”“战斗！”耳边立即响起这样的声音。于是，很多英勇的士兵只能再次向前线进军。而这时，他们还没有吃上一口饭。

离我军前方不远的地方，联邦重兵已严阵以待。所见之处，有两个以上的团，人数在二千人左右。尽管如此，我军还是发起了进攻。我军虽然只有不到十分之一的胜算，但将敌军从树林和玉米地赶到了其后备队所在地，并迫使敌军停止开火。这次极其致命的战斗中，我军一直拼到用尽最后一颗子弹。得克萨斯州第一团在玉米地整整损失了三分之二的兵力。整个团的勇士都倒在了敌军的扫射之下……我军几次去寻找救兵，但没有成功。发射完最后一枚大炮后，我率军撤回邓卡德教堂。同劳顿、海斯及特林布尔一样，我也是在弹药用尽后才撤退的。麦克罗斯的部队一到，我们就赶到后方去补充弹药。之后，我军又回到我们在邓卡德教堂附近树林里的阵地。直到黄昏，我军才从该阵地转移到靠右一点的地方，并在那里露营一宿。随着这血腥的一天的结束，这场战争中最难打的一仗也结束了。

沃尔特·H.泰勒更全面地记录了安蒂特姆河战役：

1862年9月16日下午，麦克莱伦命令胡克的部队进攻邦联的左翼兵力——由胡德率领的两个旅。1862年9月17日，胡克向胡德发起进攻。两军整整激战一天。1862年9月16日下午，麦克莱伦下令攻打我军左翼时，罗伯特·E.李手下只有不到一万八千人，其中包括朗斯特里特和D.H.希尔的部队、杰克逊的两支部队和J.G.沃克的两个旅。我军立即派通信兵到后方去催促安布罗斯·鲍威尔·希尔、R.H.安德森和麦克罗斯从哈珀斯费里赶赴战场。1862年9月17日，安布罗斯·鲍威尔·希尔、R.H.安德森和麦克罗斯率兵赶到，并立即参加战斗。在安蒂特姆河战役中，我军全军参战，没有任何后备部队。

邦联左翼的战斗最激烈，持续时间最长。经联邦政府证实，胡克、曼斯菲尔德[①]和萨姆纳曾屡次率兵攻打我军左翼，都被击退了。其中，两个团在进攻中遭受重创，无法继续战斗。敌军共派了四万人攻打我军左翼，这还不包括当天夜里派往营救联邦右翼兵力的富兰克林麾下的两支部队。邦联左翼人数从头到尾只有不到一万四千人，其中包括杰克逊的两支部队、麦克罗斯的一支部队，及胡德和J.G.沃克率领的两个旅。我军就用这些兵力抵挡着敌军反复发起的猛烈进攻。敌军在袭击我军中间阵地及右翼时，这种敌众我寡的局面更明显。

在《战争行为委员会的报告》中，萨姆纳证实了以下事实：

胡克的军队被打散了，这一点确凿无疑。我派了一个参谋去寻找胡克及其军队的下落，但只找到了里基茨[②]这名军官。里基茨说，他无法将部队里的三百名士兵聚到一起。当时，我们左侧有一支部队，我估计是曼斯菲尔德的部下。曼斯菲尔德阵亡后，他手下的部分部队立刻陷入了混乱。

---

① 约瑟夫·K.曼斯菲尔德（Joseph K. Mansfield，1803—1862）。——译者注
② 即詹姆斯·B.里基茨（James B. Ricketts，1817—1887）。——译者注

这份报告中，麦克莱伦的证词可谓异曲同工：

> 第二天上午[①]，我发现我军已蒙受巨大损失，一些部队已混乱不堪。因此，我认为当天不宜再次发动进攻。尤其当我确定当天我军会有两支部队到来且增援人数约有一万五千人时，更加确定了这一点。下面将举例说明当天上午一些部队的情况。我恰巧记得1862年9月18日上午，胡克第一团的报告，报告称当时该团共有三千五百名现役士兵。据该团报告，四天后，该团人数为一万三千五百人。

1862年9月19日晚，我军渡过波托马克河时，敌军的几个旅跟在我军身后。1862年9月20早上，我军派后卫部队的总指挥安布罗斯·鲍威尔·希尔驱赶敌军。安布罗斯·鲍威尔·希尔部署好兵力后，开始进攻敌军。当时，敌军将大队人马聚集在彭德军队的前方，打算攻击其侧翼。安布罗斯·鲍威尔·希尔在报告中这样说道：

> 我军几路人马同时英勇进攻敌军，敌军乱作一团，纷纷跌入水中。之后，两军共同见证了安蒂特姆河战役中最惨不忍睹的一幕。波托马克河满是敌军浮尸，逃生者寥寥无几。身着蓝色军服的敌军浮尸的映照下，宽阔的波托马克河也呈现出一片蓝色。据敌军记录，某个旅就有三千人丧生、溺死。我军共俘获战俘约两百人。

① 即1862年9月18日。——原注

在官方报告中，麦克莱伦说，在安蒂特姆河战役中，他一共出动各兵种士兵八万七千一百六十四名。

我军当时的官方报告显示，我军步兵团有效人数共有两万七千二百五十五人。该报告称我军骑兵和炮兵约有八千人，这样的话，罗伯特·E.李的全部兵力就达到三万五千二百五十五人了，但这一数字明显虚高。

根据1862年9月22日北弗吉尼亚军返回弗吉尼亚后的官方报告，当时，加上归队、掉队士兵，当时我军共有三万六千一百八十七名步兵和炮兵。再加上那些没有返回的骑兵，这一数字也许能到四万人。

根据联邦波托马克军在1862年9月20日的报告，当时联邦参加夏普斯堡战役的各兵种士兵共有八万五千九百三十人。

敌军在布恩斯博勒和夏普斯堡共损失一万四千七百九十四名士兵。

第41章

财政规章与棉花荒歉

早在1861年7月13日，联邦政府就曾为“合法”掠夺南方地区种植的棉花并将其运往欧洲通过了一系列法案。法案规定：总统有权通过公告宣布任意一州的居民或一部分居民发生了叛乱，叛乱州的所有商业往来都属违法行为，须按要求停止，并没收所有往返于该州或部分属于该州的私人财物、制品和商品，及运输货物的船或其他运载工具。该法案可达到两个目的：第一，中断邦联与联邦公民的所有商业往来；第二，没收所有途中运输船舶。以上目的达到后，联邦政府又出台了一项法案，该法案允许总统在自认为最有利于公众利益的基础上，决定重新开始贸易的时间、人员与贸易物品。贸易物品主要是棉花和烟草；贸易的持续时间显然与联邦政府的既定目标有关。也就是说，只要该贸易符合联邦政府的既定目标，就可以一直进行下去；贸易人员则是那些能巧妙完成既定目的的人员；公共利益则是将棉花收集好运到欧洲制造商那里。

我们就是找遍宪法，也找不到任何授权国会通过上述法案的条款，更不可能找到任何授权总统批准该法案的条款，或允许总统违背当初曾立下的支持并维护宪法的誓言的条款。对于这种通过法案公然违反宪法的行为，国会难辞其咎；总统非但没有利用手中的一票否决权否定这种违宪措施，反倒批准了该措施，成为强夺的同谋。各州有权管理公民间的贸易往来，甚至有权设立检查员并建立检疫规章，这些都是不争的事实。

即使是在南北战争期间，联邦政府也没有干涉各州公民贸易往来的权力。虽然国际法允许这样对待外敌，但联邦政府始终不肯承认同邦联政府及其公民的关系。联邦政府多次声称邦联政府及其公民是叛乱政府、叛乱公民。如果真是这样的话，那么邦联政府及其公民在受到宪法惩罚的同时，也有权受到宪法的保护。这样一来，联邦政府就更无权没收被扣押的物品了。

联邦政府并没有像上述法案声称的那样，在南北战争期间扩大了权力，首席大法官托尼就曾在一个由上述法案引发的一起案件中明确表明了这一点。在这个案子中，一木匠不肯或忘记了办许可证一事，其物品都被联邦政府扣押了。该木匠对联邦政府是否拥有该扣押权提出了异议。1863年5月，首席大法官托尼在巴尔的摩判决了该案。他说：

> 毫无疑问，为防止与敌人进行贸易或交易，联邦政府可以采取适当的措施。但这并不意味着联邦政府可以漠视宪法规定的权力范围，或漠视各州及其人民的权利和权力。
>
> 即使是发生内战或其他战争，联邦政府对各州或各州人民行使的权力也不能超出宪法规定的范围。即使是在战争期间，《宪法修正案》第十条也依然奏效。该案规定："宪法未授予联邦政府、各州也未禁止的权力将由各州人民享有。"即使是在战争期间，司法部门也应公正、坚定维护联邦政府的权利和权力、各州及其公民的权利和权力，因为这些都是宪法明文规定的，每一个法官都须竭力拥护……本法庭认为：这些条例系非法、无效条例，不能因木匠拒绝遵守该条例而没收其物品。

应1861年8月16日发布法案的要求，亚伯拉罕·林肯总统发布了一条公告，宣布某些州和某些州的部分地区发生了叛乱。根据该公告联邦政府给肯塔基州和密苏里州的一些地区发放了许可证，但并没有起什么作用。为侵略邦联的领土并占领棉花及其他有价值产品的运输港口，联邦政府派大军进行了军事及海军远征。联邦政府进攻了坎伯兰河和田纳西河上游地区及密西西比河下游地区，并根据新体制宣称博福特港、罗亚尔港及新奥尔良港为自由贸易港。联邦领事向外国船舶颁发了许可证，财政部向沿海船舶颁发了许可证，并在与以上港口有关的地区解除了封锁，但“战时禁运人员、财产及资料”除外。联邦政府在这些港口任命了官员，并函告华盛顿的外国公使，联邦政府已与被征服的南方各地重启沟通。

1863年3月3日，联邦政府又通过了一项法案。根据该法案，联邦财政部部长蔡斯[①]可在叛乱州或叛乱州的某个地区任命特别代理人，以管理该地所有被缴获或被遗弃财产。联邦政府根据该法案，用一纸文书将邦联的领土分为五个特定区域，并给每个特定区域任命了一名辅以众多助手的特别代理人。联邦政府将物主放弃的财产或物主自愿留给联邦军政当局的财产称为遗弃财产。军队或海军从敌方缴获的财产也要交由特别代理人售卖。未根据财政规章运输的所有财产都应予以没收，与该财产有关的所有费用均从该财产中扣除。

1863年9月11日，财政部部长蔡斯发布了修订条例。该条例将从西弗吉尼亚州的惠灵到密西西比州的纳奇兹的整个地区分为十三个区，并在这些地区组织了一套完整的运输及贸易体系。1864年12月，新法规问世。该法规规定：持有财政部提供的债券的人可在特定地点、从任何人手里购买邦联各州产品。他们销售产品、允许运输，并用收益充当进一步购买产品

① 即萨蒙·P.蔡斯（Salmon P. Chase，1808—1873）。——译者注

的资金。在该法规的刺激下，交通运输一下子就活跃了起来。1865年3月10日，格兰特勒令暂停该法规，1865年4月11日，格兰特又亲自撤回了该暂停法规。

1865年4月29日，联邦政府中止了与密西西比河以东所有地区进行内陆及沿海贸易往来的一切限制。

然而，就在联邦政府放弃上述违宪措施之前，欧洲工人阶级因工业区棉花供应不足而陷入窘迫的境地。从1862年5月6日英国的外交大臣的这番话中，可以知道当时外国有多么需要我们的棉花：

> 由于该封锁，成千上万的人都得靠贫民救济税过活。尽管如此，英国政府并没有因联邦政府封锁政策的不足而宣布抵制该政策。在这种有损英国民族利益的情况下，英国政府还是小心翼翼地遵守着英国对友好国家的义务。

棉花供应不足而导致的窘境在英国和法兰西帝国已非常严重了。只有这些国家的政府出面干预，这种窘境才能有所缓解。然而，这些国家非但没有根据国际法采取措施替邦联政府伸张正义，按真实情况宣布封锁“无效”，反倒为了从邦联获得更多棉花出口的机会，向联邦国务卿威廉·H.苏厄德先生提交了一份非正式申请。

第42章

弗吉尼亚州的军事行动

1862年10月中旬前后，麦克莱伦渡过波托马克河，到达蓝岭以东，然后一路向南，占领了蓝岭各个关口。1862年10月底，麦克莱伦开始从蓝岭向东朝最终要集中兵力的沃伦顿方向挺进。

1862年11月15日，敌军行动起来，1862年11月21日，显而易见：已由伯恩赛德代替麦克莱伦指挥的敌军已聚集在拉帕汉诺克河北岸。1862年11月26日前后，杰克逊奉命向弗雷德里克斯堡挺进，但因为罗亚尔港的水面上出现了敌军炮艇，所以很难从罗亚尔港附近渡过拉帕汉诺克河。于是，我军将D.H.希尔的部队部署在了罗亚尔港附近，将杰克逊的其余兵力部署在当D.H.希尔或朗斯特里特需要时可以协助他们作战的地方。拉帕汉诺克河在弗雷德里克斯堡以南的浅滩由我军骑兵严密把守。罗亚尔港南方、北方由菲茨休·李[①]的旅看守。在敌军进攻前，我军加强了防线部署。我军防线从弗雷德里克斯堡约一英里半的河流处，沿着城市后方的蓝岭，一直延伸到里士满铁路。

我军在弗雷德里克斯堡背面的蓝岭顶上建造了土垒，这些土垒可俯射对面由伯恩赛德所占领的高地。为防止敌军炮艇溯流而上，我军在弗雷德德

① 即威廉·亨利·菲茨休·李（William Henry Fitzhugh Lee，1837—1891）。——译者注

里克斯堡以南四英里处部署了一组排炮。由于弗雷德里克斯堡的平原完全在斯塔福德高地的扫射范围内，我军只要渡过拉帕汉诺克河，就会暴露在对面斯塔福德高地无数大炮之下。因此，我军想要通过拉帕汉诺克河十分困难。与此同时，拉帕汉诺克河狭窄、蜿蜒的河道为敌军提供了机会：敌军可以在不受我方炮火袭击的地点铺设浮桥。因此，我军决定在可抵御刚过拉帕汉诺克河的敌军发起进攻的地点布阵。为防止敌军铺设浮桥，我军派了一支狙击分队在河边把守，直至我军做好战斗准备。

1862年12月11日拂晓前，伯恩赛德率兵行动起来。1862年12月11日14时前后，伯恩赛德开始在弗雷德里克斯堡对面架桥过河，其中一座桥距蒂普朗河口约1.25英里。从1862年12月11日黎明到16时，我军在河岸屋舍的掩护下，一次又一次挫败了敌军想在弗雷德里克斯堡对面架桥的企图，击退敌军工作小队与支援部队，并重创敌军。在没有屋舍掩护的地势较低的地方，我军一直御敌至1862年12月11日中午。因对面斯塔福德高地炮火猛烈，我军被迫撤退，此时，敌军架桥工作已经完成。随后不久，敌军用一百五十门大炮猛烈轰炸弗雷德里克斯堡。1862年12月11日16时，我军被迫从河岸撤离。我军撤退后，敌军乘船过河，迅速架好桥梁。为抵御敌军进入弗雷德里克斯堡，我军进行了顽强抵抗，直至夜幕降临才奉命撤退。这为我军集中兵力赢得了必要的时间。

在我军顽强抵御下，敌军一直未能架好浮桥，也未能在其炮火掩护下乘船渡过拉帕汉诺克河。1862年12月11日傍晚，弗雷德里克斯堡的指挥巴克斯代尔[①]奉命撤退。我军撤退后，在浓雾及夜色掩护下，敌军连夜渡过拉帕汉诺克河，到达弗雷德里克斯堡。

1862年12月12日9时，浓雾渐渐散去时，我军看到敌军大队人马正列

① 即威廉·巴克斯代尔（William Barksdale，1812—1863）。——译者注

弗雷德里克斯堡战役，联邦军在拉帕汉诺克河上架设浮桥。

瑟鲁·德·苏鲁普（Thure de Thulstrup，1848—1930）绘

队向杰克逊挺进。安布罗斯·鲍威尔·希尔前方出现大量敌军。这支浩浩荡荡的大军从拉帕汉诺克河上游一直延伸到弗雷德里克斯堡方向。

J.E.B.斯图尔特麾下炮兵连的佩尔海姆[①]少校迅猛有力地射击了正在行进的敌军，有效遏制了敌军的前进速度。

佩尔海姆少校进行射击后，敌军立即用四组排炮进行了反击。佩尔海姆少校撤退后，敌军将左翼兵力延伸到了罗亚尔港公路，然后用数不清的大炮轰炸杰克逊的阵线。因我军没有任何回应，敌军就派步兵去夺取J.G.沃克占领的阵地。J.G.沃克一直按兵不动，直至敌军距其只有八百码，才命手下用十四支枪猛烈射击敌军。敌军阵脚大乱，仓皇撤退。

1862年12月12日13时前后，在三支向安布罗斯·鲍威尔·希尔挺进的小型步兵部队掩护下，敌军开始用炮火猛轰我军右翼。战斗立即进入白热化。占领树林边缘的阿奇尔和詹姆斯·H.莱恩击退了面前的敌军。就在阿奇尔与詹姆斯·H.莱恩的军队会合前，敌军率大部队冲了过来，转到了阿奇尔左侧、詹姆斯·H.莱恩右侧。如此一来，阿奇尔和詹姆斯·H.莱恩就须同时对付前方和侧面的敌军。一番英勇抵抗后，阿奇尔的两个团和詹姆斯·H.莱恩的一个旅撤退了。阿奇尔一直坚守到增援部队赶到。赶来营救詹姆斯·H.莱恩的托马斯在击退敌军纵队后，将敌军纵队赶到了铁路上。而这时，敌军大队人马已穿过树林直抵安布罗斯·鲍威尔·希尔的后备部队。猝不及防的后备部队仓促应战。敌军接近我军前，我军一直按兵不动。直至敌军十分靠近，巴特里·格雷格率领的南卡罗来纳州部队才劈头盖脸地猛烈射击米德[②]率领的联邦军。第二阵线的厄尔利的部队也大举攻向敌军。在树林里展开的这场战斗时间很短，我军很快就击溃并重创敌军。敌军虽有大量援军，却在我军的追击下，藏到了铁路路基处。接着，

---

① 即约翰·佩尔海姆（John Pelham，1838—1863）。——译者注

② 即乔治·米德（George Meade，1815—1872）。——译者注

罗伯特·霍克和阿特金森的两个旅英勇攻击铁路路基处的敌军，将敌军从平原赶到敌军大炮那里。敌军对安布罗斯·鲍威尔·希尔左翼的进攻也以失败告终：敌军发起进攻后，该阵线的二十门大炮一齐轰向敌军，最终，我军将敌军击退。我军右翼痛击进攻敌军后，敌军没有再次发起进攻。但敌军大炮每隔一段时间就会发起一阵猛烈轰击。1862年12月12日下午，前线的狙击手与敌军进行了小规模战斗。

就在以上战事进行之时，敌军大部队反复拼死进攻我军左翼。1862年12月13日1时前后，在弗雷德里克斯堡屋舍掩护下集结完兵力后，为占领马耶山和威利斯山，敌军精兵向该方向出发。为压制我军炮火并掩护其步兵行动，敌军斯塔福德高地的所有大炮都轰击我军炮兵占领的阵地。在敌军炮火的猛烈轰击下，我军炮兵临危不惧，猛烈轰击了前来进攻的步兵，并屡次打乱敌军阵脚，将敌军赶到屋舍后躲藏。尽管遭到我军炮火重创，但为到达距马耶山山脚一百码内的地方，敌军奋力发起六次进攻。在我军步兵的致命射击下，敌军仓皇撤到弗雷德里克斯堡。敌军在天黑前发动了最后一次进攻，然而这次进攻也同前几次一样，被我军击溃。夜幕降临后，支离破碎的敌军大部队消失在了弗雷德里克斯堡，将大量死伤人员留在了战场上。

1862年12月13日夜间，我军加固了防线，在没有任何防护的地点建造了土垒，准备在第二天迎战敌军。1862年12月14日，敌军没有再次发动进攻。拉帕汉诺克河两岸的敌军每隔一段时间就向我军防线开一阵火，但我军均未回击。1862年12月15日，伯恩赛德仍在其阵地，并做好应战准备，但并未发起进攻。1862年12月16日上午，我军突然发现，敌军借着夜色在狂风暴雨中重新渡过了拉帕汉诺克河。我军立即重新占领了弗雷德里克斯堡及河岸上的阵地。

在这次交战中，我军共俘获九百多名战俘，缴获九千件武器，并在弗雷

在弗雷德里克斯堡战役中，邦联军队从石墙后向联邦士兵开火。
绘者信息不详

德里克斯堡发现大量弹药。我军死亡四百五十八人，受伤三千七百四十三人，死伤总计四千二百零一人。敌军死亡一千一百五十二人，受伤九千一百零一人，失踪三千二百三十四人，总计一万三千四百八十七人。

伯恩赛德随后证实：他“在拉帕汉诺克河南岸约有十万名士兵。这些士兵都受到了炮火的轰击，其中约一半士兵曾多次加入进攻纵队”。

而邦联这边真正参战的士兵只有不到两万人。这一数字是罗伯特·E.李所率部队人数的四分之一。北弗吉尼亚军的报告显示：1862年12月10日，罗伯特·E.李共有现役士兵七万八千二百二十八人；1862年12月20日，士兵人数为七万五千五百二十四人。

弗雷德里克斯堡战役后，北弗吉尼亚军一直驻守拉帕汉诺克河南岸，直至1863年4月下旬。联邦军占领了弗雷德里克斯堡对面的拉帕汉诺克河北岸，其阵线一直延伸到波托马克河。我军将R.H.安德森麾下的两个旅部署在联邦矿山和班克米尔浅滩附近，并在两翼部署了骑兵。1863年2月，朗斯特里特及其率领的两支部队被派到了詹姆斯河以南，直到钱斯勒斯维尔战役结束才重新归队。

这一时期的战事不多，除了1863年3月17日，骑兵在凯利浅滩附近发动的一场战役外，未发生任何重大战役。但从骑兵发动的这场战役可以看出，现由胡克担任总指挥的敌军打算重新开始作战。

1863年3月28日凌晨，敌军乘船渡过拉帕汉诺克河，到达弗雷德里克斯堡附近。之后，敌军铺设了一座浮桥，并在该桥以南一英里处铺设了另一座浮桥。当天，敌军大举通过上述两座浮桥，聚集在了可免受我军大炮侵扰之苦的斯塔福德高地河岸附近。与此同时，我军防线与狭窄的拉帕汉诺克河之间的广袤平原尽在河对岸敌军大炮的轰击范围内。1863年3月29日，我军获悉敌军已大举在凯利浅滩附近过河，一队重兵正从凯利浅滩向拉皮丹河的日耳曼尼亚浅滩进军，另一队重兵正向伊利浅滩进军。敌军在渡过拉皮丹河后，其行军路线最终会在钱斯勒斯维尔附近相交。那里的好几条路都可通往我军在弗雷德里克斯堡的阵地后方。1863年3月29日，R.H.安德森开始着手保护这些道路。在获悉敌军已渡过拉皮丹河正率精兵向我军挺进后，R.H.安德森在1863年3月30日一早就率兵撤到了位于礼拜堂附近的联邦矿山与普兰克公路的交叉口，并开始挖建堑壕。R.H.安德森离开钱斯勒斯维尔时，后卫部队遭到了敌军骑兵的袭击。敌军被击退后，没有继续追击R.H.安德森。

我军前方在弗雷德里克斯堡附近的敌军一直按兵不动。此时，显而易见，敌军打算主攻我军侧翼和后方。因此，我军决定留下足够的兵力坚守阵线，出动主要兵力对抗来袭敌军纵队。厄尔利的师、巴克斯代尔的旅，以及彭德尔顿率领的部分后备炮兵，负责防守我军在弗雷德里克斯堡的阵地。1863年4月30日午夜，麦克罗斯率麾下其余部队向钱斯勒斯维尔挺进。第二天，即1863年4月30日拂晓，杰克逊率麾下其余部队跟进，在1863年4月30日8时到达R.H.安德森占领的阵地，并立即准备进攻。1863年4月30日11时，我军向普兰克公路和收费公路挺进。没过多久，我军就在这两条路上遇到了敌军。之后，两军步兵和炮兵展开激烈战斗。我军稳步前进。敌军猛烈袭击麦克罗斯，但被拉斐尔·塞姆斯的旅一举击退。接着，赖特[①]转向普兰克公路的左侧，假道弗雷德里克斯堡到戈登斯维尔间未完工的铁路向联邦军右翼挺进。敌军整个阵线火速撤退，我军奋力追击，直至敌军到达距钱斯勒斯维尔不到一英里的地方。敌军在这里占据了一个十分有利的阵地。该阵地四面环绕着茂密的树林。树林中灌木丛生，敌军在杂乱的灌木中修建了原木做的防护墙，并将树林前方的树木砍倒，形成一道几乎难以逾越的鹿寨。敌军在几条可以从树林前方通往其阵地的狭窄

① 即马库斯·约瑟夫·赖特（Marcus Joseph Wright，1831—1922）。——译者注

路段上部署了可横扫该路段的大炮。此外附近的树林也在这些大炮的轰击范围内。敌军左翼阵线从钱斯勒斯维尔一直延伸到拉帕汉诺克河，班克米尔浅滩也在其阵线范围内，那里的浮桥可让敌军与拉帕汉诺克河北岸保持联系。敌军右翼则沿日耳曼尼亚浅滩公路向西延伸两英里之多。我军还未摸清敌军兵力和阵线范围，夜幕就已慢慢降临了。因该地区地势复杂，晚上出兵风险太大，我军就先停了下来，并在钱斯勒斯维尔前方组成了一条与普兰克公路成直角的阵线，右侧阵线向联邦矿山路延伸，左侧阵线向熔炉公路延伸。

显而易见，因敌军占据有利阵地，再加上敌军人数众多，如果我军直接进攻，会面临非常大的困难，也有可能伤亡惨重。因此，我军决定转向敌军右翼占领敌军后方阵地，留部分兵力在敌军前方牵制敌军并掩护我军行动。我军将该计划交由杰克逊及其麾下的三支部队完成。麦克罗斯和R.H.安德森则继续留守敌军前方。1863年5月2日上午，在J.E.B.斯图尔特麾下菲茨休·李的骑兵的有力掩护下，杰克逊率军从熔炉公路和布罗克公路向敌军挺进。杰克逊的后方部队通过熔炉公路时，遭到从钱斯勒斯维尔赶来的敌军的攻击，但敌军很快被我军击退。一番漫长而疲惫的行军后，罗德斯率领的先头部队在1863年5月2日16时到达钱斯勒斯维尔后方约三英里处的旧收费公路。其他部队到达后，我军在与该公路垂直的地带建立了阵线。1863年5月2日18时，我军奉命发起进攻。敌军大吃一惊，短暂抵抗后逃离了该地。我军就这样占领了一个又一个阵地，缴获各阵地大炮，并在敌军想要集结兵力时将其一举击退。我军在茂密而杂乱的树林中奋力追击敌军时，第一阵线和第二阵线渐渐混到了一起。逃跑敌军后来在旧收费公路对面的一排防护墙那里进行了抵抗，但罗德斯和科尔斯顿的部队一齐率军冲过了堑壕。接着，敌军继续逃跑，我军继续追击，直至我军到达敌军在钱斯勒斯维尔的中心阵地附近。那里的一排防御工事前的鹿寨拦住

钱斯勒斯维尔战役。

库尔茨 & 艾利森公司出品，绘者信息不详

了我军去路。这时，天色已黑。杰克逊命令由安布罗斯·鲍威尔·希尔麾下的第三阵线去营救罗德斯和科尔斯顿的部队。这两支部队已在藤蔓缠绕的树林中和凹凸不平的路面上完全混在一起，因此必须重新整队。安布罗斯·鲍威尔·希尔率军前行时，遇到了刚从前线返回的杰克逊及其参谋和护卫队。因天色已黑，安布罗斯·鲍威尔·希尔误将杰克逊当成了敌人，并朝他开了火，造成博斯韦尔上尉与其他几人丧命，若干人受伤，伤者包括杰克逊。杰克逊被从战场上抬了下去。之后，指挥权移交到安布罗斯·鲍威尔·希尔手中。在安布罗斯·鲍威尔·希尔的指挥下，赫斯[①]率军向敌军堑壕防线发起了进攻。当时，罗德斯和科尔斯顿已到达那里。我军猛烈轰击敌军堑壕，同时在炮火的掩护下，我军步兵发起冲击，但被敌军结结实实地击退了。不多久，安布罗斯·鲍威尔·希尔身负重伤，指挥权移交J.E.B.斯图尔特。J.E.B.斯图尔特立即侦察了地面情况，并尽快熟悉我军部署情况。因天色已黑，很难穿过树林、绕过灌木丛，J.E.B.斯图尔特决定天亮后再采取进一步行动。于是当晚我军枕戈待旦。

前方部队一听到炮声，就知道杰克逊对敌军右翼发起了进攻。为阻止敌军将左翼兵力调往其右翼，我军前方部队开始向敌军左翼挺进。在我军炮火的掩护下，前方部队向敌军堑壕发动了进攻，直至天色越来越黑，我军才停止进攻。

1863年5月3日上午，J.E.B.斯图尔特再次进攻胡克。这时，胡克已加固右翼的防御力量，在夜间增加了一些防护墙，并部署了一些可在堑壕保护下扫射我军在树林中必经之地的大炮。J.E.B.斯图尔特进行了以下部署：安布罗斯·鲍威尔·希尔的部队组成第一阵线，科尔斯顿的部队组成第二阵线，罗德斯的部队组成第三阵线。安布罗斯·鲍威尔·希尔的部队冲在最前

① 即亨利·赫斯（Henry Heth，1825—1899）。——译者注

钱斯勒斯维尔战役中，联邦军在鹿寨后面作战。

绘者信息不详

方，没多久，第二阵线和第三阵线就赶去协助第一阵线，战斗立时进入白热化。在敌军炮火的猛烈轰击下，我军英勇推进到前一晚阻拦我军进攻的防护墙，并赶走了防护墙后方路障处的敌军。接着，普兰克公路左侧的部队穿过树林冲破敌军下一道防线，而普兰克公路右侧的部队则英勇袭击了受敌军大炮保护的广阔防御工事。我军曾三次占领该防御工事，但三次被打退。增援部队赶到后，我军左翼最终成功击退敌军。此时，大炮可以一展身手了。与此同时，R.H.安德森开始向钱斯勒斯维尔挺进，其右翼部署在了普兰克公路上，其左翼一直延伸至熔炉公路附近，而麦克罗斯则盘踞在了普兰克公路右侧。当我军将进攻从敌军前方和右翼转向敌军中心阵地后，R.H.安德森与杰克逊的部队会合了。接着，整个阵线所向披靡地向敌军推进。之后，我军彻底赶走所有防御阵地的敌军。敌军遭受重创后，撤向拉帕汉诺克河方向。1863年5月3日10时，我军完全占领战场。

因道路难走、战事激烈，我军部队已有些分散。于是，我军立即重整了队伍，并做好了再次进攻的准备。这时，敌军已撤退到一个更靠近拉帕汉诺克河的已加固阵地。因为敌众我寡，敌军占有树木繁密的有利阵地，加上我军在浴血奋战后，已人困马乏，所以需格外谨慎。我军刚结束行动，弗雷德里克斯堡传来的情报就阻止了我军下一步的行动。

1863年5月3日拂晓，我军获悉敌军大兵已经占领了弗雷德里克斯堡，并在弗雷德里克斯堡铺设了一座桥。为了占领我军的阵线，敌军进攻了我军最右翼，但被厄尔利轻松击退。不久，一个敌军纵队从弗雷德里克斯堡出发，沿河岸前进，貌似要去占领可控制弗雷德里克斯堡后方的高地，但被我军挫败。很快，敌军大举进攻马耶山及其两侧山脉，但两次进攻都被我军英勇击退。为获准救护伤员，敌军在第二次进攻失利后给我军送来了休战旗。敌军收回休战旗后，立即率大军兵分三路再次发动了进攻。我军右翼兵力和左翼兵力进行了英勇反击，并击退进攻敌军，但由于马耶山下的小队人马面对的是数十倍于自己的敌军，在一番英勇抵抗后，小队人马被敌军俘获，马耶山也落入了敌军之手。敌军取得胜利后，就可以沿着电报公路前进，或假道普兰克公路进攻我军在钱斯勒斯维尔的后方兵力。这样一来，我军的通信就受到了威胁。如我军所料，敌军开始沿着普兰克公路向前挺进，威尔科克斯率军进行了顽强阻击，直至敌军到达距弗雷德里克斯堡约五英里处的普兰克公路旁的塞勒姆教堂，威尔科克斯才慢慢率兵撤退。

见状，罗伯特·E.李率领麦克罗斯及其三个旅去增援威尔科克斯。1863年5月3日午后不久，罗伯特·E.李到达塞勒姆教堂，看到了正在与敌军庞大兵力作战的威尔科克斯的阵线。据报道，当时威尔科克斯面对的几乎是两个团的兵力。敌军步兵兵分三路发起进攻时，敌军大炮猛烈轰击了我军阵地。敌军此次进攻的主要攻击目标是威尔科克斯，部分兵力则攻向威尔科克斯的左翼。一场激战后，我军击退并重创第一轮进攻敌军。接着，敌军发起第二轮进攻，但在我军近距离的扫射下，敌军全线溃退。威尔科克斯和拉斐尔·塞姆斯的旅奋力追击敌军。追至一英里左右时，在敌军后备军面前重整了队伍。这时，面前的敌军似乎人数众多。因天色已晚，威尔科克斯认为不宜让自己小队人马发起进攻，就率兵撤退到了原来的阵地。撤退时，敌军并未跟进。第二天，即1863年5月4日一早，厄尔利率军沿电报公路向前挺进，不费吹灰之力就重新占领了马耶山及其邻近山脉，从而占领了敌军左翼后方阵地。与此同时，胡克也加固了钱斯勒斯维尔附近的阵地。这时，由于我军已将部分兵力派到了弗雷德里克斯堡去缓解敌军对我军后方的威胁，因此，我们兵力只剩一部分。如果只用部分兵力攻打胡克的话，未免太不明智。

之前，我军曾派朗斯特里特率罗伯特·E.李的两支部队协助弗伦奇[①]占领萨福克。因为如果敌军占领萨福克，就会切断我军从北卡罗来纳州和弗吉尼亚州获得补给的途径。罗伯特·E.李的前方兵力遭到胡克的威胁后，就下令让朗斯特里特速速归队。尽管罗伯特·E.李三番五次催促，但朗斯特里特还是延误了行程。罗伯特·E.李一直等着朗斯特里特回来参战，但一连数日，都未见朗斯特里特的身影，直至钱斯勒斯维尔战役打响，朗斯特里特都未出现。如果朗斯特里特能如期率军赶到，罗伯特·E.李就不会被胡克重创，也就不会兵力大减，延误再次发起进攻、迅速击退敌军并重创敌军炮兵和队伍的时机。因此，我军决定进一步增援前方兵力，以便在可能的情况下，将胡克的部队赶到拉帕汉诺克河对岸。

因道路凹凸不平，十分难走，加之很难摸清敌军的兵力部署，我军未能及时集结。直至1863年5月4日18时，我军才发起进攻。我军发起进攻后，敌军迅速向普兰克公路对面的拉帕汉诺克河方向撤退。因天黑得很快，麦克罗斯没有贸然追击，直至敌军开始在距班克斯浅滩不远处建有浮桥的地方重新渡河。见状，麦克罗斯右边的部队穿过树林射击敌军，但因敌军撤退速度非常快，并未赶上敌军。这时，战场上笼罩了一层浓雾，因分不清是敌是友，我军不得不谨慎行事，因此，追击行动有所放缓。

第二天（1863年5月5日）早上，我军发现敌军已逃之夭夭，并拆除了浮桥。弗雷德里克斯堡的敌军撤走后，我军后方的威胁解除了。由于胡克有能力重新渡河，我军决定像之前一样留部分士兵镇守该阵线。我军派麦克罗斯和R.H.安德森返回钱斯勒斯维尔。他们在1863年5月5日下午冒着暴雨到达了目的地。那场暴雨一直持续到了第二天。1863年5月6日，我军做好了进攻敌军防御工事的准备。但出兵后，我军发现，敌军已在暴雨和

① 即塞缪尔·吉布斯·弗伦奇（Samuel Gibbs French，1818—1910）。——译者注

夜色的掩护下撤到了拉帕汉诺克河对岸。于是，我军留下一队人马看守战场，同时负责转移伤员、收集战场上缴获的物资，其余兵力则回到了之前的阵地。

敌军死亡一千五百一十二人，受伤九千五百一十八人，总计一万一千零三十人。战场上，尸横遍野，敌军还没有来得及转移死伤人员就撤退了。除了伤员，我军俘获约五千名战俘，缴获十三门大炮、一万九千五百件武器、十七面军旗及大量弹药。

同敌军相比，我军死伤人数则少得多，但不幸的是，我军损失了一名主将。1863年5月10日，杰克逊因身负重伤，不幸辞世。

罗伯特·E.李极度痛苦，他这样公正地评价杰克逊："我失去了我的右臂。"作为指挥官，杰克逊无人能及，战场上鲜有对手。他一腔热忱、毫无私念，无论行动多辛苦、物资多匮乏、危险有多大，他都会与士兵同舟共济。作为下属，杰克逊坚决服从上级命令并坚定不移去执行。在他的协助下，罗伯特·E.李如虎添翼，两人曾一起取得骄人成绩。在他们的保护下，公众倍感安宁。对我们来说，无人能取代杰克逊的位置。

北弗吉尼亚军1863年3月31日的官方报告显示，当时我军共有现役士兵五万七千一百一十二人，其中六千五百零九人是骑兵，一千六百二十一人是后备炮兵。1863年5月20日，即钱斯勒斯维尔战役爆发两周后，皮克特①和胡德的部队归队，步兵有效兵力只有五万五千二百六十一人。如果抛去胡德和皮克特手下人数的话，就只剩四万一千三百五十八人了，这就是我军参加钱斯勒斯维尔战役的人数。

波托马克军共有步兵、炮兵一万两千人，装备精良的骑兵一万两千人，有大炮四百门。

① 即乔治·皮克特（George Pickett，1825—1875）。——译者注

第 43 章

邦联的外交关系

开战第一年年末，欧洲主要国家已经承认邦联的交战国地位。直到战争结束，他们都一直承认邦联属于交战国。我方在伦敦的代表是梅森先生；在巴黎的代表是斯莱德尔先生；在西班牙的代表是罗斯特①先生；在比利时的代表是曼②先生。他们尽管热忱能干，但未能让这些国家承认我们是独立国。

在美国代表的蛊惑下，欧洲各国宣布：在联邦政府和邦联政府就二者之前的关系存有不同解释这一点上，欧洲各国不会加以评判。英国和法兰西帝国政府表示：他们承认战争的存在，这是不争的事实，并会在双方交战的过程中严格保持中立。但很快就可以看出，欧洲各国或明或暗地决定将与联邦政府和邦联政府有关的所有问题交由英国和法兰西帝国处理，因为这两国在其中享有最大的利益。

欧洲的这一行为看似中立，实际上有悖、有损邦联利益。其中的一个直接和必然结果就是：在这种态度的怂恿下，我们的敌人对我们的敌意延续的时间更长、更久。原因如下：如果这些国家很快承认我们的独立国地

① 即皮埃尔·阿道夫·罗斯特（Pierre Adolphe Rost，1797—1868）。——译者注
② 即安布罗斯·达德利·曼（Ambrose Dudley Mann，1801—1889）。——译者注

位的话，那么随之产生的舆论影响就能够揭掉联邦政府力图要征服邦联政府的所有伪饰。

在其他一些问题上，“保持中立的”欧洲各国也未能公正对待邦联政权。在这场不道德的战争中，“保持中立的”欧洲各国过于偏袒侵略者——联邦政府。尤其是在所谓的封锁问题上，欧洲各国的政策给邦联政府造成了极大的伤害，却让联邦政府受益匪浅。这里需要做进一步说明。

1856年前，封锁政策常常矛盾、多变。为了打消人们对海商法的疑虑，对该疑虑造成的不良影响加以弥补，五大国[①]于1856年通过了四项原则，保证在未来的战争中按该四项原则行事。该四项原则得到了欧洲各国的认同。而联邦政府一面拒绝同意禁止劫掠的提议，一面宣称欧洲通过的四项原则中的三项符合邦联对海商法的期待。

欧洲各国颁布、采纳的四项原则是：废除劫掠制度；中立国的旗帜可以保护敌对双方的货物，但战争违禁品除外；中立国的货物，除了战争违禁品，不能成为战利品；有法律效力的封锁即有效封锁，也就是说，为阻止有人进入交战国，可派充足兵力进行封锁。

历史上，能如此庄严、一致地接纳国际公法，并宣誓维护一些国家意志的做法，还属首次。

因此，邦联成立后，中立国一面迟迟不肯接受邦联加入国际大家庭的要求，一面又承认邦联属交战国。几乎就在同一时间，英国和法兰西帝国都提出了非正式提议，希望交战国可以根据巴黎大会上公认的原则保障其中立国权益。这一提议是针对邦联提出来的，该提议提出后，邦联临时国会立即在1861年8月13日做出了及时、积极的回复。根据临时大会的决议，巴黎大会宣布的所有原则都可用以指导我们的战时行为，但不包括与

① 指法兰西帝国、英国、普鲁士王国、俄罗斯帝国和奥地利帝国。——译者注

私掠商船有关的事宜。原因如下：中立国在当时的战争中对使用私掠商船的权利毫无兴趣；使用私掠商船是联邦政府不肯放弃的权利，也是联邦政府一直以来为了对付邦联而随意使用的权利；这是我们真正享有的权利，也是我们无法像某些人所期待的那样，在战争进行时因敌方拥有规模庞大的海军而放弃的权利，我们保留该权利，并完全相信中立国一定能理解保留该权利的正当理由。在这一点上，中立国还是可信任的，因为在英国政府公布的官方文件中，英国政府表达了其对成功处理这一交由其负责的棘手事务的官员的满意之情。

这些庄严的原则，这一邦联和英国、法兰西帝国之间的默示协定，在整个南北战争期间，在联邦政府日益增强的傲慢态度对中立国的权益造成威胁、侵犯到中立国的权益之时，根本没有任何效力。

当联邦政府用少得连一个州的海岸都无法封锁的兵力在一纸文书上宣称要封锁从切萨皮克海角到佛罗里达海角，从基韦斯特到格兰德河口的环绕墨西哥湾的数千英里海岸时，保持中立的欧洲各国一直缄默不语。与联邦政府这种可怕的伪饰相比，1806年的《柏林法令》和1807年的《米兰法令》及英国在此期间颁布的法令都显得微不足道了。当时，宣布封锁的国家为该行为申辩的唯一理由就是要进行报复。但之后，这些国家谴责这种行为违反了国际法。该封锁行为让中立国愤慨不已，其中抗议声最大的就是美国。这一矛盾成为1812年英国和美国交战的主要原因。1856年巴黎大会发表的声明主要是为了这一问题。与会人员天真地希望能在美国滥用制海权的行为空前严重的情况下，永久制止由美国在1861年和1862年重新开始的滥用制海权的行为。

邦联政府多次向中立国提出正式抗议，反对中立国承认该封锁行为。但不争的事实是，欧洲各国并没有完全封锁那些港口，以致封锁声明公布后，仍有数百艘船进入这些港口。联邦政府承认了这一事实，并以此为借口，为自己在港口入口处用装满石头的多艘沉船来破坏港口的行为开脱。联邦政府不仅扣押了那些想要进入邦联港口的船舶，还扣押了那些要在邦联辽阔海岸任何地点停靠的中立国船舶。联邦政府这么做时，根本不考虑这些港口是否已被封锁。总之，迄今为止，人们普遍尊重的海商法的每一条规定和在中立国原则声明许可下与交战国进行贸易的每一项权益，都遭到了联邦政府的有组织、顽固性破坏。

保持中立的欧洲各国接受了邦联的抗议，但对美国有意中伤邦联贸易的行为一言不发。当邦联举国上下都在为维护自由港口而奋斗时，欧洲的中立国却奉行着一种貌似不偏不倚，实际上对邦联的敌人——联邦最有利、对我方最不利的政策。

其中尤其伤害我方的是以下政策：中立国有权拒绝交战国的战利品进入其港口。中立国严格执行了该政策。

中立政策中有这样一条：只要交战国港口的封锁舰队不足以阻止欧洲各国进入，欧洲各国就可以根据中立权与该交战国进行贸易，这一点对邦联各州来说极其有益，但会伤及联邦的尊严。殷勤的欧洲各国“体恤”地放弃了这一点。

中立国有责任热诚接受并承认、尊重独立各州成立的新联盟，这一点毋庸置疑，但如果中立国迟迟不肯接受或承认这个新联盟，同样会伤及邦联政府，让联邦政府坐收渔翁之利。欧洲各国的确迟迟不肯接受并承认邦联的独立国地位。

我们抱怨的不是欧洲各国持有的中立状态，而是它们并没有保持真正的中立。欧洲各国一会儿声称自己中立，一会儿又将中立抛之脑后，这种态度严重伤害了邦联，让我们的敌人——联邦政府得到了不少好处。很多证据表明：英国政府对我方的敌人非常友好。

从英国政府对两个交战国购买供应品一事上表现出的迥然不同的态度

与做法，我们可进一步看出该政府对我方敌人的偏袒。南北战争一开始，这种差别就很明显了。早在1861年5月1日，联邦国务卿威廉·H.苏厄德就曾告诉英国驻华盛顿外交大臣，他已经派代理人去英国购买武器，并将派其他人去法兰西帝国。英国外交部获悉此事后，并没有提出异议。然而，1861年10月，厄尔·罗素却受理了美国驻英特使老查尔斯·弗朗西斯·亚当斯控告邦联政府从拿骚岛进口战争违禁品一事。厄尔·罗素直接介入调查，并从拿骚得到了一份否认该指控的报告。该报告随信一起被寄给了老查尔斯·弗朗西斯·亚当斯先生。老查尔斯·弗朗西斯·亚当斯先生将这份报告当成为“联邦政府的不正当行为”洗白的充分证据。

因此，当邦联政府从英国这个严格遵守国际法和英国地方法律的中立国购买船，并在这些船离开英国水域，将其武装并用作战船后，违反自己法律的英国政府就在美国的再三要求下，试图追回一艘船，但白忙活一场。事实上，英国政府俘获、扣留了另一艘在前往邦联港口时途经拿骚岛的船，并毫无根据地起诉了该船的船主。然而，当时，联邦政府用以在战争中对付我方的军火物资都是公然从英国港口运往纽约的。英国在遵守针对交战国的虚假中立立场中曾怎样造福美国、怎样损害我方利益，无须更多例证。

第44章

西部的军事行动

这时，西部的行动引起了人们的关注。布拉格占领了查塔努加；E.柯比·史密斯占领了田纳西州东部的诺克斯维尔。1862年8月，E.柯比·史密斯进入肯塔基州，在几次小战役中取得胜利后，于1862年8月30日到达里士满，在那里击溃了想要阻击他前进的敌军。敌军死亡数百人，被俘数千人，除了大量轻武器，我军还缴获了一门大炮，若干货车。之后，E.柯比·史密斯朝莱克星敦和法兰克福挺进，并占领了这两座城市。这令辛辛那提的敌军大惊失色。当时，如果E.柯比·史密斯有独立部队的话，应该也就拿下辛辛那提。因为E.柯比·史密斯率领的只是布拉格的先遣队，其职责就是协助布拉格，所以他不能穿越俄亥俄州。

1862年9月5日，布拉格从查塔努加出发，在没有遭到严重阻击的情况下，沿东线进入肯塔基州，迫使卡洛斯·布埃尔集结所有兵力迅速撤退到了路易斯维尔。这使卡洛斯·布埃尔将一片辽阔而重要的领土拱手让给了邦联政府。靠这一绝妙战略，我军未费一兵一卒，就从敌军手中拿下了亚拉巴马州北部和田纳西州中部。

1862年9月18日，布拉格在肯塔基州人民面前发表了致辞。之后，一些新兵加入了他的队伍，军队也获得了大量补给。我军正准备离开，得到增援的敌军就行动起来。敌军大部队逼近了由W.J.哈迪统率的我军的后方。于是，W.J.哈迪在佩里维尔附近停下来，阻击了敌军进攻。布拉格决定在佩里维尔开战。在奉命于1862年10月8日上午发动进攻的沃尔克将军的指挥下，原布拉格的三支部队集中到了一起。两军在佩里维尔的两边布好了阵线。之后，我军猛烈攻击敌军，战争很快进入白热化。两军一直激战到夜幕降临。在这次战役中，尽管敌众我寡，但两军各有输赢，最终我军还是占领了每一个阵地，并追击敌军两英里左右。因夜幕降临，我军结束了行动。我军缴获十五门大炮，击毙一名准将，打伤两名准将及大量下级官员和士兵。据估计，敌军受伤人数不少于四千人。此外，我军还俘获了四百名战俘。我军失踪、受伤和死亡人数合计两千五百人。

1862年10月8日晚上，敌军很多增援部队赶至。因此，第二天早上，即1862年10月9日，布拉格将部队撤到了哈罗兹堡。1862年10月10日，E.柯比·史密斯率大部分兵力赶到，接着布拉格率军撤到了布赖恩茨维尔。撤退时，敌军不紧不慢、不远不近地跟在了后面。最终，布拉格率军在默夫里斯伯勒驻扎了下来，敌军则在纳什维尔集结兵力。这时，罗斯克兰斯已接替了卡洛斯·布埃尔的位置。

与此同时，1862年11月30日，约翰·H.摩根率领一千三百名士兵在哈茨维尔进攻了敌军的一个旅。我军发现敌军在一座小山上做好了严密部署。于是，在敌军炮火轰击下，我军向敌军发起了稳步进攻。敌军被赶出阵地后，留下了一组排炮。最后，被困在河岸上的敌军缴械投降。这场战役十分激烈，两军共交战一个半小时。我军俘获战俘两千一百人。

1862年12月下旬，罗斯克兰斯从纳什维尔向布拉格在默夫里斯伯勒的阵地挺进。1862年12月26日，罗斯克兰斯开始从不同线路行动起来。在我军骑兵的阻击下，罗斯克兰斯比预计时间晚了四天才到达距其出发地只有

佩里维尔战役。

绘者信息不详

二十六英里的战场。1862年12月29日，惠勒[1]及其骑兵旅打败罗斯克兰斯的后方兵力，摧毁敌军数百辆满载补给与辎重的货车。清理完路面后，惠勒绕过敌军，与我军左翼士兵会合。1862年12月31日这一天，我军的参战人数为三万五千人，其中步兵和炮兵共有三万人。

我军将阵线部署在了距默夫里斯伯勒约两英里的地方。阵线横贯斯通河，从该河一侧的莱巴嫩收费公路可涉水达到河左侧的富兰克林公路。由于罗斯克兰斯在1862年12月30日这一天没有任何作战迹象，布拉格决定在第二天，即1862年12月31日一大早派左翼兵力对敌军发起进攻。我军发起进攻后，措手不及的敌军右翼被我军连连击退。后来，整个右翼阵线的敌军都撤退到了与其第一个阵地及铁路附近成直角的地方。那里聚集有敌军大量后备军。我军对敌军发起第一次突袭时，敌军进行了顽固的抵抗。当晚，敌军除了在斯通河上的最左翼兵力外，其他阵地都已被我军占领。因斯通河那里集中了许多大炮，我军未敢轻举妄动。

第二天一早，即1863年1月1日，我军轰炸敌军右翼的中央部分，并持续轰炸了一段时间。这时，敌军已从其左翼兵力占领的前沿阵地撤退。1863年1月3日，两军发生了一两次交战，但敌军阵线未发生任何变化。由于没有后备军，我军已在前线连续奋战五天五夜。我军士兵的帐篷都装在后方四英里处的货车里。阴雨连绵，寒意刺骨。又有消息称，敌军增援大兵正火速赶来。因此，布拉格决定返回塔拉霍马，于是率兵进行了有条不紊的撤退。

在默夫里斯伯勒附近的一系列交战中，我军俘获六千多名敌军，缴获三十门大炮，六千件轻武器，大量救护车、马、骡子，以及大量其他财产。我军损失一万多人。据估计，敌军损失两万五千人。

① 即约瑟夫·惠勒（Joseph Wheeler，1836—1906）。——译者注

默夫里斯伯勒战役，联邦军夺取一面邦联旗帜。

阿隆佐·查佩尔（Alonzo Chappel，1828—1887）绘

夏洛战役后，格兰特率领的军队占领了田纳西州西部和密西西比州北部。之后，这支部队人数有所增加，罗斯克兰斯被任命为该军总指挥。敌军在田纳西州西部和密西西比州北部占领了许多阵地，其卫戍部队人数达四万两千人。在这些阵地中，最重要的就是筑有防御工事的柯林斯镇。

作为征服西南部各州计划的一部分，敌军为通过密西西比州之后对维克斯堡进行海陆联合进攻做了大量准备。敌军派大军占领了田纳西州中部和亚拉巴马州北部。为挫败敌军总攻计划，布拉格把军队调到了肯塔基州。此时，因为联邦已有大量卫戍部队，所以没把布拉格调兵的事当回事。当时，在密西西比州北部指挥邦联军的是厄尔·范·多恩和普赖斯。布拉格率兵向肯塔基州挺进时，曾下令厄尔·范·多恩和普赖斯对付该地区的联邦军，尤其要防止该地联邦军与田纳西州中部的卡洛斯·布埃尔会合。

1862年9月，普赖斯得知罗斯克兰斯要前去与卡洛斯·布埃尔会合。因此，普赖斯率军向艾尤卡进军，并于1862年9月19日到达。普赖斯的先遣骑兵发现该地已被占领，但占领该地的敌军后来退到了柯林斯，并丢弃了非常多的物资。1862年9月24日，普赖斯收到了奥德[①]的一封信，信中说："我军已在安蒂特姆河歼灭罗伯特·E.李率领的军队。因此，叛乱一定很快就会结束。为了避免进一步的流血，奥德给普赖斯一个放下武器的机会。"普赖斯在回复中感谢了奥德的好意，但同时纠正了有关罗伯特·E.李的谣言，并保证："亚伯拉罕·林肯先生什么时候承认南部邦联的独立国地位，我们就什么时候放下武器。在此之前，我们不会早一刻放下武器。"当晚，普赖斯召开了军事会议，会上同意第二天早上撤退并与厄尔·范·多恩会合。令人欣慰的是，敌军并没有派兵增援卡洛斯·布埃尔，而是盘踞在了我军左侧。据我军骑兵哨兵报告，敌军重兵正从南向艾

① 即爱德华·奥德（Edward Ord，1818—1883）。——译者注

尤卡挺进。后来，我军发现，这是一支由罗斯克兰斯亲自指挥的部队。利特尔将军率兵迎了上去。我军浴血奋战，伤亡十分惨重，但最终击退了罗斯克兰斯，并缴获九门大炮。我军伤亡人员包括利特尔将军——一位深受士兵喜爱、极具美德的军官。路易斯安那州第三团损失了一半的兵力，每个团都遭到重创。我们后来得知，罗斯克兰斯此行的目的是为了配合从西面赶来的格兰特，只是格兰特还没到，罗斯克兰斯就被我军打败了。

此时，邦联的兵力是两万两千人。罗斯克兰斯在柯林斯有一万五千人，十二英里到十五英里远的各个哨所共有八千人。敌军在孟菲斯约有六千人，在玻利瓦尔约有八千人。在田纳西州的杰克逊约有三千人，在其他地方有两三千人。这样一来，敌军在田纳西州西部和密西西比州北部共有约四万三千人。

尽管柯林斯的防御力量最强，但从其显要位置来看，却是最容易发起攻击的地方，因此，厄尔·范·多恩决定突袭柯林斯。

我军迅速从碰头地点雷普利出发，穿过柯林斯和杰克逊之间的铁路。1862年10月3日拂晓，我军做好作战准备。1862年10月3日10时，我军与堑壕内的敌军进行了面对面的较量。半小时后，我军占领敌军整个战线的防御工事，清除了障碍，战斗也正式开始了。敌人在每一个阵地都进行了顽强抵抗，但最终还是被我军赶出了第二道防线。日落时分，敌军已撤退到内线。

这场战役的主力军是我军左翼由普赖斯率领的部队。为了赢得这场战役，我军曾在尘土飞扬的路上忍着干渴疾行十英里；曾在灌木丛生的树林里列阵。因当天的战斗非常激烈，普赖斯认为部队已无法在当天继续作战，就决定天亮后再行动。“再多给我们一些时间，”厄尔·范·多恩说，“胜利会抚慰我们因失去那些英勇的士兵而产生的悲痛。那些士兵正沉睡在我们已失去却仍尊敬的战场之上。”

当晚，我军部署好了大炮，打算在天亮后向柯林斯开火。此次行动将从我军的左翼开始，接着，我军的右翼会立即发起进攻。但该命令未被执行。右翼部队的指挥官未能发起进攻，于是我军派了另一个官员去接替他。在此期间，我军的中间部队也加入战斗中，并且战斗延伸到了我军左翼，我军计划已被打乱。尽管如此，我军中间部队和左翼部队却不断向前推进，将战旗插到了敌军最后一个阵地上。“敌军的大炮安静下来，似乎一切都要结束了。就在此时，刚刚赶到柯林斯的敌军重兵冲向了我军人数不多的队伍。”在敌军的联合攻击下，普赖斯率领精疲力竭的队伍进行了英勇的反击，直至被敌军击退。这一天就这样结束了。当天，我军撤到了查瓦拉，途中没有敌军追击；当晚，我军也未遭敌军侵袭。我军官兵损失惨重。

之后，厄尔·范·多恩将部队转移到了密西西比州的霍利斯普林斯。与此同时，格兰特集结了一支约八万人的重兵，穿过密西西比州内陆，在抵达沃特瓦利附近后驻扎了下来。该地区粮草充足，格兰特在储备了大量补给后，加紧做好了向南挺进的一切准备。

如果无人牵制格兰特，那么密西西比州包括首府杰克逊、维克斯堡在内的内陆地区及其铁路都会落入格兰特手中。因兵力不足，无力进攻敌军，我军只能破坏敌军的通信工事。为此，1862年12月15日，厄尔·范·多恩悄悄从敌军前线撤回了不到两千五百名骑兵，然后向霍利斯普林斯进军。当时，该地由敌军的一个步兵旅和伊利诺伊州第七骑兵团占领。厄尔·范·多恩突袭了霍利斯普林斯，并在1862年12月15日8时前悄悄占领了霍利斯普林斯。日落前，我军烧毁缴获的达数百万美元的财产。格兰特因此被迫弃战，匆忙撤离密西西比州。

第45章

密西西比州的海军与军事行动

1863年年初，默夫里斯伯勒战役结束。之后，敌军在该地区的军事活动暂告一段落。此时，敌军将注意力集中在以维克斯堡为目标的深入密西西比州的大规模作战的准备工作上。联邦政府打算采取水陆联合进攻，陆军穿过密西西比州内陆接近维克斯堡的后方，海军沿密西西比河而下从前面袭击维克斯堡。

1862年12月下旬，W.T.谢尔曼沿密西西比河而下。他率四个师的陆军，五艘炮艇进入亚祖河，希望在摧毁我军在海恩斯布拉夫的防御工事后转而从后方进攻维克斯堡。海恩斯布拉夫是从维克斯堡一直延伸至亚祖河的群山靠近密西西比河的第一个地方。从亚祖河出发，海恩斯布拉夫距密西西比河约二十英里。

1862年12月27日，敌军未采取任何行动。1862年12月28日，敌军企图派一支部队接近契卡索河口以北的堤道，但被我军重创并击退。之后，敌军撤离该地并沿亚祖河而下到达契卡索河口附近的一个地点，以期联合其余兵力。1862年12月29日拂晓，敌军重新发起进攻。两军交战大半天，敌人再次遭到重创。第二天，即1862年12月30日，双方都开了火，但未分胜负。1862年12月31日，为埋葬死亡士兵，W.T.谢尔曼派人送来休战旗。此后，直到1863年1月下旬前，未有重大战事发生。1863年1月下旬，格兰特率军从孟菲斯乘船沿密西西比河而下，前往距维克斯堡只有几英里的路易斯安那海岸上的扬斯角。

在厄尔·范·多恩率领的精锐骑兵远征队的阻击下，格兰特未能与W.T.谢尔曼进行预期合作。在这次行动中，我军骑兵缴获并摧毁了敌军在霍利斯普林斯为格兰特的军队收集的大量物资，迫使格兰特退回孟菲斯，挫败了敌军打算联合作战的计划。之后，敌军启用了新的作战计划。显而易见，敌军打算转向维克斯堡北侧。

为通过海恩斯布拉夫以北的亚祖河，敌军想尽一切办法，但都以失败告终。

敌军在屡次转向维克斯堡北侧的企图都惨遭失败后，就将注意力转向了相反的方向。刚开始，格兰特企图在维克斯堡对面的半岛上开凿一条运河，使密西西比河改变航道，这样就可以让战舰从维克斯堡的北边到达维克斯堡的南边，但未能成功。后来，格兰特打算挖一条能将密西西比河连接到米利肯湾河口的运河，这样就可以通过水路取道里士满前往新迦太基。

1863年3月19日，法拉格特的旗舰与新奥尔良舰队的一艘炮艇顶着我军炮火逆流而上，从我军大炮前经过。1863年3月25日，密西西比河上游的四艘炮艇沿河而下时，被我军击退，其中两艘炮艇遭受重创。1863年4月16日，在夜色的掩护下，一支由波特指挥的拖有驳船的装甲舰队冲向维克斯堡的排炮。此次行动的结果是：敌军一艘装甲舰被毁，另一艘遭受重创的装甲舰被敌军拖出我军大炮轰击范围。1863年4月26日，敌军一个载有驳船的运输舰队经由维克斯堡。我军击沉其中一艘或多艘运输船，但逃逸船舶足以给维克斯堡附近的敌军提供充足补给及足够多的摆渡用船。1863年4月20日，敌军开始从密西西比河西岸前往其在大海湾附近选定的渡河地点。1863年4月29日，敌军炮艇沿密西西比河而下，在大海湾的我军排炮和散兵壕前方驻扎了下来。我军向敌军连续轰炸数小时。之后，敌军舰队撤退，一艘炮艇被毁，但除此之外，敌军几乎没有任何其他损失。没过多久，敌军舰队从隐藏点现身。这次，敌军将运输船绑在了炮艇外侧，在铁甲保护之下，这些装甲舰携运输船全速通过我军排炮，只损失了一艘运输船。

1863年4月29日晚，敌军开始从路易斯安那州向密西西比河岸运输军队，登陆点正好在皮埃尔河口附近。格林率领一个旅狠狠打击了进军敌军，令敌军不得不谨慎慢行。敌军增援部队赶到后，格林开始撤退。撤退过程中，我军与敌军进行了小规模战斗，直至特雷西[①]和鲍德温[②]率急行军赶来协助作战。之后，双方展开激烈战斗。面对步步逼近的敌军，格林率军退到了吉布森港西南方的山脉中，在与鲍恩[③]会合后，形成了一道新的战线。尽管敌军兵力不断增加，并包围了我军左翼和右翼，但我军仍进行了十分英勇的抵抗。就在形势几乎令人绝望之际，身处绝境的我军居然在敌众我寡的情况下击退了敌军左翼兵力，随后顺利地在皮埃尔河口处撤退了。据我所知，在1863年5月1日的吉布森港战役中，邦联有五千五百人参战，联邦有两万人参战。据报道，格兰特的部队有新兵加入。此外，为到达我军后方阵地，格兰特曾派一个团涉过北面的一个浅滩。

1863年5月2日上午，为潜入鲍恩后方，转移我军注意力，格兰特下令炮兵向皮埃尔河口对面的我军堑壕开火。当天上午，鲍恩派兵将休战旗送到了格兰特那里，请求暂停敌对行动，以埋葬死者。敌军拒绝了我方请求，并要求我方投降。我军很快就回绝了。然而，一天过去了，我军增援部队仍未到达。于是，在夜色的掩护下，鲍恩开始率军向大海湾撤退。没

① 即爱德华·D.特雷西（Edward D. Tracy，1833—1863）。——译者注

② 即约翰·布朗·鲍德温（John Brown Baldwin，1820—1873）。——译者注

③ 即约翰·S.鲍恩（John S. Bowen，1830—1863）。——译者注

多久，劳瑞也率军加入了这次撤退。1863年5月3日早上，格兰特开始追击我军撤退部队，其间，发生了几次无足轻重的小规模战斗。

就在以上战事进行之时，格里尔森[①]上校率领三个骑兵团突袭了密西西比州北部边界和密西西比州内陆。之后，在路易斯安那州的巴吞鲁日，格里尔森率军与N.P.班克斯会合。在这次远征中，他们一路烧杀劫掠，对手无寸铁的妇孺实施了残忍、野蛮的暴行。这种行径辱没了军人的声誉，在历史上留下了不光彩的一页。

这时，格兰特正率领大军向密西西比州内陆挺进。他要经过的地区有一段陡峭的丘陵地，该地路面崎岖。由于这时敌军很难同后方补给基地取得联系，同时须面对前进路上的障碍，我军认为可在这时利用有利地势在多个地点击败敌军。在这样的战斗中，那些经豁免无须入伍或无法入伍的人可以非常得力地辅助我军战斗。因此，我给佩特斯州长写了一封信，请求他用一切可行手段，让每一个能在国家需要之际出把力气的男子，携带他们拥有的任何武器，骑马或步行来帮助我军将士把入侵者赶出我们的土地。此时，无论是敌人在内河运输中使用的设施，还是他们在海陆联合作战中使用的装甲舰，都在这场内陆行军中起不到任何作用。

鲍恩撤退后，彭伯顿[②]预料敌军会从后方袭击维克斯堡。为保卫维克斯堡，彭伯顿就将所有兵力都集中在了维克斯堡。

敌军之前的所有行动都表明：敌军的目的是占领维克斯堡。从维克斯堡的战略重要性就可以得知敌军将会在此集结兵力。从敌军深入的地区很难得到补给和维克斯堡本身得天独厚的优势这两点，就可以进一步证实敌军将在此集结兵力。敌军的优势兵力可以让敌军在率主力大军穿过路易斯安那州前往维克斯堡附近某地的同时，另派一支部队到海恩斯布拉夫重

① 即本杰明·格里尔森（Benjamin Grierson，1826—1911）。——译者注
② 即约翰·C.彭伯顿（John C. Pemberton，1814—1881）。——译者注

新挑衅我军。如果敌军发现我军已在海恩斯布拉夫做好应战准备，敌军的举动就不过是虚张声势而已；如果彭伯顿撤了军，敌军就可能就会动真格的，如此一来，敌军曾屡遭我军挫败的占领维克斯堡以北高地的企图就会变成现实。海恩斯布拉夫的敌军撤退并与格兰特前往大海湾的其余兵力会合后，彭伯顿开始为保护敌军的下一个目标积极准备。1863年4月23日，彭伯顿从密西西比州杰克逊总部命令维克斯堡的指挥官卡特·L.史蒂文森少将“至少要打通一条能让步兵以最快速度前往大海湾的通道。对于维克斯堡的防御而言，那些并非必要的兵力都应留作支援沃伦顿或大海湾的可调遣兵力”。1863年4月28日，在大海湾担任指挥的鲍恩报告说，“满载军队的运输船和驳船正在密西西比河西岸的哈得-泰姆斯登陆”。这时，因为彭伯顿手下只剩一小队骑兵，所以不得不在很多容易遭到敌军骑兵突袭的地区部署步兵分队。这一情况严重影响了彭伯顿集中手下兵力。为扰乱敌军侧翼和后方，从而尽可能阻挠敌军前往我方军事基地，彭伯顿下令所有骑兵分队的指挥官率军前往大海湾。彭伯顿给在莫比尔担任指挥的西蒙·玻利瓦尔·巴克纳派了一封急件，要求他保护莫比尔—俄亥俄州铁路，因为彭伯顿将所有可调遣兵力都派去增援鲍恩了。彭伯顿也给J.E.约翰斯顿派了一封急件，声称必须依靠田纳西州的军队来守卫通往密西西比州北部的道路。在派给维克斯堡的卡特·L.史蒂文森的急件中，彭伯顿声称“要让五千士兵做好前往大海湾的准备，并在鲍恩紧急征用时，将这些士兵调往该地。在你们的大炮和散兵壕的保护下，维克斯堡的前沿牢不可破”。彭伯顿同时电告鲍恩称：“我已命卡特·L.史蒂文森准备好五千名随时听你征用的士兵，但除非你方阵地有需要，切勿草率征用。我这里也准备在危急之时派两三千名士兵支援你。”

这种部署清楚表明，我军将在敌军登陆点以东的丘陵地迎击敌军。但一些人把彭伯顿在当时那种情况下选择的路线视为主动撤军到维克斯堡的堑壕内的行为，并抨击了他。从彭伯顿公布的报告中可以得知，为避免撤军，彭伯顿一早就做了很多准备并为此付出了不懈努力。

1862年11月24日，在七松战役时所受的伤痊愈后，J.E.约翰斯顿被任命为包括田纳西州、密西西比州、亚拉巴马州、佐治亚州和北卡罗来纳州在内的地区的指挥。J.E.约翰斯顿上任后，深感我军骑兵匮乏，而更令他感到窘迫的是，必须用部分步兵来补充骑兵的不足。

发现根本不可能从J.E.约翰斯顿那里获得骑兵后，彭伯顿开始集中全部兵力，全力遏制入侵敌军。

为避开我军在维克斯堡的大炮，并沿密西西比河西岸去增援格兰特，敌军大部队继续沿河而下，想要在维克斯堡以北登陆。这似乎可以证实这样一个结论：西部的主要行动将由格兰特的部队来执行。因为我军认为J.E.约翰斯顿会亲赴战场，就在1863年5月9日下令，让J.E.约翰斯顿“立即前往密西西比州，担任我军总指挥”。

J.E.约翰斯顿到达杰克逊后，听说敌军就在杰克逊与彭伯顿占领的阵地之间，两地相距约三十英里。于是，J.E.约翰斯顿就在杰克逊停了下来，与彭伯顿建立了通信联系。因J.E.约翰斯顿在杰克逊停了下来，致使局面混乱，引发了灾难性后果。如果J.E.约翰斯顿当时能赶赴彭伯顿在维克斯堡指挥部的话，无论他是否带有增援部队，都能避免灾祸的发生。

当天，彭伯顿召开了一个由所有在场将级军官参加的军事会议。之后，为回到爱德华仓库，彭伯顿率军沿着布朗斯维尔公路撤退，并将撤退行动和撤退线路告知了J.E.约翰斯顿。彭伯顿刚开始行动，敌军就冲进了我军哨所，袭击我军。敌军作战劲头不断增强之际，我军奉命组成战线，劳瑞在右，鲍恩居中，卡特·L.史蒂文森在左。很快，我军就在一个有利阵地布好了阵线，阵线前方还有很好的掩护。两军炮火激烈对峙一个多小时后，敌军大军袭击我军左翼，战况愈加激烈。10时前后，卡特·L.史蒂文森前方的整条阵线都陷入战斗。没多久，卡特·L.史蒂文森就发现，如果没有增援的话，他根本无法击退敌军大军对自己整条阵线的反复袭击。鲍恩支援了卡特·L.史蒂文森，形势一度利于我方。这时，敌军仍在不断将其左翼兵力调往其右翼，敌军右翼兵力得到增加。16时，卡特·L.史蒂文森的部分部队惨遭重创，被迫撤退。劳瑞终于等到援军，但为时已晚，已无法力挽狂澜，因此奉命撤退了。

我军虽然失败了，却并没有被击溃。卡特·L.史蒂文森的一支部队一直顽强抵抗着一支自称是我军兵力四倍的敌军。密苏里州第一师的指挥官科克雷尔①也在同样不利的条件下与敌军进行了顽强斗争。

尽管有人仓皇撤退，有人临阵脱逃，但其他将士却在战场上英勇无比，并且“撤退时，井然有序”。格林和科克雷尔麾下英勇的士兵掩护了我军后方部队撤退。

① 即弗朗西斯·科克雷尔（Francis Cockrell，1834—1915）。——译者注

第 46 章

维克斯堡战役

从比格布莱克撤退后，我军不得不放弃斯奈德米尔斯的亚祖河的防御任务，因为那里的阵地和契卡索河口的阵线已无法防守。所有可运输物资都被迅速运到了维克斯堡，其余包括重炮在内的物资都被销毁。1863年5月18日上午，我军布好了防线。防线上共部署有一百零二门不同口径的大炮，其中大部分是野战炮。根据之前的指示，我军将所有属于个人或可能落入敌军之手的家畜赶进我军阵线以内。1863年5月8日，格兰特率军出现了。

从我军最右翼开始修建的堑壕长约八英里，这是能在维克斯堡修建的最短防线。该防线由若干独立的防御工事组成，包括凸角堡①、眼镜堡②和多面堡③。这些堡垒都处在制高点，属凸起野战工事，且大多与散兵壕相连。为守住战线，我军在整个阵线上部署了一万八千五百名步兵。但这些士兵没有都部署在堑壕中，因为我军还须留有后备军，以解某个防御工事的燃眉之急。

早在1862年11月，敌军就开始攻击维克斯堡了。这时，格兰特已率

① 一种V形凸角防御工事，凸角朝向攻击方。——译者注
② 具有两个正面和两个侧面的突出工事。——译者注
③ 也称棱堡，防御工事的一种。——译者注

军绕到维克斯堡后方，在维克斯堡以南几英里处的密西西比河上建立了基地，在密西西比河上部署了一排炮艇，控制了亚祖河上到海恩斯布拉夫的航道，解除了为其大军提供供给的后顾之忧。此时，彭伯顿已设法为这次围攻准备好了供给，也做好了依靠援军突围的准备。因联邦派送援兵的速度远超我军，因此，我军十分清楚，必须尽快派更多援兵来协助作战。1863年5月9日，J.E.约翰斯顿奉命前往密西西比州，并收到命令从田纳西军抽调三千名精兵，同时获悉自己将会从博勒加德堡获得援军。1863年5月12日，他又通过电报得知，除了博勒加德堡那里的五千名援军，他还会得到四千多名士兵，且这些援军已在路上。但除此之外，没有更多的援军了。1863年6月1日，J.E.约翰斯顿给我发来电报，声称他手下可对抗格兰特的兵力总计两万四千一百人，但不包括杰克逊的骑兵团和几百名非正规骑兵。1863年5月18日，彭伯顿收到J.E.约翰斯顿的一封信，信中说：

> 如果海恩斯布拉夫守不住，维克斯堡就没有任何价值了，所以也就不用守了。如果维克斯堡被敌军包围，最后，你就只能束手就擒。在这种情况下，与其痛失两地又损兵折将，不如力争保留兵力。如果还来得及，赶紧撤离维克斯堡及其附属地，向东北行军。

彭伯顿在报告中这样说道：“这就意味着哈得孙港的沦陷，意味着我军放弃密西西比河，也意味着邦联分崩离析。”

这时，彭伯顿一方面相信能靠已做好的准备抵御围攻，另一方面又寄希望于我和J.E.约翰斯顿派兵增援，为此，彭伯顿召开了一次军事会议。会上，彭伯顿将J.E.约翰斯顿写来的信摆在参会人员面前，希望与会人员就“该问题的可行性”发表各自的看法。与会人员一致认为“在我军士气

联邦军围攻维克斯堡，神枪手们在战壕里向维克斯堡射击。
弗兰克·莱斯利（Frank Leslie，1821—1880）绘

如此高涨、物资如此充足，可为邦联继续效力的情况下，不可能从该地撤军”。随后，彭伯顿决定尽可能久地镇守维克斯堡。

我军召开军事会议时，敌军轰击了我军防御工事。围攻开始了。

由于后备军太少，我军必须将全部兵力一直安排在战壕中，找不出一人可去刚形成的战线那里应战。

1863年5月19日，敌军进攻我军左翼和中间，但都被我军击退，并遭受我军重创，我军损失较小。在此期间，波特手下的迫击炮舰队也一直从弗吉尼亚半岛西侧轰炸维克斯堡。

第 47 章

维克斯堡保卫战

维克斯堡是一座建在连绵不断的山上的城市。我军将堑壕修在了维克斯堡外的山岭下，只有堑壕的两翼才接近河流。因此，波特的迫击炮舰队能轰炸到的主要就是私人住宅、妇孺及其他平民。

维克斯堡所在的丘陵地带由坚硬的石灰质土壤组成。为庇护妇女儿童，我军在山上挖了一些洞穴。敌军围攻期间，许多妇女儿童就住在这些洞穴里。这些有教养的女性，每隔一小时就冒着敌军射向街道的枪林弹雨离开庇护所，去照料那些生病及受伤的人员，去抚慰各个医院收容的那些即将辞世的城市护卫者。这些女性都是怀有一颗温柔之心的“士兵”，人们都说，她们在履行肩负的神圣之职时，像战壕里的士兵一样，已将生死置之度外。

1863年5月20日到22日的上午，围攻敌军协同河中的迫击炮和炮艇猛烈轰炸维克斯堡。1863年5月22日下午，敌军做好了第一次总攻准备。

敌军攻击纵队进入我军步兵的有效射击范围内后，我军利用一切枪械射击敌军。我军步兵“从堑壕冲向进攻敌军，连续射击。敌军死伤惨重，于是立即撤退了”。在敌军发起第一次总攻前，我军的一个多面堡被敌军大炮炸掉一个缺口，因此，敌军在这个多面堡底部的壕沟中建了一个紧急防御工事，并在上面插了两面军旗。

以下是卡特·L.史蒂文森对这次战斗的叙述：

该防御工事建在了防线外的壕沟内。要想将此处的敌军赶走，唯一办法就是冲锋陷阵夺回被敌军占领的那个阵地，要不然就得用手榴弹消灭敌军或迫使敌军全部投降。为此，我军召集了志愿者，并很快得到了亚拉巴马州第十二团的E.W.佩特斯中校和得克萨斯州沃尔麾下的四十名士兵的回应。这应该是整个战事期间最英勇的壮举了。我军悄悄而麻利地准备了起来，但敌军似乎立刻就窥测到了我方意图，立即猛烈射击那个角。这小队人马无所畏惧地冲向了敌军防御工事，并以惊人的速度拿到了那两面军旗。接着，我军打算向敌军投掷手榴弹。壕沟里的敌军获悉我军意图后，立即缴械投降。此后，敌军再也没动过向我军发起袭击的念头，转而采用布雷的方式慢慢接近我军。

当时，敌军有六万多人。

这样的态势一直持续到了1863年7月1日。彭伯顿这样描述了我军当日投降的原因：

我们必须牢记，这些英勇的士兵曾在过去的四十七个日日夜夜里忍受烈日的炙烤、瓢泼大雨的浇灌、潮湿雾气的折磨和很重的露水的侵扰。这四十七个日日夜夜里，他们从未有过一刻的放松。我军防御工事范围广，每个士兵都须去把守战壕。因兵力不足，很多战壕甚至没有士兵把守。我无法让防线上的任何一部分士兵稍事休息，哪怕只有一小时。这些士兵蜷缩在狭窄的堑壕中，忍受着四肢痉挛、肿胀的痛苦，还要常常面对敌军致命的

彭伯顿在维克斯堡向格兰特投降。

摘自 1905 年出版的《我们国家的历史》，绘者信息不详枪林弹雨……这些士兵的身体越来越虚弱。他们在五倍于自己人数、衣食不缺、装备齐全且军事物资供给充足的敌军面前坚守着阵地。每当敌军企图进攻时，他们就会把敌军打得狼狈不堪，让敌军损兵折将而去。他们已从敌军手中夺过五面军旗，这是他们凭借英勇刚毅得来的战利品。

彭伯顿明白，要么杀出重围，要么投降。然而此时，我军已疲惫至极，根本无法冲出围困。

因此，我军决定与敌军商量投降条件。条件谈妥后，我军于1863年7月4日将维克斯堡交到格兰特手中。

从敌军在东面登陆，直至我军投降，我军死伤、失踪五千六百三十二人，敌人死伤、失踪八千八百七十五人。就我所知，我军投降人员不到两万八千人。

第 48 章

哈得孙港沦陷

哈得孙港位于密西西比河的一个拐弯处，在路易斯安那州巴吞鲁日以北约二十二英里处，在新奥尔良以北一百四十七英里处。

哈得孙港前方或沿河一侧的防御工事由悬崖上沿河向北延伸的三组排炮组成。1863年5月21日，N.P.班克斯率大军在此登陆。1863年5月27日，他率军对我军防御工事发起攻击，但被我军击退。接着，敌军从密西西比河上连续几天轰炸我军。1863年6月14日，敌军再次发起进攻，但仍未成功。这是敌军的最后一次进攻。之后，敌军开始使用布雷等手段进攻，并逐渐取得一定进展。正在此时，传来了维克斯堡投降的消息。于是，加德纳[①]向N.P.班克斯提出投降提议。N.P.班克斯同意了该提议。第二天，即1863年7月9日，加德纳将哈得孙港交给了N.P.班克斯。

我军共有约六千人投降。此外，五十一门大炮和大量军需物资也全部落入敌军之手。

同敌军相比，我军死伤人数较少。维克斯堡沦陷后，哈得孙港也就变得无足轻重了。六个多星期以来，卫戍部队一直在顽强抵抗着敌军大部队从水陆两方面发起的进攻。卫戍士兵毫无怨言地直面危险，在筋疲力尽、

① 即富兰克林·加德纳（Franklin Gardner，1823—1873）。——译者注

1863 年 5 月 27 日的哈得孙港之围。
19 世纪插图，绘者信息不详。

饥肠辘辘时击退了敌军的每一次进攻。维克斯堡沦陷后，他们才被迫放弃哈得孙港。在这种情况下，任何有骑士精神的敌人都会因卫戍士兵的英勇而心生钦佩之情。萨姆特堡战役中，我军曾因罗伯特·安德森麾下士兵的英勇气概而假释了其卫戍部队。然而，联邦将领根本没有这样的气概——他们并没有像我们一样，假释英勇奋战的卫戍部队。

第 49 章

奇克莫加战役

默夫里斯伯勒战役后，敌我两军进入休战期，战斗偶有发生。我军俘获敌军两支远征军，其中一支是科尔伯恩[①]上校的部队，另一支是斯特雷特[②]上校的部队。科尔伯恩共损失一千三百人，斯特雷特共损失一千七百人。我军很快就从田纳西州中部撤退了，回到了查塔努加占领区。西蒙·玻利瓦尔·巴克纳继续镇守诺克斯维尔，塞缪尔·琼斯将总部设在了弗吉尼亚州的阿宾登。坎伯兰岬口位于诺克斯维尔与阿宾登之间。坎伯兰岬口是军队从北方向田纳西州东部或南弗吉尼亚州西部进军的唯一通道。因此，我军在该地设有部分防御工事，由I.W.弗雷泽率一千七百名步兵、炮兵及六百名左右的骑兵把守。

1863年8月20日前后，我军得到确切消息，称罗斯克兰斯已率七万士兵越过阿巴拉契亚山脉到史蒂文森和布里奇波特。约同一时间，伯恩赛德率约两万五千名士兵从肯塔基州出发，向诺克斯维尔逼近。因此，西蒙·玻利瓦尔·巴克纳率五千名士兵从诺克斯维尔撤到了劳登。这样一来，坎伯兰岬口就变得岌岌可危，继续镇守的意义也就不大了。1863年9月9日，坎伯兰岬口落入伯恩赛德手中。

① 即阿尔伯特·V.科尔伯恩（Albert V.Colburn，生卒年不详）。——译者注
② 即艾贝尔·斯特雷特（Abel Streight，1828—1892）。——译者注

罗斯克兰斯的行动令我军主力无法继续驻扎查塔努加。这时，敌军已占领了李斯米尔和戈登斯米尔与拉斐特之间的阵地。该地面朝卢考特山东面的山坡，可通往查塔努加。因道路条件与其他原因，我军与敌军的阵地都已发生过多次变化，在将补给物资置于安全地带后，我军将全部兵力集中在了奇克莫加河一带。这就对前方的敌军构成了直接威胁。安布罗斯·鲍威尔·希尔的部队撤退后，惠勒率两支骑兵部队占领了最左翼的位置。为转移敌军注意力，N.B.弗雷斯特掩护了我军前方与右翼的行动。与此同时，我军将B.R.约翰逊从灵戈尔德调到了防线最右翼；将J.G.沃克的军队安排在了亚历山大桥对面的敌军左侧；将西蒙·玻利瓦尔·巴克纳的一个部队部署在了泰德福德浅滩附近；将波尔克的部队安排在了李斯米尔和戈登斯米尔的对面；将安布罗斯·鲍威尔·希尔的部队安排在了最左翼。1863年9月18日6时，我军收到渡过奇克莫加河的命令，开始从最右翼行动起来。

因道路崎岖、敌军骑兵阻挠，此次行动被延误。直到1863年9月18日黄昏，我军右翼纵队才完成渡河行动。这时，北弗吉尼亚军的胡德赶到并接管了这一纵队。沃克[①]在亚历山大桥上与敌军展开激烈战斗并击败敌军，但未能在敌军摧毁大桥前渡河。战斗结束后，沃克率军从一个浅滩渡过了奇克莫加河。第二天，即1863年9月19日，胡德率军与沃克会合。1863年9月19日拂晓，西蒙·玻利瓦尔·巴克纳的部队与奇塔姆的部队渡过了奇克莫加河。至此，我军战线形成，并重新进攻敌军。N.B.弗雷斯特率领骑兵在我军右翼之前赶到战场与敌军战斗。因敌军人数众多，我军派了两个旅去支援N.B.弗雷斯特。面对敌军庞大兵力，N.B.弗雷斯特仍率军与敌军顽强战斗，并阻击了敌军的进军。沃克奉命从右翼发动进攻，但不久就发现

① 即威廉·H.T.沃克（William H. T. Walker，1816—1864）。——译者注

敌军人数众多。尽管如此，沃克还是漂漂亮亮地击退了敌军，并在冲锋中缴获了几门大炮。之后，敌军携大军卷土重来。于是，我军派奇塔姆的部队前去支援，但为时已晚。援军赶到前，遭到敌军两侧夹击的沃克被迫撤到了第一个阵地。援军赶到后，我军尽管仍比敌军少很多，却抖擞精神在进攻中重获优势。我军之所以从右翼发动进攻，是为了给奇塔姆的左翼兵力和胡德的右翼兵力开路。为实现该目标，我军将西蒙·玻利瓦尔·巴克纳军队的后备军——J.E.B.斯图尔特的部队——调到前线。该部队赶到后立即投入了战斗。这时，敌军为在左翼集中主要兵力，已将最右翼兵力调了过来。敌军这么做，是因为敏锐察觉到了我军要在占领其后方阵地后切断其与查塔努加基地的交通。因此，这场战斗主要是在双方都已预料到的两军侧翼进行的。这时，波尔克奉命将其余部队调到奇克莫加河对岸，并亲自上阵指挥。安布罗斯·鲍威尔·希尔的部队奉命赶到了我军右翼。一番英勇进攻后，J.E.B.斯图尔特冲破了敌军中间阵线，并不断向前推进，直至暴露在敌军纵向射击范围之内。克利本[①]立即赶到我军右翼迅猛攻击敌军，令敌军措手不及，仓皇撤退。

1863年9月19日晚，我军在英勇奋战的战场枕戈待旦。我军最左翼的部分士兵未能在1863年9月19日白天赶赴战场，这部分士兵奉命与朗斯特里特的其余士兵在1863年9月20日重新开始战斗。这时，我军获悉，联邦已将全部兵力投入到奇克莫加战役中。我军共有三万三千五百八十三人参加了在我军右翼展开的这场战斗。

1863年9月19日晚，包括从弗吉尼亚军临时调来的五千名步兵在内的我军全部兵力被分成两部分，右翼由波尔克统率，左翼由朗斯特里特统率。两翼人数合计四万七千三百二十一人。当时，罗斯克兰斯麾下共有

① 即帕特里克·克利本（Patrick Cleburne，1828—1864）。——译者注

奇克莫加战役，联邦军向前进的邦联军开火。

19 世纪版画，绘者信息不详

六万四千三百九十二人。两军作战前夜，布拉格下令在黎明从右翼发起进攻，然后一步步向左翼转移。因种种意外，战斗在1863年9月20日9时或10时才打响。更糟糕的是，我军各个方向的军队未能及时应战，也未能协同作战。战斗刚开始时，我军曾取得部分胜利。但在第一轮作战中，我军往往是还未协同好各方兵力，就贸然发动了袭击，致使右翼的早期进攻几乎均以失败告终，并有一定损伤。因此，尽管战斗伊始曾取得一些成功，最后却被迫在敌军源源不断赶来庞大援兵后选择了撤退。

1863年9月20日16时前后，我军右翼对敌军发动总攻，从右翼阵线一直打到左翼阵线，直至敌军从不同地点撤退，并最终在黄昏全线投降。敌军虽已被赶出阵线，但在战斗结束时仍在与我军对抗。当晚，我军露宿战场，而敌军则趁夜撤退了。不久，敌军主力就出现在了查塔努加阵线内。

在这场战斗中，我军俘获八千多名战俘，缴获五十一门大炮、一万五千件轻武器和大量弹药，同时缴获了各种运输工具和医药物资。我军取得彻底胜利。然而，当我们为英雄们的英勇而感到骄傲，为击退侵略者而感到高兴时，那些逝去的勇者也让我们满怀崇敬和悲伤。在查塔努加战役中，敌人死亡七百五十七人，受伤四千五百二十九人，失踪三百三十七人，合计五千六百二十三人。我军死伤人数比敌军少得多。布拉格解释了没有立即追击敌人的原因:

> 当时，我军各种补给都已锐减，铁路又一直用于运送军队、战俘和伤员。此外，到灵戈尔德以南两英里处的桥梁都已遭破坏。我军进行补给后，立即率军占领了敌军唯一能从后方获得补给的交通线路。之后，我军一直坚守该地，希望能借此进一步迫使敌军因缺乏粮草而撤离查塔努加。

第50章

传教士岭

战情发生逆转后，敌军从维克斯堡调来了大量援军，并令格兰特指挥田纳西州的作战。1863年10月23日，格兰特到达查塔努加，但这时已无法挽回败局，只是解救了已饿得奄奄一息的士兵或帮他们撤退。在布拉格的严密封锁下，敌军交通已瘫痪。因此，布拉格认为：敌军将按预期的那样从查塔努加撤退。格兰特这样描述当时的情况：

> 此时，我们在查塔努加的军队实际上已经遭到封锁，敌军阵线从查塔努加以北的田纳西河一直延伸到查塔努加以南的卢考特山跟前。田纳西河南岸的哨所几乎一直部署到了布里奇波特。敌军主力也在查塔努加山谷、传教士岭和卢考特山加强了防御，并在卢考特谷派驻了一个旅。说实话，我军当时确实占领着田纳西河以北地区，但我军要想从六七十英里之外的补给地获得供给，难如登天。炮兵的马匹和骡子已饿得虚弱无比，根本无法运送任何东西。要想撤退，就得撇下这些马匹和骡子，带少许补给上路。但撤退就会令全军覆灭。因为一来我军防御工事在敌军阵地的射程内，二来如果我军进行撤退的话，敌军一定会发起追击。从史蒂文森和布里奇波特到沃尔德伦山岭的查塔努加行进的途

中，已有一万多头牲畜充当了部队的一半口粮。这些牲畜已不够再吃一周了。

格兰特的第一个举措就是要建立一条较短的补给线。为此，他发动了前期的进攻，我军也因此失去了之前在卢考特溪以西占领的其他高地。接着，直到W.T.谢尔曼的部队从孟菲斯赶到，格兰特才开始下一步行动。1863年11月23日，W.T.谢尔曼抵达后，敌军试探了我军防线。因人数众多，敌军占领了印第安山和印第安山以南的低矮丘陵地带。当晚，W.T.谢尔曼开始率军去占领南奇克莫加河口附近阵地。1863年11月24日，W.T.谢尔曼已率领八千名士兵到达田纳西河南侧，并修建了战壕。1863年11月24日中午，敌军在田纳西河和奇克莫加之间架起浮桥，W.T.谢尔曼的其余兵力也过了田纳西河。1863年11月24日下午，W.T.谢尔曼占领传教士岭最北端所有地区。就在同一天，胡克登上卢考特山西面的山坡。1863年11月25日，胡克率部分士兵登上卢考特山的山顶，其余兵力则穿过查塔努加山谷前往罗斯维尔。W.T.谢尔曼袭击了我军最北端，袭击持续了整整一天。后来，W.T.谢尔曼得到O.O.霍华德的部分士兵的增援。1863年11月25日下午，敌军用四个师的兵力进攻我军，并在占领了传教士岭脚下的散兵壕后，冒着枪林弹雨爬上了传教士岭。敌军大部队接近传教士岭的山顶时，我军撤退了，并于当晚撤离了在传教士岭平原上的阵地。从查塔努加出发一段距离后，格兰特派了部分兵力去给田纳西州东部的伯恩赛德解围。当时，伯恩赛德正被诺克斯维尔的朗斯特里特紧紧包围。后来，朗斯特里特向东进入弗吉尼亚州，最终与罗伯特·E.李会合。朗斯特里特在之前率军离开罗伯特·E.李的部队向西行军时，曾答应罗伯特·E.李，当受到召唤时会立即返回。这时，罗伯特·E.李在召唤朗斯特里特了。

传教士岭战役。

瑟鲁·德·苏鲁普（Thure de Thulstrup，1848—1930）绘

第 51 章

葛底斯堡战役

1863年5月，胡克率大军占领了在弗雷德里克斯堡前方的阵地。此时，胡克麾下有十三万六千七百零四人，他的进攻目标是里士满。

罗伯特 · E.李已将部队改组为三个团，分别由朗斯特里特、尤厄尔和安布罗斯 · 鲍威尔 · 希尔担任指挥。

敌军人数众多，让敌军掌握主动对我军十分不利，因此，我军决定冒险渡过波托马克河，进入马里兰州和宾夕法尼亚州，从而将战事转移到波托马克河北岸，同时将敌军赶出敌军已派大兵占领的谢南多厄河谷。

1863年6月3日，我军开始向库尔佩珀县政府挺进，派安布罗斯 · 鲍威尔 · 希尔去占领弗雷德里克斯堡前方的阵地。

1863年6月5日，胡克在发现我军行动后，派了一支部队渡过拉帕汉诺克河赶往该河南岸。因为该举动明显只是为了观察周围情况，所以我军并未予以回击。1863年6月9日，敌军骑兵在从贝弗利浅滩和凯利浅滩渡过拉帕汉诺克河后袭击了J.E.B.斯图尔特。两军随即展开激烈交战。J.E.B.斯图尔特击退并重创敌军，将敌军赶回拉帕汉诺克河对岸。我军俘获敌军四百名，缴获三门大炮和若干军旗。

1863年6月13日，尤厄尔率军向温切斯特挺进，将敌军赶进了该城防御工事。第二天，即1863年6月14日，尤厄尔猛攻敌军防御工事，彻底击败米尔罗伊。米尔罗伊麾下士兵除逃跑者外，全部被俘，大多数逃跑士兵也被抓了回来。

1863年6月14日，罗德斯占领马丁斯堡，俘获七百名敌军，缴获五门大炮及大量物资。由此，我军肃清了谢南多厄河谷中的敌军。此役我军损失较小。

就在尤厄尔率军到达温切斯特的那天夜里，弗雷德里克斯堡的敌军再次渡过了拉帕汉诺克河，消失在了斯塔福德的山后。

胡克沿波托马克河附近的道路撤退，途中未给我军任何进攻机会。1863年6月17日，J.E.B.斯图尔特在奥尔迪附近遭遇敌军。一番战斗后，J.E.B.斯图尔特率军击退敌军骑兵。1863年6月18日，两军再次交战。J.E.B.斯图尔特发现联邦骑兵得到大量步兵支援后，就率军撤退了。撤退时，他已俘获敌军四百人左右，同时缴获大量马匹和武器。

这时，尤厄尔已进入马里兰州，詹金斯已率领骑兵进入宾夕法尼亚州的钱伯斯堡。朗斯特里特和安布罗斯·鲍威尔·希尔渡过波托马克河向可为尤厄尔提供支援的地方行进。他们进入宾夕法尼亚州后，于1863年6月27日在钱伯斯堡扎营。当天，我军得到确切消息，称胡克已渡过波托马克河向北行进。这样一来，我军交通线就受到了威胁。因此，为牵制敌军的进一步行动，我军决定在葛底斯堡集结兵力。

1863年7月1日上午，安布罗斯·鲍威尔·希尔麾下的主要部队在葛底斯堡前方与敌军展开了战斗，将敌军赶到了离葛底斯堡不远的地方，并且在那里遭遇敌军大部队。安布罗斯·鲍威尔·希尔的两支部队参与了作战。之后，尤厄尔率领两支部队赶来参战。我军击退并重创敌军，俘获敌军五千人，缴获若干大炮。

当晚，我军宿营战场。

两军都没有将葛底斯堡当作阵地。在葛底斯堡南边，有一片高低参差

联邦军骑兵在奥尔迪战役中发起冲锋。

19 世纪版画，绘者信息不详

不齐、断断续续的丘陵地，人们称之为“葛底斯堡岭”。葛底斯堡岭在向东延伸了一段距离后转而向南延伸。葛底斯堡岭向东延伸的那一段被称为公墓山，向南延伸的那一段被称为卡尔普山。从公墓山开始，有一段山岭一直朝南延伸了三英里，这段轮廓清晰的山岭在葛底斯堡战役后被称为公墓岭。公墓岭一直延伸到一座被称为圆顶峰的高大、多石、树木繁茂的山峰那里。由于圆顶峰在敌军侧面，因此具有至关重要的战略意义。圆顶峰的旁边有一个比圆顶峰低一些的险峻山峰，人们称之为小圆顶峰，因此，尽管公墓山和卡尔普山的位置需要我军朝北部署阵线，但公墓岭的走向却要求我军朝西部署阵线。公墓岭的山顶后是一个容易通行的斜坡，而山顶的西面则是峭壁。峭壁下有一个可耕种的连绵起伏的山谷。约一英里远的地方，有一条与该公墓岭的山顶平行的顶峰，人们称之为神学院岭。当时，我军就占领着神学院岭。朗斯特里特与胡德和麦克罗斯的两个师就面朝着圆顶峰和公墓岭的大部分地区；安布罗斯·鲍威尔·希尔的三支部队在朗斯特里特左侧，面朝公墓岭的其余部分；尤厄尔则率三支部队镇守贯穿葛底斯堡的防线。该防线在沿公墓山的山底环绕一圈后到达卡尔普山的左前方。

以上就是朗斯特里特率三支队伍到达后占领的阵地。

我军渡过波托马克河的主要目的就是将弗吉尼亚州从敌军手中解救出来。我军原本没打算在葛底斯堡这样一个远离我军基地的地方展开总攻。但由于意外遇到敌军，我军队伍又比较庞大，因此很难从这片山区撤退。此外，敌军主力在此，我军也无法顺利获得补给。

由于我军在第一天的战役中取得了胜利，军中上下受到了鼓舞。为击败联邦军，取得决定性战果，罗伯特·E.李决定在第二天，即1863年7月2日再次进攻敌军。

当时，米德已占领公墓岭，并沿着山岭部署了大量大炮。我军由尤厄尔把守左侧阵地，由安布罗斯·鲍威尔·希尔负责中间阵地，由朗斯特里特负责右侧阵地。在朗斯特里特前方，敌军占据着一个阵地。我军认为，如果能将敌军从该阵地击退，我军就能占领圆顶峰另一边的山峰，那样的话，我军就能对公墓岭的山顶进行扫射。因此，我军派朗斯特里特去占领该阵地，派尤厄尔去袭击敌军右侧已部分筑有防御工事的高地。为防止敌军向两翼增兵，并利用一切机会阻止敌军发动进攻，我军派安布罗斯·鲍威尔·希尔去震慑敌军中间力量。

在与敌军激烈交战后，朗斯特里特成功占领了前方阵地。尤厄尔也在进攻中占领了部分有利阵地，并认为自己可以最终将前方敌军赶走。夜幕降临后，战斗停止。

因我军已取得部分胜利，罗伯特·E.李决定在第二天即1863年7月3日继续向敌军发起进攻。1863年7月4日上午，朗斯特里特获得皮克特率领的三个旅的增援，大炮也在前一天送到了朗斯特里特刚占领的阵地。

与此同时，米德也用土垒加固了阵线。1863年7月4日上午，我军忙着做必要准备。下午，两军继续战斗，一直激战到黄昏。我军最后成功进入敌军防御工事，但由于我军大炮弹药已几乎耗尽，进攻纵队暴露在敌军无数大炮的轰击之下。在一番英勇、坚决的奋战之后，我军被迫放弃已取得的有利战果，损失惨重地退到了最初占据的阵地。

由于敌军占有有利阵地，我军又耗尽了弹药，无法冒险发动新一轮进攻，加上很难获得补给，因此，我军无法继续作战。之后，我军将可以转移的伤员送到了威廉斯波特。

1863年7月4日晚上，我军留守葛底斯堡的军队押着约四千名战俘向费尔菲尔德撤退。在此之前，我军已假释近两千名战俘，前两日作战中俘获的受伤敌军未随军前进。

当晚，由于天气恶劣，有强风暴，我军未能有效撤退，直到1863年7

朗斯特里特率邦联军攻击联邦军队驻守的公墓岭。

19 世纪版画，绘者信息不详

月5日天亮，我军后方才离开葛底斯堡附近的阵地。当日，在轻松击退敌军对我军后方的袭击后，我军继续行军。

因雨天路滑，我军行军时间被拉长，分别于1863年7月6日和1863年7月7日上午抵达黑格斯敦。

自从我军进入马里兰州后，那里就一直下雨。因此，波托马克河的水位上涨了不少，我军无法涉水而过，而里士满派来的浮筒运输工具根本不够用。1863年7月13日，我军开始在弗灵沃特斯架桥。1863年7月12日时，米德已率军到达此地。两军虽然近在咫尺，却并未交战。我军一直处于备战状态，敌军则忙着建筑防御工事。

1863年7月13日晚，我军完成准备工作，开始横渡波托马克河。1863年7月14日下午1时，我军完成渡河。之后，我军拆除渡河所用之桥。渡河期间，敌军并未干涉。因道路泥泞，马匹拖拉不动几辆破车和两门大炮，我军损失了这几辆破车和大炮，但也仅此而已。

我军当时在葛底斯堡约有六万两千人。而当时米德麾下的波托马克军就有十一万两千九百八十八人。米德说："包括所有兵种在内，我军在葛底斯堡约有九万五千人，不到十万人。"

如果参考罗伯特·E.李北上前的报告，将其在北上行动之前和之后返回弗吉尼亚州的兵力进行一番比较的话，我们会发现，北弗吉尼亚军的无敌之师共减少了一万九千人。

宾夕法尼亚州的战事就这样落下了帷幕。结果足以证明一切。对我军而言，葛底斯堡战役是不幸的。尽管敌军蒙受的损失比我军大得多，但对敌军而言，这种损失可以补救，而我军却不能。

葛底斯堡战役一直是敌军津津乐道的话题，敌军也为取得的成就感到非常得意。

在葛底斯堡战役中，敌我双方将士都极其英勇。据报道，亚伯拉罕·林肯总统在看到北军坚守的峭壁后，曾骄傲地讲道：

> 我为自己是参加攻打那些高地的士兵的同胞而自豪。

葛底斯堡战役的结果说明人们的关注不无道理。葛底斯堡战役可以说是南军和北军之间最重大的一次战役。这次战役令北军重新打起精神。可如果北军输了葛底斯堡战役，那么比我更有机会对此进行评判的人或局外人，会相信葛底斯堡战役能结束南北之战。另外，北弗吉尼亚军发起的这次难分胜负的战役削弱了南方人民的信心，一些不满人士因此声称邦联政府为了弗吉尼亚州忽略了其他南方州。

在所有自由政府中，决定政府是否作战的主要是民意，对一个新生共和国而言，尤为如此。因此，我们认真听取了这些意见。

第52章

葛底斯堡战役后

北弗吉尼亚军在蒙受打击后，并未因战事逆转而心灰意冷。北弗吉尼亚军在重渡波托马克河后，重新恢复了活力。

1863年10月月初，为袭击并击退敌军侧翼兵力，罗伯特·E.李率领两支部队渡过了拉皮丹河，一举将米德赶回亚历山大及森特维尔，并俘虏敌军一千五百人。除了布里斯托火车站的那次败仗，我军取得连续不断的胜利。在没有发动总攻的情况下，帮弗吉尼亚州大部分地区摆脱了侵略者的统治。

1863年11月7日，敌军从拉帕汉诺克河的凯利浅滩向我军挺进。渡河后，敌军袭击了我军在拉帕汉诺克河火车站保卫桥梁的两个旅，俘获了那里的大部分士兵，掳走我军一千二百至一千五百名士兵及四门大炮。敌军此次突袭是在夜色掩护下进行的。

1863年11月26日，米德率军渡过拉皮丹河，旨在插入我军两翼之间，但敌军未得逞。米德发现，罗伯特·E.李的军队就驻扎在米纳鲁恩后方，并早已严阵以待。在与格兰特的长期作战中，罗伯特·E.李自创了一套非常有用的防护墙体系。部队在林中休憩时，士兵就将大树砍倒；之后，迅速将砍倒的大树运到指定防线；接着，这些大树被一个一个地摞成双层防护墙，再用泥土将大树间的缝隙迅速填满；最后，在防护墙前方砍倒一些树木，以充当鹿寨。这样一来，就能在很短时间内建好一个可以抵御炮弹的防御工事。

米德没有发起进攻。1863年12月1日晚，罗伯特·E.李决定在第二天上午进攻敌军。但第二天一早，敌军已弃营逃跑。

显然，米德放弃了这场战役，率军进行全面的撤退。我军立即展开追击，但早早动身的米德已逃到拉皮丹河北岸。由此，两军又都回到了最初的阵地。

我军俘获敌军七百人左右，缴获四百匹骡子和马及一百二十辆货车。

第 53 章

联邦对田纳西州和路易斯安那州实施强制管治

南北战争中最悲惨的事情就是联邦政府对各州政府的颠覆，这是我们无法忽视的历史。乔治·华盛顿的成果和人类智慧的结晶——杰出宪政制度将被改弦易辙，不再有保护个人权利和人民主权的权力，反而成为建立并维系帝国主义统治的工具，使之成为一次不同于人类历史上任何其他革命的革命。

建立各州政府的目的是保障公民享有由造物主赋予的不可剥夺的权利。美国公民到哪里才能获得享有这些权利的保障呢？到自己的州政府。

州政府拥有的保障公民生命、自由、财产、安全和幸福的权力是“合法权力”。这些权力是在被统治者由衷认可的基础上产生的，其权力组织形式也有利于实现以上目标。

州政府的所有命令都是建立在人民由衷认可基础之上。人民认可了，州政府的命令才有效，才能存在。只有得到人民的认可，才能产生“合法权力”。“合法权力”不可能通过其他途径获得，行使“合法权力”可保障真正的共和政府体制。通过其他方式建立起来的权力都属篡夺行径，所行使的权力堪称暴政，其目的是给篡夺者提供安全和保障。为了得到这一切，篡夺者牺牲了人们的安全和保障。由此产生的“合法权力”的组织形式对人民获得安全和幸福影响最大。除非统治者靠征服让人民按其意愿行事，否则，能够决定政府形式的人是人民，而不是统治者或统治者手中的军权。

那么，美国的政府形式如何呢？美国政府持续了数年。它可能会消失，但消失后，各州及其人民会继续过着繁荣、和平和幸福的生活。与在各州人民的需求基础上产生的各州政府不同，美国政府是在人类事务的发展过程中，在某些情况下产生的。与拥有神圣制裁权的各州政府及独立国家政府不同，美国政府在各州政府认可前，并没有其他权力。与那些为获得人类普遍不可剥夺的权利而设立的各州政府不同，美国政府只有由各州赋予的一些权力，无权超越自己的权力范围。美国政府本身没有任何财产，也不能将自己的任何财产给予任何人。美国政府与各州政府不同，是根据一些友好的州制定的协议、条款建立起来的，这些州提议建立一个为各州服务的组织并赋予这个共同代理人特定的主权职能。人们希望该组织可以永存，因为人们希望借此促进和平。这也是该组织建立的初衷。但宣布该组织的永存意味着当该组织不再能履行其建立时的既定目标时，人们也无权改变或废止为实现该目标而建立的政府。

美国政府产生的目的是能让各州及其人民过上和平的日子，这一目的值得人们称赞。

> 要形成一个更加完善的联邦制，树立正义，确保国内的安宁，提供公共防御体系，促进大众的福利，确保我们及子孙后代享有自由。①

当人们想到以下事实时，一定会不寒而栗：一个为和平和友好而建立

---

① 《美国宪法·序言》。——原注

的组织，在建立的第一个世纪，就发动了这样一场战争，导致大约四百万人参战，难以计数的财产遭到破坏，践踏了人民不可剥夺的权利并颠覆了各州政府，直至最终确立自己至高无上地位。

现在，我们来看看联邦政府在征服各州政府后所做的一切吧。以田纳西州为例，正如我们指出的，田纳西州政府是在人民认可的基础上建立起来的具有“合法权力”的政府。该政府在保护人民的制度时发现，要想履行这一职责，除了脱离联邦政府，别无他选，因为摆脱联邦政府的控制，才能规避篡权与地区敌对的威胁。因此，田纳西州决定脱离联邦，人民也同意了这项决议。这样一来，田纳西州就不再是美国的一员，也不再承认联邦政府的法律和权力。

田纳西州脱离联邦后，联邦政府率大军占领了田纳西州的首府纳什维尔。之后，联邦政府拒绝承认田纳西州政府的法律和权力，也不承认该州已存在的任何组织，同时拒绝承认该州人民反对联邦政府。事实上，联邦政府对田纳西州政府及其人民说：“我是最高统治者，你们是臣民。如果你们比我强大，那么就把我从这个州赶出去；如果你们没我强大，就无条件向我的最高统治投降。”很明显，联邦政府未经人民同意，就对田纳西州施加统治。因此，联邦政府在田纳西州没有任何“合法权力”。在《独立宣言》中，我们的祖先曾这样说道：“因为政府的合法权力来自被统治者的认可。”因此，联邦政府的这种行为不仅是对州政府权力的颠覆，也彻底废止了州政府的权力。在此之后，联邦政府开始着手在假想的主权之上建立新秩序。联邦政府任命其战时州长为新秩序的维护者。除一些臭名昭著的追随者外，联邦政府不承认任何政府组织或政治团体的存在，直到有人背叛该州宣誓效忠美国。由此，人民不可剥夺的权利被剥夺，言论自由被压制，新闻自由被废除，个人自由也遭到破坏。联邦政府不经任何法律程序就对公民进行逮捕、监禁，甚至流放。

最后，为建立一个对联邦政府卑躬屈膝的州政府，联邦政府又做了一些其他工作。在宣誓支持和捍卫联邦政府前，任何人都不具投票权。根据州政府的规定，成年男子与居民都有完全投票权。而现在，必须经由联邦政府的许可，成年男子与居民方可享有投票权，投票权不再是不可被剥夺的权利。之后不久，联邦政府又要求：在为州制宪会议或制宪代表投票时，须根据附加条件进行类似的宣誓。这些条件是：投票人要忠实地支持联邦国会在南方各州叛乱期间通过或制定的所有与奴隶有关的法案，和美国总统在此期间通过或制定的与奴隶有关的所有公告。在军队的协助下，联邦政府作为最高统治者将上述条件强加在了田纳西州身上。

因此，田纳西州政府被颠覆推翻，田纳西州人民成为被征服者。在这种情况下，田纳西州批准的禁止奴隶制度的美国《宪法修正案》第十三条也就没有了任何效力；因为田纳西州是被迫接受上述条款的，因此，该行为不具任何法律效力。为满足联邦政府的要求而修订的州宪法，在那些所谓的代表大会代表手下，已变得面目全非。而选举这些代表的人中，只有很少的田纳西州人民。联邦政府甚至承认那些为《宪法修正案》投票的人是田纳西州唯一合法选民，该政府在规定《宪法修正案》的内容并指定选民时，不亚于非法入侵者和篡夺者。然而，联邦政府却将自己所做的一切视为根据宪法建立共和州政府的行为。

占领新奥尔良后，联邦政府颠覆路易斯安那州政府的最早举措就是登记选民。当时，联邦政府已经军事占领路易斯安那州，其目标是获得永久的、至高无上的统治权。因此，每个申请登记的人都要宣誓“忠于联邦”。联邦政府宣称，任何对宣誓书的实质性内容做了虚妄承诺的人都将被视为做了伪证，并将受到惩罚。该举措是为了确保登记之人都是维护联邦政府至高无上统治权的人。接着，联邦军指挥官发布了根据宪法及其他联邦法律选举官员的公告。公告宣称：当选官员将根据宪法和路易斯安那州的法律组成该州公民政府，但“上述宪法和法律中不包括与奴隶制度有关的内容”。

上述法案的目的是将那些宣誓支持联邦政府的人确认为该州唯一合格选民，通过这些人的投票选出所谓的州官员和参加所谓的制宪会议的代表。但只有具有主权的人民通过合法州政府才能选出合法官员和代表。已对新奥尔良进行军事占领的联邦政府并没有合理合法地选举政府官员。联邦政府尽管声称自己承认州宪法并下令按州宪法行事，表面将该州宪法奉若圭臬，可实际却并非如此。联邦政府非但不承认该州政府官员，反倒要逮捕、监禁这些官员。

于是，路易斯安那州政府被颠覆，州宪法被部分搁置，人民的主权遭到非法践踏。

随后，路易斯安那州召开了所谓大会，通过了与联邦政府观点一致的所谓新宪法；通过了美国《宪法修正案》，路易斯安那州代表在国会获得一席之地，人民被迫在强权的欺诈行径下低下了头。

第54章

联邦对马里兰州实施强制管治

之前已谈到过马里兰州政府被联邦军征服后失去主权的事情。巴尔的摩在没有任何入侵威胁，立法机关和行政机关也未因发生暴乱而向联邦申请保护的情况下——这是宪法允许的联邦对各州进行有组织军事占领的唯一情况——联邦派军占领了巴尔的摩。之后不久，总指挥申克发布一项命令，宣布在巴尔的摩及马里兰州西岸的所有地区实施戒严。马里兰州所有民事法院“只要不妨碍军政当局行使绝对领导权”，都将同和平时期一样，继续履行其职责。

为了保障新建立政府的安全，联邦宪兵开始通过侵犯或否认公民的某些不可剥夺的权利进一步地颠覆马里兰州政府。申克一发布命令，宪兵就开始四处逮捕公民。有人因对联邦“政府”“不忠”被逮捕受审；有人因干扰他人登记而遭到指控，被逮捕受审；有人因“不忠”于联邦政府而遭到指控，当此人宣誓忠于联邦政府后，就被无罪释放。有人被指控向登记官员提供错误信息，但在其提供宪兵所需信息后被无罪释放；有人被控告持有火药，在宣誓效忠后被无罪释放；有人被指控为邦联受伤士兵提供帮助并表达过不忠于联邦政府的言辞，在宣誓效忠后被无罪释放；有人被指控曾在邦联服役且得到过假释，后被送到边境线之外；有人被指控说了某些“不忠言语”，后被送到边境线之外；有人被指控为我喝彩，在宣誓效忠后被无罪释放。以上只是数百起非法逮捕与惩罚事件中的几个例子。1863年7月，军政当局因类似罪名逮捕三百六十一人。这些人中，有三百一十七人后来宣誓效忠联邦政府，五人被送进麦克亨利堡，三人被羁送至华盛顿交由联邦政府处理，十一人被送往北方，六人被送到边境线之外，十九人留待进一步审查。

1863年9月11日，巴尔的摩一家报纸发表了一首叫《南十字星》的诗，因此，编辑和出版人被逮捕送往边境线之外，并禁止在战争期间返回。1863年7月2日，巴尔的摩收到这样一条命令：除非巴尔的摩公民自愿登记入伍，否则不允许持有武器。在宪兵司令和警察局局长的指挥下，马萨诸塞州的一个团被分成三四个小分队，并立即煞费苦心地展开了房屋搜查任务。三四个小分队的人员从市民家里搜查出大量各种枪械与刀剑并没收，而当时的宪法规定："人民持有和携带武器的权利不容侵犯。"

接着，联邦政府通过直接干涉选举进一步颠覆马里兰州政府。1863年11月3日，马里兰州将进行立法机关和国会议员的选举。1863年10月27日，申克命令所有宪兵与军官直接干预选民。马里兰州州长布拉德福德①呼吁亚伯拉罕·林肯总统撤销该命令，并对让投票人接受马里兰州法律之外的考验一事提出抗议。亚伯拉罕·林肯总统拒绝了这一请求。布拉德福德州长说：

> 在选举前的周一晚上，我发布了一个公告，向选举法官保证在能力范围内保护马里兰州。第二天天亮前，马里兰州东海岸就收到了禁止传播该公告的命令，并禁止公开公布该公告。

① 即奥古斯塔斯·布拉德福德（Augustus Bradford，1806—1881）。——译者注

为防止马里兰州东海岸的轮船携带该公告，与该地区进行贸易的所有轮船都遭到禁运。选举前一天，东海岸各地区军队的指挥官行动了起来。他派士兵将东海岸包括几名坚定、忠诚之人在内的十几名受人尊敬的杰出公民送到了东海岸海湾对面的地区。这些士兵闯入该地区的监狱，逮捕、监禁了狱警，之后将他们送往巴尔的摩，并释放了受到起诉的囚徒。指挥官发布了一份公告，要求所有真正忠诚之人利用这一机会，通过“全力热忱支持联盟公约”来表示忠心，并且宣布，除此之外，“联邦当局不承认任何人是忠诚的或值得得到想要和平重建联邦人士的支持”。

在一些地区，通过颜色就可以看出某张选票是否是政府的。政府的选票是黄色的。有了这张黄色的选票，选民就可以安全通过由联邦军人严密把守的投票口。对那些同情叛乱者的人来说，只要他们愿意投黄色的选票，就毫无疑问可以投票；而那些想要宣誓的忠诚之士或受人尊敬的人被负责官员拒之门外，甚至不允许靠近投票处。某地军官在投票开始前就表明了立场，宣称只能“投黄色的选票”，并且选民一整天都不允许投其他选票。在另一些地区也发生了类似的事情。一名军官检查了每个选民手中的选票。如果选民手中的票对他们不利，就被要求宣誓。选民只能投黄色的选票。在其他地区，刚投了一票，投票活动就结束了。之后，联邦军人逮捕了所有法官，将其逐出了该地区，并对该地进行了军事占领。

这样做的结果如下：选出了赞成州制宪会议的大多数立法机关成员，并通过了实现此目的的法案。为确保大多数人立即无条件赞成解放奴隶，军政当局在选举代表时再次进行了干涉。所谓大会起草了禁止该州蓄奴的所谓宪法。

为了通过新宪法，此次选举在亚伯拉罕·林肯总统的帮助下得到了联邦军的大力支持，并取消了一切在言行上支持邦联事业的选民的选票。即使这样，所谓的制宪会议也才获得三百七十五票，而当时的总票数是五万九千九百七十三票。

马里兰州政府就这样被征服，沦为破坏人民权利的工具；马里兰州人民的权利就这样遭到了无情侵犯，价值数百万美元的财产就这样被联邦政府吞没了。

第55章

联邦对肯塔基州实施强制管治

在肯塔基州，联邦政府为征服该州政府和人民，并借此实现解放奴隶事宜而采取的第一项公开、直接的措施，也是州选举中干涉选民投票。投票当天，为保证选民严格宣誓效忠联邦政府，并抵制一切反对票，联邦政府在投票处派了一队士兵来维持秩序、执行联邦政府官员的命令。这样做的意图就是确保只有所谓拥护联邦的人才能投票。也就是说，只给那些愿意接受联邦政府为进行战争和改革肯塔基州政府而采取的每一项措施的人才能投票。只有联邦政府的坚决拥护者，才能成为候选人。这些举措将前民主党的大部分人员排除在外。事实上，这些前民主党人也是拥护联邦的人。通过类似的方式，权力全部掌握在执政党——共和党手中。这一现象一直延续到战争结束后很多年。

与此同时，1863年7月31日，俄亥俄部负责人赖特[①]发布了一条命令，宣布该州处于戒严状态，并说："这么做只是为了在必要时保护忠诚公民的权利和选举自由。"肯塔基州西部的将军颁布了一条命令，声称要管控肯塔基州的选举。之后，各地军官也如法炮制。在路易斯维尔，选举当天，每个投票点都有十名士兵。这些士兵站在门口，刺刀交叉，形成一道

① 即霍雷肖·赖特（Horatio Wright，1820—1899）。——译者注

屏障，阻止一切未得到他们许可的选民投票，并将需要逮捕之人送进军事监狱。在路易斯维尔约八千张选票中，此次选举只得到了五千张。关于军官“维持秩序”一事，联邦政府是这样解释的：任何应予以逮捕的人都无权投票。由于军官无权干涉选举，很多人都因此深感不安。据说，很多人因担心被栽赃陷害而未去投票。肯塔基州其他地区也发生了类似恐吓事件。投票总数为八万五千六百九十五票。在战争之前的1860年，肯塔基州的票数为十四万六千二百一十六票。

这时，联邦政府已做好了进一步破坏肯塔基州最重要制度的准备。为将肯塔基州二十岁至四十五岁的所有健壮黑人男子收编入伍，使之成为联邦兵力的一部分，政府官员采取了一些措施。这一举措就是中止肯塔基州的劳动制度。伪慈善家在招兵买马之际，不惜为实现自己主张的自由思想而牺牲邻人利益。该举措一经实施，引起一片哗然，为此，肯塔基州州长布拉姆特[①]前往华盛顿与联邦政府达成相关协议。据该协议，某地征募名额已满时，应停止征募活动，应征入伍的黑人应离开肯塔基州。此外，肯塔基州州长布拉姆特还与联邦政府协定了一些其他类似条款。一年后，即1864年，布拉姆特对立法机关说：“如果这些协议生效了，肯塔基州人民的感受会截然不同。可联邦政府非但没有贯彻这些协议，反倒用无理、奸诈的方式违反了这些协议。”

联邦政府颠覆肯塔基州的下一步措施是破坏该州有义务去保护的公民不可剥夺的人身自由权。从肯塔基州州长布拉姆特于1865年1月写给立法机关的信中，可以看到联邦政府的篡夺行径。靠武力当选肯塔基州州长的布拉姆特在信中控诉了军队实施的暴行，军队“逮捕了许多忠诚的公民，不经审讯就将其监禁、驱逐出境，甚至毫无来由地就将人抓了起来。这一

① 即托马斯·E.布拉姆特（Thomas E. Bramlette，1817—1875）。——译者注

类的逮捕有很多，不过是出于党派政治报复，迫使被捕之人花大价钱换取自由”。布拉姆特用休斯敦、沃尔福德[①]上校和雅各布斯副州长的实例证明了自己的指控，声称他们的“所作所为堪称历史上非常精彩的一段”。

接着，联邦政府宣布在整个肯塔基州实施戒严，并下令暂停《人身保护法》。于是，许多来自各行各业的杰出肯塔基人遭到逮捕、监禁。法官、地方行政长官、富商及年轻女士等，未经审判就被驱逐出肯塔基州。肯塔基州政府束手无策，只能眼睁睁看着。事实上，肯塔基州政府也无力抵抗。1863年8月的第一个星期一，某地进行了地方官员及高等上诉法院法官的选举。首席大法官阿尔文·杜瓦尔是两位候选人之一。1863年7月29日，肯塔基州统帅向各地官员下达了如下命令：

> 在即将到来的选举中，你们不能让阿尔文·杜瓦尔的名字出现在候选人名单中。

取代阿尔文·杜瓦尔的，是另一个人的名字。

总统选举在1863年11月进行。因为联邦政府认为肯塔基州的投票并非保证共和党成功的必然条件，所以未进行干预。

在联邦政府的征募下，肯塔基州两万两千多名健壮奴隶开始为联邦效力。1865年3月3日，联邦国会通过了一项法案，宣布这些服役奴隶的妻子和孩子都是自由之身。

---

① 即弗兰克·莱恩·沃尔福德（Frank Lane Wolford，1817—1895）。——译者注

第56章

联邦对密苏里州实施强制管治

同联邦政府对肯塔基州的征服相比，联邦政府对密苏里州政府的征服更迅速、更无所顾忌。密苏里州政府的勇气和立法机关的决心，让联邦政府在入侵密苏里州政府和人民主权时，一改常用的隐秘手段，使用了更加明目张胆的措施。密苏里州州长杰克逊因忠实履职而被控犯有叛国罪和分裂国家罪。因联邦军迅速拥入密苏里州，密苏里州合法政府无法正常开展工作。密苏里州大部分地区的控制权迅速落入联邦军手中。面对突如其来的篡夺行为，无力抵抗的杰克逊隐退到了密苏里州南部。

与此同时，州代表大会在全体委员的要求下重新召开。此次大会的召开完全抛弃了召开的初衷，宣布密苏里州政府职位空缺，并要选出完全听命于联邦政府的临时州长和其他官员。总指挥哈尼宣布整个密苏里州实施戒严，并解放了所有支持邦联的人士的奴隶。亚伯拉罕·林肯总统鉴于时机未成熟，修改了哈尼发布的公告。

读到这里，大家已经看到联邦政府很多篡夺行为、为迅速投票而违反宪法原则及法律的行为、武力入侵的行为、驱逐合法州政府的行为、非法召开制宪会议的行为、为并未空缺的政府职位选举官员的行为、未经授权宣布戒严的行为、违反各项法律及宪法原则解放奴隶的行为。

密苏里州公民已见识到联邦政府的“厉害”。联邦政府令所有不满之人三缄其口或锒铛入狱，将战俘当成罪犯对待，将所有妨碍征服的障碍清除得一干二净。州政府由一位重要管理人员代理；在对解放奴隶问题进行长期讨论后，每年都进行休会的州代表大会最终通过了相关法令，并于1870年生效。该法令并不能立即解放奴隶，因此，密苏里州发生骚乱。1864年2月，立法机关通过了一项法案，声称将召开修订州宪法的所谓州代表大会，并于1865年1月选举代表。直到这时，密苏里州的骚乱才有所平息。1865年1月6日，与会代表选举好后，所谓的州代表大会召开了。会上通过了一项立即解放奴隶的条例。之后，密苏里州政府被迫屈从于篡夺者的意志，不再顾忌拥有主权的人民的意志。

第 57 章

联邦对纽约州实施强制管治

接下来要讲述的是联邦政府征服镇压纽约州政府及其人民的可耻场面。有人也许会认为，在这样的征服镇压下，应该会涌现出一些坚定不移捍卫宪法自由的人。但事实恰恰相反，纽约州那些被蛊惑的人打着“维护联邦制”的旗号破坏了美国建立的根基——宪法，并倾尽全力将联邦政府推到了至高无上的地位。因此，纽约州被彻底征服，州政府也遭到了颠覆，丢掉了当初为保护人民权利而建立的初衷。人民不可剥夺的权利落入奸诈篡夺者之手；人民的权利被搁置一边，取而代之的是联邦政府的独断专行。

以下例子可证明法律遭到的漠视和公民人身自由在专制统治下受到的侵犯。纽约受人尊敬的联邦国务卿威廉 · H.苏厄德先生在“摇响一个小铃”后，一个通信员来到了他身边。之后，威廉 · H.苏厄德先生派他去秘密逮捕一个指定人员并将其监禁在拉斐特堡中。该命令通过电报发送给了要逮捕之人所在地区的联邦执法局。于是，在没有任何拘捕令的情况下，执法官携武装人员强行逮捕了这个人。这个人成为阶下囚，在毫不知晓自己罪名的情况下，他被送往汉密尔顿堡。

一队士兵用船将此人送到了拉斐特堡。在将此人交到负责看押的人手中后，他们从该人手中获得一个收条。此人的武器、金钱、贵重物品或文件尽被没收，行李也被打开搜查。之后，一个士兵将此人带到一个只有观察孔透着一点点光亮的关押着七八个囚犯的炮塔中。其中，一些人来自纽约州，另一些人来自其他州。在战争部部长伦道夫的指示下，之后被捕的人都遭到了监禁，一直到战争结束才被释放。

1861年7月1日至10月19日，威廉·H.苏厄德先生不辞辛劳地用他的“小铃”将纽约州一百七十五名最受尊敬的公民送进了纽约港的坚固堡垒——拉斐特堡中。

在面临考验的时刻，无论是州宪法还是联邦宪法都无济于事，根本无法保障公民的权利。

一些州法院发布了人身保护令，要求拉斐特堡的负责官员将犯人带至法庭，以调查案件原委及羁押权限。但拉菲特堡的官员根本不理会这些人身保护令。纽约州州长摩根[①]也没有为诉讼程序的执行做任何工作。

就这样，纽约州的宪法、法律、法院和行政部门都遭到颠覆；就这样，纽约州政府背离了成立时的初衷；就这样，所有保障公民权利的特定措施都成了镜中花、水中月。也许，无论是根据纽约州的法律，还是联邦的法律，这些“犯人”都是无罪的。

最后，纽约港的拉斐特堡人满为患，因此，很多犯人被送到波士顿港的沃伦堡。这时，联邦政府已把华盛顿的旧国会大厦、巴尔的摩的麦克亨利堡、纽约的拉斐特堡和波士顿的沃伦堡都用来监禁篡夺者认定的“政治犯”。尽管宪法有明确规定，但联邦政府回绝了这些“犯人”请律师的要求，并正式通知这些“犯人”：政府“不承认任何人是政治犯的出庭律师，所有通过该途径申请释放犯人的行为都会遭到政府的怀疑”。

在北方，每个州都有暴力行径的受害者。这些暴力行径清清楚楚表

① 即埃德温·D.摩根（Edwin D. Morgan，1811—1883）。——译者注

明：联邦政府对各州权利的侵犯是不正当行为。1862年11月4日，执政党在选举中落败。1862年11月22日，联邦战争部下令释放战俘以外的所有犯人。因此，该逮捕行动暂告一段落。但之后，逮捕行动再次声势浩大地席卷全国。

许多被非法监禁的人因此提请诉讼，要求予以赔偿。1863年3月3日，联邦国会通过了一项法案。该法案规定，起诉方如果想将案件从州法院移交巡回法院，须提交一份宣誓过的请愿书。该法案彻底终止了纽约州各法院只凭被告人的口供就对其进行审判的权力。

该法案同时宣称：总统有权根据自己的判断，在公共安全需要之际，在整个美国或该国任何地方需要之时暂停人身保护令。该法案无疑是对纽约州政府权力的压制。

根据宪法，只有国会才有权暂停人身保护令，而国会又无权将中止人身保护令的权力和决定公共安全需要的权力授予他人。

1863年9月15日，亚伯拉罕·林肯总统发布了一份公告，宣称：据他判断，为公共安全起见，应由美国总统、美国军官、美国海军军官或美国政府官员中的任何人，在美国各地，在羁押战俘、间谍、敌军的帮凶时，以及在征募美国陆军或海军军官、士兵或海员等人员时暂停人身保护令。亚伯拉罕·林肯说："因此，我特此宣布，美国各地在叛乱期间的上述情况中，暂停人身保护令。"

没有哪个独裁者颁布的公告比该公告更破坏人身自由。独裁者不仅剥夺了纽约州政府保护公民权利的权力，还用类似的方式颠覆了北方的每一个州政府。

为进一步征服纽约州政府，联邦政府动用军事力量控制了纽约州。这一切发生时，纽约州并未发生战乱，该州的法院还在正常工作，该州的民政管理工作也进展顺利。1863年7月30日，迪克斯给纽约州州长霍雷肖·西摩写了一封信，询问是否能够动用该州军事力量执行征兵法，以防遇到强行抵制，并称：如果霍雷肖·西摩州长同意执行上述法案，他就可以为上述法案的实施，在无须请示联邦战争部的情况下，动用联邦的军队。

1863年8月3日，霍雷肖·西摩州长答复道，他已致信亚伯拉罕·林肯总统，并相信亚伯拉罕·林肯总统的答复，能让他和迪克斯摆脱在纽约州用武力执行征兵法这一事情带来的苦恼。

1863年8月8日，迪克斯再次致信霍雷肖·西摩州长，声称自己作为指挥官，有责任在征兵官员执法遇到强行抵制需要自己出面解决之时，助其一臂之力，并称他希望征兵工作由该州部队协助来完成，以防发生有组织的抵制行为。此外，迪克斯还声称自己打算向联邦政府申请一支人数足以执法且能应对执法过程中产生的任何紧急事件的部队。

此时，霍雷肖·西摩州长还没有收到亚伯拉罕·林肯总统的回信。在之前的信中，霍雷肖·西摩州长表达了希望亚伯拉罕·林肯总统能暂停征兵的愿望，理由是估算错误，未能估算出之前的登记人数。霍雷肖·西摩州长是这样答复迪克斯的：我会让该州所有官员彻底履行职责，并在需要之时，请部队帮忙。

1863年8月18日，迪克斯通知霍雷肖·西摩州长，政府已经迅速响应自己的呼吁，自己也已经申请到一支部队，并且已做好应对一切反对征兵工作力量的准备。这支派来征服纽约州人民的部队共有四十二个团，此外还带有两组排炮。这支部队并没有机会一展“威风”，但也没少在纽约州干坏事。

没多久，联邦政府就出台了另一项法案，该法案清楚表明了联邦通过军事力量控制纽约州的征服政策。

1864年5月18日，纽约的《商业日报》与《世界》刊登了一份自称是由亚伯拉罕·林肯总统发布的假公告。华盛顿当局立即否认了该公告，并派武装人员进入这两家报社，没收了报社所有人的财产，武力占领该报社数日，同时暂停其发行一切出版物。他们羁押了报社经营者，并奉命逮捕、监禁了报社老板。与此同时，一支军队打着联邦政府的旗号占领了电报局。

霍雷肖·西摩州长立即示意地方检察官起诉这些违法之徒。一名当地法官调查了此事，并签发了逮捕迪克斯及其麾下几名军官的拘捕令。在律师的陪同下，他们自愿出了庭。法庭辩论结果如下：迪克斯及麾下几名军官将等候大陪审团发落，但大陪审团压根没有审判该案件。法庭辩论结果发布两到三天后，肇事者被关进拉斐特堡，报社和电报局物归原主，出版恢复了正常。但纽约州政府未因这些损失而得到任何赔偿。

联邦政府对纽约州政府的另一颠覆行为就是对该州选举进行军事干涉。1864年，亚伯拉罕·林肯和麦克莱伦是当时联邦总统候选人。和往常的选举一样，为了制造一种必须由联邦政府进行干预的假象，选举在总指挥大言不惭的宣言中拉开帷幕。总指挥说，大家有理由相信，加拿大的邦联特工制订了一个十分可怕的计划。在大选当天，加拿大的邦联特工准备从加拿大派大量选民来占领各地投票点。与此同时，国务院发布了一份急件，称已从英国收到消息，有人密谋在总统选举当天在北方各州的主要城市纵火。这样一来，选举当天就非得动用军队不可。

联邦政府派本杰明·F.巴特勒担任纽约州的指挥，并将七千多名士兵派到了港口的堡垒，接着，联邦政府发布了一则公告，扬言要严厉惩罚在纽约州“不按规矩”投票的任何人。

因受到一些限制，我们不能进一步披露联邦政府对纽约州政府征服的细节；因篇幅有限，也无法详述联邦政府对北方各州政府征服的细节。很多州的情况跟纽约州类似；另一些州的情况则有所不同。但这些被征服的州都有一个共同之处，那就是人民权利都遭到了漠视，为保护人民权利而设立的机构被联邦军按下了暂停或取消键。

上述事实说明，为了让每个公民在言语与行动上认可联邦政府至高无上的地位，联邦政府所作所为大致相同。所有人都是联邦政府的臣民：一些人声称的“忠诚之人”是联邦政府的朋友；一些人声称的“不忠诚之人”是联邦政府不忠诚的朋友。这些“不忠诚之人”要受到间谍和告密者的监视，必要时，要让他们锒铛入狱，以令其臣服。

联邦政府打着追捕逃兵的旗号，对北方各州进行了军事占领。1862年9月24日，联邦宪兵总司令在每个州都任命了一名甚至多名特别宪兵司令。这些人负责向联邦宪兵总司令汇报消息或遵照其指示办事。由此，联邦政府完成了对北方各州的军事占领。

公民自由被完全抛诸脑后，每个北方州都遭到了军事占领，宪法宣称的权利遭到了侵犯，各州政府的权力都被联邦政府直接、彻底篡夺。

第58章

华盛顿军事委员会

1865年，华盛顿因华盛顿军事委员会的两起审判而陷入恐慌。

在第一起审判中，八名男子和一名女子被指控合谋刺杀亚伯拉罕·林肯总统、安德鲁·约翰逊副总统、格兰特和国务卿威廉·H.苏厄德先生。在这起暗杀事件中，亚伯拉罕·林肯总统遭到暗杀，国务卿威廉·H.苏厄德被刺成重伤。军事法庭的审判结果如下：遵照战争部部长E.M.斯坦顿的指示，军政当局将于1865年7月7日将哈罗德、阿茨罗特[①]、佩恩[②]和萨拉特夫人[③]处以绞刑。其他人则被判处有期或无期苦役监禁。该判决宣判一天后就被执行了。审判前，萨拉特夫人的儿子约翰·H.萨拉特逃了出去。为此，战争部的侦探展开了漫天追捕。很久之后，他们才在罗马找到这位已成为教皇轻步兵团成员的约翰·H.萨拉特。之后，约翰·H.萨拉特被带回华盛顿受审并被无罪释放。

联邦政府将我的名字与那些令人尊敬的绅士放在了一起，把我当成了“煽动教唆”该暗杀事件的人。从这一点可以看出联邦政府当时在执法时

① 即乔治·阿茨罗特（George Atzerodt，1835—1865）。——译者注
② 即路易斯·佩恩（Lewis Powell，1844—1865）。——译者注
③ 即玛丽·萨拉特（Mary Surratt，1823—1865）。——译者注

哈罗德、阿茨罗特、佩恩和萨拉特夫人被处以绞刑。

摘自《美国历险记 1857—1900》中的插图，绘者信息不详的恶意。萨拉特夫人的案子引起了许多人的同情。一些被告人曾寄宿在萨拉特夫人家里。萨拉特夫人的律师雷佛迪·约翰逊曾这样谈及她，“她是一个虔诚的基督教教徒，永远那么善良、那么深情、那么宽厚”。这是毋庸置疑的事实。萨拉特夫人被处决的那一天，为了能让该判决暂缓执行，她的女儿想尽一切办法希望能见安德鲁·约翰逊总统[①]一面。但遭到了纽约州前参议员普雷斯顿·金和堪萨斯州参议员詹姆斯·H.莱恩的阻挠。据报道，此二人曾是安德鲁·约翰逊总统的卫士。后来，这两位参议员都自杀身亡。

亨利·维茨少校一案是军事法庭的另一重大审判。1865年4月，安德鲁·约翰逊总统发布了一则公告，声称根据军法署掌握的证据，杰斐逊·戴维斯似乎与暗杀亚伯拉罕·林肯总统一事有关，并为此悬赏十万美元抓捕我。后经证实，这完全是瞎编乱造、一派胡言。与此同时，一些在当时有影响力、有地位的人，可能意识到上述所谓证据纯属捏造，也可能确信这不足以在审判时给我定罪，因此，为千方百计找到充足的材料给我定罪，这些在当时有影响力、有地位的人开始拿我们羁押在安德森维尔的士兵中有人身患黑死病一事大做文章。为此，军政当局逮捕了亨利·维茨，将这位身在国外、一贫如洗、没有任何朋友、患有伤病的人并把他当成战俘关押了起来，原因就是亨利·维茨与约翰逊将军的投降一事有关。这个可怜人在审判前就被判了死刑，也被剥夺了听审请求权。

亨利·维茨曾在邦联设在安德森维尔的监狱看守犯人。他的第一个罪名是与我、塞登、豪厄尔·科布、约翰·H.温德尔及其他人串通一气，通过各种残暴手段害死狱中数千名犯人。第二项罪名是违反战争法和战争惯例进行了谋杀。

---

① 亚伯拉罕·林肯遇刺身亡后，安德鲁·约翰逊以副总统身份继任总统。——译者注

亨利·维茨少校在华盛顿联邦索赔法庭接受共谋和谋杀的审判。
摘自《时尚芭莎》中的版画，绘者信息不详

在安德鲁·约翰逊总统的召集下，军事法庭于1865年8月20日审讯了亨利·维茨。亨利·维茨没有认罪。审判持续了三个月。没有任何证据能够证明亨利·维茨曾伙同他人谋害狱中犯人。但亨利·维茨还是被判有罪，并于1865年11月10日被处决。

亨利·维茨死后，其审判阶段的律师谢德①先生，按照亨利·维茨的要求，在亨利·维茨被处决前不久，发表了一份为亨利·维茨辩白的公开声明。谢德先生在这份声明中说：

> 犯人被处决前的那个晚上，一些人曾来找过亨利·维茨的忏悔神父波义尔和我。其中一个人告诉我，一位内阁高官向亨利·维茨保证：亨利·维茨如果能够指认杰斐逊·戴维斯是安德森维尔的残暴行为的元凶，就可以获得减刑。此人请求我把这件事告诉亨利·维茨。第二天早上，我当着波义尔神父的面将一切告诉了亨利·维茨。面对这一切，亨利·维茨只是平静地回答道："你知道的，我一直都跟你说，我一点儿都不了解杰斐逊·戴维斯。就安德森维尔所发生的一切而言，他和我没有任何关联。就算是我对他有什么了解，我也不会为了救自己而背叛他或其他什么人。"

于是，唆使亨利·维茨指控我的企图就此失败。

曾在亨利·维茨处决前几天见过亨利·维茨的约翰·H.温德尔证实了谢德先生的这番话。约翰·H.温德尔说，那位官员向亨利·维茨提出此建议时，声称如果亨利·维茨间接或直接表明我与联邦政府指控的对待战俘

---

① 即路易斯·F.谢德（Louis F. Schade，1829—1903）。——译者注

亨利·维茨少校在华盛顿旧国会监狱的院子里被处决。
19 世纪版画，绘者信息不详

一事有关，就可以逃过一死并恢复自由之身，但亨利·维茨愤怒地拒绝了该提议。

至于其他对我不利的证据，可以肯定地说，在1865年至1866年的国会会议上，众议院专门成立了一个“就杰斐逊·戴维斯勾结他人暗杀已故亚伯拉罕·林肯总统一事进行调查并汇报”的委员会。当时，该委员会的主席是乔治·S.鲍特韦尔，大多数委员会成员是极其拥护战争的人。对我提出指控的是军法署，该机构类似于法兰西大革命时期的“秘密委员会”。经过几个月的调查，委员会的多数委员向国会提交了报告。

> 该报告无法证实该指控，此外，委员会不得不承认，军法署署长霍尔特[①]局长在该指控中佯装依赖的证人证词根本无法信赖。本报告提交后不久，来自新泽西州的委员会成员罗杰斯先生做了一份与多数人观点不同的报告。在这份报告中，罗杰斯声称：大部分证据都作废了；因证实杰斐逊·戴维斯先生有罪而从霍尔特那里得到一大笔钱的证人，在委员会面前撤回了证据，并承认他们曾做伪证，并承认他们这么做是受到一个叫康诺弗的人的唆使。后来，人们了解到，这些污点证人和其他证实杰斐逊·戴维斯有罪的污点证人手中的名单都不过是他们郑重其事编造的故事，都虚假至极。[②]

① 即约瑟夫·霍尔特（Joseph Holt，1807—1894）。——译者注
② 《巴尔的摩公报》，1866年9月25日。——原注

第59章

北方压制言论自由

1863年4月13日，负责俄亥俄州事务的伯恩赛德发布了一条命令，宣布：

> 从今以后，凡在我国境内发现为敌国利益行事之人，一律按间谍或叛徒论处，罪名确定后，处以死刑……
>
> 俄亥俄州将不再无视同情敌人的言行。声明自己同情敌方的人将立即予以逮捕、审判，或送至我国境外即他们的朋友那里。

在1863年5月1日举行的公众集会上，瓦兰迪加姆[①]先生评论了该命令。三天后，一群士兵在天亮前冲进了瓦兰迪加姆先生的家中，把他押送到辛辛那提军事监狱。经军事法庭审讯，瓦兰迪加姆的罪名成立，被判战争期间监禁在沃伦堡中，亚伯拉罕·林肯总统将这一判决改为驱逐至邦联诸州。

在俄亥俄州，这样的逮捕屡见不鲜。报纸被停刊，编辑被监禁。

宾夕法尼亚州也有这样的逮捕行动，报纸也被停刊，编辑也被监禁，

① 即克莱门特·瓦兰迪加姆（Clement Vallandigham，1820—1871）。——译者注

办公场所遭到破坏。

新罕布什尔州、佛蒙特州和威斯康星州也有许多类似的事件发生。

在整个北方，宪兵司令体制成了报复持相反政见的有影响力公民的武器。这些持相反政见的人可谓刀俎之肉。邻居的一声控诉，辅以对其“不忠”言语或“不忠”行为的指供，都可以让他们立即成为所有法警关注的对象。一切都要服从联邦政府及其军官的意志。

让读者从这些与北方各州有关的事实中，来说说主权实际掌握在谁手中吧。显而易见，掌握在联邦政府手中。它盘踞在投票箱上，把持着监狱大门的钥匙，随心所欲地逮捕任何公民，暂停或打压报纸的发行，打着公众福利的旗号肆意妄为。然而，根据自由原则，主权是人民所固有的不可剥夺的权利；政府就是为了保护这一权利和其他权利才建立的。因此，如果人民失去了这一固有主权，那么，显而易见就是州政府未能履行其应尽的保护职责，而这些职责正是该政府建立的原因。如果州政府无法履职，那么一定是因为州政府已被颠覆，无法继续履行其职责，无法继续保护人民的主权。州政府的主权是如何被颠覆的？当联邦政府打着维护联邦制的旗号，对美国的缔造者——各州发动战争后，各州政府的主权就遭到了颠覆，联邦制的本质也随之发生了变化，而只有各州具有主权的人民才有权按照当初建立美国时的方式对联邦制的本质进行变更。即使这些具有主权的人民接纳了这种篡权与征服行为，这种接纳也只是个人行为，而非整个州的行为。从被颠覆政府的残骸中，可能会有新政府产生，但产生不了联邦制，因为联邦制是各个独立存在的州的联合体，对于那些已经失去主权的州，这里只能这么写：“该州曾是美国的成员。”

第 60 章

弗吉尼亚州的军事行动

1864年1月至2月，联邦军和邦联军相对相安无事。

1864年2月26日，敌军派了两支部队前往麦迪逊县政府，这是敌军夺取里士满计划的一部分。此次行动中，本杰明·F.巴特勒将率军出现在里士满东面，卡斯特[①]、基尔帕特里克[②]和达尔格伦将会在里士满西面和北面发起攻击并进入里士满。没多久，敌军向麦迪逊县政府增派了更多兵力。与此同时，为摧毁从夏洛茨维尔到戈登斯维尔之间的奥兰治及亚历山大铁路，卡斯特率军向夏洛茨维尔进军。如果敌军占领了夏洛茨维尔的军用物资并破坏了那里的铁路和电报设施，就切断了罗伯特·E.李通过该路线与里士满通信的通道。如果敌军的行动取得成功，罗伯特·E.李的补给就会被切断。

卡斯特出发几小时后，基尔帕特里克率领五千名精锐骑兵、一个由六门大炮组成的炮台离开史蒂文斯堡，前往拉皮丹河下游的浅滩。基尔帕特里克的目标是冲进里士满，释放联邦囚犯，并尽一切可能进行破坏。基尔帕特里克率军一路疾行，摧毁沿途铁路和车站，并劫掠经过地区，直至到

① 即乔治·阿姆斯特朗·卡斯特（George Armstrong Custer，1839—1876）。——译者注
② 即休·贾德森·基尔帕特里克（Hugh Judson Kilpatrick，1836—1881）。——译者注

达里士满防线处。在里士满防御线处，基尔帕特里克的后方兵力遭到由布拉德利·T.约翰逊上校率领的一队人马的袭击。在基尔帕特里克四下劫掠时，这支由六十名马里兰州人组成的军队对其进行了追击，而基尔帕特里克的前锋兵力则遭到由史蒂文斯[①]上校率领的一支携有轻型大炮的工兵分队阻击。两军交战三十分钟后，基尔帕特里克开始率全军撤退。当晚，基尔帕特里克的宿营地被韦德·汉普顿三世发现。于是，韦德·汉普顿三世率领一百名由骑兵充当的步兵，在骑兵的协助下，近距离轰炸敌军。之后，韦德·汉普顿三世率军袭击并占领了戴维斯营，并袭击了敌军另外两个旅的部分兵力。基尔帕特里克率军落荒而逃，将一百零五名战俘和一百多匹马留在了战场上。

达尔格伦刚开始与基尔帕特里克一起行动，但到达斯波齐尔韦尼亚县政府后，达尔格伦奉命率领五百名士兵前往中央铁路的一个车站——弗雷德里克庄园，我军在那里储备有八十门大炮。达尔格伦到达弗雷德里克庄园后，发现那里戒备森严，率兵继续前行，一直走到距离里士满以西二十二英里的范围内。之后，达尔格伦率军向里士满挺进。途中，达尔格伦麾下士兵掠夺、破坏了居民屋舍、磨坊、运河船及谷物和牲畜，还破坏了运河上的一个闸门。

在攻占了G.W.C.李的一个小军营后，达尔格伦继续向里士满挺进。而G.W.C.李的那个军营则在战败后撤退了，最后与埃德蒙·麦克尔亨尼上尉率领的一队财务部文员进行了会合。之后，埃德蒙·麦克尔亨尼上尉猛攻达尔格伦，并将其彻底击败。达尔格伦溃败后，率军迅速撤退，将十八名死亡士兵和二三十名受伤士兵及与此同样多的战俘留在了战场上。我军缴获物资如下：约一百匹马及其装备、大量轻武器及一门口径为三英寸的

① 即克莱门特·H.史蒂文斯（Clement H. Stevens，1821—1864）。——译者注

拿破仑炮。我军有三名军官丧生，三名中尉和七名列兵受伤。为更快逃脱我军追击，达尔格伦将兵力分成了两部分，达尔格伦亲率一队人马朝国王王后县方向奔去。国王王后县的家乡自卫队早就对劫掠者恨之入骨。在G.W.C.李的一些休假骑兵的增援下，国王王后县的家乡自卫队突袭了达尔格伦正在撤退的军队，杀死了这支队伍的统帅——达尔格伦，俘获近一百名战俘，还抓获了一些黑人和马匹。

我军在达尔格伦身上找到了一封达尔格伦写给其上级官员的信，还找到一份下达特殊命令与指示的文件，其中的一个命令与行军计划、日程有关。从这个日程中可以清清楚楚看到敌军在此次突袭中使用的卑鄙手段及目的。例如，假冒成我军携带麻絮和松节油，放火烧里士满；释放贝尔岛的战俘后，规劝他们去摧毁可恨的里士满。其中，最令人震惊的特殊指令就是必须烧毁里士满、“除掉杰斐逊·戴维斯和内阁成员”。

根据战争惯例，那些假冒成我军的战俘应按间谍被绞死。但这些战俘对此提出了抗议，声称自己的行为并非自愿。事实上，参军入伍后，他们必须服从命令，因此，他们不该为执行的臭名昭著的命令负责。在他们的抗议下，他们被免除应受的死刑。

我军把从达尔格伦身上发现的文件拍成照片送到了G.W.C.李那里，并示意将该文件照会米德，同时询问米德这些做法是否经过联邦政府授权。如果米德对这些副本有任何质疑，我军可以出示原件。对此，米德没有提出任何质疑，也没有承认达尔格伦的行为是经过授权的。

有人为此捏造并散播了不少耸人听闻的故事。他们这么做，是想说邦联运用不可告人的手段害死了达尔格伦。事实上，达尔格伦的尸体被送到里士满，体面地埋在还埋葬着其他联邦士兵的奥克伍德墓园。人们不会忘记达尔格伦曾犯下的滔天罪行，但对他的憎恶会随着他生命的终结而结束。我们还须承认，不管达尔格伦之前的行为有多恶劣，他都曾勇敢面对

达尔格伦遭伏击身亡。

摘自《哈珀周刊》，绘者信息不详

自己的命运。当他发现自己被敌人团团围住时，冲在了队伍的最前面。

本打算协助达尔格伦作战的卡斯特和基尔帕特里克迅速撤退了，但基尔帕特里克撤退前，在奇克哈默尼河附近被韦德·汉普顿三世率领的英勇骑士击溃。这场战役结束了北方报纸鼓吹的要“根据指示破坏叛乱者首都里士满”的联合行动。

第 61 章

封锁本杰明 · F. 巴特勒的军队

1864年5月的第一个星期里，本杰明 · F.巴特勒率大军登陆百慕大亨德勒德，打算在突击队的带领下，到达里士满和彼得斯堡之间的铁路。小罗伯特 · 兰塞姆率一小队人马对本杰明 · F.巴特勒的先头部队发动了进攻，一番激战后将其击退。

这时，小罗伯特 · 兰塞姆接到了率军赶往里士满的命令，以抵御谢里登[1]对里士满以北外部防御工事即将发起的袭击。接到命令后，小罗伯特 · 兰塞姆立即率领两个旅赶往里士满，到达梅卡尼克斯维尔收费公路处的防御工事时，正好看到我军一队炮兵在毫无支援的情况下击退了谢里登的进攻。当晚，G.W.C.李带领里士满的文职人员与居民沿着梅卡尼克斯维尔西侧的部分防御工事组成了一条薄弱的防线。天渐渐放亮时，谢里登的两个旅从我军防御工事前撤退，回到了德鲁里布拉夫附近。这时，率军逼近詹姆斯河南岸的本杰明 · F.巴特勒就成了里士满面临的最大威胁。

莽原战役后，格兰特率军于1864年5月4日、5日两日向斯波齐尔韦尼亚县转移。罗伯特 · E.李对此做出了相应回应。这时，想要前往里士满的

---

① 即菲利普 · 谢里登（Philip Sheridan，1831—1888）。——译者注

谢里登率领骑兵绕到了我军后方。在谢里登看来，通往里士满的道路沿途没有驻军把守，应该不会被我军突袭甚至抓获。

我军杰出的骑兵指挥J.E.B.斯图尔特很快获悉了谢里登的行动，并察觉谢里登的意图，于是，急忙召集附近的军队追击谢里登。在河狸坝车站，J.E.B.斯图尔特攻击了谢里登的后方兵力与侧翼兵力，将敌军赶跑。从敌军的撤退路线来看，毫无疑问，敌军是要向里士满进军。为保护首都里士满，或至少拖延敌军进攻，J.E.B.斯图尔特率军一路绕道疾行，赶到了谢里登的前方，在距里士满七八英里之遥的一个叫作黄色客栈的地方驻扎。尽管J.E.B.斯图尔特麾下的士兵数量与敌军相比，相当悬殊，但J.E.B.斯图尔特决定在黄色客栈与敌军对抗到底，这一天是1864年5月11日。据J.E.B.斯图尔特的参谋长海勒斯·冯·博尔克上校称，当时J.E.B.斯图尔特麾下有一千一百人，谢里登麾下有八千人。拼死抵抗敌军之际，J.E.B.斯图尔特派通信员将敌军接近里士满的消息告知了里士满，让里士满做好防御准备。

尽管敌众我寡，但J.E.B.斯图尔特率军与敌军进行了旷日持久的对抗。其间，我军还打了数场漂亮的胜仗。骑兵冲锋陷阵时，J.E.B.斯图尔特总是一马当先。据称，J.E.B.斯图尔特在负伤后发起的一次冒进行动中发射了最后一枚子弹，之后，在命令一名蜷缩在栅栏下方的逃犯投降时，被这名逃犯击中。敌军最终取得压倒性优势，冲过了我军防线。这时，J.E.B.斯图尔特尽管已身负重伤，但仍激励士兵继续战斗。之后，受伤的J.E.B.斯图尔特被送到里士满。几小时后，他便辞世，适时1864年5月12日。

格兰特的作战计划是继续同罗伯特·E.李战斗。如果作战失利，无法直接抵达目的地里士满，格兰特就赶往里士满以南的詹姆斯河。该地区的地形为格兰特的计划提供了便利。格兰特行军地区的河流都朝东南方向流去。在这些河流的掩护下，格兰特可以不断变换阵地。这时，本杰明·F.巴特勒奉命率麾下两万人和吉尔默增援的一万人，向西提普安进军，并尽快在那里修筑堑壕、集中兵力。本杰明·F.巴特勒将以这里为基地，破坏连接里士满与南方的铁路。1864年5月7日，本杰明·F.巴特勒发电报说，他已经“摧毁了许多铁路，并占领了一个供给充足的、可抵御罗伯特·E.李的整个部队的阵地”。

此时，小罗伯特·兰塞姆担任包括德鲁里布拉夫在内的里士满的指挥。小罗伯特·兰塞姆在两地的防御兵力由重型火炮和三个步兵旅组成。为了应急，小罗伯特·兰塞姆将各个部门的文职人员和制造厂的工匠都组织起来，以在保卫首都里士满需要之际充当辅助部队。小罗伯特·兰塞姆就是靠着这支辅助部队，从本杰明·F.巴特勒曾大言不惭地宣扬要破坏的铁路那里赶跑了他。

几天后，本杰明·F.巴特勒再次出现了，但这次，他改变了目标，他在离开詹姆斯河南岸后，举兵前往彼得斯堡方向，后到达沃尔索尔枢纽港的铁路线。本杰明·F.巴特勒在沃尔索尔枢纽港与查尔斯顿派来的皮埃尔·古斯塔夫·图坦特·博勒加德的部分兵力展开了遭遇战，被赶出沃尔索尔枢纽港的铁路与收费公路。1864年5月14日，皮埃尔·古斯塔夫·图坦特·博勒加德率领这支从查尔斯顿派来的士兵到达德鲁里布拉夫附近。我军曾在德鲁里布拉夫以南约一英里处的山岭上修建了一条与德鲁里布拉夫的防御工事及散兵壕相连的堑壕。从德鲁里布拉夫，可掌握詹姆斯河的河面情况，并阻止敌军炮艇通过，而德鲁里布拉夫以南的山岭比德鲁里堡垒的地面更高，可用以阻击敌军从南面靠近我军，也可用以掩护德鲁里堡垒的后方。1864年5月14日下午，我骑马去探访皮埃尔·古斯塔夫·图坦特·博勒加德。

见到皮埃尔·古斯塔夫·图坦特·博勒加德后，我先是问了他为什么要放弃那些堑壕。他的回答是：为了能更好集中兵力。我对他说：现在没有办法能改变本杰明·F.巴特勒的进攻方向了。对此，他的回复是：他并不指

联邦军骑兵与邦联军骑兵在黄色客栈战场交战。

绘者信息不详

望本杰明·F.巴特勒改变进攻方向，因为他正打算进攻本杰明·F.巴特勒，切断其与百慕大亨德勒德基地之间的联系。

因我向来不会多加干涉战场上的指挥，只是提提建议而已，就没有进一步追问该问题。接着，我们的谈话转到了对付本杰明·F.巴特勒的军事行动上。因为此时，本杰明·F.巴特勒已从百慕大亨德勒德基地向前推进。我建议派小罗伯特·兰塞姆率领那支保护里士满的辅助部队去攻打本杰明·F.巴特勒。1864年5月15日，小罗伯特·兰塞姆率军赶到，接受了在第二天作战的任务，并于当天22点前后，率领由四个旅组成的部队和一门轻型火炮，在我军胸墙前方严阵以待。杜诺万[①]上校将率领一支不受小罗伯特·兰塞姆调遣的骑兵，把守他左侧与詹姆斯河之间的地区，以了解该地区敌军的动向。怀廷则率部分士兵继续镇守彼得斯堡的防御阵地。皮埃尔·古斯塔夫·图坦特·博勒加德提议，只要我军在德鲁里布拉夫与彼得斯堡之间发现本杰明·F.巴特勒，就应该让怀廷的主要兵力与自己的兵力联合进攻本杰明·F.巴特勒。对此，我提出了明确的反对意见，因为在战争中，从与敌军进军相反的方向调集兵力风险极大。我建议怀廷的部队在夜间取道切斯特菲尔德公路前进，这样或许能避开敌军视线。我认为，怀廷这样行军可以在天亮前到达德鲁里布拉夫。第二天是星期天，我军可以休息一下。此时，所有部队都已严阵以待，只待周一天亮后联合进攻敌军。

1864年5月16日上午，我骑马去了德鲁里布拉夫，发现敌军已占领我军在德鲁里布拉夫的堑壕防线。两军在德鲁里布拉夫堑壕防线展开了一场激烈战斗，我军蒙受了巨大损失才将敌军击退。之后，敌军穿过前往西部的主干道，进入一片密林。于是，我军派出右翼兵力与敌军近距离作战。最终，我军击退敌军，挫败了敌军企图转攻我军右翼防线的企图。之后，

① 即约翰·杜诺万（John Dunovant，1825—1864）。——译者注

直至这一天结束，我军部分兵力退到德鲁里布拉夫堑壕处，再没有收到任何作战指示。皮埃尔·古斯塔夫·图坦特·博勒加德说，当时，他在等怀廷的枪声，并一直在等怀廷靠近彼得斯堡公路。不久，敌军开始毫无秩序地向彼得斯堡公路的西侧转移。这说明敌军正在撤退，也可能是打算转到我军左翼袭击德鲁里堡垒的后方。可能是为了掩护撤退士兵，敌军在主干道上放置了一组排炮，不断轰炸我军堑壕。小罗伯特·兰塞姆曾在一份未发表的报告中说，他在接到作战命令时，皮埃尔·古斯塔夫·图坦特·博勒加德曾对他说过这样一番话："正如你对这个地区所了解的，我已将这里可调遣的军队交到了你手中，你自行定夺即可。"小罗伯特·兰塞姆接着说道，天亮后，他到达了金世兰溪的南侧，在那里组成了间隔很短的两条战线，并立即向敌军挺进。这时，他突然被一团浓雾包围，无法看清远处的物体。往前走了一段距离后，我军立即与敌军展开了小规模战斗，并且步步推进。日出时分，我军已俘获敌军一个步兵旅、一个炮兵连，并占领了敌军四分之三的临时防护墙。当时，敌军在防护墙前方设置了鹿寨。但由于浓雾，敌军防御工事未能充分发挥作用。1864年5月17日上午，我军沿着河边走了三四英里后，到达豪利特，但没有见到任何敌军。就这样，里士满的"后门"被关上了，本杰明·F.巴特勒被"封锁了起来"。

德鲁里布拉夫战役打响后不久，皮埃尔·古斯塔夫·图坦特·博勒加德给我写了一封信，希望能得到罗伯特·E.李的大力支援，这样就能与罗伯特·E.李的分遣队联手将本杰明·F.巴特勒一举击败，也能在与罗伯特·E.李协力击垮格兰特后，进军华盛顿。我明白，罗伯特·E.李当时对峙的是一支数量远超我军、物资供给源源不断并一直顽固攻击我军的大军。因此，我认为罗伯特·E.李可能不会同意皮埃尔·古斯塔夫·图坦特·博勒加德的提议。然而，出于礼貌，我还是正式批准了他的提议。之后，罗伯特·E.李命令皮埃尔·古斯塔夫·图坦特·博勒加德整顿队伍，留下必要的士兵把守阵地，将其余兵力派往詹姆斯河北岸。由此，可以看出罗伯特·E.李的态度。

第 62 章

莽原战役

1864年3月，陆军中将格兰特担任联邦军的总指挥。之后，格兰特前往库尔佩珀县亲自指挥波托马克军。但波托马克军名义上仍由米德统率。为了增加弗吉尼亚州的联邦军的兵力，格兰特将联邦各个军事部门的兵力集结到一起。

1864年5月3日，罗伯特 · E.李正把守着拉皮丹河南岸，其右翼兵力位于米纳鲁恩附近，左翼兵力在利伯蒂米尔斯附近。尤厄尔任右翼兵力统帅，安布罗斯 · 鲍威尔 · 希尔任左翼兵力统帅，朗斯特里特则统率后方兵力。当时，联邦军已占领拉皮丹河北岸，主力部队驻扎在库尔佩珀县和拉帕汉诺克河边。

此时的情况显而易见：格兰特麾下的兵力正不断增加，联邦大军已严阵以待；罗伯特 · E.李兵力甚少，援兵有限。敌军阵线从萨默维尔浅滩附近一直延伸到戈登斯维尔。对格兰特来说，第一种选择是，他可以直接进攻罗伯特 · E.李，在击败罗伯特 · E.李后进军里士满。罗伯特 · E.李的兵力是格兰特占领里士满的唯一障碍，凭格兰特的兵力，击败罗伯特 · E.李应该不成问题。格兰特的第二种选择是从罗伯特 · E.李阵地的南边或北边渡过拉皮丹河。就当时的情况而言，第二种选择可以应麦克莱伦的迫切之需，起到保护华盛顿的作用。格兰特的第三种选择是直接进攻里士满。三种选择之中，格兰特选择了最后一个方案。他在心中窃喜，认为自己可以在不被我军发现的情况下渡过拉皮丹河转到罗伯特·E.李侧翼，到达罗伯特·E.李与里士满之间的阵地。这样一来，邦联军就不得不为进一步的防御而撤退。但格兰特低估了罗伯特·E.李的军事才能，因此，也根本想不到罗伯特·E.李会突袭自己。从格兰特的行军计划可以看出，他似乎只考虑到了与我军掩护撤退的后卫军之间的战斗。

英勇睿智的罗伯特·E.李抓住格兰特提供的机会，在联邦军最薄弱的地方，发动了攻击。

格兰特的目标是穿过“莽原”到达罗伯特·E.李阵线与里士满之间的公路。罗伯特·E.李决定在人迹罕至的树林与格兰特展开智斗。这里的地形条件可以让我军发挥最大优势。

1864年5月3日，为渡过拉皮丹河，格兰特将军队转移到了距我军右翼十至十二英里处的日耳曼尼亚浅滩，并且成功从该浅滩渡拉皮丹河。这样一来，格兰特就比罗伯特·E.李离里士满更近。在奥兰治县政府以东，有两条几乎平行的通往弗雷德里克斯堡的道路。人们将离拉皮丹河最近的那条路称为“斯通收费公路”，将另一条路称为“普兰克公路”。从日耳曼尼亚浅滩到斯波齐尔韦尼亚县政府的那条路在老莽原客栈与斯通收费公路相交，这条路再向前延伸两三英里，与普兰克公路相交。

获悉格兰特的行动后，罗伯特·E.李立即展开行动。尤厄尔率军沿斯通收费公路行进，安布罗斯·鲍威尔·希尔率军沿普兰克公路挺进，朗斯特里特的部队则从戈登斯维尔附近的营地向普兰克公路挺进。1864年5月4日下午，尤厄尔的部队渡过米纳鲁恩，在距米纳鲁恩约四英里处的洛克斯特格罗夫扎营。1864年5月5日上午，尤厄尔继续率军向前挺进，在距老莽原客栈不远处遭遇格兰特大军，J.M.琼斯和约瑟夫·J.巴特尔的旅被敌军击溃。于是，我军将厄尔利的部队调往前线。该部队在穿过茂密的松林后，与罗

莽原战役。

库尔茨 & 艾利森公司出品，绘者信息不详

德斯的旅一起击退了敌军。敌军蒙受巨大损失，我军俘虏几百名敌军，并占领右侧制高点。与此同时，在斯通收费公路右侧、阵线一直延伸到日耳曼尼亚浅滩的布拉德利·T.约翰逊的部队与前方敌军展开了激烈交战，我军派海斯的旅到布拉德利·T.约翰逊左侧增援。在行进途中，该旅遭遇敌军大部队，因没有得到预期配合，被敌军击退。随后，佩格拉姆[①]的旅在海斯左侧就位。天黑时，敌军进攻海斯和佩格拉姆，但被击退并遭到重创。1864年5月5日下午，整条阵线激战不断，为收复阵地，敌军发起一次又一次进攻。黄昏时分，尤厄尔的军队重创敌军，俘获敌军一千多人，并缴获敌军遗弃的两门大炮。

1864年5月4日，安布罗斯·鲍威尔·希尔率两支部队沿普兰克公路向东挺进，当晚宿营韦尔迪尔斯维尔。1864年5月5日，安布罗斯·鲍威尔·希尔率军继续前行。1864年5月5日13时，安布罗斯·鲍威尔·希尔听到前方有枪声。柯克兰的旅部署在普兰克公路两侧后，其他纵队在其两侧组成阵线。安布罗斯·鲍威尔·希尔沿普兰克公路前进之时，尤厄尔则沿斯通收费公路向前挺进。两军相距三四英里。

人们将普兰克公路与斯通收费公路之间绵延数英里的地区称为“莽原”。该地区是一片几乎完全由灌木和小树组成的密林。为与尤厄尔保持联系，威尔科克斯将部队转移到了莽原左侧，与戈登[②]的旅在尤厄尔最右翼会合。由此，我军阵线形成。该阵线从普兰克公路右侧开始，穿过一片连绵的旷野和密林后，到达斯通收费公路。该阵线长六英里。阵线前方是难以逾越的灌木丛，因此，只能在公路上使用大炮。1864年5月5日15时左右，敌军纵队猛烈攻击了赫斯的散兵。由此，战斗在赫斯前方展开，并激战两三个小时。战斗一直持续到夜幕降临。我军虽然兵力大减，但仍占领

① 即约翰·佩格拉姆（John Pegram，1832—1865）。——译者注
② 即约翰·布朗·戈登（John Brown Gordon，1832—1904）。——译者注

着之前的阵地。

参加这场顽强战斗的是赫斯和威尔科克斯率领的一万五千名士兵。他们面对的是敌军五个师约四万五千名士兵发起的屡次致命攻击。此外，伯恩赛德率领敌军第九团也在白天赶到战场。而由约瑟夫·R.安德森率领的安布罗斯·鲍威尔·希尔第三团和朗斯特里特的两个团赶到战场时，已是1864年5月6日黎明。

就在这时，敌军再次猛烈攻击安布罗斯·鲍威尔·希尔。安布罗斯·鲍威尔·希尔除了要应对前方敌军，还要应对一股刚刚在其侧翼占领阵地、与前方敌军配合的援军。

激战过后，赫斯麾下的左翼兵力和威尔科克斯的右翼兵力在朗斯特里特的先锋部队抵达战场前被敌军击败，进行了混乱不堪的撤退。就在我军溃退之际，预料到潜在危机的罗伯特·E.李赶到了战场。罗伯特·E.李冲到溃退的队伍中，号召这些士兵重整旗鼓，跟自己一起战斗到底。

> 士兵们在看到罗伯特·E.李要与自己一起冲锋陷阵的决心后，意识到罗伯特·E.李身处险境，恳求罗伯特·E.李到部队后方，并承诺立即重整旗鼓投入战斗。于是，在鼓励了士兵们一番后，罗伯特·E.李挥手示意大家继续战斗。[①]

之后，我军成功压制住了敌军的进攻。

这时，朗斯特里特率军赶到。为收复失地，朗斯特里特率军发起了英勇进攻，将敌军赶出了安布罗斯·鲍威尔·希尔的防线。然而，敌军在之前占领的阵地重新组成了阵线。1864年5月6日中午，朗斯特里特派三个旅进

① 详见沃尔特·H.泰勒少校的《与罗伯特·E.李一起的四年》。——原注

1864 年 5 月 6 日，邦联军占领普兰克公路附近联邦军的防御工事。
阿尔弗雷德·沃德（Alfred Waud，1828—1891）绘

攻敌军侧翼和后方兵力，途中，遇到曾在安布罗斯·鲍威尔·希尔阵线最右翼把守的J.R.戴维斯的旅，并与之会合。

为防止敌军发现，我军绕道而行。就在敌军准备抵御前方进攻之时，我军出其不意，对敌军侧翼和后方兵力发动了猛攻。敌军大惊失色，在遭到重创后仓皇撤退。

在朗斯特里特的亲自指挥下，我军整个战线向前推进，已做好乘胜追击的准备。但在行至詹金斯旅的前方时，被路边树林中的一队邦联士兵误当成敌军。在这次交火中，詹金斯不幸丧命，朗斯特里特不幸身负重伤。就这样，我军在关键时刻痛失朗斯特里特的指挥，不得不中止了这场最有希望取得重要战果的行动，也使敌军获得了在其堑壕后方重整旗鼓的时间。罗伯特·E.李认为，在这种情况下，我军不宜再发动进攻。

1864年5月6日上午，战斗在我军的左翼再次打响，佩格拉姆的旅占领的前线遭到猛攻，但敌军的每一次进攻都被我军击退。之后，敌军屡次进攻，但都未成功。1864年5月6日下午，我军对正在树林中休憩的敌军右翼发动了进攻。在戈登、布拉德利·T.约翰逊及佩格拉姆的部队的配合下，我军成功击溃了敌军，并俘获了两名准将和几百名战俘。因天色已黑，战斗便停止了。

1864年5月7日，我军继续向敌军挺进，发现格兰特已放弃其右侧防御工事。当天，除了一些小规模战斗，两军未进行重大战斗。

这些战斗给敌军以重创，令敌军失去了阵地，多人被俘，并丢掉大炮等物资。但我军也付出了巨大代价。经再三思量，我军决定执行罗伯特·E.李的计划——节约兵力。

为占领斯波齐尔韦尼亚县政府，格兰特对我军侧翼发动了进攻。洞察到敌军意图的罗伯特·E.李，在1864年5月7日晚将朗斯特里特的师作为先锋，派到了该地。为牵制敌军，在侧翼观察的J.E.B.斯图尔特让骑兵下马砍倒路旁树木，设置了路障。

1864年5月8日，就在我军设置路障之际，敌军先头部队赶到，赶走了我军骑兵。但没过多久，敌军就被我军步兵从该战略要点驱逐。

1864年5月9日，两军阵地形成，并在阵前对峙。

1864年5月10日、11日，两军相安无事。

1864年5月12日上午，敌军对尤厄尔发起猛攻，冲破了布拉德利·T.约翰逊师占领的防线。

敌军部分进攻纵队绕过布拉德利·T.约翰逊的防线，到达威尔科克斯左侧，但一到那里就遭到了我军阻击。在尤厄尔的指挥下，几个前来增援的旅也投入了战斗。但增援的旅遭到敌军重创。随后，为缓解尤厄尔的压力，并收复失去的阵地，我军当天将几个旅派到了前线，以将我军转移至威尔科克斯左侧，并且袭击冲过尤厄尔防线的敌军纵队。这几个旅很快就与伯恩赛德的第九团展开了战斗，并且俘获三百多名敌军，缴获三面军旗。这场对敌军侧翼的袭击令敌军措手不及，仓皇撤退。

1864年5月12日，敌军进攻纵队在松林的掩护下，到达J.G.沃克率军镇守的一块突出地带附近。赫斯对敌军进行了猛烈射击与轰炸，重创并击退敌军。

之后的几天里，两军相对平静。在此期间，格兰特获得了大量援兵。“敌军的兵力占有极大的优势，即使格兰特在整个邦联前线布下双重战线，敌军仍能为占领通往邦联首都里士满的阵地而向自己的侧翼派出大量兵力。”[①]

1864年5月18日，敌军再次进攻我军防线，但未取得任何成果。

1864年5月20日，也就是我军在斯波齐尔韦尼亚与敌军优势兵力对峙

① 详见沃尔特·H.泰勒少校的《与罗伯特·E.李一起的四年》。——译者注

斯波齐尔韦尼亚县政府战役。

19 世纪版画，绘者信息不详

十二天后，罗伯特·E.李获悉，敌军为把兵力置于邦联首都里士满与我军之间，将再次进攻我军侧翼。为挫败敌军这一企图，罗伯特·E.李派朗斯特里特在夜间向汉诺威枢纽方向转移，并于第二天，即1864年5月21日派尤厄尔和安布罗斯·鲍威尔·希尔的军队赶往同一地点。

罗伯特·E.李认为，格兰特的目标是北安娜河以南两英里处可通往里士满两条铁路的交叉点。为挫败敌军行动，罗伯特·E.李率军渡过了北安娜河。

1864年5月20日晚，格兰特的两路纵队侧攻我军，其右路纵队未遭到任何抵抗就在杰里科浅滩渡过了北安娜河。1864年5月23日，敌军左路纵队开始从右路纵队渡河点四英里处渡河，途中，遭到我军一小股兵力的顽强抵抗。直至1864年5月24日，敌军左路纵队才全部渡过北安娜河。

渡过北安娜河后，格兰特才发现自己做了个错误决策。这时，他的军队已危如累卵。

罗伯特·E.李在北安娜河南侧建立了防线。重新整合队伍后，两翼呈防线钝角，顶点在敌军的两个渡河点之间。朗斯特里特和安布罗斯·鲍威尔·希尔的部队充任两翼兵力，利特尔河和汉诺威沼泽地为大本营，尤厄尔的部队镇守该钝角的顶点或防线中心位置。

直到格兰特打算沿北安娜河将自己的两支相隔四英里的纵队连接起来，才发现自己身陷重围。格兰特发现，邦联军已居于自己的两支纵队之间，除此之外，两支纵队间还隔着北安娜河。在这种情况下，两支纵队几乎不可能相互配合。

在吸取斯波齐尔韦尼亚和莽原战役的教训后，格兰特于1864年5月26日夜晚，在夜色的掩护下小心翼翼地退到了北安娜河北岸，然后沿帕芒基河向东转移。

皮克特的师和约翰·C.布雷肯里奇麾下的一小队人马在汉诺威枢纽与

罗伯特·E.李会合。罗伯特·霍克率领的一千二百名精兵也在这里重新加入尤厄尔的师。1864年5月29日，格兰特的全部兵力渡过帕芒基河，而罗伯特·E.李的军队也在第二天，即1864年5月30日做好了迎战准备，并将左翼留在了阿特利车站。1864年6月3日，两军在冷港再次展开战斗。

在这场战役中，格兰特想要穿过或击退罗伯特·E.李的军队，但未能成功。

沃尔特·H.泰勒少校这样写道：

> 联邦方面死伤惨重。我仍然清晰记得袭击之后罗伯特·霍克呈递的那份报告。他的师正好在开战前赶到了战场。在他的前方，也就是敌军发起进攻的地方，到处是敌军的死伤士兵。而到那时为止，罗伯特·霍克还尚未手刃任何敌军。因此，当联邦士兵接到重新发起攻击的命令后，都闷不作声地拒绝了。“该命令[①]经由军官下达给下级指挥官，再由这些指挥官传达给士兵。接到命令后，敌军整个队伍纹丝不动，虽然没有任何人提出抗议，但他们用缄默表达了对进一步杀戮行动的态度。在这场血腥的战斗中，联邦方面损失了一万三千多名士兵，而邦联方面的损失可能连几百人都没有。”一番惺惺作态后，格兰特最终要求休战埋葬死者。之后不久，为确保军队能到达詹姆斯河南岸，格兰特放弃了之前选择的作战路线，率军转移。这时，从莽原战役开始，战争已持续了一个多月。其间，两军几乎每天都有交战；北弗吉尼亚州军在安置敌军因伤退出战斗的人员时，发现敌军退出战斗的人数比开战之初罗伯特·E.李的全部兵力还多。敌军尽管损失惨

① 详见斯温顿的《波托马克军史》。——原注

> 重，但得到了非常大的增援。对我军前线官兵而言，敌军仍是一股极难摧毁的力量。[1]

1864年5月1日，即格兰特渡过拉皮丹河的两天前，其麾下有十二万零三百八十人，第九团有两万零七百八十人。也就是说，格兰特率军向罗伯特·E.李进军之时，共有兵力十四万一千一百六十人。而在拉皮丹河上迎战敌军庞大兵力的罗伯特·E.李只有不到五万人。除此之外，格兰特还有一支由十三万七千六百七十二人组成的后备部队，而罗伯特·E.李没有任何后备部队。为保护西弗吉尼亚和其他地区，罗伯特·E.李被迫派出了很多分队，所获增援与派出人数大抵相抵。信息真实可靠的《南方历史论丛》[2]曾刊登过这样一段文字：

> 格兰特称，从莽原战役到冷港战役，他损失了三万九千名士兵；但斯温顿声称他损失了六万多人。经核查，格兰特实际损失了近十万人。也就是说，为了占领那个刚开始可以不费一兵一卒就能得到的阵地，格兰特损失了比罗伯特·E.李多两倍的兵力。

1864年5月12日，格兰特开始率军渡过詹姆斯河。1864年6月15日，格兰特完成渡河行动。因此，格兰特用了一个多月才到达詹姆斯河南岸。在莽原战役中，为到达麦克莱伦曾证明能不费吹灰之力就能到达的阵地，格兰特不仅牺牲了大量士兵，还损失了大量火炮、轻武器和物资。

之后，格兰特突袭了彼得斯堡。突袭失败后，格兰特在阿波马托克斯河以南集结了兵力。

---

① 详见沃尔特·H.泰勒少校的《与罗伯特·E.李一起的四年》。——原注

② 详见第6卷，第144页。——原注

第63章

尤厄尔进军华盛顿和钱伯斯堡

1864年的战役开始前，西格尔率领一队士兵占领了谢南多厄河下游。为了孤立里士满，格兰特打算命西格尔的这支队伍破坏林奇堡以西的铁路。1864年5月3日，西格尔率领约一万五千名士兵沿谢南多厄河谷北上。在奥古斯塔县后备军、莱克星敦军事学院的两百名学员及英博登[1]率领的几百名骑兵的增援下，时任弗吉尼亚州西南部指挥的约翰·C.布雷肯里奇挥师向西格尔挺进——约翰·C.布雷肯里奇麾下的步兵不到三千人。此时，罗伯特·E.李正与刚渡过拉皮丹河的格兰特率领的优势兵力交战。西格尔此行的目的是到达我军侧翼，与格兰特配合攻下里士满。如果西格尔攻击约翰·C.布雷肯里奇，我军将陷于危险境地。但在当时的情况下，我军只能如此。就约翰·C.布雷肯里奇的兵力而言，仅够排成两列纵队，将莱克星敦军事学院学员部署在两个旅中间，并且没有任何后备军。很快，两军就展开了小规模战斗。之后不久，敌军退到离纽马基特较远的地方。采取守势的西格尔占据了有利阵地，打算伺机而动。这时，我军炮兵一面向前推进，一面猛烈轰炸敌军阵地。之后，我军步兵开始向敌军推进，“莱克

① 即约翰·D.英博登（John D. Imboden，1823—1895）。——译者注

星敦军事学院学员如同在阅兵典礼上一般，迈着稳健的步伐不断向前推进，为身边的两个旅竖立了标杆……联邦军有一道可以充当防护墙的石墙，这使联邦军占有很大优势”。西格尔的骑兵试图转向我军右侧，但被我军狠狠击退。几分钟后，敌军全线撤退，渡过了谢南多厄河，烧毁了身后的桥。

之后，约翰·C.布雷肯里奇缴获五门火炮，除去敌军留在战场上的伤员，共俘获敌军五百多人。我军死伤数百人。接到作战通知后，罗伯特·E.李立即命令约翰·C.布雷肯里奇尽快将军队转移到汉诺威枢纽。

1864年5月15日，战役打响。1864年5月20日，约翰·C.布雷肯里奇率军赶到汉诺威枢纽。

约翰·C.布雷肯里奇启程后，W.E.琼斯带着一小队骑兵从弗吉尼亚州西南部赶来。W.E.琼斯率领的骑兵与英博登的部队加在一起，也不足以对抗敌军，仅能监视敌军。然而，这就是我军留在谢南多厄河谷的全部兵力，而当时接任西格尔的大卫·亨特麾下的士兵人数比西格尔的还要多。在皮德蒙特，W.E.琼斯率领的骑兵与少许步兵，在遭遇敌军大部队后战死沙场。获悉此消息后，约翰·C.布雷肯里奇奉命返回了谢南多厄河谷。

1864年6月13日，为了袭击并尽可能摧毁大卫·亨特后方兵力，厄尔利率领罗伯特·E.李的第二师及两个炮营，携约八千支毛瑟枪，向大卫·亨特的后方挺进，打算在歼灭大卫·亨特后方兵力后渡过波托马克河，逼近华盛顿。

1864年6月17日，厄尔利到达林奇堡。大卫·亨特也在同一时间到达此处。1864年6月19日，厄尔利做好进攻准备，但大卫·亨特开始率军撤退。厄尔利立即展开追击，并重创敌军，直至敌军经由通往卡诺瓦河的路逃之夭夭。1864年6月27日，厄尔利的军队沿谢南多厄河谷到达斯汤顿。在与约翰·C.布雷肯里奇的部队及布拉德利·T.约翰逊麾下马里兰州骑兵营会合

纽马基特战役中为邦联而战的莱克星敦军事学院学员。
摘自 1903 年出版的《美国学校史》，绘者信息不详

后，我军步兵人数达到一万人、骑兵人数达到两千人左右。之后，我军一路疾行。途中，我军烧毁了铁路桥、损毁了铁路，并且缴获了大量物资。1864年6月5日、6日，我军渡过波托马克河，经由南山山口到达敌军占领的马里兰高地以北。为破坏从巴尔的摩到哈利斯堡和费城的铁路、烧毁火药厂附近的桥梁、切断华盛顿和巴尔的摩之间的铁路，并且对巴尔的摩造成威胁，我军派了一个旅的骑兵到弗雷德里克以北。其他部队则向莫诺卡西枢纽挺进。我军到达莫诺卡西枢纽时，发现卢·华莱士已在莫诺卡西河东岸部署了庞大的联邦军，其防御工事与碉堡正对着两座桥梁。我军从前方和两翼攻击了该阵地，击溃了敌军卫戍部队，占领了该阵地，俘获未负伤敌军六七百人。敌军死伤人数约计七百人，远超我军。

1864年6月10日，我军向罗克维尔附近挺进。1864年6月11日，我军继续向华盛顿挺进，以期在有驻军把守前进入其防御工事。但因天气炎热、尘土飞扬，我军行动严重受阻。1864年6月11日午后不久，我军抵达史蒂文斯堡，该防御工事似乎只有少量驻军。但就在我军进入该防御工事前，来自华盛顿的敌军纵队从史蒂文斯堡的左右两侧陆续进入该堡。一番战斗后，敌军开始对我军进行猛烈轰炸。为查明能否拿下史蒂文斯堡，我军做了一番考察，结果发现，敌军“防御工事非常牢固，其中包括一些似乎专门为重型火炮打造的封闭堡垒。每座封闭堡垒的前方都有一排用防护墙连在一起，设有大量大炮的较低防御工事。这些较低的防御工事前，设有沟渠，并辅有栅栏和鹿寨。四周大炮射程内的树木都被砍倒做了路障。这些路障极难攻克，任何靠近之人都会遭到大炮轰炸”。放眼望去，整个防御工事似乎坚不可摧。当时，我军不仅已精疲力竭，还缺乏重型火炮，加上获悉敌军两支部队已抵达华盛顿的消息，因此，面对防护墙中的敌军，我军没有派这支由退伍军人和新兵组成的部队进攻敌军，而是于1864年6月12日夜晚撤退。1864年6月14日上午，厄尔利携所有战俘与战利品平安渡过波托马克河。联邦骑兵追击了我军，与我军后方骑兵进行了一些小规模战斗。1864年6月14日下午，波托马克河对岸的敌军轰炸了我军看守浅滩的骑兵。

与此同时，大卫·亨特和西格尔在哈珀斯费里会合，并在那里展开了一些小规模战斗。厄尔利决定在斯特拉斯堡附近集中兵力。这样就能在渡过锡达河后，将兵力部署在温切斯特方向的所有道路上。第二天，即1864年6月15日，厄尔利获悉西弗吉尼亚军在克恩斯敦，遂决定发起攻击。

将敌军散兵逐入战场后，我军发现敌军左翼暴露了出来。于是，我军派约翰·C.布雷肯里奇在地形掩护下攻向敌军左翼。约翰·C.布雷肯里奇一举击溃敌军。在我军炮兵和步兵的追击下，敌军逃到了温切斯特以外的地方。这场战斗中，敌军伤亡十分惨重，而我军损失很小。

敌军在渡过波托马克河后，逃到了马里兰高地和哈珀斯费里。仓皇逃跑中，敌军丢弃了大量物品，其中包括十二盒弹药箱、七十二辆货车，但大多数物品已被损毁。

1864年6月26日，邦联军转战马丁斯堡。

厄尔利在回忆录里说：

> 毫无疑问，大卫·亨特在马丁斯堡再次沉溺于自己最喜欢的那一套战争模式。他回到谢南多厄河谷后，趁我军不在，实施了一系列暴行。大卫·亨特一声令下，烧毁了以下人士的私人住宅，仅留了点时间让住宅内的女士逃走。这些住宅分别属于：弗吉尼亚州参议院成员安德鲁·亨特、邦联国会前成员亚历山大·博特勒，以及罗伯特·E.李的远亲埃德蒙·I.李。这些人都是杰斐逊县的居民。联邦军烧毁了许多南方城镇和庄园住宅，一些北方报纸欣喜若狂地报道了此事。对此，一些读者扬扬自得，

另一些则无动于衷。写到这里，我不得不说：我们受够了联邦军的这种战争模式，是时候通过报复来让北方人正视联邦军的滔天罪行了。我谈及以上事件，并不是因为这些事件更具价值或更值得报复，而是因为这些事件就发生在我担任指挥的地区内，因此立即就引起了我的注意①。

我决定在钱伯斯堡实施报复。于是，我命令麦考斯兰②和布拉德利·T.约翰逊各自率领自己的旅前往钱伯斯堡，同行的还有一队炮兵。我命令他们在到达该地后，向市政当局索赔十万美元的黄金或五十万美元的现金，赔偿联邦军破坏的屋舍和物品。如果不付款，就将该地夷为平地，从而报复联邦军曾在弗吉尼亚州烧毁房屋、在其他南方州烧毁城镇的行为。我军向市政当局送交了一份索赔书，并且将拒绝赔付及未能按要求赔付的后果告诉了当局。我希望能给钱伯斯堡的人民一个机会，让他们通过提供部分补偿的方式来扭转局面，留住自己的小镇，也希望我们索取的这笔赔偿金能达到我们想要的效果，让北方其他地区的人民也知晓敦促其政府采取其他政策的必要性。

1864年7月30日，麦考斯兰到达钱伯斯堡，按指示向当局提出了索赔要求，将我派发的文件念给了当局。当局未接受我军提出的要求，声称联邦军马上就要赶到了，他们不怕我们烧毁他们的

① 我经常会见到一些在遭到残忍敌军劫掠、侮辱后陷入绝望的优雅女士。这些女士虽然没有大声疾呼，但我可以从她们讲述遭遇不幸时的痛苦表情中，体会到那种无助与祈盼。这足以令每一个男子汉热血沸腾，想为她们出这口恶气，我再也受不了了。我沿着洛厄山谷进入马里兰州时，一位女士含着热泪对我说："我们这些苦命人，本看不到和平的到来，但邦联军到来后，我们的生活又燃起一线希望。我们要为这些士兵做些什么。"愿上帝护佑山谷中的这些高贵女士，她们悉心照料着那些生病、受伤及奄奄一息的邦联士兵，并将最后的食物给了那些饥肠辘辘的邦联士兵。她们勇敢面对不断肆虐的战争带给她们的贫困、痛苦、迫害及危险。同我国其他地方人民承受的苦难相比，这里的人民所承受的一切更令人心痛。——原注

② 即约翰·麦考斯兰（John McCausland，1836—1927）。——译者注

小镇。因为我军一贯采取宽厚的政策，所以当局根本不担心我军会真正付诸行动。但这次，他们错估了形势。麦考斯兰遵照命令将钱伯斯堡大部分地区烧毁。之后，麦考斯兰向坎伯兰方向继续挺进，却发现那里有重兵把守。于是，麦考斯兰率军撤到波托马克河对岸南支流河口附近。之后，他俘获了那里的驻军并摧毁部分铁路桥。埃夫里尔[①]追击我军，最终突袭并击溃布拉德利·T.约翰逊的旅。埃夫里尔缴获四门大炮，俘获我军约三百人。

① 威廉·W.埃夫里尔（William W. Averell，1832—1900）。——译者注

第 64 章

温切斯特战役

就在这时，一支由联邦第六师、第十九师及克鲁克师组成的军队，在谢里登的率领下集结在哈珀斯费里。当时，厄尔利麾下有八千五百名步兵、近三千名骑兵、三个炮兵营和几辆炮车。据最可靠消息称，谢里登麾下有一万名骑兵、三万五千名步兵，加之大量大炮。无论是兵力还是火力，敌军都远超我军。

1864年9月19日上午，敌军开始向位于贝里维尔路、距温切斯特约一英里半的莱姆瑟[①]的阵地挺进。当时，我军做了如下部署：为打击靠近敌军，将纳尔逊的炮兵尽可能广地分布在莱姆瑟的阵线上；洛马克斯[②]率H.R.杰克逊的骑兵与布拉德利·T.约翰逊的部分骑兵，把守我军右翼；菲茨休·李则率领骑兵居于我军左翼。以上部署有力地牵制了敌军主力部队，直至戈登和罗德斯的师在1864年9月19日10时前后到达该地。之后，戈登埋伏在一片树林后面，罗德斯则埋伏在另一片树林后面。没过多久，我军发现敌军秘密集结了大量兵力向莱姆瑟左翼挺进，而另一股兵力则正在向莱姆瑟的前方逼近。罗德斯和戈登立即对进攻敌军发动了猛攻。但位

① 即斯蒂芬·多德森·莱姆瑟（Stephen Dodson Ramseur，1837—1864）。——译者注
② 即伦斯福德·L.洛马克斯（Lunsford L. Lomax，1835—1913）。——译者注

温彻斯特战役。

库尔茨 & 艾利森公司出品，绘者信息不详

居我军步兵最左翼的戈登麾下的N.G.埃文斯的旅，却在树林后方敌军的追击与七门布拉克斯顿大炮的威慑下，被迫退入了树林。就在敌军大炮发起轰炸、N.G.埃文斯开始撤退之际，约瑟夫·J.巴特尔率军赶到，扫射了前方树林。在N.G.埃文斯的配合下，约瑟夫·J.巴特尔抓紧驱赶前方敌军。我军再次向前挺进，敌军第六师、第十九师则在混乱中撤离了战场。厄尔利欢呼道："我手下的两支部队只有五千多把毛瑟枪，却将庞大的敌军打得落花流水，这一幕可真是壮观！"

1864年9月19日11时前后，我军取得辉煌胜利。但此时，敌军庞大的骑兵尚未参战。这时，我军阵线从亚伯拉罕河对面一直延伸到红蕾区，但该阵线十分薄弱。我军面前的敌军数量仍十分庞大，我军右侧集结了大量敌军骑兵。这些携带大炮的敌军骑兵在我军面前形成了一条至少长达一英里的阵线。傍晚，敌军的两个骑兵团加入曾在马丁斯堡公路看守的那一小股兵力中。之前一直未参战的乔治·克鲁克的部队也向红蕾区北侧发起了进攻，并击退我军步兵及骑兵旅。随后，敌军庞大骑兵兵力沿马丁斯堡公路到达温切斯特边缘，由此，敌军进入我军左翼后方。但没过多久，敌军就被沃顿[①]的两个旅击退。随后，沃顿击退敌军骑兵发起的另一次进攻。但在听到后方枪声后，我军前线很多士兵以为是敌军从侧面袭击并切断了我军阵线，于是纷纷开始撤退。就在这时，乔治·克鲁克率军攻向我军左翼，于是我军派N.G.埃文斯率军迎战。一番拼死抵抗后，N.G.埃文斯率军撤退。这时，我军整个前线都已沦陷，但我军在一些低矮的旧胸墙后方集结了兵力，并且用大炮牵制了敌军步兵的进一步进攻。之后，敌军骑兵绕到我军左翼，我军大乱，局面已无法扭转。

于是，我军经由温切斯特撤退。撤退过程中，我军重新建立了防线，

① 即约翰·A.沃顿（John A. Wharton，1828—1865）。——译者注

并一直抵抗敌军进攻直至夜幕降临。之后，我军撤退到纽敦，途中未遭受重大袭击。

温切斯特战役整整打了一天。战役结束时，天色已晚。从重创敌军的第一次进攻，到拼死捍卫每一寸土地，我军已被敌军整整击退两英里。在温切斯特战役中，我军死伤惨重，敌军也遭受了巨大损失。

第 65 章

温切斯特战役后的军事行动

温切斯特战役后，两军又进行了几次小规模交战，但都没有产生重大影响。1864年10月5日，罗瑟[①]率六百名骑兵加入向纽马基特挺进的厄尔利的队伍。为追赶那些根据谢里登的命令对屋舍、磨坊、谷仓及大量小麦和干草进行焚烧的联邦骑兵，罗瑟抄小路向敌军奔去，与敌军进行了一次又一次战斗。

为评估谢里登一伙纵火造成的损失，罗金汉姆县法院委派当地居民与地方法官组成的委员会调查了此事。该委员会在经过仔细调查后，发现：

> 联邦军共烧毁住宅三十所、谷仓四百五十个、磨坊三十一间；破坏篱笆一百英里、小麦十万蒲式耳[②]、玉米五万蒲式耳、干草六千二百三十三吨；夺走一千七百五十头牛、一千七百五十匹马、四千二百只羊、三千三百五十头猪；烧毁三个工厂、一个熔炉。此外，联邦军还大肆破坏了各种农具，其中很多农具都十分宝贵，如收割机和打谷机；联邦军损坏了很多人家的家具、家用物品，抢了很多金钱、债券等。

① 即托马斯·L.罗瑟（Thomas L. Rosser，1836—1910）。——译者注
② 主要用于农业的容量单位，1蒲式耳约合8加仑。——译者注

在获悉谢里登打算将部分士兵派到格兰特那里后，厄尔利立即率军向谢南多厄河谷以南转移，并发现锡达河北岸有大量敌军。这时，我军如果不向敌军发起进攻，就得因缺乏粮食和饲料而折回去。于是，厄尔利决定与敌军交战，将敌军从当前阵地赶到米德尔敦以北约两英里处的一个新阵地。厄尔利已在那里的防护墙后布好了阵线。

“很明显，”厄尔利说，“现在已经无法再敦促队伍继续前进。为赶在黎明之前袭击敌军，我军已在一片崎岖不平的道路上奔波了一夜。这时，我军士兵已经疲倦不堪。此外，我军队列已经有些混乱，士兵也四散开了。因此，我需要点时间进行休整。因为派出部分兵力抢掠敌军营地，所以我军兵力锐减不少。”

因此，我军决定镇守已获阵地，并下令带走我军缴获及敌军遗弃的大炮、轻武器及运输车辆。1864年10月19日，敌军骑兵多次试图冲破我军防线，但都被击退。

1864年10月19日傍晚，联邦步兵分别进攻了莱姆瑟、克肖[①]及戈登。莱姆瑟和克肖立即狠狠击退了敌军的进攻。但部分敌军冲破了我军最左翼防线，进入N.G.埃文斯的阵地。N.G.埃文斯的旅撤退后，戈登的其他兵力也跟着撤退了。撤退过程中，戈登曾试着集结兵力，但未能成功。我军部分兵力撤退的消息很快就被添油加醋传到了克肖和莱姆瑟的阵线上。担心敌军从侧翼发动进攻的该部分兵力也在混乱中开始撤退了。敌军骑兵在观察到我军混乱局面后，对我军右翼重新发起进攻，但再次被我军击退。我军竭力集结军队，但大多数士兵不愿再战。在几门大炮的协助下，莱姆瑟和康纳麾下的各三百名左右的士兵在我军左翼阵地整整把守了一个半小时，直至莱姆瑟阵亡。莱姆瑟阵亡时，我军已弹尽粮绝。于是，这支一贯

① 约瑟夫 · B.克肖（Joseph B. Kershaw，1822—1894）。——译者注

锡达河战役。

库尔茨 & 艾利森公司出品，绘者信息不详

稳扎稳打的部队也进行了撤退。因多次未能集结后方兵力，我军下令其撤退。收到该消息后，一直坚守阵地的沃顿和沃福德[①]的部队也陷入了混乱。

部队在行至距离杰克逊山七英里处的纽马基特时，停止了前进。锡达河战役中，我军伤亡约计一千八百六十人、被俘一千多人，此外，还损失了二十三门大炮和一些医疗物品、军需品及交通工具。敌军被俘一千五百人，伤亡十分惨重。在锡达河战役中，我军共有约八千五百支毛瑟枪、四十多门大炮。而谢里登仅骑兵就有八千七百人，步兵数量则与在温切斯特战役时一样多。

随后，厄尔利在锡达河与谢里登的部队整整对峙两天。1864年11月27日，罗瑟突袭并占领了位于巴尔的摩及俄亥俄铁路上的纽克里克防御工事。我军俘获敌军两个骑兵团，不仅缴获敌军军旗与武器，还缴获八门大炮及大量军用物资。最后，我军带走八百名战俘、四门大炮及一些马匹和货车。

战役结束，入侵者未前进半寸，仍停留在战役开始时的地方。

① 即威廉·T.沃福德（William T. Wofford，1824—1884）。——译者注

第66章

红河谷战役

我军获得情报，敌军将于1864年2月远征我军在路易斯安那州红河一带的理查德·泰勒的部队。远征军由N.P.班克斯统率，由W.T.谢尔曼在维克斯堡的兵力负责增援，由海军将军波特率炮艇舰队陪同。阿肯色州的斯蒂尔将率军负责配合。

1864年3月12日，波特率领十九艘炮艇及一万名W.T.谢尔曼麾下的士兵，进入红河附近。1864年3月15日，波特的先遣队到达亚历山大。1864年3月19日，为与波特会合，富兰克林率一万八千名士兵离开了洛沃泰舍。斯蒂尔在报告中称，当时他手下有七千名士兵。而这时理查德·泰勒麾下有步兵五千三百人，骑兵五百人，炮兵三百人；圣约翰·理查森·利德尔麾下有骑兵五百人，此外，还有一个可同时发射四颗炮弹的炮台。

为迎战据说正奔向我军的敌军，当时距曼斯菲尔德三英里远的理查德·泰勒选择了一个合适的阵地。这时，理查德·泰勒麾下有步兵五千三百人、骑兵三千人、炮兵五百人，总计八千八百人。据估计，N.P.班克斯手下有两万五千人。

因敌军一直未发动进攻，我军于1864年4月8日将整个战线向前推进了一些。我军左翼士兵冒着枪林弹雨穿过田野进入一片树林。在与敌军展开一番殊死搏斗后，敌军渐渐向右方撤退。我军俘获一些敌军并缴获一些武

波特的舰队从维克斯堡出发前往红河谷。

19 世纪版画，绘者信息不详

器。我军右翼士兵没费太大力气就进入了树林。在发现敌军已被我军侧翼包围后，该部分士兵一面挺进，一面进行了扫射。

在我军的围攻下，敌军第一阵线的所有骑兵与第十三军一齐落荒而逃。我军除了俘获一些敌军，还缴获一些枪炮和货车。随后，敌军派出第一阵线后方两英里处的第十三军第二师，但很快被我军击溃。接着，我军继续向敌军挺进。在距离第一阵线四英里处，我军在一条小溪对面的山脊上发现了已严阵以待的敌军第十三军。我军迅速进攻敌军。一番拼斗后，敌军在夜幕降临时撤退了。我军俘获敌军两千五百人、缴获大炮二十门、军旗若干，并缴获轻武器数千件、货车二百五十辆。

1864年4月9日上午，我军在普莱森特希尔前方约一英里处发现了敌军，该山坐落于一片由西至东沿曼斯菲尔德公路延伸的宽一英里的高地上。敌军战线从高原西边最高处一直延伸至高原另一侧，敌军左翼则一直延伸至曼斯菲尔德公路右侧一个树木茂密的高地处。敌军阵地前，有一条冬雨形成的蜿蜒的干涸水沟。水沟旁边是一片茂密的小松树林。敌军骑兵就在这里把守，敌军主力则部署在高原上。邱吉尔[①]的旅加入后，理查德·泰勒麾下的士兵人数达一万两千五百人，而N.P.班克斯麾下的士兵有一万八千人，其中，由安德鲁·杰克逊·史密斯率领的部队是新注入的力量。1864年4月10日4时30分前后，我军展开行动。直到夜幕降临，两军的鏖战才在我军右侧结束。此时，双方都仍在原地。N.P.班克斯没有再去收回左翼与中间兵力丢掉的阵地。1864年4月10日夜晚，N.P.班克斯丢下四百名伤员和未掩埋的士兵尸体撤退了。第二天早上，即1864年4月11日，我军在追击二十英里后，赶上了敌军后方兵力。追击途中，我军发现一些敌军落伍士兵及燃烧物资与货车。在曼斯菲尔德与普莱森特希尔的行

① 即托马斯·詹姆斯·邱吉尔（Thomas James Churchill，1824—1905）。——译者注

普莱森特希尔战役。

绘者信息不详

动中，我军共损失两千二百人。在普莱森特希尔的行动中，我军损失了三门大炮，四百二十六名士兵被俘。敌军死伤人数更多。除去落伍士兵，我军俘获敌军两千八百人，缴获大炮二十门。敌军行动以失败告终。

第 67 章

皮洛堡战役

1864年4月12日，在J.R.查默斯的指挥下，N.B.弗雷斯特的两个旅进攻了皮洛堡。皮洛堡是建在密西西比河东侧的一个悬崖上的土堡，位于煤溪入口。该地由四百名士兵与六门大炮把守。J.R.查默斯到达后，很快就占领了该地外部防御工事，将其卫戍部队赶回了其主要防御工事内。皮洛堡呈新月形，防护墙高八英尺，堡顶宽四英尺，周围有一条深六英尺、宽十二英尺的壕沟。就在J.R.查默斯占领皮洛堡外部防御工事时，N.B.弗雷斯特也率军赶到，并立即下令麾下部队向皮洛堡挺进。贝尔[①]的旅向皮洛堡东北方向发起了进攻，并占领了一个横穿壕沟、可供士兵藏身的天然阵地。本杰明·麦卡洛克率领一个旅拿下了皮洛堡东南正对面的山脊最高处的堑壕，占领了距皮洛堡南面约六十码远的一片小木屋。这时，我军已在距皮洛堡平均不到一百码的地方建好一条完整封锁线。这条封锁线从皮洛堡北边无以逾越的煤溪开始，一直延伸到皮洛堡南边的河堤那里。为打击皮洛堡暴露的卫戍部队，我军在皮洛堡后方的山脊上部署了大量狙击手。除非暴露明显，否则敌军炮火根本伤不到这些狙击手。在此期间，敌军的一艘炮艇一直在不停四处轰炸，但基本未起到任何作用。N.B.弗雷斯特相

① 即泰里·H.贝尔（Tyree H. Bell，1815—1902）。——译者注

信，自己能够攻下皮洛堡，并且皮洛堡内的卫戍部队也应该明白这一点。为避免敌军更多将士战死，N.B.弗雷斯特要求敌军无条件投降，并保证按战俘对待被俘人员。敌军用铅笔在一张纸条上这样写道："谈判达不到预期目的。"在此期间，我军看到三艘正在驶近的船，最前面那艘船上明显载有士兵。这时，皮洛堡内人员要求给他们一小时与炮艇上的官员商量，似乎在为增援部队的到达拖延时间。N.B.弗雷斯特明白，敌军是不相信自己在场，于是就亮明了身份，并且宣称敌军的要求不过是在拖延时间，要求敌军不管是战是降，在二十分钟内予以答复。在此期间，最前面的一艘船想要登陆，但在我军的射击下，撤到了密西西比河的另一边。之后，三艘船一齐向密西西比河上游驶去。皮洛堡内的驻军拒绝投降。这时，我军左侧的三个分队已进入皮洛堡后方的一个旧散兵壕，而右侧贝尔麾下巴顿手下的部分士兵也赶到了皮洛堡后方的悬崖之下。

我军立即马不停蹄占领了那里的防御工事。我军拥入该防御工事后，敌军一面向密西西比河边撤退，一面手持武器、挥舞军旗射击我军，希望炮艇能将我军从悬崖下方赶跑。敌军朝密西西比河撤退时，我军从背后对其进行了扫射。与此同时，皮洛堡也遭到了我军猛烈射击。直到砍倒了敌军军旗，才停止了对皮洛堡的射击。皮洛堡战役中，我军死亡二十人，受伤六十人。当晚，我军掩埋敌军死亡士兵二百二十八人，第二天，我军又掩埋了不少敌军死亡士兵。我军共缴获六门大炮、三百五十件轻武器。密西西比河中那艘炮艇逃向了上游。

邦联军在皮洛堡投降后屠杀联邦军士兵。

弗兰克·莱斯利（Frank Leslie，1821—1880）绘

第 68 章

J.E. 约翰斯顿的倒退运动

1863年12月16日，我让J.E.约翰斯顿把密西西比州及路易斯安那州东部地区的军队交由波尔克指挥，J.E.约翰斯顿则前往佐治亚州多尔顿担任田纳西军的指挥。当时，田纳西军有效兵力为四万三千零九十四人。当时的情报让我相信：我军在各方面都已做好准备——那些士兵正摩拳擦掌，想要追回在传教士岭悲惨一役中损失的荣誉。情报还告诉我：敌军正处于开战以来最薄弱的时刻，尤缺骑兵、炮兵和拉货马匹。当时，联邦军占领着查塔努加、布里奇波特和史蒂文森，还有一支分遣队在诺克斯维尔。我之所以希望我军能尽早采取有力措施对敌作战，一方面是为了防止待战时间过久有损士兵士气，另一方面是为了收复我军被迫放弃的田纳西州和肯塔基州的领土。这些地区是我军的主要供给基地，因此必须立即出兵夺回。我认为，如果我军迅速在敌军分散兵力期间集中兵力，即使不去占领敌方挖有堑壕的阵地，敌军也会被迫出来迎战；如果敌军无论如何都不肯出来迎战，我们就向敌军交通线路挺进。我反复通过信和我的参谋告知J.E.约翰斯顿迅速发起进攻的必要性，并敦促其尽快行动。

J.E.约翰斯顿十分赞成进攻，并告诉我，增援部队和补给一到，他就立即采取行动。他不赞成向田纳西州挺进，而是希望在援兵赶到前一直保持防御。他还希望尽可能按以下步骤推进行动，即“观察、准备、迎战”。

J.E.约翰斯顿声称，援兵一到，他就会率军攻打灵戈尔德。拿下灵戈尔德后，他就接着攻打克利夫兰，然后切断那里的铁路，控制那里的河流，孤立田纳西州东部地区，从而迫使敌军在田纳西河岸边作战。此外，J.E.约翰斯顿还提议往敌军后方即田纳西州中部派大量骑兵，以协助他作战。J.E.约翰斯顿认为，这样安排后，我军就能在稳扎稳打攻入田纳西州中心地带后迫使联邦军从田纳西河谷进行撤离。如果错过挺进时间，我军就无法联合渡过田纳西河。因此，我迅速采取措施，让J.E.约翰斯顿立即执行其先进攻灵戈尔德、再进攻克利夫兰的计划，并且提议由西蒙·玻利瓦尔·巴克纳威慑诺克斯维尔，由N.B.弗雷斯特进军田纳西州中部，由罗迪[①]钳制亚拉巴马州北部的敌军。该计划尽管比不上在敌军联合兵力前对其发动进攻更有望成功，但如果能立即实施，此次行动就有可能取得成功。J.E.约翰斯顿认为，格兰特会在自己做好准备前一直采取攻势。这一点倒是不无道理。然而，J.E.约翰斯顿并没有按他提议的那样，在敌军未进攻时占据主动。

1864年5月2日，J.E.约翰斯顿发现W.T.谢尔曼正率军向自己逼近。两天后，即1864年5月4日，J.E.约翰斯顿获悉敌军已抵达多尔顿以北约十五英里处的灵戈尔德，并且人数甚多。

据官方报告，包括当时还在途中的波尔克麾下的士兵在内，J.E.约翰斯顿共有不少于六万八千六百二十名士兵。除此之外，据胡德声称，他任指挥时，还有一万名期满士兵。

为了让J.E.约翰斯顿击退敌军进攻并采取攻势，邦联政府可谓不遗余力。邦联政府几乎将南部和西部的所有可用人力、物力都派给了J.E.约翰斯顿。在邦联政府的全力支持下，J.E.约翰斯顿的部队粮草、兵器及物资都十分充足，投放位置也非常妥当。有了充足供给后，士兵们个个摩拳擦

---

① 即菲利普·罗迪（Phillip Roddey，1826—1897）。——译者注

掌，想要对敌发起进攻，并且相信我军能取得胜利、收复失地。当时，我军所处阵地十分有利，即使无法取得胜利，至少也能成功抵挡敌军进攻。连绵的山脉上，只有几条十分崎岖的小路，加之河水深且宽，这使我军阵地看起来坚如磐石、牢不可破。而敌军所处阵地明显十分不利，因为敌军只能靠纳什维尔方向的铁路进行补给。该地区和邦联政府都希望我军能尽快在佐治亚州的山区取得决定性胜利，以将该地西、南两边的侵略者挡在门外，为我军敞开大门，让我军在田纳西州和肯塔基州丰饶的土地上获得供给，这样我军就能在该地区西边招募军队，让敌军无法在弗吉尼亚州聚集更多兵力。

1864年5月6日，邦联军在多尔顿及其周围就位，日日期盼W.T.谢尔曼能率领全军发起进攻。但敌军并没有发起任何进攻。1864年5月12日晚，J.E.约翰斯顿率军撤到了多尔顿以南十八英里处的瑞斯卡。该阵地在一个由两条河交汇而成的半岛上，可谓易守难攻。除此之外，该阵地还挖了连续不断的散兵壕，建有土垒。但没多久，J.E.约翰斯顿就放弃了该阵地，率军向铁路以南十三英里处的阿代尔斯维尔撤去。到达阿代尔斯维尔后，J.E.约翰斯顿发现到达阿代尔斯维尔以北的狭窄山谷并没有预期的那样有利，就再次下令向阿代尔斯维尔以南十七英里处的卡斯维尔撤退，并在卡斯维尔宣布要与敌军在金斯顿开战。J.E.约翰斯顿认为，敌军会在到达金斯顿前将兵力分成两路纵队。因为敌军两路纵队在金斯顿相距最远，所以J.E.约翰斯顿打算在那里进攻敌军，于是将作战命令下达给每个士兵。

然而，联邦军并没有分头行动，而是联合起来对我军发动了进攻。于是，1864年5月19日，J.E.约翰斯顿再次下令撤退，命令部队撤出埃托瓦。

接着，我军又撤退到阿拉图纳，该地在阿拉图纳河以南的埃托瓦山上。但因联邦军行动迅速，已逼近玛丽埃塔，我军再次撤离，离开了该有利阵地。

1864年5月27日、28日，我军在纽霍普教堂与敌军展开战斗。我军虽英勇奋战，却未取得任何优势。

接着，我军在J.E.约翰斯顿的率领下慢慢撤到了阿克沃思和玛丽埃塔之间的山区。我军在这里失去了高贵而忠诚的将军——波尔克，这是我军自阿尔伯特·西德尼·约翰斯顿在夏洛阵亡、杰克逊在钱斯勒斯维尔阵亡以来所遭受的最沉重打击。1864年6月14日，波尔克在邦联军的哨所附近侦察时，不幸被松山上的联邦炮兵击中。

1864年6月18日，一场大雨过后，鼻子溪水位大涨，完全无法渡过。在这条小溪的掩护下，联邦军将战线延长到了J.E.约翰斯顿左翼外好几英里处，致使J.E.约翰斯顿该部分兵力进一步撤退。我军在阵线各处与敌军进行了好几日的激战。1864年6月20日，敌军骑兵袭击了惠勒的骑兵。6月27日，敌军朝邦联阵地发起总攻，但被我军彻底击退。1864年7月5日，J.E.约翰斯顿决定放弃凯纳索阵地。7月8日，W.T.谢尔曼派两支部队渡过了查特胡奇河。7月9日，邦联部队渡过查特胡奇河，在该河后方两英里处建立了阵地。

就这样，我军一路从多尔顿到瑞斯卡、从瑞斯卡到阿代尔斯维尔、从阿代尔斯维尔到阿拉图纳[①]、从阿拉图纳到凯纳索、从凯纳索到查特胡奇河，再从查特胡奇河到亚特兰大，整整七十四天，我军在焦虑期盼与痛苦失望中进行了一次又一次的撤退，直到田纳西军撤到亚特兰大的防御工事内，才停止撤退。联邦军很快占领了从亚特兰大与查特胡奇河之间的铁路到亚特兰大与奥古斯塔之间的佐治亚州铁路以南几英里处的地区。这些失去的领土在亚特兰大北部与东北部的地区连起来刚好呈弧形。我方痛失许多领土。

---

① 我军从金斯顿撤军时，损失非常大，失去了宝贵的磨坊、铸造厂及大量军需品。——原注

第69章

亚特兰大沦陷

当人们获悉我军从有利阵地连连撤退，最终退到亚特兰大外部防御工事土垒处的消息后，失望至极。从四面八方递来的请愿书信，派出的代表团敦促我撤掉J.E.约翰斯顿，派一个能坚决守住亚特兰大的人担任统帅，保住即将被敌军破坏的铁路。如果这些铁路遭到破坏，我军在弗吉尼亚州战场上的部队就很难再获得补给。在这些要求撤掉J.E.约翰斯顿的呼声中，有很多声音曾力主任命J.E.约翰斯顿。我尽管与全国人民一样，对J.E.约翰斯顿的连连撤退备感失望，但更清醒地看到J.E.约翰斯顿所处的困境——因为我比其他人更清楚当时的形势——我之所以在不断加剧的抗议声中顶住压力，是因为我明白，大敌当前，更换指挥官太冒险了。我只是下发了这样一条命令：如果J.E.约翰斯顿确实要将保护亚特兰大的责任交由民兵负责，自己置身事外，令我军陷入无休止的撤退中的话，那么我将撤掉J.E.约翰斯顿的统帅职务。后来，我批准了解除J.E.约翰斯顿职务的命令，让胡德继任统帅职务，以期扭转局面。

1864年7月18日，胡德接任我军指挥。胡德在报告中称：他接任当天，我军有效兵力是四万八千七百五十人。

胡德认为，只有采取攻势，强迫敌军交战，才能守住亚特兰大。于是，胡德决定于1864年7月20日对正在渡过桃树溪的托马斯和斯科菲尔德[①]部队发起进攻，以期在托马斯加强防御前将其击败；然后，攻向斯科菲尔德；最后，对已到达佐治亚铁路线上迪凯特的麦克弗森[②]发起攻击，从而将已渡过桃树溪的敌军赶回去，将其赶到桃树溪与查特胡奇河之间的那片狭小地区。但因为有人误解了战斗指令，延误了战机，致使该行动以失败告终。1864年7月21日，麦克弗森的部队危及我军通信线路，胡德决定在迪凯特及附近地区对麦克弗森前方和侧翼兵力发起攻击，然后从右向左对敌军发起进攻，迫使敌军沿桃树溪撤退。这场战役打得极其激烈，但除了有效牵制了麦克弗森对我军通信线路的破坏，并未产生任何其他作用，而我军为此付出了惨重代价。

1864年7月22日至8月26日，我军行动如下：挫败敌远征军想要破坏我军为亚特兰大提供物资与援军的铁路的企图，在梅肯附近俘获斯通曼[③]及其军队，在纽南彻底歼灭与惠勒交战的敌军骑兵兵力，挫败W.T.谢尔曼为摧毁我军物资及弹药而在梅肯及西部铁路集结骑兵的计划。除此之外，未发生任何重大战役。之后，我军发现，W.T.谢尔曼已放弃我方右侧的阵地，在留下部分士兵镇守查特胡奇河上的铁路桥处设有堑壕的阵地后，W.T.谢尔曼率主要兵力朝亚特兰大南部与西南方向挺进。据W.T.谢尔曼称，他要用这些兵力“攻下亚特兰大的通信线路，而非攻打该地堑壕”。

1864年7月30日，胡德获悉W.T.谢尔曼正率军向亚特兰大以南约二十英里处、克莱顿县的琼斯伯勒挺进。为将敌军赶到弗林特河对岸，迫使W.T.谢尔曼放弃其左侧防御工事，从而让我军顺利从敌军侧翼发动进攻，胡德派W.J.哈迪率两支部队前往琼斯伯勒。但此次袭击未能成功。1864年9

① 即约翰·斯科菲尔德（John Schofield，1831—1906）。——译者注
② 即詹姆斯·B.麦克弗森（James B. McPherson，1828—1864）。——译者注
③ 即乔治·斯通曼（George Stoneman，1822—1894）。——译者注

胡德观察桃树溪战役的形势。

西奥多·R. 戴维斯（Theodore R. Davis，1840—1894）绘

Theo R. Davis

月1日，W.J.哈迪被迫撤退到琼斯伯勒以南七英里处、梅肯至西部铁路线上的洛夫乔伊。

这样一来，联邦军主力就处在了W.J.哈迪的部队与亚特兰大之间，因此我军必须立即从亚特兰大撤退。除此之外，另一个原因也让我军不得不撤离亚特兰大：由于联邦政府有一段时间一直残忍拒绝以任何条件交换战俘，当时位于佐治亚州西南部的安德森维尔的战俘多达三万人。胡德认为，为防止这些战俘逃跑或发生暴动，需要将我军转移到安德森维尔与敌军之间，放弃向W.T.谢尔曼的通信线路推进并破坏W.T.谢尔曼在玛丽埃塔的补给仓库的计划。

第 70 章

从亚特兰大到纳什维尔

撤离亚特兰大后，胡德率军向西挺进，与W.J.哈迪麾下曾在琼斯伯勒和洛夫乔伊那里作战的两支部队会合。

W.T.谢尔曼停止了进一步的进攻，返回已于1864年9月2日由亚特兰大市市长正式宣布投降的亚特兰大。据悉，联邦军指挥官曾答应亚特兰大市市长在亚特兰大投降后尊重所有当地平民及其私人财产。但W.T.谢尔曼到达后不久，联邦军指挥官就背信弃义，以事态紧急、需要将该地专门用于军事目的为幌子，于1864年9月5日发布了这样一条命令：亚特兰大的所有居民，无论男女，在收到该命令后的五天内离开亚特兰大。

追溯历史，16世纪，阿尔瓦公爵费尔南多·阿尔瓦雷斯·德·托莱多曾对低地地区平民施行过令人发指的暴行。从那之后，战争史上再也没有出现过任何一条比上述要求亚特兰大居民五天内离开亚特兰大更野蛮、更残忍的命令。该命令要求成千上万名无辜妇孺立即离开自己的家园、立即放弃赖以生存的唯一手段。而此时，这些妇孺家中的男子有的正征战沙场，有的已被囚禁在北方的监狱，有的则已战死。行政当局呼吁W.T.谢尔曼撤销或修改这一不人道的命令，但白费口舌。W.T.谢尔曼这样回答："我完全相信你们说的，该命令会引发一定的痛苦，但我不会撤销这条命令，因为我并不是为了彰显人道主义才下达该命令的。"

指定时间一到，这些妇孺就被逐出了自己的家园。但据普遍反映，他们还没通过我军防线，就被负责押运的联邦官兵抢走了曾允许她们从家中带走的少量贵重物品。可见，该命令的执行者与该命令本身一样卑鄙。

1864年9月，联邦军一面加强亚特兰大的防御工作，一面搜集了大量军用物资，除此之外，未采取任何行动。胡德将部队驻扎在琼斯伯勒附近。为更好地判断形势、确定最佳路线，我走访了胡德设在帕尔梅托的总部。形势十分严峻。没想到W.T.谢尔曼会长期按兵不动。W.T.谢尔曼的举动表明：他正打算进一步向南挺进，然后把亚特兰大当作第二基地。为挽救佐治亚州、保住沿岸各州，守住我军供给线，我军必须彻底摧毁W.T.谢尔曼后方的铁路线、布里奇波特的铁路桥，彻底切断亚特兰大与查塔努加及纳什维尔之间的交通线路。如果我军能做到以上一切，那么W.T.谢尔曼在佐治亚州的战果就会化为泡影。W.T.谢尔曼即使占领了亚特兰大，也不过是白忙活一场。我军甚至还能将W.T.谢尔曼赶到四处都是我军的田纳西州。这样，W.T.谢尔曼就将陷入四面楚歌的境地。此外，还有一种可能：W.T.谢尔曼如果把亚特兰大当作基地，就会通过佐治亚州向大西洋沿岸地区推进，而我军在切断W.T.谢尔曼在亚特兰大以北的交通线路后，就可以攻向W.T.谢尔曼后方。到时，凭借我军对该地区的了解更多、附近地区人民对我军的忠诚，以及我军骑兵具有的优势，我军就可以制服那些无情的侵略者。

在与佐治亚州的名流及W.J.哈迪、豪厄尔·科布、皮埃尔·古斯塔夫·图坦特·博勒加德商议后，我军制订了一系列作战计划，由胡德率军向敌军交通线路挺进。胡德成功占领了比格栅迪和阿克沃斯火车站，并彻底摧毁两地之间的铁路。胡德还在阿拉图纳取得了局部胜利，致使W.T.谢尔曼在留了一支部队驻守亚特兰大后，率主力前去修复交通线路。接着，胡德进一步破坏了从瑞斯卡到隧道山的铁路，并占领敌军在蒂尔顿、多尔顿及米尔克里克关口的哨所。因为不敢贸然发起总攻，所以胡德率军撤向加兹登。1864年10月20日，胡德到达加兹登，为军队补充了充足物资。此时，W.T.谢尔曼已返回亚特兰大，胡德没有继续跟在W.T.谢尔曼后方。为阻止W.T.谢尔曼修复铁路，胡德一次又一次袭击了W.T.谢尔曼。在与皮埃尔·古斯塔夫·图坦特·博勒加德商议后，胡德决定继续向田纳西州行进。他认为，这样就能将W.T.谢尔曼引出佐治亚州。

因种种原因，我军一直未能出发。1864年11月20日，胡德从刚特斯兰丁渡过田纳西河。之后，胡德继续率军向纳什维尔挺进。而当时，为防止N.B.弗雷斯特率骑兵袭击己方的仓库及交通线路，W.T.谢尔曼已将托马斯派往纳什维尔。

第 71 章

W.T. 谢尔曼向海边进军

为让托马斯牵制胡德，W.T.谢尔曼给他派去了充足的援兵。这样一来，W.T.谢尔曼就没有了后顾之忧，无须担心遭到袭击，也无须在后方派兵保护铁路线。因此，托马斯决定在彻底烧毁亚特兰大后，向海边挺进。托马斯烧毁了亚特兰大的所有房屋，连教堂都没有放过。按照W.T.谢尔曼的命令，托马斯“毫不留情地蹂躏”了所到之处，甚至途中所遇之人不过是些孤立无援的妇孺。托马斯烧毁了平民的住宅、掠夺了平民的财产，甚至连女士的小饰物都不放过，其野蛮行径令人瞠目结舌。

1864年11月16日，W.T.谢尔曼兵分两路离开了亚特兰大。两路纵队都有两万五千人到三万人，一队沿佐治亚铁路朝奥古斯塔方向前进，另一队沿梅肯及西部铁路向琼斯伯勒前进。两路纵队绕过梅肯和奥古斯塔，穿过佐治亚州中部，途中占领了米利奇维尔。虽然途中只遭到惠勒的骑兵分遣队和一些匆忙组建的民兵团的阻挠，但这两路纵队一路小心翼翼、时刻保持警惕。为阻挠敌军前进，人们破坏了其前方与两旁的公路，一些社会名流甚至呼吁爱国人士挪走道路上的所有供给品。但除了惠勒的部分兵力与少数民兵在奥科尼以北的铁路桥殊死抵抗敌军，并且牵制敌军两三日，几乎没有其他有力反抗。惠勒率领麾下的一小队人马毅然决然地不懈攻击敌军，不仅阻挠了敌军行进，还击败了敌军暴露部队，阻止了敌军四下寻

W.T. 谢尔曼向海边进军。

F. O. C. 达利（F. O. C. Darley，1822—1888）绘

找食物，保卫了铁路沿线城镇，保护了补给站、军火库等其他重要政府机构。据悉，从1864年11月14日到1864年12月20日进行的阻击战中，惠勒的骁勇与机智足以令其名垂千古。因惠勒顽强不屈地抵抗W.T.谢尔曼，我军政府才得以掌握敌军动向；因惠勒阻止了敌军分遣队四下寻找食物，该区大部才免遭敌军蹂躏，价值数百万美元的财产才未被大火吞噬，该区大部才得以保全。

很快，我军就看出W.T.谢尔曼的目标是萨凡纳。当时，萨凡纳由W.J.哈迪及其麾下一万八千名士兵占领。这些士兵中很大一部分都是非正规军。他们有的来自民兵组织，有的来自地方部队，有的来自后备队，有的来自仓促组建的军队，有的是手工艺人，还有一部分士兵是尚未康复的伤员。

1864年12月10日，敌军纵队到达萨凡纳附近。1864年12月12日，他们占领萨凡纳河到萨凡纳及海湾铁路的半环线。萨凡纳拥有非常坚固的防御工事。防御工事两侧是一片一直延伸至萨凡纳半岛另一侧的湿地。湿地的堤道上，布有重型大炮。W.J.哈迪麾下士兵人数众多，有充足的兵力把守长长的防线。凭借W.J.哈迪麾下众多士兵，对付敌军旷日持久的围攻本应不成问题。萨凡纳供给充足，交通线路仍然畅通。W.T.谢尔曼尽管已到达萨凡纳，但没有与联邦舰队取得联系。对W.T.谢尔曼而言，行进途中最大的障碍是坐落于奥格切伊河右侧、距奥萨堡海峡约六英里的麦卡利斯特堡。麦卡利斯特堡设有二十一门重型炮，每一条敌军可靠近的道路都在其射程范围内。麦卡利斯堡前方是一条又深又宽的壕沟。其卫戍部队共二百五十人，由经验丰富的军官担任指挥。1864年12月13日晚，W.T.谢尔曼袭击并轻松占领麦卡利斯特堡。占领麦卡利斯特堡后，W.T.谢尔曼立即与联邦舰队取得了联系，从而保障了物资供应，解决了后顾之忧。W.T.谢尔曼还从联邦舰队那里获得了重型攻城大炮。得到联邦舰队的援助后，

W.T.谢尔曼立即开始包围萨凡纳。仅用几天，他就包围了萨凡纳临河地区以外的所有地区。这时，除了麦卡利斯特堡，W.J.哈迪尚未失去其他任何阵地。1864年12月20日，W.J.哈迪发现W.T.谢尔曼已在足以轰炸到萨凡纳的地方放置了重型攻城炮，已威胁到萨凡纳与查尔斯顿之间我军得以撤退的唯一路线。为了让萨凡纳城人民摆脱这种水深火热的局面，W.J.哈迪决定率军撤离。在W.J.哈迪看来，镇守萨凡纳已没有任何特殊价值，与其伤及无辜，不如率军征战沙场。于是，1864年12月20日晚，在摧毁了海军造船厂等其他政府财产、拆毁了萨凡纳城外的防御工事后，W.J.哈迪率军撤退，于1864年12月22日晚到达哈迪维尔。撤退途中，W.J.哈迪未遭遇任何敌军。

现在，我们再来看看胡德那里的情况。因命令遭到意外延误，没有足够骑兵保护自己辎重队的胡德为了等N.B.弗雷斯特，不得不在弗洛伦斯待了整整三个星期。不幸的是，这次延误不仅给了敌军修复通往查塔努加的铁路的时间，也给了敌军在亚特兰大集聚物资以进军大西洋沿岸地区的时间。1864年11月21日，N.B.弗雷斯特赶到弗洛伦斯，与胡德会合。两军会合后，开始了行动。当时，敌军集中在普拉斯基堡和劳伦斯堡。胡德试图把部队部署在敌军与纳什维尔之间，但我军骑兵在赶走了劳伦斯堡的敌军后，通知我军向前挺进。1864年11月23日，敌军撤离普拉斯基堡，迅速沿收费公路及铁路前往哥伦比亚。1864年11月27日晚，我军到达哥伦比亚的防御工事前。当晚，敌军撤离哥伦比亚，在距哥伦比亚约一英里半的一个阵地驻扎下来。

1864年11月28日晚，N.B.弗雷斯特在哥伦比亚以北几英里处渡过鸭河。1864年11月29日上午，J.E.B.斯图尔特和奇塔姆也渡过鸭河，留下斯蒂芬·迪尔·李的部队在哥伦比亚对抗敌军。为切断哥伦比亚斯普林希尔附近敌军的联系，我军骑兵及两支步兵部队轻装上阵，迅速沿与哥伦比亚及富兰克林收费公路平行的道路前进。胡德率军到达敌军侧翼时，我军行动暴露，因此，敌军开始沿收费公路向斯普林希尔撤退。1864年11月29日中午，我军骑兵袭击了敌军辎重队，但因敌军防守严密，未缴获任何物资。敌军主力在侧翼的保护下，沿收费公路迅速撤退。奇塔姆在距斯普林希尔约两英里处遇到了撤退敌军。之后，奇塔姆奉命猛攻撤退敌军，并占领富兰克林收费公路。但因战斗不利，奇塔姆未能阻止敌军向斯普林希尔挺进。此时，我军已错过白天的绝佳机会，但胡德打算在夜间再次出击。于是，胡德命令J.E.B.斯图尔特将其部队转移到离奇塔姆较远的一侧，将兵力部署在斯普林希尔的路对面。但因天色昏暗、队伍凌乱，J.E.B.斯图尔特未能到达预期地点。午夜，我军得到确切情报说，敌军已乱作一团。于是，胡德命令奇塔姆派重兵出击，进一步遏制敌军撤退。“但奇塔姆并未完成既定任务。尽管敌军已乱作一团，却沿着富兰克林收费公路整整走了一夜。就这样，我军痛失苦苦觅得的重创敌军的大好时机——这是我军自开战以来获得的重创敌军的最好时机。胡德命令留在哥伦比亚前方对抗敌军的斯蒂芬·迪尔·李在敌军放弃阵地后，立即进攻敌军。但敌军并没有选择在白天撤离，而是在深夜率领绵延十五英里的部队进行了撤退。”黎明，胡德率军向敌军挺进。为迫使敌军烧毁其众多货车，胡德迅猛追击敌军。敌军在到达富兰克林以南约四英里处的丘陵地带时，似乎要展开阵势与我军战斗。但在我军部署后，敌军退到了富兰克林。

胡德从我军在斯普林希尔俘获的敌军分遣队得知，托马斯命令斯科菲尔德在敌军占领富兰克林前一直坚守该阵地。由此，胡德做出判断：我军必须立即进攻斯科菲尔德。敌军如果逃到富兰克林，就会占领纳什维尔的防御工事。胡德报告说：“该地地形表明，从侧翼发动进攻并非明智之举。因此，我决定立即从前方攻击敌军。”

1864年11月30日，敌军筑好防线。1864年11月30日16时，胡德下令发起攻击。我军在英勇占领敌军第一防线后，继续攻向敌军内部防御工事。一番激战后，我军占领堑壕对面的阵地，俘获一些堑壕中的敌军。许多敌军都战死在堑壕之内。一些来自田纳西州的士兵久别故乡，在重返家园后，激动不已，拼尽全力要把侵略者赶出家园。这场战役一直持续到午夜。这时，敌军放弃防御工事、舍弃战场上的死伤士兵，撤到鸭河对岸。我军虽取得胜利，但付出惨重代价。富兰克林战役是开战以来最血腥的战役之一，据胡德报告，我军在富兰克林战役中损失了约四千五百名官兵，其中包括克利本、斯台德·怀茨·吉斯特、约翰·亚当斯、斯特拉尔①及格兰伯里②。他们的牺牲，令我军备受打击。克利本周围密密麻麻地躺着许多英勇的士兵。他们奋不顾身、毅然决然地追随在克利本身边，石墙杰克逊麾下的士兵也曾这样追随杰克逊；就这样，邦联损失了一名又一名无可替代的将领。从战场上的敌军尸体可以看出，敌军的损失不亚于我军。我军一些士兵在进入敌军防御工事时被俘。

第二天，即1864年12月1日天亮后，我军安置了伤员、埋葬了死者。之后，胡德率军向十八英里外的纳什维尔继续挺进。N.B.弗雷斯特率骑兵紧追敌军。

---

① 即奥索·F.斯特拉尔（Otho F. Strahl，1831—1864）。——译者注

② 即海勒姆·B.格兰伯里（Hiram B. Granbury，1831—1864）。——译者注

第 72 章

纳什维尔战役

1864年12月2日，我军在距纳什维尔约两英里的地方布好阵线，由居于富兰克林收费公路的斯蒂芬·迪尔·李的部队担任中间力量，由奇塔姆的部队担任右翼力量，由J.E.B.斯图尔特的部队担任左翼力量，两侧各有骑兵助阵。接着，胡德开始修建掩护侧翼兵力的独立防御工事。

1864年12月15日上午之前，两军未发生重大战役。1864年12月15日上午，敌军在获得密西西比河以西地区约一万五千名士兵的增援后，同时向我军两翼发起进攻。在我军右翼，敌军以失败告终，不仅被我军击退，还蒙受巨大损失。然而，在我军左翼，敌军却趁着夜晚占领我军部分已完成的堡垒。1864年12月15日晚，我军缩短并加固了防线。奇塔姆的部队被转移到我军左侧。1864年12月16日上午，敌军借助重型大炮发起总攻。1864年12月16日15时30分，敌军突破我军中间阵线。

到目前为止，没有哪一场战役能比这场战役——纳什维尔战役进展更为顺利。我军的士气高涨，士兵们挥舞着军旗，翘首以待与敌军战斗。突然，敌军占领了可以对我军进行纵向射击的有利阵地。不一会儿，我军就被迫全线撤退，仓皇撤往富兰克林方向。尽管如此，我军只有很少士兵伤亡。

1864年12月17日，敌军骑兵进逼我军撤退纵队，而该地区地形对骑兵

纳什维尔战役。

库尔茨 & 艾利森公司出品，绘者信息不详

十分有利。我军继续撤退。1864年12月25日、26日及27日，我军在班布里奇渡过田纳西河。渡河后，我军从容地向密西西比州图珀洛挺进。

据胡德报告，加上战俘，他在田纳西州展开的这场战役中共损失了约一万人。到达图珀洛时，他手下还有步兵和炮兵共一万八千五百人、骑兵两千三百零六人。

第73章

交换战俘事宜

在联邦政府看来，最荒谬之事莫过于邦联各州为维护权力、为“给自己及子孙后代谋取自由”而诉诸武力。从联邦政府处理战俘一事的态度上，可以清楚看到他们的本质与意图。联邦政府的官员们渴望获得最高统治权，这一点由来已久，为此，联邦政府要做的第一件事就是摆出一副具有绝对主权的傲慢、专横架势。对联邦政府来说，“忠诚”一词只适用于一国之主。因此，也可以这样说，这些由具有主权的各州及人民委派的代理人、这些为处理共同事务而建立的组织的代表，掌握了真正主权，忠诚与否只是针对这一主权而已，这样的做法是错误的。这一错误导致的直接结果是：所有人民政府的性质都遭到了颠覆，联邦国土上建立了君主专制政权。在征兵①公告中，亚伯拉罕·林肯总统曾表示：现在，联邦政府是一国之主，忠于联邦政府就要维护联邦政府的主权，反对其敌人。在亚伯拉罕·林肯总统看来，人民及一些个别州的主权只不过是父辈们的一腔热忱，只不过是因为当时软弱无能。因此，各州与各州人民已联合成一个国家联盟。亚伯拉罕·林肯总统呼吁：“希望所有忠心耿耿的公民都能为维护我们国家的荣誉与完整而贡献力量。”

① 征募七万五千人入伍。——原注

对于这种可怕的篡夺行径，邦联各州非但没有加以援助，反倒拿起了武器要挫败它。显而易见，如果各州都听之任之、不进行任何补救，那么，总有一天，各州的权利都会遭到否定，人类对宪法自由的憧憬都会化为乌有。这是一种篡夺。战争之所以爆发，正是由于这种篡夺行径。如果不及时加以制止，那么随后的每一个行动都会进一步增强联邦政府的霸权地位、加剧联邦政府对各州的征服、加强联邦政府对各州人民的管制。

联邦政府将我们这种敢于挺身而出维护人民主权及人民权利的行为和敢于抵制并否认联邦政府固有最高统治权的行为定为“臭名昭著的罪行”，将我们斥为“叛乱分子”。有人甚至坚持要将我方“被俘人员按叛乱分子处以绞刑”。联邦政府在粉碎了联邦制的基石、破坏了各州的独立后，开始以一种无比傲慢的态度对待我方。联邦政府一口咬定我们不过是一群抵制并否认其所篡夺的最高统治权的“暴徒”“叛乱分子”，并且认定如非出于怜悯，我们都死罪难逃。

1861年4月，我发布了一份要授予海员私掠许可证及强制捕拿特许证的公告。两天后，亚伯拉罕·林肯总统发布了一份抵制公告，声明“如果有人根据所述州的假冒政权，或以任何其他借口，骚扰联邦的船舶或船上乘客及货物，我们就按联邦海盗法将其绳之以法”，即处以死刑。

联邦军俘获了部分持有私掠许可证的船舶。船上的船员成为第一批落入敌军之手的战俘。这些船员被关进了监狱，将以海盗身份受审。

获悉这些战俘的遭遇后，我于1861年7月6日派专人向亚伯拉罕·林肯总统表达了以下意思：我先是引用了与这些战俘有关的无可争议的公开声明，接着，我宣布了邦联政府在这些战俘遭到所述威胁后要采取的政策。我是这样说的：

我方政府希望尽可能减少正在进行的战争带来的可怕后果，

为此，我们在对待战俘时，极尽仁厚，完全符合道义。部分战俘获准假释回国，其他战俘则获准在邦联境内四处走动，所有战俘都享有与我军士兵一样的粮食配给量。直到获悉我军“萨凡纳”号被俘人员的待遇，我们才不得不停止实施这些仁厚的政策，将这些战俘严格监禁起来。

为了正义、也为了我方政府的清誉，我必须明确做出以下声明，该声明可能会令人痛苦不已，却又万非得已，声明如下：我方政府将按照我军“萨凡纳”号被俘人员所受到的待遇与命运来对待我方持有的战俘；如果你方处决了“萨凡纳”号任何军官或船员，我方在被逼无奈之下，就只能进行糟糕的报复，直至你方停止那种人类文明战争史上前所未有、令发动战争的国家名誉扫地的野蛮做法。为了这一目的，加之该声明可能无法到达你那里，现在，我再次向封锁舰队负责人提议：根据级别，用我方持有的战俘等量交换“萨凡纳”号上的战俘。

联邦政府并未接见送信人托马斯·泰勒，只是通过斯科特告诉托马斯·泰勒：亚伯拉罕·林肯总统已收到该信，将予以书面答复。但我没有收到任何信。因此，我方被迫从我方持有的战俘中抽了一些人出来，打算让他们接受与“萨凡纳”号上的船员相同的命运。

这些报复措施有效遏制了敌方的残忍、非法企图。

与此同时，即1861年5月，邦联国会通过了一项法令，下令由捉拿战俘的人将所有战俘移交给战争部，并规定：给战俘提供的口粮“应与给邦联士兵提供的口粮同质同量”。

这一点可以从战争部及各指挥部颁发的法令中清楚看到，之后，我方一直秉持该人道主义精神，未颁发过与该法令相悖的规定。

然而，固执己见的联邦政府却不愿考虑交换战俘一事，不愿同我方友好交换战俘。战场上，一些联邦指挥官偶尔会以政府毫不知情为借口，同我方交换战俘。我方曾在不同地点假释许多战俘，处理方式也各有不同。1861年9月3日，皮洛与联邦军官卢·华莱士交换了战俘。1861年10月23日，麦克伦南德[1]与波尔克也进行了类似的交换。1861年11月，格兰特提出将一些伤残士兵无条件交给波尔克。1861年11月1日，约翰·C.弗里蒙特与普赖斯在密苏里州达成共识，双方根据事先安排，派专人就交换战俘一事进行协商。大卫·亨特继任后，否认了普赖斯与约翰·C.弗里蒙特达成的共识。

邦联国会提议不经任何手续释放在马纳萨斯抓获的联邦战俘。毫无疑问，如果不是因为“萨凡纳”号的船员很难获释，邦联国会的这一提议定能被大家接受。

在北方人民要求归还战俘的呼声中，联邦政府想要居高临下处理战俘问题的态度有所动摇，参众两院联手请求总统立即采取措施全面交换战俘。可总统并没有听从该请求，而是派了两位受人尊敬的专员来探访被我方关押的战俘，并提出由联邦政府出资改善这些战俘的待遇。两位专员到达弗吉尼亚州诺福克后，我们没有让他们继续前往其他地点。我方表示愿意就全面交换战俘一事进行协商，两位专员也表示同意，随后，华盛顿方面也点头同意。此后不久，我方代表豪厄尔·科布与门罗堡指挥官伍尔[2]达成以下协议：双方在交换士兵时根据数量对等交换，在交换军官时根据级别对等交换；私掠船船员以战俘身份进行交换；释放双方剩余战俘；交战期间，假释双方战俘。

开始交换战俘后，我方在已经送出三百多名战俘后，才发现敌方未释

---

① 即约翰·亚历山大·麦克伦南德（John Alexander McClernand，1818—1900）。——译者注
② 即约翰·E.伍尔（John E. Wool，1784—1869）。——译者注

放任何一名私掠船船员。此外，敌方非但没有假释在多纳尔森堡俘获的我军战俘，反而把这些战俘送到了更遥远的内陆。此时，我方已送走为私掠船船员而扣押的部分人质。获悉以上情况后，我向国会建议：因联邦政府违背诚信，我们应解除所有联邦政府假释战俘的假释义务，让这些人拿起武器，保卫我们的家园。

豪厄尔·科布在与伍尔谈判时，只有一点未达成共识：伍尔不同意由双方承担运送战俘至边界的费用，但伍尔答应向联邦政府请示此事。第二次会面时，伍尔称联邦政府不同意支付这笔费用，豪厄尔·科布接受了这一点。现在，伍尔又说联邦政府已改变主意，下达了不同的命令。就这样，谈判戛然而止，一切又回到原样。

两军谈判开始后，由于联邦军占领了亨利堡和多纳尔森堡，手中战俘明显增多，因此，联邦政府立即又恢复了本意，决定区别我军战俘待遇。

随后的几个月内，双方未交换战俘。北方人民在获悉其政府的行为后，愤慨万分。在北方人民的压力下，联邦政府被迫放弃其荒谬借口。1862年7月22日，联邦政府签订了战俘交换条约。战俘交换事宜立即重新展开，到1862年8月中旬，双方被囚禁已久的大多数军官都得到了释放。

第 74 章

联邦政府的野蛮行径与邦联政府扬言报复

就在联邦政府签署战俘交换条约的当天，联邦战争部部长E.M.斯坦顿发布了一条命令，允许军政长官“为指挥部的供给或其他军事目的扣押、使用任何动产及不动产”，并且“保留可看出数量、金额及物主的精准、详细账目，来作为日后适时加以补偿的依据”。这样的制度完全是一种掠夺。联邦政府规定：物主如果不能证明自己效忠联邦，就不能获得任何补偿。

第二天，即1862年7月23日，华盛顿附近的联邦军指挥约翰·波普发布了一条命令，规定：如果发现邦联居民在其阵地后方，或是防线外耕地，就将这些默默耕种的平民按间谍处死；如果联邦士兵有人遭到约翰·波普所称的“游击队员”的杀害，就派一名准将将无辜平民抓来当人质，让这些平民来血债血还。鉴于此，我也发布了一条命令，宣布：约翰·波普及其下属军官咎由自取，已从人民公敌变为强盗和杀人犯，一旦捕获，按战俘处理。联邦部分军事领袖似乎是这么想的：与文明时代的人类所认可的合法战争相比，打一场片甲不留、赶尽杀绝的野蛮战役，能取得更大的成就。我方声明：放弃对无辜者采取报复，继续将约翰·波普的士兵按战俘对待，只对那些自愿参与该犯罪活动的军官采取严厉措施。不久，约翰·波普被解除职务。

1862年8月，罗伯特·E.李给华盛顿的主将哈勒克写了一封含有类似原则的信，就威廉·B.芒福德在新奥尔良遇害一事向哈勒克询问真相。有传闻说，该事件背后的主谋是本杰明·F.巴特勒。信中还询问了欧文斯上校一案的真相，据说，使欧文斯上校在密苏里州遇害的正是约翰·波普下发的命令。这时，我已得到可靠消息：还有很多其他联邦官员在邦联境内犯了重罪和死罪。据悉，大卫·亨特曾给奴隶提供武器，以杀其主人；曾倾其所能挑起奴隶暴动。大卫·亨特曾在1862年6月这样吹嘘道：希望能在冬天到来前将“这四万八千到五万名吃苦耐劳、忠心耿耿的士兵”组织起来。费尔普斯①在新奥尔良效仿了大卫·亨特在南卡罗来纳州的做法。一些公共刊物称：G.N.菲奇曾无情杀害两名无辜平民，而原因就是其手下的一名士兵在入侵我国时被某个保卫家园的人杀死了。

我告诉罗伯特·E.李说，如果十五天内仍然没有收到任何回复，就可以认定G.N.菲奇的确杀害了两名无辜的平民，继而让联邦政府尝尝报复的滋味。

哈勒克以“罗伯特·E.李言辞有辱联邦政府”为由，未予以接受。1862年8月20日，我发布了一条命令，扬言要为那些据悉是被G.N.菲奇处死的无辜平民进行报复。后来，我发现G.N.菲奇杀害平民一事并不属实，因此，我又下发了另一条命令。在这条命令中，我先是列举了主要事实，之后，我下令不再按公敌对待大卫·亨特和费尔普斯，而是按逃犯对待，此二人或其他曾参与训练、组织或教唆奴隶暴动的任何军官被捕后，因其曾参加战争，将不再按战俘对待，而是按重罪犯严格监禁起来，在指定时间、地点加以处决。

至于威廉·B.芒福德一案，我方曾收到哈勒克于1862年8月7日写的一

① 即约翰·W.费尔普斯（John W. Phelps，1813—1885）。——译者注

封信。哈勒克在信中指出：他们“尚未获得与处决威廉·B.芒福德有关的任何可靠信息”，“但将立即采取措施查明真相”。随后，即1862年11月25日，我方战俘交换专员通知联邦代理人：我方如果十五天内未收到任何答复，就认定联邦政府拒绝答复。联邦政府未在上述期限内予以答复。此外，我已得到证据，可以证明威廉·B.芒福德是在本杰明·F.巴特勒率军占领新奥尔良后被公开绞死的，而在本杰明·F.巴特勒占领新奥尔良后，威廉·B.芒福德并没有犯任何罪行。

从联邦政府的沉默及保留本杰明·F.巴特勒高级职务这两点，可以清楚地看出联邦政府对本杰明·F.巴特勒行为的认可，也可以清楚地看出联邦政府决意让本杰明·F.巴特勒逍遥法外。

因此，我宣布本杰明·F.巴特勒为重罪犯，应处以死刑，并下令：本杰明·F.巴特勒不再是邦联各州的公敌，而是逃犯，是人类共同的敌人，一旦抓获，立即由指挥官处以绞刑。

以上报复措施完全符合战争的惯例，专门用来惩处、制止敌人的残暴行径。

可以看出，战俘交换条约的执行过程中存在太多困难，产生太多抱怨。为了那些不幸的囚犯，我决定联系华盛顿当局寻求解决办法。

第75章

邦联副总统亚历山大·H. 斯蒂芬斯的使命

来自佐治亚州的邦联副总统亚历山大·H.斯蒂芬斯主动要求担任专员。

我给亚历山大·H.斯蒂芬斯准备了两封措辞一样的授权书。在第一封授权书中，我称呼亚伯拉罕·林肯为联邦陆海军总司令，署名邦联陆海军总司令；在第二封授权书中，我称呼亚伯拉罕·林肯为总统，署名也是总统。我在给亚历山大·H.斯蒂芬斯的指令书中这样写道：

> 在读这封信时，你就可以看出，为避免引发政治层面的刁难，这封信的措辞堪称严谨至极。本授权书只是公法认可的敌对势力间进行的必要且符合规则的通信。为防止有人以此事涉及对邦联独立性的认可为由拒绝接受该授权书，我已做好其他安排。你的任务只与人性有关，与政治毫无瓜葛。
>
> 如果有人以该授权书对亚伯拉罕·林肯的称呼不是总统而是总司令为由拒绝接受的话，那么你就把那封称呼是总统、署名也是总统的授权书拿出来。这时，可能有人会因为我是邦联总统而拒绝接受，在这种情况下，如果对方想邀你就你的任务进一步协商的话，你一定要婉言谢绝，因为这样的会议必须在完全平等的基础上召开。

我授权亚历山大·H.斯蒂芬斯以下权力：一、全权处理在执行战俘交换条约过程中产生的所有分歧和争议；二、就一切公正的修改条例达成协议，以防日后发生误解；三、就战争模式达成协议，将战争的严酷程度控制在人类文明及大家共同信仰的基督教所能接受的正当范围内。

1863年7月3日，亚历山大·H.斯蒂芬斯到达纽波特纽斯时，被那里的海军舰队拦了下来。亚历山大·H.斯蒂芬斯在将此行的目的及希望获准前往华盛顿的请求传达给当地政府后，收到了这样一封电报，该电报回复称："该请求无法获得应允。联邦政府在同叛乱分子进行一切军事对话时，按照习惯做法就够了。"

这就是我们用友善的提议换来的一切。对方公然关闭了沟通之门。

从1862年7月22日签订战俘交换条约一直到1863年，我们手中有非常多的战俘。在这段时间里，敌军交通工具一到，战俘就立即被送走。我方曾不止一次敦促敌军增加运输工具。敌军手中有多余战俘时，我们也会立即接回那些未受指控的战俘。

然而，联邦政府厚颜无耻地公然违背了战俘交换条约，甚至未经审判就给一些官兵戴上手铐脚镣投到监狱中。很多军官在敌军宣布进行交换后，仍被关在监狱里。

1863年夏，联邦政府坚持只交换双方被监禁人员。因该提议违反了战俘交换条约，我方未予以接受。这样的做法会让双方总有过量的监禁人员，却忽略了邦联政府假释过的所有战俘。邦联政府曾假释过许多联邦官兵，而同一时期，联邦政府几乎没有假释过任何邦联士兵。我们几乎交出了手中所有战俘。我们给了他们等量的战俘。只要我们手中有多余的战俘，双方就能顺利进行交换。但只要形势发生逆转，联邦政府就不再按战俘交换条约办事。只要联邦政府手中有邦联官兵，就会尊重这些官兵，用其来做交换；但当联邦政府手中不再有假释官兵后，就不再承认我方手中的联邦假释官兵。

由于联邦政府的态度，战俘交换条约所要求的在十天内交换所有战俘的规定，成为一纸空文。随后之所以还交换了一些战俘，是因为双方签订了别的特殊协议。

第76章

南方与北方的战时监狱

邦联政府曾经希望，双方能立即通过假释或交换来释放所有战俘。到了1864年，因联邦政府无视战俘交换条约，并有将战俘长期监禁的迹象，我方将佐治亚州的安德森维尔选为主要监狱的据点。在为预计到来的战俘建造临时住所时，豪厄尔·科布雇用了大量黑人劳工。然而，由于战俘人数激增，1864年5月中旬，狱中出现坏疽和坏血病。1864年6月，约翰·H.温德尔去了一趟安德森维尔，发现非常多的战俘都染了病，就立即建议将战俘转移到其他地点。1864年9月，约翰·H.温德尔先是将大部分战俘转移到佐治亚州的米伦，接着又将其转移到了南卡罗来纳州的弗洛伦斯。

大部分战俘被转移后，亨利·维茨留在了安德森维尔。这个后来在处决前顶住巨大诱惑、在诱惑者与迫害者面前大义凛然的可怜人，成了自己一番善心的受害者：亨利·维茨在担任安德森维尔的负责人期间，出于好心，曾假释了一些战俘去照顾他们生病的同伴。但后来，这些人不仅违反了假释义务，还反过来指证亨利·维茨。

还有人诋毁约翰·H.温德尔这样一个从不用职权欺凌任何人的勇士。温良敦厚、公正无私的陆军副官塞缪尔·库珀曾在1871年7月9日的一封信中这样写道："约翰·H.温德尔是一位正直坦荡、平易近人的绅士。在邦联政府中，谁都知道约翰·H.温德尔对手中战俘体贴入微、关怀备至。"

为了减轻双方战俘所受的牢狱之苦，我方专员于1863年1月24日给联邦政府战俘交换专员E.A.希契科克写了一封信，提议双方战俘由自己的军医加以照料。这些军医不仅要为战俘检查身体，还要给他们分发食物、衣物、钱财及医药等物资。这些军医由战俘一方的政府派出，充分享有向政府汇报自己的行动及与战俘安康有关的任何事宜。该提议未收到答复。在1868年8月出版的一份信中，乌尔德专员这样写道：

> 大约是在1864年3月的最后一天，我与本杰明·F.巴特勒几番商讨后，达成了双方都比较满意的共识。我离开的那一天，格兰特赶到。本杰明·F.巴特勒说，他在向格兰特通报了谈判情况后，"格兰特十分郑重其事地下达了一条口头命令，强调在他做进一步指示前，不得采取任何措施交换健壮战俘"。1864年4月30日，本杰明·F.巴特勒收到格兰特的电报，命令他"接收邦联当局送来的所有伤病员，但不再送出用以交换的战俘"。

1864年10月1日，双方都已俘获了大量敌方官兵，罗伯特·E.李给格兰特写了一封短信，说道：

> 为减轻我方士兵所受的折磨，我恳请根据一对一，或根据战俘交换条约的规定交换在弗吉尼亚战争中被俘的官兵。

格兰特在第二天这样回复：

> 我只能跟你交换过去三天俘获的、尚未交给战俘总负责人的战俘。我们在里士满一役的被俘人员中，一部分是有色人种。在

我们就战俘交换问题进行下一步协商前，我想问一下，你方是否打算像交换白人士兵一样交换这些黑人士兵。

罗伯特·E.李反驳道：

我方逃兵与我方居民的奴隶不属于交换对象。

1864年10月20日，格兰特做了最后答复：

我认为，无论加入联邦军的士兵是什么肤色，来自哪个国家，我都有责任保护他们。政府承认的士兵被俘后，应得到战俘待遇，或得到与我方手中战俘同等的待遇。

1864年8月18日，格兰特给本杰明·F.巴特勒的急件中，曾这样讲道：

对那些被关押在南方监狱的战俘来说，如果不去交换他们，他们会很遭罪，但对那些在战场上浴血奋战的士兵而言，不交换战俘才更人道。在这个特殊时期，如果释放了北方监狱里的所有叛军战俘，那么W.T.谢尔曼就一定会吃败仗。W.T.谢尔曼如果吃了败仗，就会危及我们这里的安全。

之后，我们又向联邦政府提议根据级别一对一交换战俘。我们之前曾拒绝按这种方式交换战俘，坚称根据战俘交换条约的规定进行交换。这是因为根据战俘交换条约，双方须交出已获假释的多余战俘。由于没有收到任何回复，我方又于1864年8月22日给联邦战俘交换专员E.A.希契科克发了一份具有相同提议的信。两封信都没有收到回复。

在确定战俘交换事宜无法进行后，我方主动提出将联邦伤病员返还给他们。但我方在做出该提议时，并没有要求对方如数返还我方战俘。虽然我方在夏天就将这一提议通知联邦政府，但联邦政府的交通工具直到1864年11月才到达。为什么我们已声明不要求等量交换，可联邦政府却过了很久才送来运送这些伤病员的船舶？难道这些战俘是联邦政府专门留下来受苦，再拍个照片，“用以点燃北方民众内心火焰”的战俘样本？

这时，我方还在为交换战俘做最后努力。我从安德森维尔派了一个战俘代表团到华盛顿去为他们自己辩护。但由于亚伯拉罕·林肯总统拒绝接见，该代表团未能起到任何作用，但他们带回一则坏消息：他们的政府根本不指望他们被释放。

以下重要的内容摘自本杰明·F.巴特勒向战争行为委员会提交的官方报告：

> 1864年4月1日，格兰特走访了门罗堡。我们向格兰特口头汇报了有关交换战俘事宜的谈判情况。格兰特十分郑重其事地下达了一条口头命令，强调在他做进一步指示前，不得采取任何措施交换健壮战俘。
>
> 与格兰特会谈后，为了答复乌尔德先生提议的根据级别一对一交换双方官兵一事，我写了一篇表明我方有权交换有色人种士兵的文章。为了达成格兰特希望的不交换战俘的目的，这篇文章用十分恼人又不失文明的语言阐明了我方主张。

报告接着说：

如果邦联政府做出让步，接受我方观点，就正式告知我以下事项：一、那些身着制服被俘的、曾是奴隶的士兵，可以像其他士兵一样进行交换；二、为了换回自己的战俘，邦联政府已打算将安德森维尔及其他地点的所有战俘返还我方。之后，在格兰特的同意下，为进一步阻止双方交换战俘，我采用了最后一招：我决定在进一步协商交换战俘一事前，要求那些宣布我是逃犯、是人民公敌的人收回所下的命令并向我道歉。但其实以上几条提议已足以阻止双方交换战俘了。随后，邦联人士不曾主动向我提出用他们关押的曾是奴隶的有色人种士兵进行交换。

该报告结论如下：

所述问题事关重大。因拒绝交换战俘，成千上万个生命死于罗利及安德森维尔监狱的寒冷、饥饿与瘟疫中……以上种种，让我不得不说。这样，人们就会明白，这些人的性命是格兰特用以对付叛乱分子的一步棋，旨在依靠我方在人数上的优势，拖垮并摧毁这些叛乱分子，从而取得最终胜利。

已有充分事实可以表明：为让联邦政府真诚交换我方手中的所有战俘，我方不仅绞尽脑汁、真诚以待，还做好了让步的准备。

在这段时间里，北方监狱人满为患，关押了我方英勇的士兵大约六万人。他们忍受着恶毒政府刻意制造的困苦与残酷境遇，受着近代史上闻所未闻的折磨。然而，我们没必要随便找个“亨利·维茨”在非法法庭上公审，然后躲在幕后冷酷无情地看着发生的一切。最后，就一些人声称的我方虐待战俘及敌军善待我军战俘一事，我只需摆出两件事实。第一，据联邦战争部部长E.M.斯坦顿在1866年7月19日所做的报告，战争期间，我方手中的战俘共死亡两万两千五百七十六人；而敌方手中的战俘死亡人数则达到两万六千二百四十六人。第二，用整数计数，敌方手中的邦联战俘人数总计二十二万人，我方手中的战俘人数则为二十七万人。也即是说，敌军手中的战俘死亡率高于百分之十二，而我方手中的战俘死亡率还不到百分之九。

第77章

谈判失败

联邦政府在同我方商讨解决分歧的办法时，通过向我方提出各种条款与条件，逐渐暴露其打着重建美国的旗号，想要征服南方各州和南方人民的企图。我方多次想同联邦政府进行沟通，但都未能成功。敌对行动开始前，我方曾派专员前往华盛顿，但联邦政府拒绝接待。接着，我方又派了一名军官代我转交写给亚伯拉罕·林肯总统的一封信。斯科特未允许这名军官面见亚伯拉罕·林肯总统，代收了这封信。之后，我方从未收到任何回复。后来，邦联副总统亚历山大·H.斯蒂芬斯主动请缨替我送信，尽管我也不抱太大希望，但还是欣然接受了让他去试一试的建议。但亚历山大·H.斯蒂芬斯还未到达门罗堡，就被拦了下来。

如果我们终止我们的政府，解散我们的邦联，遣散我们的军队，解放那些奴隶，并宣誓效忠联邦政府的话，联邦政府就会原谅我们，除了已被偷走的财产和剩下的奴隶，不再从我们身上剥夺什么。

1864年7月，双方再次就调解分歧进行商讨。伊利诺伊州第七十八步兵团的詹姆斯·F.杰奎斯上校和马萨诸塞州的詹姆斯·R.吉尔摩带着格兰特写给乌尔德专员的一封信跨过我方防线，到达里士满。之后，他们请求与我会谈。詹姆斯·F.杰奎斯上校表示，他感到手下的士兵非常渴望重建和平。詹姆斯·R.吉尔摩则表示，他们非常钦佩邦联政府能在重建联邦制度、废除奴隶制度、将邦联各州人民按悔过罪犯进行大赦的基础上，接受和解。詹姆斯·F.杰奎斯上校表示，将通过双方民众的普选来实现奴隶制度的废除和其他有争议问题的解决。据悉，这些都是亚伯拉罕·林肯先生的想法。我是这样回答的：因北方人民人数居多，该提议实际上就是让邦联各州无条件投降，此外，我还指出，亚伯拉罕·林肯先生应该知道，邦联政府是无权干涉各州内部制度的。因不愿与这些人谈论各州问题，加之这些人未携带任何凭证，我结束了此次会谈。

很多人认为，1864年春开始的和解行动是我方运用外交手段解决问题的有利时机。当时，北方的政治态势利于我方采取一些能影响敌对地区民众情绪的行动。因此，为了能与北方那些可协助我方实现和平的人士谈判，我委派了一个由三人组成的委员会造访加拿大。来自亚拉巴马州的C.C.克莱先生、弗吉尼亚州的霍尔库姆先生，以及密西西比州的汤普森①先生三位委员到达尼亚加拉大瀑布后，于1864年7月12日开始与北方有影响力的人物霍勒斯·格里利进行通信。亚伯拉罕·林肯先生刚开始似乎赞成会谈，但最后以这些委员无权进行和谈为由拒绝了此次会谈。因此，此次行动也同之前的努力一样，无果而终。

1864年12月30日，我收到并批准了马里兰州的弗朗西斯·P.布莱尔希望因一些个人目的来里士满拜访的请求。1865年1月12日，弗朗西斯·P.布莱尔拜访了我。在阐释自己的立场时，弗朗西斯·P.布莱尔这样说道：作为一个有南方血统的人，他非常希望能看到战争结束，希望通过与我进行会谈来实现这一目的。但他并没有任何由亚伯拉罕·林肯先生给予的可代表亚伯拉罕·林肯先生讲话的凭证。因担心无法见到我，弗朗西斯·P.布莱尔还特意准备了一封信。见到我后，弗朗西斯·P.布莱尔读了这封书信草稿的

① 即雅各布·汤普森（Jacob Thompson，1810—1885）。——译者注

一部分。弗朗西斯·P.布莱尔读完信后，我就如何停止敌对行动，如何为维护门罗主义这一共同目的而联合双方兵力等问题询问了弗朗西斯·P.布莱尔的主张。弗朗西斯·P.布莱尔说，双方政党都将门罗主义视为自己的基本信条，都希望用门罗主义处理墨西哥事宜。双方可能会因此签订一些秘密协议等。我让弗朗西斯·P.布莱尔留意我之前曾为谈判所做的努力，并对他说：我不知如何迈出第一步。弗朗西斯·普雷斯顿·布莱生表示，尽管自己不能保证，但他相信亚伯拉罕·林肯总统现在是会接待专员的。他表示，他本人极其希望结束进一步的流血冲突。弗朗西斯·P.布莱尔说，他希望南方各州的自尊、政权及荣耀不会再遭到打击，并且重申了各州享有独立主权的观点。弗朗西斯·P.布莱尔承认，要想摆脱当前的困境，需要开辟新渠道，需要建立一种与之前由回忆与利益连接起来的纽带不同的纽带。也许双方在共同维护美洲大陆奉行的门罗主义时，就会产生新的纽带。弗朗西斯·P.布莱尔认为，唯一无法克服的困难就是目前欧洲列强与邦联之间的协议问题。

对此，我是这样说的：我方目前情况并没有那么复杂，我们完全有能力按照对我方最有利的方式行事。此次会谈产生的唯一结果是弗朗西斯·P.布莱尔将去了解以下事项：亚伯拉罕·林肯总统是否会采纳弗朗西斯·P.布莱尔的计划；亚伯拉罕·林肯总统是否会派送或接待为和平解决问题而进行谈判的专员。此外，弗朗西斯·P.布莱尔还将向亚伯拉罕·林肯总统传达我方想要进行谈判的意愿。

以下是我写给弗朗西斯·P.布莱尔的信：

先生，开门见山地讲，一直以来，我都愿意为重建和平进行谈判，也一直愿意在我认为对方愿意接待之时派出委员会，或在联邦政府将要派出委员会之时予以接待。尽管我方之前的提议遭到了拒绝，但如果你方答应接待我方派出的专员、公使或其他代理人的话，我会立即进行委派，重新为谋取两国之间的和平进行会谈。

敬启

杰斐逊·戴维斯

弗朗西斯·P.布莱尔先生，我已读完你让我看的杰斐逊·戴维斯先生在1865年1月12日写给你的信。你可以对他说，无论是过去、现在还是未来，我一直都愿意接待那些正与国家权力对抗的人，或其他有影响力的人通过非正式途径派到我这里来为了我们共同的国家的人民谋取和平的任何代理人。

敬启

亚伯拉罕·林肯

1865年1月18日，弗朗西斯·P.布莱尔将亚伯拉罕·林肯先生的信交给了我，并说我把那封信交给他实在是件值得庆幸的事，因为这封信让亚伯拉罕·林肯先生对弗朗西斯·P.布莱尔先生在里士满所做的一切更加有信心。他说自己在进一步反思后已修改了之前曾向我表达的观点。然后，他向我透露了亚伯拉罕·林肯先生的困窘。他说，由于国会和其他权力机构的极端分子想逼迫亚伯拉罕·林肯先生采取更严厉的措施，亚伯拉罕·林肯先生无法通过政治机构同我方订立协议。于是，弗朗西斯·P.布莱尔提议：让罗伯特·E.李和格兰特先订立一条中止敌对行动的协议，从而为重建和平铺平道路。我回答说，我愿意委托罗伯特·E.李进行这样的谈判。后来，弗朗西斯·P.布莱尔告诉我，华盛顿方面不赞成召开军事会议，所以我只能依照亚伯拉罕·林肯先生的信行事。

我决定派亚历山大·H.斯蒂芬斯先生、R.M.T.亨特先生及约翰·A.坎贝尔先生担任这次非正式会议的专员。国务卿图姆斯为每一位专员准备了一封委任书。尽管亚伯拉罕·林肯先生曾在信中表示愿意接待我方派往华盛顿的任何代理人，但专员们在走到汉普顿罗兹时被拦了下来，在那里见到了由威廉·H.苏厄德先生陪同的亚伯拉罕·林肯先生。亚伯拉罕·林肯先生为什么要改变初衷，不在华盛顿而是选在汉普顿罗兹接见我方专员？其中缘由，不得而知。在我看来，亚伯拉罕·林肯先生在1865年1月18日给弗朗西斯·P.布莱尔写信后就改变了主意，让亚伯拉罕·林肯先生改变主意的正是弗朗西斯·P.布莱尔根据自己在里士满过夜时的见闻所做的报告。弗朗西斯·P.布莱尔认识很多邦联国会成员；那些曾经是邦联政府的拥护者，随后又转变立场的人都“凑到了弗朗西斯·P.布莱尔那里”。弗朗西斯·P.布莱尔发现，他的很多老朋友和同事都的的确确非常向往和平，可如果亚伯拉罕·林肯先生认为国会正受到一些阴谋家的影响，而这些阴谋家又正在破坏自己为成功发动战争所做的一切努力，那么亚伯拉罕·林肯先生自然会认定自己只能接受无条件投降。

以下是专员们于1865年2月5日提交的报告（摘要）：

> 会谈于1865年2月30日在汉普顿罗兹附近水域上停泊的一艘轮船中进行。我们在会谈中见到了亚伯拉罕·林肯总统和联邦国务卿威廉·H.苏厄德先生。我们从亚伯拉罕·林肯总统那里了解到，他不能为寻求最终解决方案与邦联订立任何协定，也不能因此提出任何建议。因为这样就相当于承认了邦联是独立的国家，而亚伯拉罕·林肯总统绝不会承认邦联的独立国地位。出于同样

的原因，亚伯拉罕·林肯总统不会为各州单独拟定任何条款。在可以确信邦联各州已彻底重建宪法及其他法律权威前，不能继续签订停战协定。我们须全盘接受在重建该权威的过程中带来的任何后果。那些因违背法律而受到惩罚的人可以在恢复和平后依靠联邦政府慷慨给予的权力减轻惩罚。会上提到了联邦国会于1865年1月31日通过的《宪法修正案》。据该修正案，除了犯罪行为，美国境内或其管辖范围内的任何地方都不得存在奴隶制度或强制劳役现象。

亚历山大·H.斯蒂芬斯

R.M.T.亨特

约翰·A.坎贝尔

敬上

此次会谈彻底关闭了我方为争取和平而与联邦政府进行会谈与谈判的所有通道。

1861年3月4日，亚伯拉罕·林肯总统在华盛顿国会大厦的西侧门廊处，在众多目击者面前宣誓：

我谨庄严宣誓，我将忠实履行美国总统之职，并将竭力维护、保护并捍卫宪法。

据宪法第四条第一部分：

根据一州法律在该州劳动或劳役之人，在逃往另一州后，不能根据另一州的任何法律或规章而免除其应有的劳动或劳役，而应根据有权获得其劳动或劳役一方的要求予以交付。

因此，在宪法面前，亚伯拉罕·林肯总统的《解放奴隶宣言》是无效的，也没有任何效力。然而，亚伯拉罕·林肯总统却借助手中的兵权坚称该宣言解放所有奴隶。

宪法中有这样一句话：

本宪法及依照本宪法制定的其他法律，均为全国最高法律。

亚伯拉罕·林肯总统是否把宪法视为最高法律，并且予以遵守了呢？宪法非但没有被遵守，反倒被置于一旁，甚至被颠覆、推翻。如果人民没有足够的才智去辨明违法的行径，没有足够的勇气去反抗侵犯他们权益之人，那么，宪法的一纸文书和军官们为维护宪法而发的誓言又有什么用呢？

宪法第十条声称：

宪法未授予美国、也未禁止各州行使的权力，留给各州或各州人民行使。

根据该条款，各州是独立的、单独的、不同的机构。也就是说，就像联邦政府经授权具有独立的最高主权一样，各州因其保留的权力同样具有独立的最高主权。由各州保留的权力中，其中一条就是人民有权去更改或废除任何政体，有权建立一个最能为他们带来安宁与幸福的新政体。这一权力是“宪法未授予美国、也未禁止各州行使”的权力。恐怕没人敢这样说：主权州仅凭承认并遵守宪法这一点就交出了退出联邦的权力。这样的说法一点都不合法。因为当前的问题与宪法授予或未授予美国的权力一事有关。

曾于1788年7月26日批准宪法的纽约州大会，在其批准决议中，这样说道：

> 我们现在宣布并请诸位知悉……人民可以在必要时，为了谋取自身的幸福而收回政府的权力；任何未由宪法明确授予美国国会或其政府部门的权力、司法权及权利，都留给各州人民或各州人民的州政府予以行使。

就留给各州及其人民的权力一事，在相关决议中，罗得岛州政府表达了同样的意见。

当亚伯拉罕·林肯总统以征服某个“无法通过司法程序压制的强大组织”为由，宣布征召七万五千名士兵时，亚伯拉罕·林肯总统不仅借此否认了宪法的有效性，还试图通过军事力量抵制宪法及《宪法修正案》第十条中明确声明留给各州或各州人民行使的权力。因此，如果亚伯拉罕·林肯总统在谈判中承认邦联或邦联的某一个州，就会让其编造的一切露出马脚。但宪法要求亚伯拉罕·林肯总统承认每一个州，因为各州只是在行使宪法明确留给自己行使的权力而已。

据悉，每当我方士兵打算投降时，敌方都会提出这样一个唯一条件：服从敌方政权。1862年2月16日，西蒙·玻利瓦尔·巴克纳就委派专员商定投降条件一事询问格兰特时，格兰特是这样回答的，他说：“我方只接受你方立即无条件投降。”

1865年4月9日，罗伯特·E.李问到了同样的问题，格兰特的回答是：

“你方已经十分了解达成和平的条件。只要南方放下武器，邦联政府就会立即得到最想要的结果，并拯救成千上万人的生命及无数尚未遭到破坏的财产。”

在W.T.谢尔曼写给J.E.约翰斯顿的信中，W.T.谢尔曼这样说道：“我要求你军完全按照我于1865年4月9日在阿波马托克斯给罗伯特·E.李提出的投降条件投降。”

就这样，一个傲慢拒绝所有和平提议、只接受无条件投降的政府成立了，该政府成立目标见下述引文：

> 我们美国人民，为了完善联邦制、建立正义、确保国内安宁、提供共同防御、促进整体的福利，并且为我们及子孙后代谋取自由之福祉，为美国制定并建立本宪法。

第 78 章

W.T. 谢尔曼向北方进军

我军从萨凡纳撤离后不久，就获悉W.T.谢尔曼正准备穿过卡罗来纳州向北进军，以在到达里士满前同格兰特会合。

1865年1月22日，W.T.谢尔曼离开萨凡纳，并于1865年1月24日抵达波科塔利戈。1865年2月3日，W.T.谢尔曼渡过萨尔凯卡奇河，途中几乎没有遇到任何抵抗。之后，W.T.谢尔曼继续向南卡罗来纳铁路沿线的米德韦、班伯格及格雷厄姆挺进。W.T.谢尔曼用三四天时间彻底破坏了以上地区的铁路。之后，W.T.谢尔曼沿铁路线缓缓前行，进逼从奥古斯塔到哥伦比亚和查尔斯顿的铁路枢纽——布兰奇维尔。我军曾一度怀疑W.T.谢尔曼要进攻佐治亚州的奥古斯塔，因为我军最重要的军工厂就在奥古斯塔。除此之外，奥古斯塔还有很多重要工厂和店铺，并存有大量军用物资。但在1865年1月11日，我军发现W.T.谢尔曼正沿着从布兰奇维尔到哥伦比亚的公路向北面的奥兰治堡前进——原来哥伦比亚才是W.T.谢尔曼此行的目的地。1865年1月16日一大早，W.T.谢尔曼的前锋部队到达哥伦比亚对面的康加里。当时，康加里河上的桥梁已被我军撤退部队烧毁，但在已到达康加里河对岸更高处萨卢达工厂的敌军精悍分遣队的掩护下，敌军主力渡过了康加里河，于1865年1月17日上午进入哥伦比亚。W.T.谢尔曼进入哥伦比亚时，邦联军已经撤离。联邦军进入哥伦比亚当天，市长正式将哥伦比亚交给了斯通[①]上校，此人是第十五军的一个旅长。市长在交出哥伦比亚时，要求斯通上校按照文明战争对待平民的方式保护哥伦比亚居民。但联邦士兵不仅无耻地将既定战争法则抛诸脑后，还摒弃了人类共有的良知，他们在洗劫了城里的住宅，对屋内居民实施了难以启齿、卑鄙至极的侮辱与暴行后，用一场大火将这座没有任何防御能力的城市夷为平地。

为逃避人们的责备，W.T.谢尔曼将烧毁哥伦比亚一事归咎到韦德·汉普顿三世身上，声称哥伦比亚之所以会陷入火海，是因为韦德·汉普顿三世害怕该城的棉花落入敌军之手，遂下令放火烧了该城棉花，从而使该城被夷为平地。韦德·汉普顿三世用具体事例证明了W.T.谢尔曼所言并非实情，数以百计的证人也证明了焚烧哥伦比亚城是联邦军的蓄意行为，即使W.T.谢尔曼没有明示，至少也得到了他的批准。

为了让W.J.哈迪到前线担任指挥，我军决定让其撤离查尔斯顿。于是，查尔斯顿这座历经联邦海陆军联合围攻十八个月都未被攻下的高贵城市及其要塞，于1865年2月21日未经任何抵抗被昆西·亚当斯·吉尔摩率领的联邦军占领。

此时，萨姆特堡虽然看起来像一处废墟，却的的确确比第一次遭受轰炸时更能经得起炮火的袭击。在炮火的猛烈攻击下，萨姆特堡上层的砖石落在了外墙上，而落在外墙上的炮弹成了一层厚厚的外衣，使萨姆特堡更坚固。我军撤离查尔斯顿前，邦联旗帜一直傲然飘扬于城墙上方。

在当时的情况下，我们能做的就是立即召集部队保卫北卡罗来纳州。当时，我军可用以对抗W.T.谢尔曼的全部兵力有：W.J.哈迪的部队、胡德的部队、D.H.希尔在奥古斯塔的部队、布拉格麾下的几千人马，以及由韦

---

① 即查尔斯·波默罗伊·斯通（Charles Pomeroy Stone，1824—1887）。——译者注

燃烧的哥伦比亚。

摘自《哈珀周刊》，威廉·瓦乌（William Waud，1832—1878）绘

德·汉普顿三世和惠勒率领的一些骑兵。以上兵力在通信中断、物资获取困难及运输艰难的情况下，以最快速度集结在了一起。

J.E.约翰斯顿负责在罗伯特·E.李的指挥下统率北卡罗来纳州的军队。1865年2月23日，J.E.约翰斯顿为皮埃尔·古斯塔夫·图坦特·博勒加德解了围，担任夏洛特战场的指挥。这时，J.E.约翰斯顿麾下共有三万零五百人的兵力。

罗伯特·E.李给J.E.约翰斯顿下的第一个命令是“集中所有可用兵力击退W.T.谢尔曼”。J.E.约翰斯顿成功集中了所有可用兵力。然而，攻打W.T.谢尔曼没有想象的那么顺利。

离开哥伦比亚后，W.T.谢尔曼大军经过温斯伯勒，穿过落基山的卡托巴，越过悬岩渡过了皮伊渡口。从W.T.谢尔曼的行程可以看出，他打算在北卡罗来纳州的费耶特维尔①渡过开普菲尔河后，与斯科菲尔德的部队会合，之后再前往威尔明顿。

敌军纵队一路前行，穿过了卡托巴、渡过了林奇小溪并穿过了派迪，尽管途中曾遭到韦德·汉普顿三世、本杰明·F.巴特勒及惠勒麾下骑兵的阻击，却一直稳步前进。J.E.约翰斯顿希望能在W.T.谢尔曼的两路纵队相距较远，不能互相支援时出击其中一路纵队，但一直没有机会。

1865年3月6日，布拉格在金斯顿附近，与不到两千名援兵一起，出击并击溃敌军由考克斯统率的三支部队，俘获战俘一千五百人，缴获野战炮三门，重创敌军，敌军死伤惨重。在从卡托巴到开普菲尔河的途中，敌军遭到了我军骑兵的英勇、顽强阻击。

由于不清楚W.T.谢尔曼的进军方向是戈尔兹伯勒还是罗利，J.E.约翰斯顿率领部分士兵驻扎在与两地等距的史密斯菲尔德，同时命W.J.哈迪沿

---

① 费耶特维尔是罗利以南六十英里处的一个城镇。该镇因一个军火库、几家政府店铺及从哈珀斯费里运来的很多机械而具有重要意义。——原注

着从费耶特维尔到罗利的方向前进，并将一个骑兵团部署在罗利公路上，将另一个骑兵团部署在前往戈尔兹伯勒的路上。

1865年3月16日，W.J.哈迪在位于费耶特维尔和罗利中间地带的艾弗里斯博罗遭到敌军两支部队的袭击。W.J.哈迪在撤退到几百码外的一个有利阵地后，轻松击退敌军屡次进攻。为阻击敌军，W.J.哈迪在夜间率军撤向史密斯菲尔德。

1865年3月18日，J.E.约翰斯顿获得确切消息：W.T.谢尔曼正向戈尔兹伯勒前进，其左翼部队与右翼部队之间相距有行军一天的路程。为了在1865年3月19日上午进攻敌军左翼，J.E.约翰斯顿立即采取了相关措施。他命令史密斯菲尔德的部队和W.J.哈迪的部队立刻前往本顿维尔，在本顿维尔与敌军前进的道路间驻扎。但由于相对距离估算有误，我军未能及时集结兵力攻击敌军左翼。W.J.哈迪在1865年3月19日上午率军赶到本顿维尔时，我军已发起攻击。这场战斗持续了大半天。最后，敌军被赶出两道堑壕防线，躲进一片茂密的树林里。因地形不利，我军无法联合作战，遂停止了进攻。

1865年3月20日，联邦军两翼近七万人集结在一起多次进攻罗伯特·霍克部队。当时，罗伯特·霍克占领了一条与通往艾弗里斯博罗的道路平行的堑壕。但敌军的每次进攻都被我军有力击退。

1865年3月21日，敌军企图到达我军中心兵力后方的本顿维尔，并由此切断我军唯一撤退路线。但我军在骁勇善战的W.J.哈迪和韦德·汉普顿三世的率领下，英勇挫败了敌军前锋部队和两翼兵力，使其仓皇撤退。1865年3月21日晚，我军撤退到米尔克里克关口。1865年3月22日晚，露宿史密斯菲尔德附近。1865年3月23日，W.T.谢尔曼与斯科菲尔德在戈尔兹伯勒会合，之后两个多星期都没有任何动静。

本顿维尔战役。

19 世纪版画，绘者信息不详

第 79 章

彼得斯堡围城战

冷港战役后，格兰特无法再借助地形的优势接近里士满。这时，他的军队已经到达奇克哈默尼河。如果沿着奇克哈默尼河东岸前行，就会离目的地里士满越来越远。在之前的陆路行军中，格兰特麾下损失的士兵人数超过了罗伯特 · E.李在开战时的全部兵力。此时，格兰特决定将新基地建在詹姆斯河上，然后从南方攻打我方的首都里士满。为此，1864年6月12日晚，格兰特开始从奇克哈默尼河较低处的渡口向詹姆斯河挺进。罗伯特 · E.李在第二天上午获悉敌军撤退的消息后，赶到了德鲁里布拉夫上的浮桥。

格兰特率军向詹姆斯河挺进时，安德鲁 · 杰克逊 · 史密斯已率领其部队到达百慕大亨德勒德。1864年6月14日晚，安德鲁 · 杰克逊 · 史密斯接到命令，奉命同另外两支部队进攻彼得斯堡。据推测，敌军此次派出的兵力足以完成本杰明 · F.巴特勒之前没有完成的计划——占领彼得斯堡并破坏南方铁路。1864年6月15日上午，敌军开始进攻彼得斯堡。在占领彼得斯堡城外的堡垒与散兵壕后，敌军开始向城内防御工事挺进。在我军大炮的反击下，敌军误以为我军有大量步兵援军，于是暂停了进攻，等待后方援军赶到。

敌军进攻彼得斯堡前，汉考克的军队已在詹姆斯河南岸。汉考克奉命向前挺进时，并没有向彼得斯堡方向前进，也不知道即将要发动一场进攻。直到黄昏，汉考克才接到支援安德鲁·杰克逊·史密斯的命令。汉考克与安德鲁·杰克逊·史密斯会合时，已是夜晚。两军决定在天亮后再发动进攻。他们如果知道彼得斯堡只有少量驻军，可能当晚就拿下彼得斯堡。到第二天早上，情况已发生显著变化。1864年6月15日，罗伯特·E.李率军渡过詹姆斯河，经过一夜的行军，在天亮前到达我军堑壕阵地。这时，彼得斯堡的炮兵除了城里老少居民的援助外，又有了其他支援。

邦联军立即占领了制高点并迅速加固了防线。如此一来，敌军就会在早上侦察后，推迟进攻，直至所有兵力到达再采取行动。

1864年6月17日，为占领我军部分防线，敌军发起猛烈进攻，却以惨败告终。敌军进攻前，罗伯特·E.李已在第一道防线后方筑起另一道防线，因此大大增强了我军的防御能力。1864年6月18日上午，格兰特下令发起总攻，却发现我军已撤离之前的那道防线，在更有利的制高点上建立了防线。为此，格兰特将总攻时间推迟到了下午。1864年6月18日下午，敌军对我军防线不同地点发起进攻。敌军在取得部分成功后，最终以失败告终，士兵死伤惨重。

接着，格兰特像往常一样，一次又一次进攻我军。格兰特如此心急如焚，让人能看出格兰特打算趁罗伯特·E.李的部分兵力正在河道上保护里士满之际，占领彼得斯堡。四天的战斗似乎让格兰特明白了自己的失策。之后，格兰特开始围攻彼得斯堡。1864年6月21日，敌军大部队进一步向我军右翼，即韦尔登铁路附近逼近。从韦尔登往北，可通往彼得斯堡。一番观察后，罗伯特·E.李发现敌军第二军的左侧兵力和第六军的右侧兵力之间相隔一段距离，于是，罗伯特·E.李派安布罗斯·鲍威尔·希尔率军进入此地。安布罗斯·鲍威尔·希尔到达后，轰炸了两侧敌军。这不仅击溃并

联邦军炮兵轰击邦联军据守的彼得斯堡。
19 世纪版画，绘者信息不详

重创敌军，还拉大了敌军这两侧兵力间的距离。就这样，安布罗斯·鲍威尔·希尔成功阻击了敌军对韦尔登铁路的进攻。在这次战斗中，我军俘获敌军数个团，并缴获一组排炮、大量军旗。之后，安布罗斯·鲍威尔·希尔携近三千名战俘与其他战利品撤回了之前的阵地。

当晚，为切断连通我军南部与西部兵力的韦尔登、绍斯赛德及丹维尔的铁路系统，敌军将J.H.威尔逊和奥古斯特·考茨率领的近六千名士兵组成的骑兵部队派到了西部。这支骑兵部队大面积破坏了上述三个铁路系统的铁轨，致使铁路周围的地区变成了一片废墟，严重破坏了我军的交通系统。在实施以上破坏时，这支骑兵部队曾遭到由菲茨休·李率领的一小队骑兵的追击。当其返回里姆车站附近时，在赛普尼教堂附近又遭到由韦德·汉普顿三世率领的一千五百名骑兵的袭击，两军激战整整一夜。第二天黎明，这支骑兵部队仓皇撤退。撤退骑兵打算在里姆车站附近穿过韦尔登铁路时，遇到了菲茨休·李麾下的骑兵与马洪[①]手下的一队步兵，并被这两支部队彻底挫败。这支骑兵部队溃退时，留下了十二门大炮、一千多名战俘，还抛下了许多运货车和一些医疗设备。没过多久，我军就修复了遭到敌军破坏的铁路，也暂时遏制了敌军骑兵的破坏行为。

格兰特屡次进攻罗伯特·E.李的防线，均以失败告终。为此，格兰特决定慢慢接近我军防线，开始在彼得斯堡外修筑防御工事。接着，格兰特慢慢将该防御工事延伸至其左翼，以期借此靠近韦尔登及绍斯赛德铁路。这时，格兰特的主要目标就是占领上述铁路，一切行动都围绕这一目的展开。彼得斯堡在里士满以南二十二英里处，通过韦尔登铁路可到达南方，通过绍斯赛德铁路可到达西部，而绍斯赛德铁路又穿过了里士满和海湾各

① 即威廉·马洪（William Mahone，1826—1895）。——译者注

州[1]之间的主要交通线路——丹维尔铁路。敌军一旦控制了以上交通线路与北方的交通线路，里士满就会陷入孤立。到那时，邦联军队就不得不从弗吉尼亚州东部撤退。

这时，格兰特已派部分兵力渡过詹姆斯河，到达詹姆斯河北岸的查尔斯城，从而对里士满构成威胁。敌军战线从查尔斯城穿过百慕大亨德勒德的颈部地区，跨过彼得斯堡的东部和南部地区，然后慢慢向彼得斯堡以西延伸，一点点地靠近为我军及里士满运送补给的铁路。罗伯特·E.李则顺着敌军的防御工事沿途布下防线。除了里士满东部和东南部的防御工事，我军还在迪普波顿修建了一条外部防线。此外，除了德鲁里布拉夫的一些防御工事，我军还在詹姆斯河中设置了能防御联邦炮艇沿河而上的障碍物。我军防线从这里一直沿着阿波马托克斯以北的敌军防御工事延伸至詹姆斯河对岸，在到达彼得斯堡城附近后，又随着敌军防御工事慢慢向西延伸。为冲破我军防线，敌军曾多次挑起战斗，这里仅做必要陈述。

敌军在进攻彼得斯堡时，发现我军防御力量十分强大，足以击退最强劲的进攻。敌军一直以为迪普波顿只有轻兵防守，可以轻而易举从詹姆斯河北岸占领里士满。1864年7月26日，为防止罗伯特·E.李从詹姆斯河北岸获得支援，格兰特派一个步兵团到迪普波顿攻打德鲁里布拉夫附近的浮桥，而谢里登则率领骑兵部队向里士满北侧防守十分薄弱的地方挺进，以期一举攻占那里的防御工事。在敌军取得部分成功后，罗伯特·E.李发现了敌军的行动，于是立即派去了增援力量。援兵赶到后，挫败并击退了敌军。1864年7月28日晚，为了让汉考克配合自己对罗伯特·E.李的堑壕阵地发起总攻，格兰特秘密召回了詹姆斯河北岸的汉考克及其手下步兵团。敌军在一次又一次进攻失败中总结出以下经验：要想取胜，必须在我军防线

① 这里指美国濒临墨西哥湾的五个州：佛罗里达州、亚拉巴马州、密西西比州、路易斯安那州和得克萨斯州。——译者注

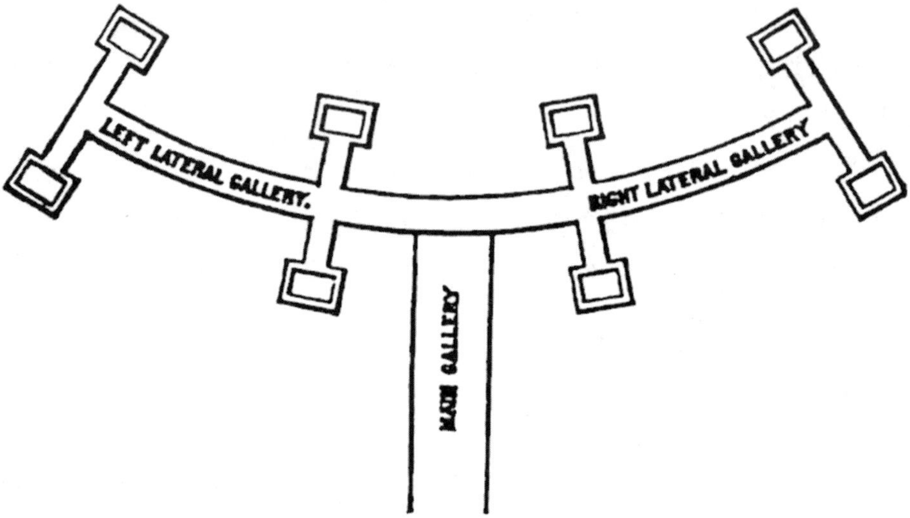

LEFT LATERAL GALLERY= 左通道
RIGHT LATERAL GALLERY= 右通道
MAIN GALLERY= 主通道

上打开一个缺口。为了炸出一个缺口，敌军将地下通道挖到了我军堡垒下方。该行动的负责人伯恩赛德是这样描述该工程的：

> 该地下通道主要通道长五百二十二英尺，侧通道分别长四十英尺左右。我建议在侧通道放八个弹匣，每端放两个。也就是说每隔几英尺放两个与侧通道成直角的弹匣，再将这些弹匣两个两个地从侧通道的一端等距摆放到侧通道的另一端，如上图。
>
> 我建议在每个弹匣里放一千二百磅至一千四百磅火药，不用导火线而用火药槽将弹匣连在一起。

似乎敌军最后在每个弹匣里放置的是一千磅而非更大杀伤力的火药。

1864年7月30日4时至5时，通道发生爆炸。与此同时，敌军开始轰击我军。此时，敌军按之前的安排派一路纵队向我军防线缺口处冲了过来，以期在冲破防线后占领我方堡垒后方的山脊顶部。这样，敌军就能成功在我军步兵与炮兵之间安插一股兵力。敌军此时面临这样一个问题：是该派白人部队还是派黑人部队发起进攻？伯恩赛德的部队中，既有白人组成的旅，也有黑人组成的旅。在距离埋雷处最近的地方，既有白人组成的部队，也有黑人组成的部队。这些部队应该都是用以发起猛攻的队伍。爆炸不仅炸毁了我军大炮、炸死了一小股增援部队，还在我军防御工事上炸出一个长一百五十英尺、宽六十英尺、深三十英尺的弹坑。弹坑出现后，敌军进攻纵队一下就拥了上来。

约翰·伊斯滕·库克这样描述了接下来发生的一切：

白人组成的部队发起了冲锋。在到达坑口处后，他们又跌跌绊绊地迈过脚下的废墟。这时，他们突然遭到两侧炮火的无情轰炸和前方步兵的连续射击。一阵迟疑后，这些遭到错误指挥的士兵乱了阵脚、失了方寸，放弃了占领后方山脊顶部的计划，纷纷跃入之前经过的那个弹坑中，一个挨一个、一个压一个地挤作一团。随后跟进的黑人士兵也最终跃入那个弹坑中。之后，我军对坑中那帮混乱不堪、灰心丧气、战栗不安的士兵进行了一番狂轰滥炸。那个可怕的弹坑瞬间变成一个言语无法形容的、令人不寒而栗的屠宰场。这时，敌军已乱作一团，放弃进攻山脊顶部的一切计划。为庆贺大败敌军，罗伯特·E.李将步兵召集到了弹坑前，派炮兵炮轰敌军残余进攻兵力。那些放弃攻占山脊顶部的士兵在跌跌绊绊迈过脚底的废墟往回撤退时，被击倒在地。那些留在满是黑人与白人士兵的弹坑中的敌军则为了躲避炸弹拼命向弹坑下方躲去，心惊胆战地等待着自己同伴的拯救或在我军一声令下后投降。

最终，敌军仓皇撤退了。在这场战役中，敌军共有约四千名士兵被俘。我军伤亡较小，并立即重建了防线。重建防线期间，我军未遭到敌军袭击。

1864年8月、9月，敌军再次进攻我军，但每次进攻都被我军迅速击退。1864年8月18日，敌军占领彼得斯堡附近的韦尔登部分铁路线。1864年8月25日，为进一步向南占领韦尔登铁路线上的里姆车站，汉考克再次进攻我军。在安布罗斯·鲍威尔·希尔的指挥下，赫斯和威尔科克斯麾下的部分人马联手重创并击退汉考克部队。但这次胜利并未产生决定性影响。之后，敌军左翼兵力慢慢向西延伸，直至经过彼得斯堡西南方向的沃恩路、斯奎勒韦尔路等路段，最终于1864年10月驻扎在哈彻鲁恩河岸。敌军此行旨在到达绍斯赛德铁路线。为突破我军防线到达绍斯赛德铁路线，敌军大部队渡过哈彻鲁恩河，一次又一次地进攻我军防线。韦德·汉普顿三世和菲茨休·李麾下的骑兵分别从前方和两侧阻击了敌军。在罗伯特·E.李的敦促下，步兵迅速赶到并击退敌军。这时，敌军对彼得斯堡的围攻战才终于落下帷幕。

第 80 章

费希尔堡之战

拉皮丹战役开始时，罗伯特 · E.李麾下的有效兵力按整数计约有六万人；而格兰特麾下的有效兵力约为十四万人。在拉皮丹战役的多场战斗中，尽管格兰特损失的兵力是罗伯特 · E.李的数倍，但无论是在渡过詹姆斯河之前还是之后，格兰特都能迅速获得可弥补其损失的增援兵力。这些增援力量甚至使两军的人数更加悬殊。然而，格兰特尽管在兵力上占有很大优势，但不愿在攻占彼得斯堡的行动中止前，派出任何部队去实施已计划了很久的行动——轰炸费希尔堡、攻占威尔明顿。因此，该行动受到了一定的延误。

此时，敌军应该是想到了摧毁费希尔堡的新办法：在船上放置大量火药，船在港口停好后，引爆火药，在炸毁费希尔堡、炸伤堡内卫戍部队后派突击队占领费希尔堡、俘获其卫戍部队。至于敌军打算在距离费希尔堡多远的地方停泊这艘装满火药的船，我一无所知。这艘船的威力有多大，我也一无所知。据负责威尔明顿防御工事的怀廷称，那艘火药船在到达距费希尔堡一千二百码或一千五百码处时，没有再向前行驶。该船引爆后，未伤到费希尔堡一丝一毫。

此次行动中，敌军共派出陆军六千五百人、各种战舰五十艘、装甲舰若干艘，以及一艘装有二百三十五吨火药的轮船。一些部队在登陆后发现，费希尔堡的卫戍部队有六千五百人之多。于是，这些部队就又回到了船上，从而结束了此次行动。

1865年1月15日，敌军再次进攻费希尔堡。这次，敌军派出了更多兵力，斯科菲尔德到达后，敌军兵力达两万多人。波特的舰队也增加了一些战舰。此时，敌军战舰已达五十八艘。同1864年12月24日相比，费希尔堡此时的驻军人数可能也有所增加。这次，敌军装甲舰比上次更靠近港口，舰队火力也更密集、更具威力。在敌军炮火的轰击下，费希尔堡的很多大炮被炸毁，防护墙也被严重损坏。尽管如此，卫戍部队却一直勇敢守在大炮旁。敌军发起进攻后，卫戍士兵临危不惧，英勇抵抗，成功击退第一拨进攻纵队。他们还同从背水面靠近费希尔堡的敌军进攻纵队进行了殊死搏斗，直至敌军进入堡垒，还同敌军拼杀了很久。最后，因敌众我寡，加之费希尔堡及我军武器装备大多已被炸毁——我相信，敌军对费希尔堡的破坏程度要远大于其他堡垒——剩余卫戍士兵才投降。因主要防御工事费希尔堡已沦陷，我军被迫放弃其他要塞。罗伯特·霍克在损毁了一些公共船舶及财产后，经由威尔明顿缓慢撤退，最后与J.E.约翰斯顿会合。

对费希尔堡的轰炸和占领。

库里耶 & 艾夫斯出品，绘者信息不详

第 81 章

彼得斯堡撤军行动

格兰特在1864年发起的战役的既定目标是夺取里士满。为了攻占里士满，格兰特率领大军渡过拉皮丹河，在拉皮丹河与詹姆斯河之间打了许多场仗。为攻占里士满，格兰特对彼得斯堡进行了围攻。虽然彼得斯堡本身并没有太大价值，但该城地处重要位置，可通往南方的很多地区，其中也包括里士满。攻下彼得斯堡，也就获得了通往里士满的另一条路。

1865年的战役开始时，敌军继续向左延伸战线，企图将阵线延伸至连接彼得斯堡与里士满和丹维尔铁路的铁路线。为挫败敌军进攻，骁勇善战、对自己的部队信心十足的罗伯特·E.李从防线上抽调了一定的兵力。在他看来，这些兵力足以挫败敌军行动。

1865年二三月间，因阵亡人数与擅离职守人数增加，罗伯特·E.李的部队兵力锐减。这些擅离职守的士兵并非逃兵，也并没有投靠敌军，他们大多回到了自己饥寒交迫的家，并期望有一天能重回战场。罗伯特·E.李麾下部队人数减少，还有另一个原因，那就是韦德·汉普顿三世的部队获准返回南卡罗来纳州补充新鲜血液。

1865年3月初，罗伯特·E.李与我进行了一次推心置腹的会谈，声称撤离彼得斯堡是迟早的事。此次会谈不久，罗伯特·E.李就提交了一份从敌军右翼进行突围的撤退计划。可以看出，罗伯特·E.李是发自肺腑厌恶这一计划。如果我军能成功突围，就能对格兰特与军事基地的交通线路构成威胁；如果只取得部分成功，也能缓解我军右翼的压力，推迟即将到来的灾难，这样我军就可以在更合适的时间撤退。

我军将突击地点锁定在斯特德曼堡，该地距我军防线不到二百码，但前方设有鹿寨。要完成这一任务，既需要胆识，也需要稳健，戈登临危受命。这支由尤厄尔部队的剩余兵力组成的部队，曾久经沙场，并一直忠心耿耿。

1865年3月25日黎明，戈登悄悄率军向斯特德曼堡挺进。戈登先派先头部队在障碍物处打开缺口，然后率军发起冲锋，突袭并俘获了斯特德曼堡的卫戍部队，之后，戈登率军攻占了邻近防御工事，并很快就赶走了那里的敌军。接着，他派了一支分遣队去占领后方的制高点与防御工事。如果用那里的排炮向斯特德曼堡两侧的峡谷开火，很快就能在格兰特的防线上打开一个大缺口。但因黎明时分浓雾蔽日，分遣队的向导误将分遣队带到别的地方。而这时，敌军已从突袭造成的混乱局面中缓过神来，将浩浩荡荡的炮兵部队和步兵部队聚集在戈登的部队前。因援兵未能及时赶到，戈登取得的辉煌成就瞬间毁于一旦。因无援兵相助，无法守住刚占领的阵地，戈登被迫率军撤退。撤退过程中，部分士兵阵亡，许多士兵被俘——派去占领其他防御工事的士兵几乎全军覆没。

突围行动一开始，敌军就大范围地进攻斯特德曼堡的我军防线，但并没有取得决定性的成果。1865年3月27日，格兰特将进逼里士满的主要兵力转移到彼得斯堡的防线前，谢里登的骑兵部队也加入到格兰特的左翼兵力中。

1865年3月31日，为占领罗伯特·E.李的右侧阵地，已获得两支大部队增援的格兰特进攻罗伯特·E.李部队。但就在格兰特发动进攻前，罗伯特·E.李率领较少的一队人马率先进攻了敌军，并一举将敌军击溃。

五岔口是两军公认的战略要地。为驻守该地，罗伯特·E.李把皮克特的部队派到了那里，同时增派了其他兵力。1865年4月1日，五岔口遭到敌军袭击。我军被敌军击溃后，撤离了该地。我军撤退后，一直困扰格兰特的时间问题终于得到了解决。

格兰特大军对我军右翼、左翼及中间兵力同时发起进攻，我军被迫退到内部防线中。1865年4月2日上午，敌军开始对彼得斯堡进行真正意义上的围攻。巴特里·格雷格率领约二百五十名守军顽强地抵抗了敌军，牵制敌军多半天。朗斯特里特率军赶到后，罗伯特·E.李率领麾下士兵几次将敌军赶出了其刚刚占领的阵地。但在其中的一场战斗中，安布罗斯·鲍威尔·希尔不幸阵亡。

这时，我军只能撤退。眼前能做的就是在白天守住内部防线，为天黑后的撤退做好准备。

五岔口战役。

库尔茨 & 艾利森公司出品，绘者信息不详

第 82 章

罗伯特·E. 李的撤军行动

撤军行动比罗伯特·E.李预料的要早。罗伯特·E.李尽管已预料到会有这一天，也知道一切不可逆转，却没想到会近在咫尺。

夜幕降临后，我军开始穿越阿波马托克斯，第二天天亮前，我军已踏上前往阿米利亚县政府的道路。罗伯特·E.李的初衷是向弗吉尼亚州丹维尔挺进，这一点已在会谈中得到我的同意。但因该计划无法实施，罗伯特·E.李下令前往林奇堡。

罗伯特·E.李从未想过投降。很久以前他就向我表示，他认为自己可以在弗吉尼亚的山间与敌军作战二十年，在率军前往林奇堡的途中，或许还可以根据情况，前往弗吉尼亚的山区，利用那里的地形优势，同进逼敌军进行周旋。

1865年4月8日晚，罗伯特·E.李在与各部队指挥官商议后，决定在第二天率军穿过阿波马托克斯县政府，到时根据情报决定下一步去路。如果那里只有谢里登的骑兵驻守，就驱散敌军继续前往林奇堡；如果那里有大量步兵把守，就不硬闯，向格兰特提出会面要求，商谈投降条件。

此时，曾在彼得斯堡充当后卫、保卫我军辎重队的戈登的部队被调到了前线。第二天，即1865年4月9日，天亮前，罗伯特·E.李派了一个参谋去向戈登了解打赢这场仗的胜算有多大。戈登回答说，他的队伍“已精疲力竭”，如果没有朗斯特里特的重兵支援，可能再也撑不下去了。罗伯特·E.李在了解以上情况后，说：“照此情形，我只能去见格兰特了。”

当时，掩护我军后方兵力的朗斯特里特正面临米德率领的优势兵力的威胁，所以根本无法抽身去支援戈登。因此，罗伯特·E.李突然发现：不知不觉中，形势已变得非常紧迫，让人始料未及。

维纳布尔[①]上校从戈登那里返回总部时，发现罗伯特·E.李正在做战役部署。当时，戈登手下有五千名步兵、一千五百名菲茨休·李麾下的骑兵，还有一个炮兵营，戈登打算用炮兵营攻击前方敌军——应该是谢里登麾下的骑兵。在我军英勇决绝的进攻下，谢里登的骑兵被赶到了很远的地方。如果一路上只有谢里登这么一个障碍，那么罗伯特·E.李就能继续前往林奇堡。但戈登在前行约一英里时，突然发现前方有八万敌军步兵在等着自己。

在如此庞大的敌军面前，我军根本无法取胜。因此，戈登率军撤退。撤退过程中，敌军进行了追击，但突然间，敌军就停止了追击。

原来罗伯特·E.李已派人将降旗送到了格兰特那里，格兰特这才下令停止作战。

① 即查尔斯·S.维纳布尔（Charles S. Venable，1827—1900）。——译者注

第 83 章

罗伯特 · E. 李在阿波马托克斯降敌

换作一个意志没那么坚定的统帅和一支没那么英勇、坚韧的队伍，可能早就在这种疲惫不堪、饥肠辘辘、昼警夕惕的战斗中投降了。因风餐露宿、缺衣短食、饲料供应不足，我军人马已困顿不堪，作战力也下降了不少。这时，唯一能支撑我军将士挨过眼下严峻考验的就是彼此的信任。士兵不断地减员，但让人惊讶的是剩余兵力仍能抱成一团继续战斗。所有证据都表明，我军在艰难险境中从未消沉，而是一直保持自豪乐观的革命精神，直至被迫投降。

罗伯特 · E.李提出投降后，格兰特应罗伯特 · E.李的要求来到了阿波马托克斯。双方在一间屋内的小桌旁进行了会谈。两位将军入座后，罗伯特 · E.李率先讲道："将军，为坦诚相见，我认为我应该在本次会谈伊始讲明以下事宜：如果投降条件有辱我军荣誉，我是断然不会接受的，那样的话，我宁愿坚持到底。"

格兰特回答说，他无意提出有辱我军的条件，倒是希望罗伯特 · E.李讲明什么条件是有尊严的条件。

接着，罗伯特 · E.李简明扼要地陈述了他可以接受的降敌条件。格兰特表示，他可以接受这些条件。于是，罗伯特 · E.李请求格兰特正式将这些提议诉诸文字。

“让我们拥有和平。”罗伯特·E. 李与格兰特握手言和

让·莱昂·热罗姆·费里斯（Jean Leon Gerome Ferris，1863—1930）绘

这些提议与格兰特曾写过的那封信内容大体相同。内容如下：

假释军官不得在交换战俘前武装对抗联邦政府，每个连或团的指挥官都要签署一份类似的保释书。

武器、大炮及公共财产都应在盘点清楚后移交给由我（格兰特）任命的官员。

军官的随身武器不在收缴范围之内，其私人马匹或行李也不在收缴范围之内。

除此之外，只要上述官兵遵守假释规定及居住地区的现行法律，就可以获准返回各自的家，不受联邦政府的干扰。

罗伯特·E.李接受了这些条件，英勇的北弗吉尼亚军由此投降并被解散了。

第 84 章

撤离里士满

1865年4月2日上午，彼得斯堡主要防线失守后，罗伯特 · E.李给我发来电报，建议我军在当晚与他同时撤退：他率军撤离彼得斯堡，我们则撤离里士满。这样一来，几乎没有什么准备时间，尤其缺少为镇守里士满东部防线的部队提供交通工具的时间。为了给骑兵、炮兵及军队的马车提供马匹，弗吉尼亚州的储备已消耗得差不多了，军需部几乎无法为那些进行固定防守的部队补充交通工具。因此，这些士兵只能在极困窘的形势下进行撤退。尽管如此，这些由士兵、海员及普通居民组成的“后备队”在完成此艰巨任务时，却一点儿也没有退缩——他们在拥有大量骑兵的敌军的追击下，毫不迟疑地在夜色中奔向了未知的道路。

在与敌军进行了数次交战后，镇守里士满的部队分别撤到了不同的指定地点。

我军撤退时，里士满着起了大火，但这场大火并非我军所为。

1865年4月2日，适逢周日，我在圣保罗教堂做礼拜时，收到了罗伯特 · E.李的一封电报，声称他正要火速撤离彼得斯堡。因此，里士满的撤军任务就交由我处理了。收到信后，我悄悄起身离开了教堂。应该有人看到了这一切，但里士满的人民已被围攻许久，他们已十分熟悉我，根本想不到会收到我方即将遭到袭击的通知。此外，圣保罗教堂的会众都很有修养，不会因危险而大吵大闹。从圣保罗教堂出来后，我去了办公室，将当天能找到的各部门负责人都召集起来[①]后，对当晚的撤离行动做了必要指示：里士满的部队与政府人员将在罗伯特·E.李撤离彼得斯堡的同时，撤离里士满。一切并非始料未及，尽管我们也做了一些准备，但一切都发生得太快，很多工作都没来得及做。政府文件必须带走。为此，我和参谋一直忙到傍晚。这时，我们要从里士满撤退的消息已传遍全城，很多人在看到我朝自己的住处走去时，都过来询问我消息是否属实。我承认了这一令人痛苦的事实，但我也向他们表示，我们会在形势好转后再回来。在场的所有人，尤其是女士，都饱含同情又极具爱国情怀地回答道："如果事业的成功需要你们放弃里士满，那么我们没意见。"

对我来说，这些高贵的人民在灾难来临之际所表露的情感与信心，比抱怨与不公正的责难更令我痛心。

由于北弗吉尼亚军赖以获取补给的地区资源日益减少，我曾极力主张将该地居民尽可能送往南部与西部地区，并以身作则，让自己的家人前往那里。我军如果能守住詹姆斯河以南地区，那么即使只是出于物质方面的考虑，也应该守住里士满。如果里士满只有我军防守，那么能守住该地当然最好。如果我军无法守住詹姆斯河以南地区，那么里士满就会被孤立；如果里士满守得住，那么里士满的仓库、铸造厂、作坊及磨坊就不会落到敌军手里。这样的话，里士满对我军而言就不再具有战略意义。我们是在为生存而斗争，所以不能感情用事。

因为我的家人已离开里士满，所以孤身一人的我很快就做好了必要的准备。之后，我把其他所有事宜都交由管家处理，等待出发的列车。然后，我去了火车站，踏上了前往丹维尔的火车。当时，我认为罗伯特·E.

① 因适逢周末，所有办公室都不开门。——译者注

李也会率军前往那里。

我们尽管知道不可能长期占领丹维尔，但一到那里，我们就找到了一些房间，各部门也随即重新开始了例行工作。在爱国公民的善良与热忱面前，一切都显得微不足道。这里的爱国人士无比热忱，他们全心全意地接待了我们，与我们同心同德，竭力从方方面面鼓励、支持我们的事业。

丹维尔四周筑有堑壕，但这些堑壕的结构与位置都不甚完善。我立即着手修整、改善这些堑壕，同时派人为罗伯特·E.李的部队收集各种供给物资。

罗伯特·E.李之前的计划是：如果他被迫撤离彼得斯堡，就会前往丹维尔，在丹河和罗诺克河之间建起一道新的防线，然后联合北卡罗来纳州的部队，一齐进攻W.T.谢尔曼。如果此举成功，就能重燃我军斗志，给我军带来增援力量。而这时，格兰特则远离基地，物资供应不足，又身处敌对地区，我军就可以杀个回马枪，将格兰特从弗吉尼亚州的土地上赶走，为人民重建一个经由人民认可的政府。

按计划展开后，我几乎一直没有收到与北弗吉尼亚军有关的任何可靠消息，直到有一天，亨利·A.怀斯的儿子赶到丹维尔给我报信，我才知道罗伯特·E.李将要降敌。为了给我送信，亨利·A.怀斯的儿子曾在夜间单枪匹马穿过敌军骑兵封锁。此后不久，就传来了其他非官方信息，这些消息十分翔实，足以证实亨利·A.怀斯之子所说之事已变为现实。

这时，我军侦察兵报告说，一支骑兵部队正在丹维尔西侧附近向南移动。于是，我们开始向格林斯伯勒转移，并在敌军骑兵赶到前不久穿过并烧毁一座铁路桥。在丹维尔时，我就已将罗伯特·E.李投降的消息通过电报告诉了J.E.约翰斯顿。到达格林斯伯勒后，我立即请J.E.约翰斯顿来当时是皮埃尔·古斯塔夫·图坦特·博勒加德总部的格林斯伯勒一见，以同他们商议当前事宜与未来举措。

第 85 章

J.E. 约翰斯顿降敌

应我的请求，J.E.约翰斯顿来到北卡罗来纳州的格林斯伯勒。之后，J.E.约翰斯顿与皮埃尔·古斯塔夫·图坦特·博勒加德在我的驻地会见了我与大多数内阁成员。我十分清楚，眼下的处境非常严峻，我军撤离首都里士满和北弗吉尼亚军降敌这两件事对我军造成非常大的打击，但我认为我们不能丧失信心。战场上，仍有我军将士在浴血奋战；密西西比州东部和西部，仍有一片珍贵而富饶的土地，那里的人民根本无意投降。我军已在各火车站收集到充足的物资，还能在需要时获取到更多物资。

在我的内阁成员与两位将军进行的第一次会谈中，J.E.约翰斯顿表示，为暂停敌对行动，他希望能与W.T.谢尔曼建立通信往来，并借此让当局为停止战争做必要的安排。我从未想过投降，除非对方能将我方视为交战国，并接受我们提出的条件，否则只要我们能守住战场，只要邦联军还能战斗，还有撤退的余地，就别指望邦联军会投降。罗伯特·E.李之所以投降，就是因为当时两条路都已走不通。即使是在敌军的庞大兵力面前，罗伯特·E.李都不曾屈从于格兰特的要求，直到他已被敌军包围、撤退路线已被敌军封锁，他才被迫放弃抵抗。我对邦联政府与联邦政府的谈判根本不抱任何幻想，我相信，即使W.T.谢尔曼同意了该提议，联邦政府也不会予以批准。但我在明确表达了自己的看法后，还是听从了宪法顾问们的意见，同意让J.E.约翰斯顿根据自己的想法与W.T.谢尔曼会谈。

该决定做出后，J.E.约翰斯顿回到自己的指挥部。我料想J.E.约翰斯顿会很快撤退。有出色的骑兵保护，J.E.约翰斯顿应该能躲开敌军的骚扰。我则与内阁成员和参谋踏上了前往北卡罗来纳州的夏洛特的道路。途中，J.E.约翰斯顿派人送来一封急件，声称W.T.谢尔曼已同意会谈，并请求约翰·C.布雷肯里奇返回与之合作。

1865年4月18日，我们到达夏洛特时，收到了一封电报，声称亚伯拉罕·林肯总统遇刺。接着，怀恨在心的联邦政府公然宣布愿意以任何条件让我军尽快投降，阻止进一步的流血冲突。

当天，W.T.谢尔曼和J.E.约翰斯顿就协议书达成共识，内容如下：

交战双方在其中一方总指挥通知结束现状并给敌手留有一定时间进行准备前，都应维持现状。

解散邦联军队并将解散后的部队送往各州首府，将武器与公共财产置于所在州军火库；每个官兵都要提交一份停战协议，并遵守联邦政府与所在州当局的行动。

依据宪法规定进行宣誓的各州官员与立法机关，联邦政府将予以承认；因战争而与联邦政府产生冲突的各州官员与立法机关，合法性将交由联邦最高法院裁决。

一些州应根据宪法及该州法律的规定，重建所有法院。

行政部门应根据宪法及各州法律，尽可能保证各州人民和居民的政治权利和选举权，以及人身权和财产权。

联邦政府不得以最近发生的战争为由，搅扰任何遵纪守法、安宁生活、未参与战争的居民。

简而言之，应停止战争。如果邦联军队能解散部队、交出

W.T. 谢尔曼会见 J.E. 约翰斯顿，商讨邦联军的投降条款。
库里耶和艾夫斯公司出品，绘者信息不详

武器，联邦行政部门就应尽最大所能予以大赦。因双方都未得到各自领导人充分授权去履行以上条款，双方分别做出以下正式承诺：尽快获得必要的权限去贯彻以上计划。

W.T.谢尔曼

J.E.约翰斯顿

我批准了该方案，并将我的意见告诉了J.E.约翰斯顿。但我在批准该方案时，却不确定联邦政府是否也能批准该协议。以我对安德鲁·约翰逊总统和恶毒的E.M.斯坦顿的了解，我军在主动投降后得到的待遇恐怕不会比一支英勇顽强镇守阵地的部队好到哪儿去，他们会采取什么样的报复措施，不得而知。当联邦政府拒绝接受W.T.谢尔曼和J.E.约翰斯顿达成的协议，当W.T.谢尔曼通知我军要在1865年4月24日午后四十八小时内终止停战协议，人们对和平结束战争的所有憧憬瞬间土崩瓦解、灰飞烟灭。1865年4月26日，J.E.约翰斯顿再次会见了W.T.谢尔曼。在这次会面中，W.T.谢尔曼提出了与上次同样的条件。J.E.约翰斯顿接受了这些条件，在敌军同意假释其部队，同意其军官保留随身武器、行李及私人马匹的条件下投降。

据斯科菲尔德报告，北卡罗来纳州的格林斯伯勒共假释战俘三万六千八百一十七人；据J.H.威尔逊报告，佐治亚州和佛罗里达州共假释战俘五万两千五百四十三人；J.E.约翰斯顿麾下的兵力总计假释八万九千三百六十人。

1865年5月8日，理查德·泰勒与坎比[①]就密西西比州和亚拉巴马州的陆军和海军投降事宜达成共识，投降条件与J.E.约翰斯顿和W.T.谢尔曼之间达

① 即爱德华·坎比（Edward Canby，1817—1873）。——译者注

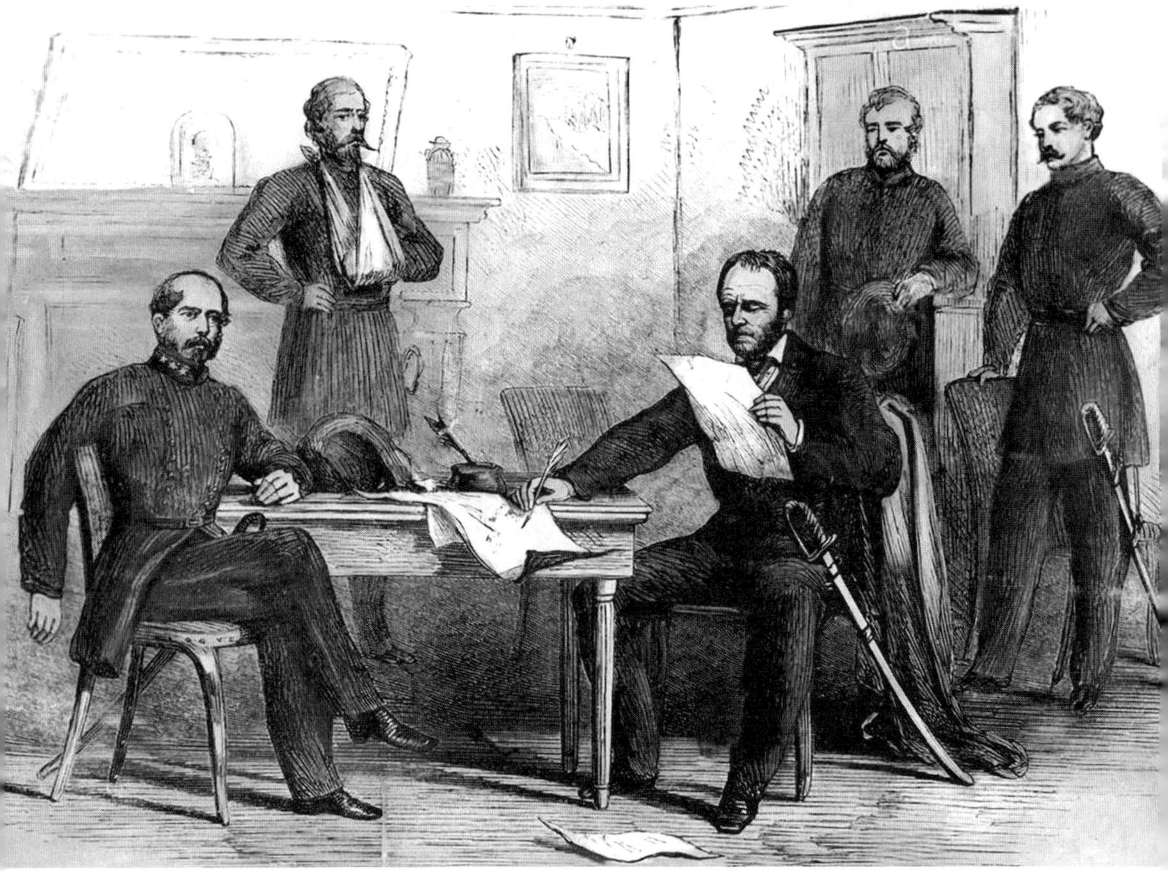

J.E. 约翰斯顿向 W.T. 谢尔曼投降。

19 世纪版画，绘者信息不详

成的条件类似。

1865年5月26日，E.柯比·史密斯的参谋长与坎比就密西西比河以西地区部队的投降事宜达成共识，条件与上述协议相似。

由此，坎比共在亚拉巴马州和密西西比州假释战俘四万两千二百九十三人。这些假释人员中，可能还有不到一百五十名海军；而E.柯比·史密斯在密西西比河以西地区的部队共有一万七千六百八十六人投降。

第 86 章

我被捕

停战协议期满后，我骑马离开了夏洛特，途中，随行的只有我的两个内阁成员、我的私人助理和约两千名骑兵。这些骑兵分别来自五支不同的部队，尽管人数不多，但有很强的作战能力，军官们也都出类拔萃。

一路上，我们从容不迫地前进，每半天休息两次，后来到达萨凡纳河附近。

1865年5月4日清晨，我们渡过了萨凡纳河。骑行数英里后，来到一个农舍，我在那里用了早餐，喂了马。这时，我获悉敌军的一支部队正向我军的补给站之一——佐治亚州的华盛顿县进逼。于是，我派通信员将一张用铅笔写的便条交到当时的部队指挥约翰·C.沃恩手中，让他立即赶到我这里，加入我的队伍。等了很久之后，约翰·C.沃恩仍未出现，于是我决定与护卫队继续前行。当时，我相信其他部队是能赶上我们的，如果没赶上，我们就及时赶到华盛顿县召集那里的居民保卫自己的家园。到达华盛顿县后，我在各个路段都派了侦察兵。一番侦察后，发现只不过是虚惊一场。这时，国务卿本杰明因不适应骑行，已在途中吃早餐处与我分开，他将改乘其他交通工具与我在密西西比河以西重聚。在华盛顿县时，海军部部长马洛里为照顾家人，暂时离开了我。战争部部长约翰·C.布雷肯里奇则与骑兵留在了萨凡纳河渡口。我抵达华盛顿县的当晚，约翰·C.布雷肯里奇派人送来了一份申请，希望我能批准他在军队的保护下，从钱财中取出足以部分支付军队费用的物品。我让代理财政部部长约翰·亨宁格·里根用我们携带的银币支付。第二天过去了，但部队还没赶到，当我听说厄普顿[①]已依照J.E.约翰斯顿的意思前往奥古斯塔接受该地卫戍部队的投降和军事物资且距奥古斯塔已不到几英里时，我派人给约翰·C.布雷肯里奇送了一张便条，表示自己实在不该耽搁太久。这是我第一次确定J.E.约翰斯顿已投降。由于没有收到约翰·C.布雷肯里奇的回信，我就向我的护卫队指挥官——来自肯塔基州的坎贝尔上尉，讲明了当时的情况，并对他说，他手下的骑兵人数太少，根本无法同敌军作战。然而，如果我们一起离开的话，目标又太大，于是我就让他去问问手下士兵，是否能找出十名愿意毫无异议地跟随我左右的士兵。坎贝尔上尉带来的答复是：所有士兵都愿意。对此，我欣慰不已，但我感觉这样会将他们置于不必要的危险之中。因此，我拒绝了这一提议，并让坎贝尔上尉根据自己的判断为我组建一支十人队伍。之后，我与这十名士兵及我的五个私人助理离开了华盛顿县。为了将手中的钱财转交给森普尔[②]和蒂德波尔先生，约翰·亨宁格·里根在华盛顿县多待了一阵。在只留了几千美元之后，约翰·亨宁格·里根将手中的钱财全部转交了出去，随后，约翰·亨宁格·里根又赶上了我。

约翰·亨宁格·里根只用了几个小时就追上了我，但我再也没有见过约翰·C.布雷肯里奇。后来，我才知道，约翰·C.布雷肯里奇一直在追赶我们，当他获悉我已被捕后，便转而向东到了佛罗里达州沿岸地区，一路未有敌军侵袭。约翰·C.布雷肯里奇在途中的一艘敞篷船上遇到了J.泰勒·伍德。两人后来穿过海峡去了西印度群岛。当时，很长一段时间内我都没有留在萨凡纳河岸边的那队骑兵的消息。后来，我才大致了解到，

① 即埃默里·厄普顿（Emory Upton，1839—1881）。——译者注
② 即詹姆斯·森普尔（James Semple，1798—1866）。——译者注

J.E.约翰斯顿部队中的假释士兵给他们带去了J.E.约翰斯顿已投降的消息，并告诉他们所有假释士兵都可以在投降后安然无恙回家，这一消息极大地动摇了这支部队的军心。J.E.约翰斯顿如果服从了我从夏洛特给他下达的命令，率领骑兵及一些可以骑马的步兵，携带一些轻型大炮按照他自己选定的线路前进，就不可能被W.T.谢尔曼追上。我相信，如果J.E.约翰斯顿的兵力能与我在夏洛特集结的兵力联手作战，定能彻底击败任何介于我军与密西西比河之间的敌军部队。

与我一起离开夏洛特的骑兵如果遇到的是一支足以激发其斗志的大军，那么就不会因后方部队的投降而灰心丧气，而是会继续前进。那样的话，他们就会在亚拉巴马州和密西西比州与W.L.莫里、N.B.弗雷斯特及理查德·泰勒的部队会合，然后形成一支足以吸引散兵游勇的大军，重振该地区萎靡不振的士气。即使情况再糟糕，他们也能到达密西西比河以西地区，在那里与E.柯比·史密斯和约翰·B.马格鲁德的部队会合。在供给充足、河流资源和铁路资源不甚丰富的地区组建一支可以一直战斗的部队，直至征服计划受挫的敌军根据其反复多次的宣言，在我们重返联邦的基础上，承认宪法赋予各州的权力，并通过协议或类似协议的文件保证人们的人身安全和财产安全。我一直坚信，我们即使无法实现独立，至少也能获得这些重要权力。

那些曾在“州重建”的恐怖中战栗不安的人民，那些曾无端遭到凌辱、掠夺及监禁的人们，都会为这一有限的成功带来的价值心怀感激。

离开佐治亚州的华盛顿县时，我的目标是尽可能向南走，从据称由联邦部队占领的地点附近经过，再向西渡过查特胡奇河，然后与应该还在亚拉巴马州战场的我军兵力会合。如果密西西比河以东的部队无法继续坚守，我就渡过该河前往密西西比河以西地区。我相信，E.柯比·史密斯和约翰·B.马格鲁德会在密西西比河西岸继续支持我们的事业。

离开华盛顿县后，我赶上了一队运送军粮并持有重要公共文件的人马。在发现他们没有熟练伐木工后，我就给他们留下了四名士兵。接着，我与其余人马继续赶路。离开华盛顿县的第二天或第三天，我听说一帮由双方落伍士兵和逃兵组成的劫掠者正追赶我的家人。自从他们离开里士满后，我就再没见过他们。但我在华盛顿县时，听说与他们在一起的，还有我的私人秘书和七名假释士兵，这些慷慨之士将我的家人一直护送到了佛罗里达州沿海地区。听闻此消息后，我立即向东掉头，骑马向他们的方向奔去。黄昏时，护卫队的马已精疲力竭，无法继续前行，但我与约翰·亨宁格·里根及私人助理继续加紧前行。当晚，月光皎洁。天亮前，我在路上遇到了一队士兵。这些士兵对我说：他们是亚拉巴马州的一支部队，并说他们刚从不远处的一个村庄走来，正在回家的途中。一番询问后，他们告诉我他们刚刚经过一个停有货车并携有妇女儿童的营地，并问我是否是那队人马中的一员。在听到我的肯定回答后，他们离开了。过了一会儿，我听到我的私人秘书在喊我，他对我说那伙劫掠者一直在营地周围转来转去，他和其他人正在营地周围站岗，可能天一亮就会有人发起进攻。有谣言称，营地中的人携带有大量钱财，可能这帮劫掠者和后来派骑兵大军前来捕获这帮人的J.H.威尔逊一样，都是受钱财驱动，鬼迷心窍，才如此这般。为了保护我的家人，我和这队人马一起走了两三日。当我相信我的家人已走出那帮劫掠者的活动区域后，决定在入夜后离开营地，按之前的计划行事。就在我们一行已做好出发准备，打算出发时，刚从邻近村落赶回的一个参谋对我说，他听说那伙劫掠者要在当晚袭击我的家人所在的营地。这一消息让我决定再等上一阵，我估计几小时内就可以确定该消息是否属实。于是，我给马套上马鞍，把手枪放到枪套里，穿戴整齐入睡了。整夜都没有任何动静。黎明前，忠心耿耿的自由人黑人车夫走到我身边对我说，我们的营地后方传来了枪声。我走出妻子的帐篷后，看到了一些骑在马上的人，立即认出这些人是部署在营地周围的骑兵。接着，我转身告诉妻子，这些人并不是我们以为的劫掠者，而是正规部队。妻子恳求我立刻离开。我犹豫了一下，因为我不想那样做。在妻子的再三恳求下，我才同意离开，但这时，已失去最宝贵的逃生时间。当时，我的马和武器都在我打算离开的那条路上，但敌军骑兵正朝那条路赶来。因此，我根本无法靠近那条路。无奈之下，我只能朝相反的方向前进。出发前，我到漆黑的帐篷里拿起一件“拉格伦”①披在了身上。在漆黑的帐篷里，我以为拿起的是自己的“拉格伦”；后来，我才发现因为两件拉格伦很像，自己误拿了妻子的长外衣。离开时，体贴的妻子在我的头上和肩上披了一条披肩。走了约十五或二十码时，一名骑兵突然向我奔来，命令我停下来向他投降。我毫不客气地拒绝了他的要求，然后将肩头的披肩和长外衣都扔到地上，向他冲了过去。这个骑兵立即用卡宾枪对准了我，但我想就算他朝我开枪，也肯定射不中我。那样的话，我就抓住他的脚，将他掀倒，然后再跳上他的马，一路逃去。但就在这时，目睹一切的妻子在那个骑兵瞄准我之际跑到我面前伸出双臂抱住了我。

成功有时就取决于一瞬间的举动，当我意识到已失去机会，就在那个寒冷而潮湿的清晨转身向帐篷外的炮火中走去。敌军沿着各条路追击我们，从反方向逼近我方营地。敌军的两支部队相遇后，误以为对方是我方的武装护卫队，就将对方当作邦联军进行了一番射击，造成部分人员伤亡。在这场混乱中，除了那些进行劫掠的人，所有注意力都集中在我身上，我的副官之一J.泰勒·伍德上校和海军上尉巴恩韦尔趁敌军不注意离开了这里。因巴恩韦尔曾在海上英勇作战，联邦政府特别仇恨他。因此，他的确应想尽一切办法逃脱。我被捕后，普里查德上校回到了战场。之后，

① 没有袖子的防水轻便长大衣。——原注

我在很长一段时间内都没有见到他。后来，普里查德上校曾向我邀功，声称我应该感谢他的士兵没在我拒绝投降时将我击毙。

J.H.威尔逊等人就我被俘一事捏造了很多谎言，这一点从当时在场的人在出版物中披露的内容便可知晓。我被捕时，约翰·亨宁格·里根、我的几个私人助理及黑人车夫吉姆·琼斯都在场。那些不愿被谎言蒙蔽的人在听了他们的话后自有判断。因此，我将在其他时间、在更合适的地方，对J.H.威尔逊等人因仇恨而捏造出来的令文明时代蒙羞的故事做进一步说明。我们沦为战俘后，遭到了掠夺。这一点在之前提到的出版物中也有提到。除此之外，我们还经历了一些其他不快之事——有修养的军人绝不会对我们做那样的事。

在前往梅肯的路上，我们收到了安德鲁·约翰逊总统发布的公告，声称我是暗杀亚伯拉罕·林肯总统的同谋，并予以悬赏捉拿。路旁的一些部队听闻此消息后，立即欢呼雀跃，一片喧腾。到达梅肯后，他们把我带到了J.H.威尔逊率军驻扎的旅馆。旅馆的入口可谓戒备森严。

他们让我和家人住进了一间宽敞的房间。晚餐后，我与J.H.威尔逊会谈。我们先聊了聊彼此都认识的人，之后，J.H.威尔逊谈到了那则悬赏捉拿我的公告。由于我认为J.H.威尔逊会将我说的任何重要言论都上报给联邦政府，再加上我担心以后没机会表达我对安德鲁·约翰逊总统的看法，我就对J.H.威尔逊说，美国有一个人知道该公告纯属子虚乌有。J.H.威尔逊说我是指某一个人。我回答说的确如此，那个知道实情的人与签署公告的人就是同一人，这个人这样做，是因为他知道，自己同亚伯拉罕·林肯先生相比，我更喜欢亚伯拉罕·林肯先生。

当时，我的几个孩子还小，其中一个还是个婴儿。因为感觉J.H.威尔逊要把我送到华盛顿，我表示自己更希望从水路前往。J.H.威尔逊彬彬有礼地记下了我的请求。之后，也许是J.H.威尔逊本身就有权予以批准，也许是获得了更高层领导的批准，我的请求得到了满足。我对J.H.威尔逊说，部分和我在一起的士兵已得到假释，他们骑的马都是他们自己的私人财产，希望能让他们留着自己的马。我清清楚楚记得，J.H.威尔逊当时答应了这一点，但后来才知道，这些士兵的马还是被没收了。此外，一些没有违反假释义务的士兵，如莫兰少校、穆迪上尉、海瑟薇中尉、海军军校学员豪厄尔和列兵梅塞克，这些只不过是在我的家人遭受劫掠者袭击威胁时主动护送了一程的人，都被当作战俘监禁起来。抓捕并监禁他们的人难道忘了当初要保护投降者的承诺吗?

我们在奥古斯塔时，被送上了一艘轮船，并在船上见到了副总统亚历山大·H.斯蒂芬斯，还见到了可敬的C.C.克莱先生，他在获悉自己被列入要予以逮捕的暗杀亚伯拉罕·林肯先生的同谋者公示名单后，就投降了敌军；我还见到了杰出的骑兵军官惠勒和他的副官罗尔斯。尽管他们不允许我的私人秘书伯顿·诺维尔·哈里森和我一起上马车，但忠心耿耿的伯顿·诺维尔·哈里森却不愿离开我，决定与我同呼吸、共命运。可怜他一片忠诚，最后却在监狱中度过了漫长而严酷的岁月。到达罗亚尔港后，我们被转移到一艘远洋轮船上，这艘船并没有开往华盛顿市，而是在汉普顿罗兹附近水域停了下来。他们把我那些不幸的同伴一个个带到了我们不知道的地方，船上只剩下了C.C.克莱夫妇和我及我的家人。在汉普顿罗兹待了几天后，他们将我和C.C.克莱转移到了门罗堡，并将我们关进了不同的牢房之中。由于不知道联邦政府当时正在与一帮妇女儿童交战，我请求他们批准我的家人离开那艘船前往里士满或华盛顿，或者前往有熟人的地区，但这一请求遭到了拒绝。接着，我请求让我的家人乘坐汉普顿罗兹附近水域上的一艘闲置船前往国外。这一请求也遭到了拒绝。最后，我被告知，我的家人必须乘坐来时的那艘船返回萨凡纳。那是一艘几乎已不适合航海的陈旧运输船。之后，我又做了最后一次努力，希望当局同意他们在查尔斯顿下船，因为那里有很多我们的朋友。这一要求也被回绝了。至于原因，我当时不知，后来也始终不知，现在也不想主观臆断，因为没有人能为这种不人道的行为做出合理解释。在狱中，我依旧对此百思不得其解，对我的家人们愈加牵肠挂肚。当我在戒备森严的炮台中被戴上沉重的脚镣，承受莫须有的拷问，温和的看守伤心落泪，宽宏的狱卒深深自责。但这些同我心里的苦痛相比，都不算什么。很久之后，我才获准了解到妻儿的讯息。这，就是教育为野蛮行径所助之力。但此时此刻，我并不打算着手讲述我的狱中生活，或者只谈一些和我个人有关的其他事情，因为这些与我和邦联之间的关系是两码事了。

第 87 章

战争的代价及北方的作战方式

1865年4月25日，J.E.约翰斯顿在北卡罗来纳州的罗利投降敌军并解散其部队。1865年5月4日，理查德·泰勒率我军东部地区最后兵力降敌。1865年5月26日，E.柯比·史密斯交出我军在密西西比河对岸的最后兵力。南北之间的武装冲突由此结束，各州间的战争也就此结束。

战争期间，联邦政府共向战场输入二百六十七万八千九百六十七名士兵。除此之外，还用代偿金雇用了八万六千七百二十四名士兵。在战争结束前的最后十八个月里，联邦政府共征召一百二十五万七千一百三十四名士兵。1861年4月15日至1863年10月17日，联邦政府共征募十四万两千八百三十三名士兵。肯塔基州、马里兰州、密苏里州和田纳西州共为联邦军征募二十六万两千六百零一名士兵。

1861年7月至1865年7月，联邦国债从九千零八十六万七千八百二十八点六八美元涨到了二十六亿八千二百五十九万三千零二十点五三美元——也就是说，四年内增加了二十五亿九千一百七十二万五千一百九十七点八五美元。

我曾经在1862年8月15日写给邦联国会的信中描述了我们敌手的作战方式：

> 肆意掠夺、破坏私人财产，向平民开战，杀害战俘，通过杀戮手无寸铁的居民为入侵过程中丧生的士兵进行报复，下令驱逐在田间耕作的热爱和平的农民，以上就是无情入侵者为了让一个自由的民族屈从于外国势力采用的部分手段。

1863年1月，我再次讲道：

> 虽然说起来很让人痛心，但我有责任让你们知道：美国武装部队再次在邦联境内不同的地点犯下了种种暴行，这些暴行不仅是作恶者，也是其上级犯下的无法磨灭的罪行。这些作恶者的上级有权制止这些暴行发生，却从来没有一次惩罚过那些为非作歹之人。

这场战争刚开始时是为了迫使我们重新加入联邦。由于该目标没实现就进入了第二阶段。在第二阶段，联邦政府企图将我们当作独立地区进行征服、统治。该计划受挫后，我们的敌手——联邦政府又进入另一阶段。在这一阶段，联邦政府的目的就是进行报复、掠夺私人财产。1864年5月，联邦军的行动仍跟之前一样野蛮残暴。白发苍苍的老人和无依无靠的妇孺恳求联邦军看在他们孤苦无依的份儿上发发善心，让他们免受逮捕、监禁或被逐出家园的痛苦，但一切都是徒劳的。入侵者不断实施以下种种暴行：掠夺平民的财产，破坏私人住宅，甚至破坏了用以敬拜上帝的建筑物；他们组织了以洗劫各个城市为唯一目的的远征——四处纵火，杀害手无寸铁的居民，对妇女和儿童犯下了令人震惊的暴行。

由于篇幅有限，这里只需用一个例子就可以证实其罪行之严重，而这只是成千上万宗罪行中的普通一例。

1864年6月19日，大卫·亨特开始从林奇堡的前面沿谢南多厄河谷撤退。追击大卫·亨特的陆军中将厄尔利描述了他在沿途所目睹的一切：

> 他们烧毁了沿途的房屋，令无助的妇女儿童无家可归。他们夺走了该地区的粮食，令许多家庭无饭可吃。他们损毁了屋舍里的家具等物品，抢光了老人、妇女和儿童的所有衣物，只给他们留下遮体的衣物。他们搜查了女士的箱子，肆意将她们的衣物撕得粉碎。他们甚至还拿走了黑人小女孩的头饰。他们烧毁了位于莱克星敦的军事学院。学院里的所有东西，包括图书馆和科学仪器都被付之一炬。他们还劫掠了华盛顿学院，盗走了乔治·华盛顿的雕像。他们在一声令下烧毁了前州长莱彻[①]的住所，只在纵火前留了几分钟让莱彻太太及其家人离开房屋。他们绞死了该地区最杰出的基督教人士克雷先生，因为克雷先生之前曾在一名四下劫掠的落伍士兵欺凌自家女士时将其杀死。

---

① 即约翰·莱彻（John Letcher，1813—1884）。——译者注

第 88 章

以武力重建美国

随着邦联首都里士满被占领、邦联政府被解散、邦联部队投降及邦联总统被捕等事件的发生，邦联的独立国身份也消失殆尽，组成邦联各州也被迫在绝大多数州的要求下重新加入四年前它们曾相继脱离的联邦。邦联的历史由此成为美国历史的一部分。

敌对行动停止后，联邦政府唯一要做的就是维护至高主权者——各州人民——的主权并恢复各州秩序。如果人民主权原则——我们的政治体制的基石——依然存在、依然有效，那么各州人民只需重新审议并废除《脱离联邦条例》，并重新承认宪法是美国最高法律即可。这一简单的流程就可以让美国恢复原样，根基不变，在各州同意的基础上重建已不复存在的组织——联邦制。但不幸的是，征服者不打算这样做。征服者想要的并不是一个在人民制定的契约基础上建立起来的人民享有自由意志、人民相互友爱的国家。今后，联邦政府将以武力建立联邦制。主权将从人民的手中落到联邦政府的手中，而维护这一主权的将是那些在战时提供过经济资助和军事援助的人。

那些被夺去财产、毫无防御能力的前邦联各州人民，在承受着所谓的叛乱罪与叛国罪的双重惩罚的同时，还被剥夺了公民权；他们无法从政，无法进入庞大而有影响力的阶层；他们必须违背宪法原则进行宣誓，才能重新获得公民权利；黑人被赋予了投票权，很多州还由此建立了专门由黑人选出的黑人和外国人进行管理的政府——这些政府唯一的目的似乎就是打着法律的旗号掠夺和压迫人民，这些政府所施行的暴政将成为该地区历史记录中最不光彩的一页。至于南方人民在敌对行动结束后承受了怎样的压迫，需要另写一本书来进行描述了。我的任务业已完成。

我写这本书的目的，是想通过事实来证实以下一点：各州作为组成联邦的主权方，都有权在联邦制未能实现其建立时的目标时脱离联邦。如果某个州因为上述理由脱离了联邦，就招致一场战争，那么联邦政府在这场战争中就是侵略者、篡夺者；而南方人民则是固有而不可剥夺权利的捍卫者。

我的另一个目的是，通过南方人民在这场实力悬殊的战争中展现的英勇与忠诚，来告诉众人：南方人民是何等坚信自己的事业是正义的。我还要告诉众人：从南方人民对待伤者和俘虏的仁慈中，可以证明他们对得起“骑士后裔”这一称号，是应该获得自由的人。就像我军进入宾夕法尼亚时一样，我军在任何情况下，都尊重他人隐私，举止都合乎道德、遵守文明战争的规则，有权得到人类的信任和尊重。

我尽管维护脱离联邦的权利，但并不想煽动人们这样做。我承认，战争表明脱离联邦的想法是行不通的，但这并不能证明脱离联邦的想法就是错误的。既然无法重来一遍，联邦制或许能促进公共福利，那就有必要让大家知道真相，而且是所有真相。这样就可以停止双方永无休止的互相责备，然后，就可以在相互友爱、忠实尊重各州权利的基础上，在联邦政府的拱门上写下“愿此永存”几个字。

译名对照表

A.L.Long	A.L. 隆
A.R.Roman	A.R. 罗曼
Abingdon	阿宾登
Abraham Lincoln	亚伯拉罕 · 林肯
Abraham's Creek	亚伯拉罕河
Acworth	阿克沃思
Adairsville	阿代尔斯维尔
Adjutant-General	陆军军务署署长
Admiralty Court	海事法院
Albemarle Sound	阿尔伯马尔湾
Albert Sidney Johnston	阿尔伯特 · 西德尼 · 约翰斯顿
Aldie	奥尔迪
Alexander Botele	亚历山大 · 博特勒
Alexander H.Stephens	亚历山大 · H. 斯蒂芬斯
Alexander Walker	亚历山大 · 沃克
Alexander's Bridge	亚历山大桥
Alexandria	亚历山大
Algiers	阿尔及尔
Allatoona	阿拉图纳
Alleghany Mountains	阿勒格尼山脉

Alvin Duvall	阿尔文·杜瓦尔
Amelia Court-House	阿米利亚县政府
American islands	英属美洲群岛
Anderson	约瑟夫 · R. 安德森
Andersonville	安德森维尔
Andrew Hunter	安德鲁 · 亨特
Andrew Jackson Smith	安德鲁 · 杰克逊 · 史密斯
Andrew Johnson	安德鲁 · 约翰逊
Annapolis	安纳波利斯
Antietam	安蒂特姆河
Apalachie	阿巴拉奇
Appomattox	阿波马托克斯
Appomattox Court-House	阿波马托克斯县政府
Archer	阿奇尔
Arctic Ocean	北冰洋
Ariel	“阿里尔”号
Arizona	“亚利桑那”号
Arkansas	“阿肯色”号
Army of Northern Virginia	北弗吉尼亚军
Army of the Potomac	波托马克军
Army of the Tennessee	田纳西军
Army of Virginia	弗吉尼亚军
Army of West Virginia	西弗吉尼亚军
Ashland	阿什兰
Aspinwall	阿斯平沃尔
Astroth	阿斯特罗斯
Atkinson	阿特金森
Atlanta	亚特兰大
Atlanta	“亚特兰大”号
Atlee's Station	阿特利车站
Atzerott	阿茨罗特

August Valentine Kautz	奥古斯特 · 考茨
Augusta County	奥古斯塔县
Averill	埃夫里尔
Averysboro	艾弗里斯博罗
Azores	亚速尔群岛
B.R.Johnson	B.R. 约翰逊
Bahama	“巴哈马”号
Bahia	巴伊亚
Bainbridge	班布里奇
Baker	贝克
Baldwin	鲍德温
Ball's Bluff	鲍尔布拉夫
Baltimore	巴尔的摩
Baltimore & Ohio Railroad	巴尔的摩及俄亥俄铁路
Bamberg	班伯格
Bank Mill Ford	班克米尔浅滩
Barksdale	巴克斯代尔
Barney	巴尼
Barron	巴伦
Barton	巴顿
Bartow	巴托
Baton Rouge	巴吞鲁日
Battery Gregg	巴特里 · 格雷格
Battle of Chickamauga	奇克莫加战役
Battle of Manassas	马纳萨斯战役
Battle of Sharpsburg	夏普斯堡战役
Bayou Pierre	皮埃尔河口
Beaufort	“博福特”号
Beaufort Island	博福特岛
Beaver-Dam Creek	河狸坝溪
Bell	贝尔

Belle Isle	贝尔岛
Belmont	贝尔蒙特
Benjamin	本杰明
Benjamin F.Butler	本杰明 · F. 巴特勒
Benjamin Flanders	本杰明 · 弗兰德斯
Benton	“本顿”号
Bentonville	本顿维尔
Beriah Magoffin	贝里亚 · 麦格芬
Berlin Decree	《柏林法令》
Bermuda	百慕大群岛
Bermuda Hundred	百慕大亨德勒德
Berryville road	贝里维尔路
Bethel	贝瑟尔
Beverly's Ford	贝弗利浅滩
Big Bethel	大伯特利
Big Black	比格布莱克
Big Shanty	比格栅迪
Binford's	宾福德
Birkenhead	伯肯黑德
Blue Ridge	蓝岭
Boonsboro	布恩斯博勒
Boonsboro Gap	布恩斯博勒山口
Boonsville	布恩斯维尔
Boonville	布恩维尔
Boston	“波士顿”号
Boswell	博斯韦尔
Bottom's Bridge	博顿桥
Bowen	鲍恩
Bowling Green	鲍灵格林
Bradford	布拉德福德
Bradley T.Johnson	布拉德利 · T. 约翰逊

Bragg	布拉格
Branch	布兰奇
Branchville	布兰奇维尔
Braxton	布拉克斯顿
Brent	布伦特
Brest	布雷斯特港
Briarfield	布赖尔菲尔德
Bridgeport	布里奇波特
Brigadier-General Griffith	格里菲斯准将
Bristoe Station	布里斯托火车站
Broad	布罗德
Brock	布罗克
Brockenburgh	布罗肯伯格
Brooklyn	“布鲁克林”号
Brown	布朗
Brownsville	布朗斯维尔
Bryantsville	布赖恩茨维尔
Buchanan	布坎南
Buffalo Bayou	布法罗河道
Bull Run	布尔溪
Bunker Hill	邦克山
Bureau of Military Justice	军法署
Burnside	伯恩赛德
Burton Norvell Harrison	伯顿·诺维尔·哈里森
C.C. Clay	C.C. 克莱
C.F.Smith	C.F. 史密斯
C.M.Morris	C.M. 莫里斯
C.W.Reed	C.W. 里德
Cairo	开罗
Camp Jackson	杰克逊营地
Campbell	坎贝尔

Canada	加拿大
Canby	坎比
Cape Fear River	开普菲尔河
Cape Hatteras	哈特勒斯角
Cape of Good Hope	好望角
Cape St.Roque	圣罗克角
Capes of the Chesapeake	切萨皮克海角
Captain Meade	米德上尉
Captain Moody	穆迪上尉
Cardenas	卡德纳斯港
Carlos Buell	卡洛斯 · 布埃尔
Carr	卡尔
Carter L.Stevenson	卡特 · L. 史蒂文森
Carthage	迦太基
Cass	卡斯
Cassville	卡斯维尔
Catawba	卡托巴
Catesby Ap R.Jones	海军上尉凯茨比 · 琼斯
Catlet's Station	卡特莱特车站
Catlett's station	卡特利特车站
Cedar County	锡达县
Cedar Creek	锡达河
Cedar Run	锡达伦
Cemetery Hill	公墓山
Cemetery Ridge	公墓岭
Central Railroad	中央铁路
Centreville	森特维尔
Chambersbur	钱伯斯堡
Chancellorsville	钱斯勒斯维尔
Chantilly	尚蒂利
Charles City	查尔斯城

Charles Francis Adams	查尔斯·弗朗西斯·亚当斯
Charles Francis Adams Sr.	老查尔斯·弗朗西斯·亚当斯
Charleston	查尔斯顿
Charleston Harbor	查尔斯顿港
Charlestown	查尔斯敦
Charlotte	夏洛特
Charlottesville	夏洛茨维尔
Chattahoochee	查特胡奇河
Chattanooga	查塔努加
Cheat Mountain Pass	切特芒特山山口
Cheatham	奇塔姆
Cherbourg	瑟堡
Chesapeake	切萨皮克
Chesterfield	切斯特菲尔德
Chewalla	查瓦拉
Chickahominy River	奇克哈默尼河
Chickamauga	“奇克莫加”号
Chickasaw Bayou	契卡索河口
Chicora	“奇科拉”号
Chief of Ordnance	军械署署长
Churchill	邱吉尔
Cincinnati	辛辛那提
City Point	西提普安
Clarence	“克拉伦斯”号
Clarke	克拉克
Clayton County	克莱顿县
Cleburne	克利本
Cleveland	克利夫兰
Clifton	“克利夫顿”号
Coal Creek	煤溪
Cockerell	科克雷尔

Colburn	科尔伯恩
Cole Camp	科尔营地
Colonel Owens	欧文斯上校
Colonel Pritchard	普里查德上校
Colonel Scott	斯科特上校
Colonel Terry	特里上校
Colonel Ward	沃德上校
Colston	科尔斯顿
Columbus	哥伦布
Combahee	库巴西
Commander Sinclair	中校辛克莱尔
Commissioner Ould	乌尔德专员
Confederate States of America	邦联
Confiscation Act	《充公法案》
Congaree	康加里
Congress of the Confederation	邦联议会
Conner	康纳
Conrad's Store	康拉德的仓库
Coosawhatchie	库萨哈奇
Corinth	柯林斯
Corypheus	“领袖”号
County Court of Rockingham	罗金汉姆县法院
Cox	考克斯
Crampton Gap	克兰普顿山口
Craney Island	克兰尼岛
Crew’ s house	克鲁屋舍
Crittenden Compromise	《克里滕登妥协案》
Crook's Corps	克鲁克师
Cross Keys	克罗斯低岛
Culpeper Court-House	库尔佩珀县政府
Cumberland	“坎伯兰”号

Cumberland Gap	坎伯兰岬口
Cumberland Mountains	坎伯兰山脉
Cumberland River	坎伯兰河
Curtis	柯蒂斯
Custer	卡斯特
D.H.Hill	D.H. 希尔
D.H.Maury	D.H. 莫里
D.R.Atchison	D.R. 艾奇逊
D.R.Jones	D.R. 琼斯
Dahlgren	达尔格伦
Dalton	多尔顿
Dan River	丹河
Danville	丹维尔
Darbytown	达比敦
David Hunter	大卫 · 亨特
Davies	戴维斯
Davis Guards	戴维斯护卫队
Dayton	代顿
Decades of Louisiana	《路易斯安那州的几十年》
Decatur	迪凯特
Deep Bottom	迪普波顿
Deep Run	蒂普朗
Deerhound	“猎鹿犬”号
Department of the Ohio	俄亥俄州作战区
Department of the Ohio	俄亥俄部
Department of the West	西部作战区
Dispatch Station	调度站
Dix	迪克斯
Dr.Gaine	盖纳博士
Dred Scott v.Sandford	《斯科特案诉桑福德案》
Drury's Bluff	德鲁里布拉夫

Du Pont	杜邦
Duck River	鸭河
Duke of Alba	阿尔瓦公爵
Dunkard	邓卡德
Dunovant	杜诺万
Duryea	杜里埃
E.A.Hitchcock	E.A. 希契科克
E.C.Murray	E.C. 默里先生
E.Kirby Smith	E. 柯比 · 史密斯
E.M.Stanton	E.M. 斯坦顿
E.W.Pettus	E.W. 佩特斯
Earl Russell	厄尔 · 罗素
Earl Van Dorn	厄尔 · 范 · 多恩
Early	厄尔利
Eastern Shore	东海岸
Eastport	“东港”号
Edith	“伊迪丝”号
Edmund I.Lee	埃德蒙 · I. 李
Edmund Mcllhenney	埃德蒙 · 麦克尔亨尼
Edmund Randolph	埃德蒙 · 伦道夫
Edward Everett	爱德华 · 埃弗里特
Edward Johnson	爱德华 · 约翰逊
Edward's Depot	爱德华仓库
Edwards' Ferry	爱德华兹渡口
Eighth Virginia	弗吉尼亚第八团
Elbridge Gerry	埃尔布里奇 · 格里
Elk Run	麋鹿原
Elkhorn	埃尔克霍恩
Elkhorn Tavern	埃尔克霍恩客栈
Ely's Ford	伊利浅滩
England	英国

Essex	“艾塞克斯”号
Etowah	埃托瓦
Evansport	埃文斯港
Ewell	尤厄尔
F.H.Odlum	F.H. 奥德伦
Fairfax Court-House	费尔法克斯县政府
Fairfield	费尔菲尔德
Falling Waters	弗灵沃特斯
Farragut	法拉格特
Farrand	法兰德
Father Boyle	神父波义尔
Fayettesville	费耶特维尔
Federal Constitution	《美国宪法》
Federal Hill	联邦山
Fishing Greek	捕鱼溪
Fitzhugh Lee	菲茨休 · 李
Five Forks	五岔口
Flint River	弗林特河
Florence	弗洛伦斯
Florida	“佛罗里达”号
Foote	富特
Fort Beauregard	博勒加德堡
Fort Branch	布兰奇堡
Fort Brown	布朗堡
Fort Caswell	卡斯韦尔堡
Fort De Russy	德鲁西堡
Fort Donelson	多纳尔森堡
Fort Drury	德鲁里堡垒
Fort Fisher	费希尔堡
Fort Gaines	盖恩斯堡
Fort Hamilton	汉密尔顿堡

Fort Henry	亨利堡
Fort Hindman	欣德曼堡
Fort Jackson	杰克逊堡
Fort Lafayette	拉斐特堡
Fort Magruder	马格鲁德堡
Fort McAlliste	麦卡利斯特堡
Fort McHenry	麦克亨利堡
Fort Monroe	门罗堡
Fort Morgan	摩根堡
Fort Moultrie	莫尔特里堡
Fort Pillow	皮洛堡
Fort Pulaski	普拉斯基堡
Fort Randolph	伦道夫堡
Fort St.Philip	圣菲利普堡
Fort Steadman	斯特德曼堡
Fort Stevens	史蒂文斯堡
Fort Walker	沃克堡
Fort Warren	沃伦堡
FortPowel	鲍威尔堡
Francis P. Blair	弗朗西斯 · P. 布莱尔
Frank Lane Wolford	沃尔福德
Frank P. Blair	弗兰克 · P. 布莱尔
Frankfort	法兰克福
Franklin	富兰克林
Franklin Buchanan	富兰克林 · 布坎南
Franklin Pierce	富兰克林 · 皮尔斯
Frazier Farm	弗雷泽农场
Frederick	弗雷德里克
Frederick's Hall	弗雷德里克庄园
Fredericksburg	弗雷德里克斯堡
Free-Soil party	自由土地党

French	弗伦奇
Front Royal	弗兰特罗亚尔
Frost	弗罗斯特
G.B.Anderson	G.B. 安德森
G.J.Rains	G.J. 雷恩斯
G.N.Fitch	G.N. 菲奇
Gadsden	加兹登
Gainesville	盖恩斯维尔
Galena	“加莱纳”号
Galveston	加尔维斯顿
Gardner	加德纳
Garfield	加菲尔德
Garland	加兰
Garnett	加内特
Gauley	高利
Geary	吉尔里
General Little	利特尔将军
General Ralls	副官罗尔斯
General Taylor	泰勒将军
General Volk	沃尔克将军
Geneva Conference	日内瓦会议
George B. Crittenden	乔治 · B. 克里滕登
George S.Boutwell	乔治 · S. 鲍特韦尔
George W.Johnston	乔治 · W. 约翰斯顿
George Washington	乔治 · 华盛顿
Georgetown	乔治敦
Georgia	“佐治亚”号
Georgia Railroad	佐治亚铁路
Germania Ford	日耳曼尼亚浅滩
Germantown	“日耳曼敦”号
Germantown	日耳曼敦

Gettysburg Ridge	葛底斯堡岭
Gibraltar	直布罗陀海峡
Gilmer	吉尔默
Gloucester Point	格洛斯特波因特
Goldsboro	戈尔兹伯勒
Gordon	戈登
Gordon's Mill	戈登斯米尔
Gordonsville	戈登斯维尔
Gordonville	戈登维尔
Gorgas	戈加斯
Graham	格雷厄姆
Granberry	格兰伯里
Grand Gulf	大海湾
Granite State	“花岗岩州”号
Grant	格兰特
Grapevine Bridge	葡萄藤桥
Green	格林
Green Kay	格林凯岛
Greensboro	格林斯伯勒
Gribeauval	格里博瓦尔
Grierson	格里尔森
Groveton	格罗夫顿
Gulf of Florida	佛罗里达海湾
Gulf of Mexico	墨西哥湾
Gulf States	海湾各州
Gulp's Hill	卡尔普山
Gunter's Landing	刚特斯兰丁
Gustavus Woodson Smith	古斯塔夫斯 · 伍德森 · 史密斯
G.W.C Lee	G.W.C. 李
H.R.Jackson	H.R. 杰克逊
Habeas Corpus	《人身保护法》

Hagerstown	黑格斯敦
Haines's Bluff	海恩斯布拉夫
Halleck	哈勒克
Hamilton	汉密尔顿
Hampton Roads	汉普顿罗兹
Hancock	汉考克
Hanging Rock	悬岩
Hanover Junction	汉诺威枢纽
Hanover Marshes	汉诺威沼泽地
Hardeeville	哈迪维尔
Hard-Times	哈得 - 泰姆斯
Harney	哈尼
Harold	哈罗德
Harper's Ferry	哈珀斯费里
Harriet Lane	“哈里特 · 莱恩”号
Harrisonburg	哈里森堡
Harrison's Wharf	哈里森码头
Harrison's Landing War	哈里森登陆战
Harrodsburg	哈罗兹堡
Hartford Convention	哈特福德会议
Hartsville	哈茨维尔
Hatcher's Run	哈彻鲁恩河
Hatteras	“哈特勒斯”号
Hatteras Inlet	哈特勒斯湾
Havana	哈瓦那
Hays	海斯
Heintzelman	海因策尔曼
Helena Bay	海伦娜湾
Henry Clay	亨利 · 克莱
Henry May	亨利 · 枚
Henry Wirz	亨利 · 维茨

Herbert	赫伯特
Heros von Borke	海勒斯 · 冯 · 博尔克
Herschel V.Johnson	赫舍尔 · V. 约翰逊
Heth	赫斯
Hickman	希克曼
Hicks	希克斯
Hilton Head Island	希尔顿黑德岛
Hilton Head	希尔顿黑德
Holcombe	霍尔库姆
Hollins	霍林斯
Holly Springs	霍利斯普林斯
Holmes	霍尔姆斯
Holt	霍尔特
Hood	胡德
Hooker	胡克
Horace Greeley	霍勒斯 · 格里利
Horatio Seymour	霍雷肖 · 西摩
Howell Cobb	豪厄尔 · 科布
Huger	休格
Huguenin	休格尼
Humphrey Marshall	汉弗莱 · 马歇尔
Huston	休斯敦
I.W.Frazier	I.W. 弗雷泽
Imboden	英博登
Indian Hill	印第安山
Indianola	“印第安诺拉”号
Island Number Ten	十号岛
Iuka	艾尤卡
J.E.B.Stuart	J.E.B. 斯图尔特
J.E.Johnston	J.E. 约翰斯顿
J.G.Walker	J.G. 沃克

J.H.Wilson	J.H. 威尔逊
J.J.Waddell	詹姆斯·沃德尔
J.K.Duncan	J.K. 邓肯
J.M.Jones	J.M. 琼斯
J.N.Brown	J.N. 布朗
J.R.Chalmers	J.R. 查默斯
J.R.Davis	J.R. 戴维斯
J.Taylor Wood	J. 泰勒 · 伍德
Jackson	杰克逊
Jamaica	牙买加岛
James D.Bullock	詹姆斯 · D. 布洛克
James F.Jacques	詹姆斯 · F. 杰奎斯
James H.Lane	詹姆斯 · H. 莱恩
James R.Gilmore	詹姆斯 · R. 吉尔摩
James River	詹姆斯河
James S.Thayer	詹姆斯 · S. 塞耶
Jamestown	“詹姆斯敦”号
Jeff Davis	杰夫 · 戴维斯
Jefferson County	杰斐逊县
Jefferson Davis	杰斐逊 · 戴维斯
Jefferson Davis	“杰斐逊 · 戴维斯”号
Jeffersonton	杰斐逊顿
Jenkins	詹金斯
Jericho Ford	杰里科浅滩
John A.Campbell	约翰 · A. 坎贝尔
John A.Quitman	约翰 · A. 奎特曼
John B. Magruder	约翰 · B. 马格鲁德
John B.Floyd	约翰 · B. 弗洛伊德
John Bell	约翰 · 贝尔
John Brown	约翰 · 布朗
John C.Breckenridge	约翰 · C. 布雷肯里奇

John C.Fremont	约翰·C. 弗里蒙特
John C.Vaughan	约翰·C. 沃恩
John Caldwell Calhoun	约翰·考德威尔·卡尔霍恩
John Esten Cooke	约翰·伊斯滕·库克
John Forsythe	约翰·福赛斯
John Henninger Reagan	约翰·亨宁格·里根
John H.Morgan	约翰·H. 摩根
John H.Surratt	约翰·H. 萨拉特
John H.Winder	约翰·H. 温德尔
John J.Crittenden	约翰·J. 克里滕登
John Newland Maffitt	约翰·钮兰·马菲特
John Pope	约翰·波普
John Quincy Adams	约翰·昆西·亚当斯
John Russell	约翰·罗素
John T.Monroe	约翰·T. 门罗
John Wilkinson	约翰·威尔金森
Johnson County	约翰逊县
Jonesboro	琼斯伯勒
Joseph J. Battle	约瑟夫·J. 巴特尔
Joseph Lane	约瑟夫·莱恩
Josiah Tatnall	约西亚·塔特纳尔
Journal of Commerce	《商业日报》
Kanawha River	卡诺瓦河
Kane	凯恩
Kearney	卡尼
Kearsarge	“奇尔沙治”号
Kelly's Ford	凯利浅滩
Kemper	肯珀
Kenesaw	凯纳索
Kernstown	克恩斯敦
Kershaw	克肖

Key West	基韦斯特
Keyes	凯斯
Kilpatrick	基尔帕特里克
King and Queen County	国王王后县
Kingsland Creek	金世兰溪
Kingston	金斯顿
Kirkland	柯克兰
Knoxville	诺克斯维尔
L.B.Northrop	L.B. 诺斯罗普
L.P.Moore	L.P. 摩尔
Lafayette	拉斐特
Laird	莱尔德
Lake Pontchartrain	庞恰特雷恩湖
Laurel Hill	劳雷尔希尔
Law	劳
Lawrenceburg	劳伦斯堡
Lawton	劳顿
Lea	利
Lebanon	莱巴嫩
Lee's Mill	李斯米尔
Lee's Mills	李斯米尔斯
Leesburg	利斯堡
Leon Smith	利昂 · 史密斯
LeRoy Pope Walker	勒罗伊 · 波普 · 沃克
Letcher	莱彻
Lew Wallace	卢 · 华莱士
Lewisburg	路易斯堡
Lexington	莱克星敦
Lick Creeks	利可小溪
Lieutenant Barnwell	上尉巴恩韦尔
Lieutenant Hathaway	海瑟薇中尉

Lieutenant Minor	上尉迈纳
Lieutenant Stevens	上尉史蒂文斯
Lieutenant-Governor Jacobs	雅各布斯副州长
Little River	利特尔河
Little Rock	小岩城
Little Round-Top	小圆顶峰
Locust Grove	洛克斯特格罗夫
Lomax	洛马克斯
Long Bridge	长桥
Longstreet	朗斯特里特
Lookout Greek	卢考特溪
Lookout Mountain	卢考特山
Lookout Valley	卢考特谷
Loring	劳瑞
Loudon	劳登
Louisiana Cannoneers	路易斯安那炮兵连
Louisville	路易斯维尔
Lovejoy	洛夫乔伊
Lower Teche	洛沃泰舍
Luray	卢雷
Lynchburg	林奇堡
Lynch's Creek	林奇小溪
M.Lovell	M. 洛弗尔
Macon	梅肯
Macon & Western Railroad	梅肯及西部铁路
Madeira	马德拉群岛
Madison	麦迪逊
Madison Court-House	麦迪逊县政府
Mahone	马洪
Major	少校
Major Huse	休斯少校

Major Moran	莫兰少校
Mallory	马洛里
Malvern Hill	莫尔文高地
Manassas Gap Railroad	马纳萨斯盖普铁路
Manassas Junction	马纳萨斯枢纽
Manassas Railroad Junction	马纳萨斯铁路枢纽
Mann	曼
Mansfield	曼斯菲尔德
Marietta	玛丽埃塔
Marshal Serrano	马歇尔·塞拉诺
Marshall	马歇尔
Martin J.Crawford	马丁·J. 克劳福德
Martinsburg	马丁斯堡
Marye's Hill	马耶山
Maryland Heights	马里兰高地
Mason	梅森
McCauley	麦考利
McCausland	麦考斯兰
Mcclellan	麦克莱伦
McClernand	麦克伦南德
McCook	麦库克
McDowell	麦克道尔
McGhee	麦吉
McIntosh	麦金托什
McLaws	麦克罗斯
McPherson	麦克弗森
McRae	麦克雷
Meade	米德
Meadow Bluff	梅多布拉夫
Meadow Bridge	梅多布里奇
Mechanicsville	梅卡尼克斯维尔

Memminger	梅明杰
Memoirs	《回忆录》
Memphis	孟菲斯市
Memphis & Charleston Railroad	孟菲斯—查尔斯顿铁路
Mercidata	“莫西戴塔”号
Merrimac	“梅里麦克”号
Michael Hahn	迈克尔·哈恩
Mickey's	米基
Middle Creek	米德尔溪
Middle Tennessee	田纳西州中部
Middletown	米德尔敦
Midshipman Howell	学员豪厄尔
Midway	米德韦
Milan Decree	《米兰法令》
Military Institute	军事学院
Military Institute at Lexington	莱克星敦军事学院
Mill Springs	米尔斯普林斯
Mill-Creek Gap	米尔克里克关口
Milledgeville	米利奇维尔
Millen	米伦
Milliken's Bend	米利肯弯
Milroy	米尔罗伊
Mine Run	米纳鲁恩
Minnesota	“明尼苏达”号
Mobile	莫比尔
Mobile and Ohio Railroads	莫比尔—俄亥俄州铁路
Monitor	“监视”号
Monocacy Junction	莫诺卡西枢纽
Monroe	门罗
Monterey	蒙特雷
Montgomery	蒙哥马利

Morgan	摩根
Mount Jackson	杰克逊山
Mount Vernon	芒特弗农
Mr.Creigh	克雷先生
Mr.Rogers	罗杰斯先生
Mr.Tidball	蒂德波尔先生
Murfreesboro	默夫里斯伯勒
N.B.Forrest	N.B. 弗雷斯特
N.G.Evans	N.G. 埃文斯
N.H.Smith	N.H. 史密斯
N.P.Banks	N.P. 班克斯
Nahant	“纳罕特”号
Nashville	纳什维尔
Nashville	“纳什维尔”号
Nassau	拿骚
Natchez	纳奇兹
Nathaniel Lyon	纳撒尼尔·里昂
Nelson	纳尔逊
Neosha	尼欧沙
New Bridge road	新桥路
New Carthage	新迦太基
New Creek	纽克里克
New Englandy	新英格兰
New Hope Church	纽霍普教堂
New Jersey	新泽西州
New Madrid	新马德里
New Market	纽马基特
New York Herald	《纽约先驱报》
New York Tribune	《纽约论坛报》
Newnan	纽南
Newport News	纽波特纽斯

Newtown	纽敦
Niagara Falls	尼亚加拉大瀑布
Norfolk	诺福克
North Anna River	北安娜河
North Edisto	北艾迪斯多
North River and South River	南河和北河
Nose's Creek	鼻子溪
Nova Scotia	新斯科舍
O.O.Howard	O.O. 霍华德
Oakwood Cemetery	奥克伍德墓园
Oconee	奥科尼
Ogeechee River	奥格切伊河
O'Kane	奥凯恩
Okhotsk Sea	鄂霍次克海
Old England	旧英格兰
Old Wilderness Tavern	老莽原客栈
Opequan	奥普安
Orange and Alexandria Railroad	奥兰治及亚历山大铁路
Orange Court House	奥兰治县政府
Orangeburg	奥兰治堡
Ord	奥德
Ordinances of Secession	《脱离联邦条例》
Oregon	俄勒冈州
Oreto	“奥雷托”号
Ossabaw Sound	奥萨堡海峡
Osterhaus	奥斯特豪斯
Owasco	“奥沃斯科”号
Owl Creeks	猫头鹰小溪
Ox Hill	牛山
P.Williams	威廉姆斯屋舍
Paducah	帕迪尤卡

Paintsville	佩恩茨维尔
Palinurus	帕利努鲁斯
Palmetto	帕尔梅托
Palmetto State	“帕尔梅托州”号
Pamlico Sound	帕姆利科湾
Pamunkey River	帕芒基河
Papal Zouaves	教皇轻步兵团
Parker	帕克
Passe a l'Outre	超越关口
Passe Southwest	西南关口
Patrick Henry	“帕特里克 · 亨利”号
Pawnee	“波尼”号
Payne	佩恩
Pea Ridge	豌豆岭
Peace Congress	和平大会
Peachtree Creek	桃树溪
Peay's Ferry	皮伊渡口
Pedee	派迪
Pegram	佩格拉姆
Pellham	佩尔海姆
Pemberton	彭伯顿
Pender	彭德
Pendleton	彭德尔顿
Pensacola	彭萨科拉
Percy Wyndham	珀西 · 温德姆
Perryville	佩里维尔
Petersburg	彼得斯堡
Petrel	“海燕”号
Pettus	佩特斯
Phelps	费尔普斯
Philadelphia	费城

Phillip's Island	菲利普岛
Pickett	皮克特
Piedmont	皮德蒙特
Pillow	皮洛
Pine Mountain	松山
Pittsburg Landing	匹兹堡码头
Pleasant Hill	普莱森特希尔
Pleasant Valley	普莱森特谷
Pocotaligo	波科塔利戈
Polk	波尔克
Port Gibson	吉布森港
Port Hudson	哈得孙港
Port Republic	共和港
Port Royal	罗亚尔港
Port Walthal Junction	沃尔索尔枢纽港
Porter	波特
Porto Santo	波尔图桑塔
Potomac	波托马克河
Powhatan	“波瓦坦”号
Powhite Creek	波怀特溪
Preston King	普雷斯顿·金
Prestonburg	普雷斯顿斯堡
Price	普赖斯
Private Messec	列兵梅塞克
Providence Island	普罗维登斯岛
Providence Plantations	普罗维登斯庄园州
Pryor	普赖尔
Purdy	珀迪
Queen of the West	“西方女王”号
Quincy Adams Gillmore	昆西·亚当斯·吉尔摩
R.B.Pegram	R.B. 佩格拉姆

R.H.Anderson	R.H. 安德森
R.M.T.Hunter	R.M.T. 亨特
R.W.Dowling	R.W. 道林
Raleigh	罗利
Raleigh	“罗利”号
Ramseur	莱姆瑟
Randolph	伦道夫
Randolph County	伦道夫县
Raphael Semmes	拉斐尔·塞姆斯
Rapidan	拉皮丹河
Rappahannock	拉帕汉诺克河
Ream's Station	里姆车站
Red Bud	红蕾区
Red River	红河
Reno	雷诺
Renshaw	伦肖
Resaca	瑞斯卡
Reverdy Johnson	雷佛迪·约翰逊
Richard Taylor	理查德·泰勒
Richmond	里士满
Rickets	里基茨
Ringgold	灵戈尔德
Rio Grande	格兰德河
Ripley	雷普利
Rives	里夫斯
Roanoke	“罗诺克”号
Roanoke Island	罗厄诺克岛
Roanoke River	罗诺克河
Robert Anderson	罗伯特·安德森
Robert E.Lee	罗伯特·E. 李
Robert Hoke	罗伯特·霍克

Robert Ransom Jr.	小罗伯特 · 兰塞姆
Robertson	罗伯森
Rockville	罗克维尔
Rocky Mount	落基山
Roddy	罗迪
Rodes	罗德斯
Rome	罗马
Romney	罗姆尼
Rosecrans	罗斯克兰斯
Rosser	罗瑟
Rossville	罗斯维尔
Rost	罗斯特
Round-Top	圆顶峰
S.O.Comay	S.O. 科迈
S.Teackle Wallis	S. 迪克尔 · 沃利斯
Sabine Pass	沙宾渡口
Sachem	“酋长”号
Salem Church	塞勒姆教堂
Salkehatchie	索克亥奇
Salkekatchie	萨尔凯卡奇河
Sallie	“萨利”号
Saluda Factory	萨卢达工厂
Samuel Cooper	塞缪尔 · 库珀
Samuel Jones	塞缪尔 · 琼斯
Sapponey Church	赛普尼教堂
Savage Station	萨维奇车站
Savannah	“萨凡纳”号
Savannah & Gulf Railroad	萨凡纳及海湾铁路
Schade	谢德
Schenck	申克
Schofield	斯科菲尔德

Scott	斯科特
Sea-King	“海王”号
Second Mississippi Battalion	密西西比州第二营
Seddon	塞登
Selma	塞尔马
Selma	“塞尔马”号
Seminary Ridge	神学院岭
Semple	森普尔
Seven Pines	七松
Sewell's Mountain	休厄尔山
Sewell's Point	休厄尔半岛
Sharpe’s rifles	夏普来复枪
Sharpsburg	夏普斯堡
Shelbyville	谢尔比维尔
Shenandoah	谢南多厄河
Shenandoah	“谢南多厄”号
Shepardstown	谢普斯敦
Shepley	谢普利
Sheridan	谢里登
Shields	希尔兹
Shiloh	夏洛
Sibley	西布利
Sigel	西格尔
Simon Bolivar Buckner	西蒙·玻利瓦尔·巴克纳
Slash Church	斯莱斯教堂
Slidell	斯莱德尔
Smithfield	史密斯菲尔德
Smithville	史密斯维尔
Snyder's Mills	斯奈德米尔斯
Somerville Ford	萨默维尔浅滩
South Branch	南支流

South Chickamauga	南奇克莫加河
South Mountain	南山
Southampton	南安普敦
Southern Historical Papers	《南方历史论丛》
Southern Historical Society Papers	《南方历史学会文集》
Southern Railroad	南方铁路
Southside	绍斯赛德
Spanish Fort	西班牙堡
Spanish Main	西属美洲
Spottsylvania	斯波齐尔韦尼亚
Spring Hill	斯普林希尔
Springfield	斯普林菲尔德
Spring's Ford	斯普林浅滩
Squirrel Level	斯奎勒韦尔路
St.John	圣约翰
St.John Richardson Liddell	圣约翰·理查森·利德尔
St.Lawrence	“圣劳伦斯”号
St.Louis	圣路易斯
St.Mary's Parish	圣玛丽教区
Stafford Heights	斯塔福德高地
Star of the West	“西部之星”号
Starke	斯塔克
State Constitution	州宪法
State Department	联邦国务院
State of Tennessee	田纳西州
State of Texas	得克萨斯州
State of Virginia	弗吉尼亚州
State of Wisconsin	威斯康星州
State of Alabama	亚拉巴马州
State of Arkansas	阿肯色州
State of Connecticut	康涅狄格州

State of Delaware	特拉华州
State of Florida	佛罗里达州
State of Georgia	佐治亚州
State of Illinois	伊利诺伊州
State of Indiana	印第安纳州
State of Maryland	马里兰州
State of Massachusetts	马萨诸塞州
State of Massachusetts Bay	马萨诸塞湾州
State of Michigan	密歇根州
State of Minnesota	明尼苏达州
State of Mississippi	密西西比州
State of New Hampshire	新罕布什尔州
State of New Jersey	新泽西州
State of New York	纽约州
State of North Carolina	北卡罗来纳州
State of Ohio	俄亥俄州
State of Pennsylvania	宾夕法尼亚州
State of Rhode Island	罗得岛州
State of South Carolina	南卡罗来纳州
States Rights Gist	斯台德 · 怀茨 · 吉斯特
Staunton	斯汤顿
Steele	斯蒂尔
Stellwagen	斯特尔维根
Stephan A.Douglas	斯蒂芬 · A. 道格拉斯
Stephen Deere Lee	斯蒂芬 · 迪尔 · 李
Stephen Elliott Jr.	小斯蒂芬 · 艾略特
Stevens	史蒂文斯
Stevensburg	史蒂文斯堡
Stevenson	史蒂文森
Stone	斯通
Stone Inlet	斯通湾

Stone River	斯通河
Stone Turnpike	斯通收费公路
Stoneman	斯通曼
Stono River	斯托诺河
Stony Creek	斯托尼克里
Strahl	斯特拉尔
Strasburg	斯特拉斯堡
Streight	斯特雷特
Stribling	斯特里布林
Sturgis	斯特吉斯
Sudley's Ford	萨得雷浅滩
Suffolk	萨福克
Summers	萨默斯
Sumner	萨姆纳
Surgeon-General	公共卫生署署长
Surratt	萨拉特
Swinston	斯温顿
Tabernacle Church	礼拜堂
Taliaferro	托利弗
Tallahassee	塔拉哈西
Tallahassee	“塔拉哈西”号
Taney	托尼
Teaser	“戏弄者”号
Tecumseh	“特库姆塞”号
Tedford Ford	泰德福德浅滩
Telegraph road	电报公路
Tennesse River	田纳西河
Terceira	特塞拉岛
Thaddeus Stevens	撒迪厄斯·史蒂文斯
The Provost-Marshal system	宪兵司令体制
The Southern Cross	《南十字星》

Thomas	托马斯
Thomas W.Sherman	托马斯 · W. 舍曼
Thompson	汤普森
Thoroughfare Gap	要道峡
Tift	蒂夫特
Tilghman	蒂尔曼
Tilton	蒂尔顿
Thomas Leonidas Crittenden	托马斯 · 利奥尼达斯 · 克里滕登
Toombs	图姆斯
Tracy	特雷西
Tredegar Works	卓德嘉工厂
Trent	“特伦特”号
Trimble	特林布尔
Tullahoma	塔拉霍马
Tunnel Hil	隧道山
Tupelo	图珀洛
Turner Ashby Jr.	小特纳 · 阿什比
Tygart River	泰格特河
Tyler	泰勒
United States Marshal	联邦执法局
United States Mine	联邦矿山
Upper Cumberland	坎伯兰河上游
Upton	厄普顿
Vallandigham	瓦兰迪加姆
Valley Mountain	山谷山脉
Vaughan	沃恩路
Venable	维纳布尔
Verdiersville	韦尔迪尔斯维尔
Vermont	佛蒙特
Vicksburg	维克斯堡
W.E.Jones	W.E. 琼斯

W.J.Hardee	W.J. 哈迪
W.L.Maury	W.L. 莫里
W.T.Sherman	W.T. 谢尔曼
Wachusett	“沃楚西特”号
Wade Hampton III	韦德·汉普顿三世
Wainright	温莱特
Waldron's Ridge	沃尔德伦山岭
Walker	沃克
Walter H.Taylor	沃尔特·H. 泰勒
Walworth	沃尔沃思
Warrensburg	沃伦斯堡
Warrenton	沃伦顿
Warrenton Junction	沃伦顿枢纽
Warsaw Sound	华沙湾
Warwick	沃里克
Warwick Court-house	沃里克县政府
Washington College	华盛顿学院
Water Valley	沃特瓦利
Webb	“韦伯”号
Webb	韦伯
Weehawken	“威霍肯”号
Weldon Railroad	韦尔登铁路
West Indies	西印度群岛
Westfield	“韦斯特菲尔德”号
Westover	韦斯托弗
West's house	韦斯特屋舍
Wharton	沃顿
Wheeler	惠勒
Wheeling	惠灵市
Whig party	辉格党
White-Oak Swamp	白橡沼泽地